SAS 统计分析实用宝典

姚鑫锋 王薇　等编著

清华大学出版社
北　京

内 容 简 介

本书用通俗易懂的语言阐述了 SAS 统计分析软件的用法和各种统计分析方法的基本原理。内容由浅入深、循序渐进，书中的每个知识点都有相应的实例演示，每章都附有练习题，帮助读者从实际角度体验统计方法的 SAS 实现过程。本书配 1 张光盘，内容为本书配套教学视频和涉及的源数据。

本书共 19 章，分 4 篇。第 1 篇介绍了 SAS 的基础知识，重点讲述入门操作，包括程序软件的安装、配置等。第 2 篇介绍了常用统计方法的 SAS 实现，包括描述性统计分析、列联表分析、统计假设测验、非参数统计分析、方差分析、相关与回归分析、聚类分析、判别分析、主成分分析、因子分析、典型相关分析、时间序列分析和生存分析等。第 3 篇介绍了常用统计图形的绘制与 SAS 宏编程。第 4 篇介绍了 SAS 在社会调查、企业销售、医学、电力、证券和农业等领域的具体应用。

本书面向零基础、编程基础差或不了解 SAS 统计软件的初学者，尤其适合有一定的数学或统计学背景、需要使用 SAS 软件完成各种统计分析操作的读者。

图书在版编目（CIP）数据

SAS 统计分析实用宝典/姚鑫锋等编著. —北京：清华大学出版社，2013.2（2020.4重印）
ISBN 978-7-302-30736-5

Ⅰ. ①S…　Ⅱ. ①姚…　Ⅲ. ①统计分析–应用软件　Ⅳ. ①C819

中国版本图书馆 CIP 数据核字（2012）第 284031 号

责任编辑：夏兆彦
封面设计：欧振旭
责任校对：徐俊伟
责任印制：丛怀宇

出版发行：清华大学出版社
网　　址：http://www.tup.com.cn, http://www.wqbook.com
地　　址：北京清华大学学研大厦 A 座　　邮　　编：100084
社 总 机：010-62770175　　邮　　购：010-62786544
投稿与读者服务：010-62776969，c-service@tup.tsinghua.edu.cn
质 量 反 馈：010-62772015，zhiliang@tup.tsinghua.edu.cn
印 装 者：北京鑫丰华彩印有限公司
经　　销：全国新华书店
开　　本：185mm×260mm　　印　张：23.25　　字　　数：584 千字
附光盘 1 张
版　　次：2013 年 2 月第 1 版　　印　　次：2020 年 4 月第11次印刷
定　　价：49.80 元

产品编号：049843-01

前　言

SAS 全称是 Statistics Analysis System，是目前国际上权威的统计分析软件之一，具有强大的数据管理与分析功能，广泛地应用于教育、经济、医学等各个领域。SAS 软件具有强大的统计分析功能，为了更好地使用这些功能，往往需要依赖于程序设计。SAS 系统全面涵盖了各项统计分析功能，具有操作简单、功能强大、结果专业等特点，为用户提供了一种专门用于 SAS 软件的编程语言，其语言类似于一般的编程语言，用户可以方便地在程序编辑窗口完成程序的设计工作。

SAS 9.2 版本支持多种语言，提供了中文的操作环境，便于国内读者的使用，但目前以 SAS 9.2 为基础的 SAS 教程较少。本书为了帮助国内读者更好地掌握 SAS 语言，特意以较新的 SAS 9.2 中文版为例，向读者讲述 SAS 语言的操作，包括 SAS 安装、配置到各种统计学操作在 SAS 统计学软件中的实现方式。

本书全面介绍了 SAS 常用统计分析功能，涉及 SAS 编程技术与 SAS 界面操作，以满足不同读者群体的需要。因此，本书不但适合不擅长编程的初学者，也适合需要进一步提高 SAS 软件实际操作能力的读者。本书致力于用户对 SAS 软件的从零开始的学习，并配备大量的实例操作和视频教程，以帮助读者更好地掌握 SAS 语言，提高解决统计分析问题的能力。

本书特色

1. 配教学视频、实例文件、习题，教学资源丰富

本书每章都配备一定量的习题，帮助读者练习，巩固所学。同时，本书中的所有实例都提供源程序和数据文件，方便读者自行演练。另外，本书还配备了长时间的教学视频，以便于读者更快地掌握各统计操作的实现过程。

2. 内容全面

本书全面涵盖了 SAS 统计软件常用的各种统计分析功能，并对各知识点都做了详细介绍，让读者能全面掌握各种操作在 SAS 中的具体实现。

3. 较新的软件版本

本书以目前较新的 SAS 9.2 版本为例，向读者介绍 SAS 软件的操作。该版本的 SAS 软件支持中文的操作环境，因而更适合国内读者的学习和使用。

4. 实例丰富，实用性强

本书各知识点的讲解都配备相应的实例，向读者具体演示各知识点的操作，力求培养

读者解决实际问题的能力。

5．适用面广，适合各层次读者

本书由浅入深地介绍了 SAS 的各项统计分析功能，并详细介绍了编程和界面操作两种 SAS 统计实现方法，可以满足不同层次读者的需要。

本书主要内容

本书共分为 4 篇，各部分对应的章节和具体内容如下。

第 1 篇为基本统计操作入门，包括第 1、2 章。主要介绍了 SAS 的基础知识，包括软件的背景介绍、特点、功能、安装、启动、操作界面、语言规范等。

第 2 篇为常用的统计分析，包括第 3～16 章。主要介绍了描述性统计分析、非参数检验、方差分析、相关分析、回归分析、聚类分析、判别分析、因子分析、主成分分析、生存分析等内容。

第 3 篇为图形绘制与 SAS 宏编程，包括第 17、18 章。主要介绍了常用的统计图形在 SAS 系统内的绘制方式，包括散点图、直方图、饼图、线图等；另外介绍了 SAS 宏编程的基础知识。

第 4 篇为综合实例分析，包括第 19 章。在社会调查、企业销售、医学、电力、证券和农业等领域的具体应用。

本书读者对象

本书内容全面，可读性强，适应面广，适合阅读的人员有：

- SAS 入门新手；
- 统计学专业的学生和老师；
- 统计分析从业人员；
- 各个专业领域需要使用 SAS 解决问题的用户；
- SAS 中高级用户。

本书作者

本书主要由姚鑫锋和王薇主笔编写。其他参与编写的人员有安静、崔莎、韩静、彭维、滕川、张帆、张玉媛、周曦、陈世琼、陈欣、陈智敏、董加强、范礼、郭秋滟、郝红英、蒋春蕾、黎华、刘建准、刘霄、刘亚军、刘仲义、柳刚、罗永峰。

本书在写作过程中参考和借鉴了相关图书，在此对原作者致谢！另外特别感谢我们的师长、家人和朋友及所有帮助过我们的人。

编著者

目　录

第 1 篇　基本统计操作入门

第 2 篇 常用的统计分析

第 1 篇 基本统计操作入门

第 1 章　SAS 入门

本章将向读者介绍 SAS 的入门知识。首先，将通过 SAS 系统的概述，帮助读者对 SAS 系统有初步的了解，了解其历史背景、系统特点和主要功能模块；接着，将向入门读者简单介绍 SAS 的安装与启动；最后，对 SAS 主要工作界面的介绍将使读者对软件的操作环境有所熟悉。

1.1　SAS 系统概况

SAS（Statistics Analysis System）是目前国际上权威的统计分析软件之一，具有强大的数据管理与分析功能，广泛地应用于教育、经济、医学等各个领域。为使读者对 SAS 软件基本情况有所了解，本节将从 SAS 的历史背景、系统特点和功能模块三个方面向读者介绍 SAS 概况。

1.1.1　SAS 的历史背景

SAS 最初是由美国北卡罗纳大学的研究生编写的，随后，成立了专门研究 SAS 的公司，正式推出了 SAS 软件。SAS 研究公司为 SAS 软件的发展作出了很大的贡献，使 SAS 从最初的仅具有线性模型分析功能的软件发展到现在的集数据分析、数据管理、数据挖掘、数据可视化等功能于一体的统计分析系统。在国际上，SAS 是公认的最权威的统计分析软件，在科研、金融、医药、交通、通信等重要领域，SAS 都是广大用户首选的统计分析软件。

早期的 SAS 软件主要是依赖于编程解决问题，面向专业人士。目前，SAS 的版本在不断更新，提供了方便的图形界面操作，以满足更多用户的需求。本书将以较新的 SAS 9.2 版本为基础向用户介绍 SAS。SAS 9.2 版本支持多种语言，提供了中文操作环境，便于国内用户的使用。而其他版本的 SAS 用户，通过学习本书，也可以触类旁通。

1.1.2　SAS 的系统特点

SAS 系统全面涵盖各项统计分析功能，具有操作简单、功能强大、结果专业等特点。下面来一一了解。

1. 操作简单

SAS 软件操作简单，用户无须详细地了解各种统计分析具体的计算步骤，通过现成的 SAS 语句，即可方便地实现各种统计分析功能。同时，对于没有编程基础的用户，SAS 还提供了方便的图形界面操作方式，通过鼠标操作即可完成常用的统计分析功能。

2．功能强大

SAS 系统涵盖了常用的数据统计分析功能，包括假设测验、参数估计、描述性统计分析、方差分析、判别分析、聚类分析、时间序列分析等。同时，与一般的统计软件相比，SAS 又具有强大的数据、文件管理能力。

3．结果专业

作为目前国际上公认的最为权威的统计软件，SAS 为用户提供了详实、专业的分析结果。用户执行相应的统计分析程序后，完整的统计分析结果将在结果输出窗口以文本的形式输出。同时，结果也可以以专业图表的形式展现。

1.1.3　SAS 的功能模块

SAS 通过模块化的方式实现各种功能，包括 BASE（基础模块）、STAT（统计模块）、ACCESS（数据库模块）、GRAPH（绘图模块）、EM（数据挖掘模块）等 30 余个模块。其中：

- 基础模块（BASE），是 SAS 系统功能实现的核心，利用该模块，用户可以实现简单的统计分析、报表制作、对数据的排序等常用的操作。
- 统计模块（STAT），是 SAS 系统中实现统计分析功能的主要模块，可以实现的功能包括方差分析、回归分析、判别分析、聚类分析、主成分分析、因子分析等。
- 绘图模块（GRAPH），是 SAS 系统中为用户提供的专门用于绘制各类统计图形的模块，可以绘制的图形包括条形图、饼图、曲线图等。
- 预测模块（ETS），可用于经济学常用的时间序列分析。
- 数据库模块（ACCESS），为用户提供了方便的主流数据库文件与 SAS 程序的接口，通过数据库模块，用户可以实现数据的导入和导出。
- 矩阵计算模块（IML），为广大科学工作者提供了矩阵计算的交互式的编程环境，通过矩阵计算模块，用户可以方便地调用其中的数学函数，完成基于矩阵计算的程序。
- 质量控制统计模块（QC）：SAS 为控制领域的质量统计分析提供了完善的统计分析模块，利用该模块，用户可以方便地进行试验设计，完成控制领域的相关图形绘制。

1.2　SAS 的安装与启动

本节将以 SAS 9.2 为例，向用户演示 SAS 软件详细的安装和启动过程。

1.2.1　SAS 的安装

SAS 9.2 的安装步骤如下：

（1）在 SAS 安装盘中找到 SAS 软件安装的可执行文件，双击安装的可执行文件，将打开如图 1.1 所示的 SAS 9.2 安装启动界面。

（2）选择需要安装的 SAS 的语言，在这里我们选择“简体中文”，如图 1.2 所示。

图 1.1 SAS 9.2 安装启动界面

图 1.2 SAS 9.2 语言的选择

（3）单击 SAS 9.2 的“选择语言”对话框的“确定”按钮进入“选择部署任务”对话框，如图 1.3 所示。这里选择终端用户任务下的“安装 SAS 软件”，单击“下一步”按钮，继续安装。

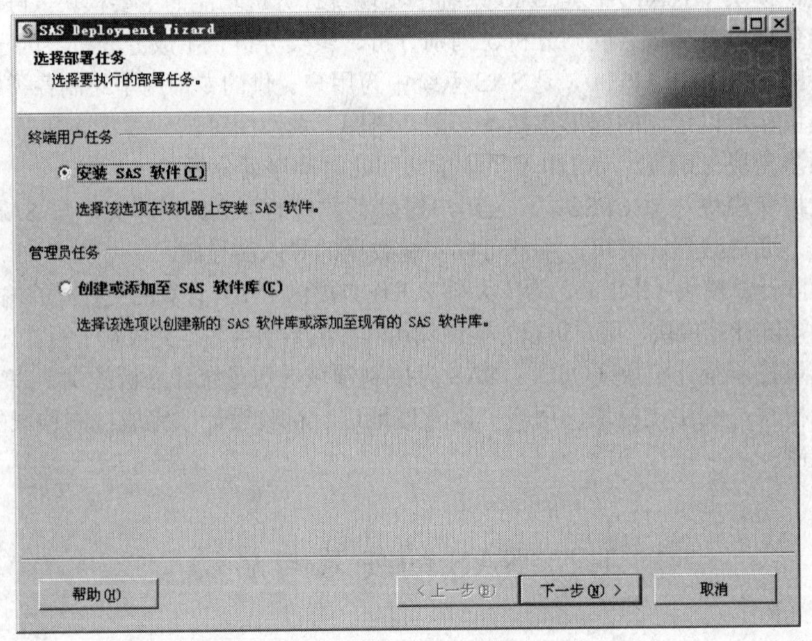

图 1.3 部署任务的选择

（4）在打开的“选择要安装的产品”对话框内选择需要安装的产品，如图 1.4 所示。单击“下一步”按钮，继续安装。

（5）在打开的“指定 SAS 安装数据（SID）文件”对话框内导入合法的 SID 文件，如

图 1.5 所示。单击“下一步”按钮，继续安装。

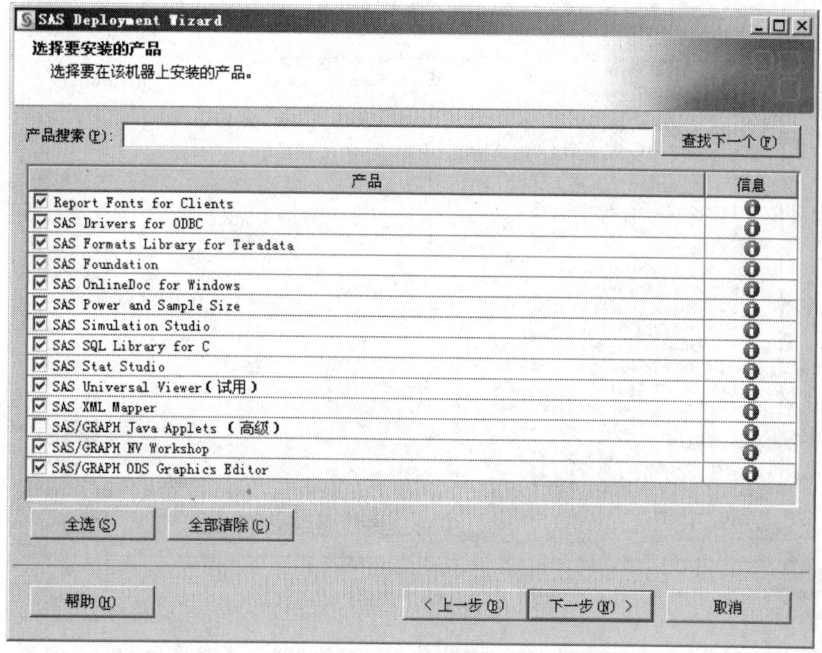

图 1.4　产品的选择

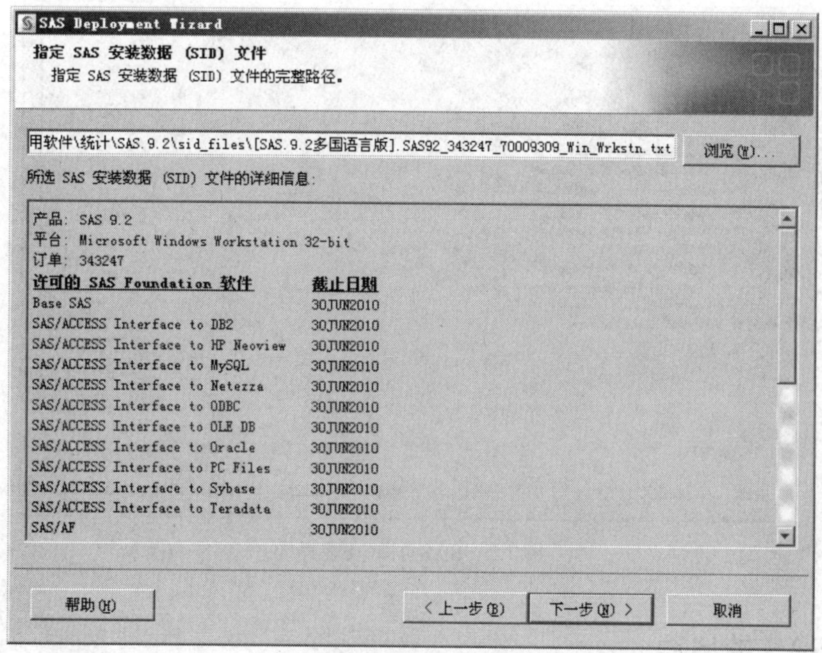

图 1.5　SID 的导入界面

（6）SAS 的“部署汇总”对话框将打开，如图 1.6 所示。单击“开始”按钮，进入 SAS 程序的正式安装过程，如图 1.7 所示。SAS 各模块的程序将会依次安装。这个过程需要持续一段时间，至所有组件安装完毕，SAS 系统即成功安装。

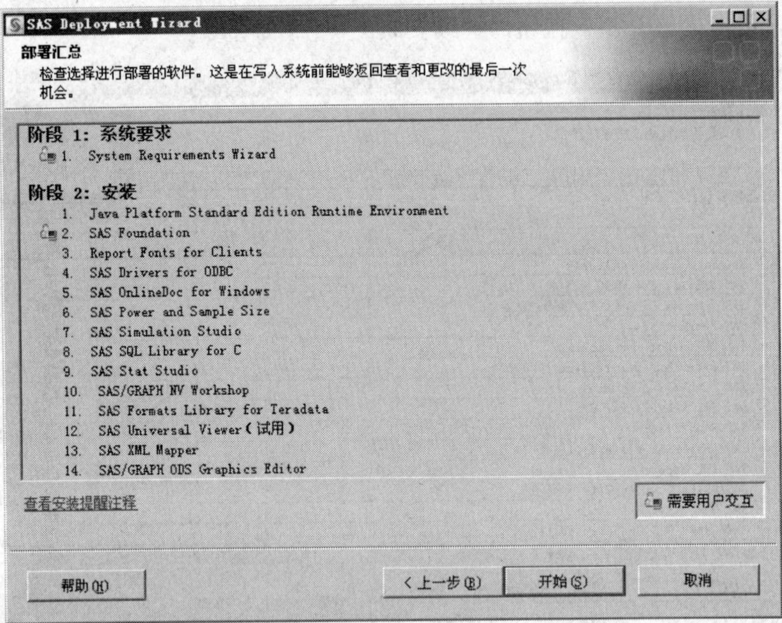

图 1.6　SAS 的部署汇总窗口

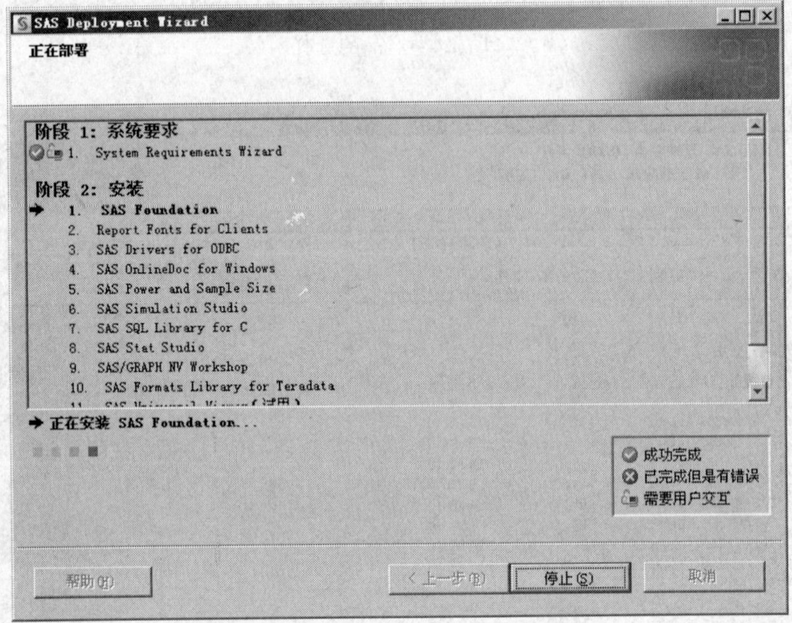

图 1.7　SAS 正常安装界面

1.2.2　SAS 的启动

SAS 的启动同一般的软件一样，可以通过以下两种方式启动：

- 单击“开始菜单”｜“所有程序”｜SAS｜“SAS 9.2（简体中文）”，启动 SAS 程序；
- 双击系统桌面上 SAS 9.2 程序的快捷方式。

1.3　SAS 的操作界面

在启动 SAS 后，将打开如图 1.8 所示的 SAS 操作主界面，其中包括菜单栏、工具栏、编辑器窗口、运行日志窗口、结果输出窗口、资源管理器窗口等。用户执行任意的 SAS 操作都需在其操作界面中完成，因而熟悉 SAS 的操作界面是学习 SAS 的第一步。本节将详细介绍 SAS 的主要操作界面。

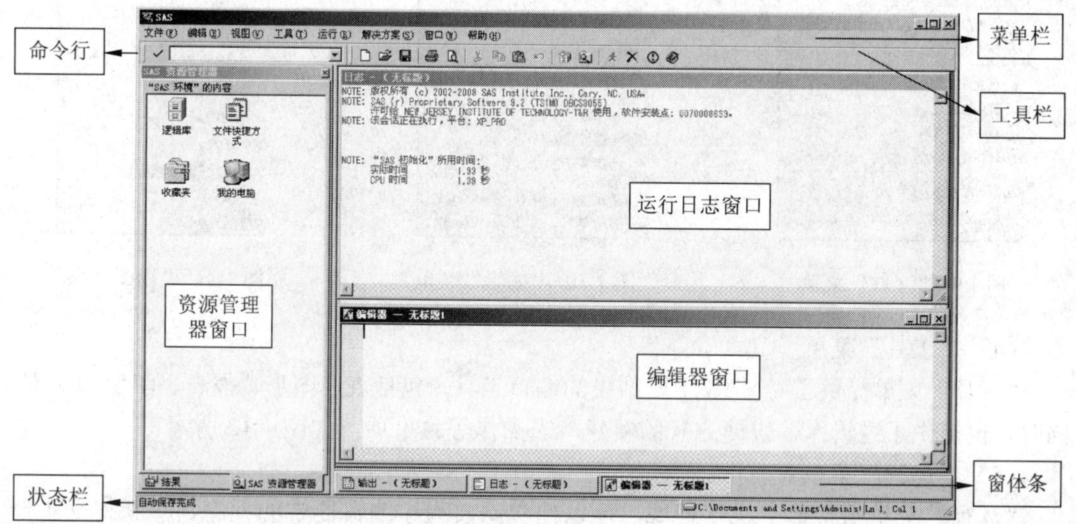

图 1.8　SAS 主界面

1.3.1　主界面

启动 SAS 后的主界面默认状态下包括菜单栏、工具栏、命令行、状态栏、窗体条、窗体。下面具体介绍这几部分。

1．菜单栏

SAS 主窗口包括“文件”、“编辑”、“视图”、“工具”、“运行”、“解决方案”、“窗口”、“帮助”菜单。

（1）“文件”菜单

主界面的“文件”菜单如图 1.9 所示。“文件”菜单主要用于文件管理，包括文件的新建、打开、保存和另存功能；数据的导入和导出；打印及页面设置；文件的 E-mail 发送；追加、打开对象；程序的关闭。

（2）“编辑”菜单

主界面的“编辑”菜单如图 1.10 所示，主要用于对各窗口的编辑操作，包括撤销、复制、粘贴、恢复、清除、查找、替换等操作。

（3）“视图”菜单

“视图”菜单用于切换当前的窗体，可用于切换增强型编辑器、程序编辑器、日志、输出、图形、结果、SAS 资源管理器、收藏夹等为当前活动窗口，如图 1.11 所示。单击“视图”菜单中各窗口的子菜单即可激活窗口为活动窗口。

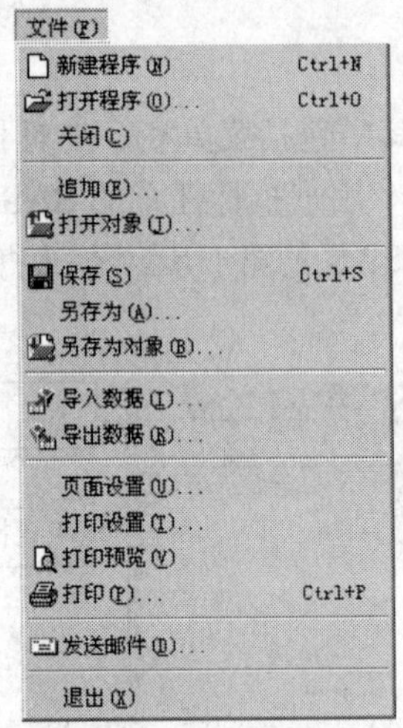

图 1.9 “文件”菜单

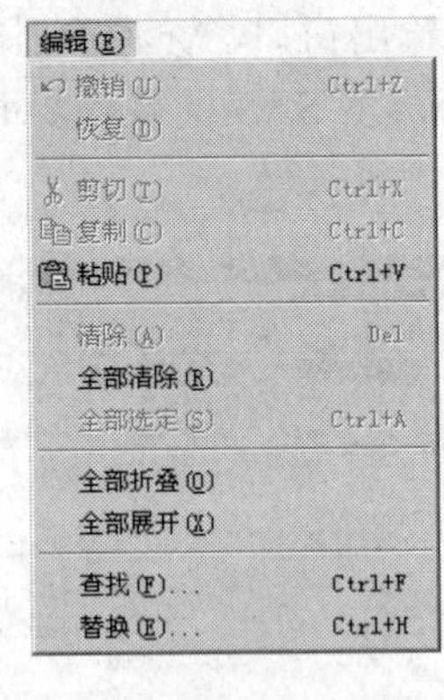

图 1.10 “编辑”菜单

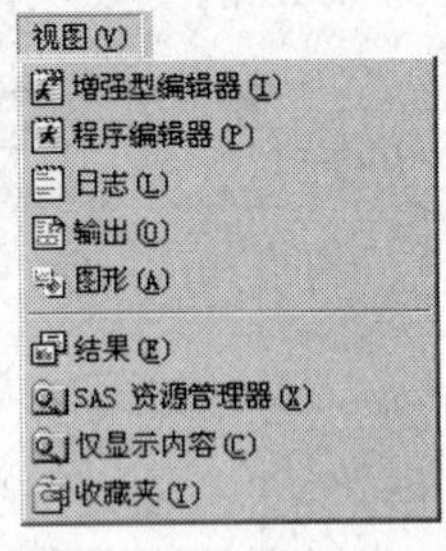

图 1.11 “视图”菜单

（4）“工具”菜单

“工具”菜单提供了对 SAS 主要结果的编辑工具，包括表、图形、报表、图像和文本。同时，也提供了逻辑库、快捷方式的新建、宏操作等菜单项，如图 1.12 所示。

（5）“运行”菜单

“运行”菜单用于提交执行程序，可以提交当前程序编辑器中的程序、重新提交上一次提交的程序、提交第一行程序、提交剪贴板程序、远程提交程序等，如图 1.13 所示。

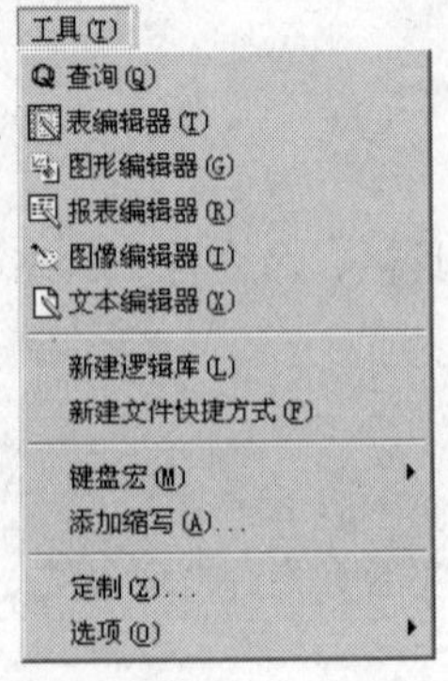

图 1.12 “工具”菜单

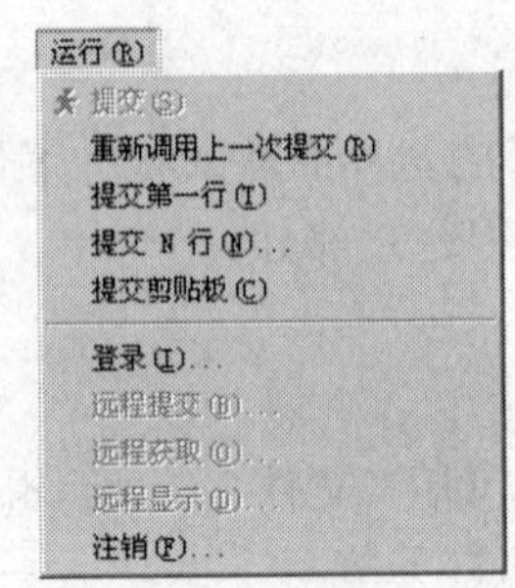

图 1.13 “运行”菜单

（6）“解决方案”菜单

“解决方案”菜单为用户提供了进行一些统计分析模块的入口，如图 1.14 所示。

- “分析”子菜单：提供了分析家、实验设计、企业数据挖掘、地理信息系统、向导式数据分析、交互式数据分析、投资分析、市场研究、项目管理、质量改善、排队模拟、时间序列预测系统、时间序列查看器模块的入口。
- “开发和编程”子菜单：提供了 SAS 用于开发和编程的工具，包括 ETS/OLAP 应用程序生成器、框架生成器、类浏览器、源控件管理器、数据仓库管理员和 OLAP

服务管理器。

- ❑ “报表”子菜单：可用于报表和报表库的生成，同时提供设计报表的操作菜单。
- ❑ “附件”子菜单：提供了 SAS 程序的一些附件功能，包括图形测试案、注册表编辑器、元数据浏览器、DDE 三元组和游戏。
- ❑ “ASSIST”菜单项：提供了用户进入 SAS ASSIST 模块的入口。
- ❑ “桌面”菜单项：提供了 SAS 类似于 Windows 操作的桌面环境进入入口。
- ❑ ETS/OLAP 应用程序生成器：可打开 ETS 桌面操作的窗口。

（7）“窗口”菜单

“窗口”菜单可提供对主界面窗口的一些编辑操作，包括新建、最小化、层叠、垂直平铺、水平平铺、调整大小等基本的窗口操作。同时，可用于设置当前的活动窗口，在窗口菜单的下半部分，用户可勾选当前的活动窗口，如图 1.15 所示。

（8）“帮助”菜单

“帮助”菜单用于向用户提供学习 SAS 的一些途径，包括 SAS 帮助文档、SAS 软件入门、学习 SAS 程序、SAS 网站、关于 SAS 系统的基本信息，如图 1.16 所示。

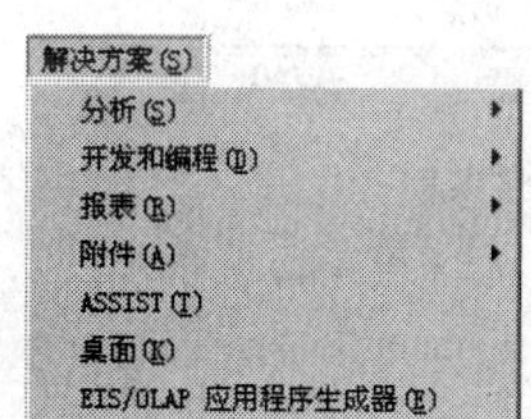

图 1.14 “解决方案”菜单

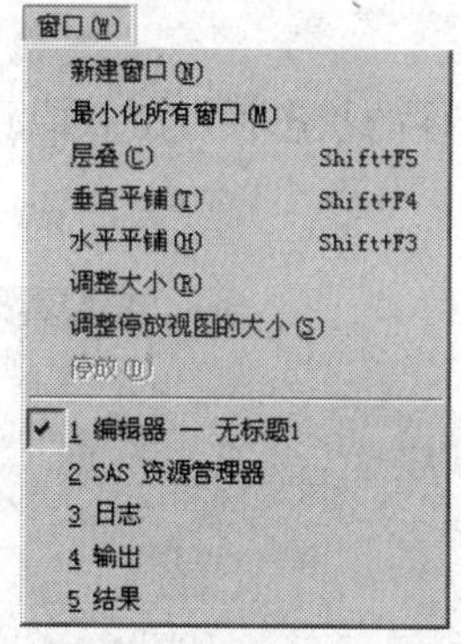

图 1.15 “窗口”菜单

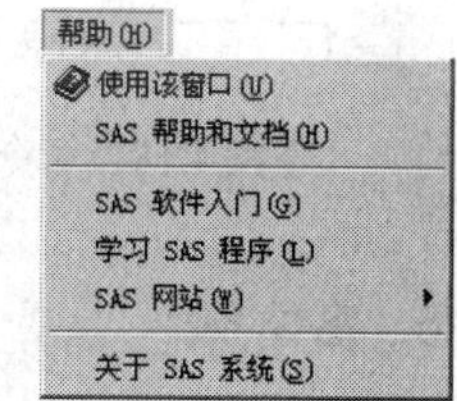

图 1.16 “帮助”菜单

2．工具栏

在 SAS 主界面的菜单栏下方提供了可用于执行 SAS 的一些常规操作的工具栏，如图 1.17 所示。

- ❑ 工具：编辑窗口的新建。
- ❑ 工具：打开文件。
- ❑ 工具：编辑窗口内文件的保存。
- ❑ 工具：编辑窗口内文件的打印。
- ❑ 工具：当前窗口内容的打印预览。
- ❑ 工具：选定内容的剪切。
- ❑ 工具：选定内容的复制。
- ❑ 工具：选定内容的粘贴。
- ❑ 工具：撤销操作。
- ❑ 工具：新建逻辑库。
- ❑ 工具：资源管理器的打开。

- 工具：程序提交。
- 工具：全部清除。
- 工具：程序的中断。
- 工具：快速打开帮助文档。

图 1.17　工具栏

3．命令行

命令行的操作方式可用于快速地执行相关的 SAS 命令，在命令行中直接输入相应的 SAS 命令，单击命令行左方的按钮，即可执行相关操作，如图 1.18 所示。命令行的操作方式对于熟悉 SAS 命令的用户来说是十分方便的，同时，对于使用过的命令，还可以在命令行的下拉列表框中选择。

4．状态栏

在 SAS 主界面的最下方为软件的状态栏，其中显示当前系统的状况、默认的路径和光标位置，如图 1.19 所示。

图 1.18　命令行　　　　图 1.19　状态栏

5．窗体条

在 SAS 9.2 中提供了窗体条，如图 1.20 所示，可用于当前窗口的快速切换。单击窗体条上相应窗口的标签可以恢复原先最小化的窗口，激活窗体成为当前窗口。

图 1.20　窗体条

6．窗体

在 SAS 9.2 的主界面中包含了常用的窗口，可用于执行 SAS 的相关功能，默认情况下打开的主界面包括程序编辑窗口、资源管理器窗口、运行日志窗口。同时用户在获得计算结果后将打开结果窗口。对于这些窗体在 SAS 主界面中的位置，用户可以按照个人需求设置。在操作过程中，SAS 中具有当前窗口的概念，即用户的操作只能在当前窗口中进行，当前窗口的激活方式有窗体条单击法、桌面菜单选择法和直接单击窗体法三种。

1.3.2　程序编辑窗口

程序编辑窗口用于 SAS 程序的编写，该窗口具有良好的程序编辑能力，包括：

- 程序书写时常用的复制、粘贴、剪切、清除、选定等文档编辑功能；
- 程序不同内容的颜色区分，例如蓝色表示程序的关键字；
- 程序输入时的自动缩进；
- 程序块的收缩和扩展；
- 程序文件的保存、打开、打印等基本操作。

在 SAS 9.2 中为用户提供了良好的程序编辑窗口，实现对以 sas 为后缀的程序文件的编辑操作，用户可以通过主界面菜单或者弹出式菜单来实现上述编辑功能。

1.3.3　运行日志窗口

运行日志窗口用于显示程序运行过程中记录的基本情况，并用不同的颜色区别不同的日志内容。

- 黑色语句：程序执行情况，在日志文件中将真实记录下每条执行的语句，并在语句前显示序号。
- 蓝色语句：以 NOTE 开始的程序提示语句，显示程序执行过程中的一些提示信息。
- 红色语句：显示程序运行过程中的错误信息，以 ERROR 开始。日志窗口的错误信息提示语句便于用户查找可能的程序错误。
- 绿色语句：以 WARNING 开始的警告语句。

1.3.4　输出窗口

输出窗口在 SAS 程序提交运行后才可显示出来，输出窗口内将显示程序执行的详细结果，输出结果较多时，结果将以分页的形式展现。

1.3.5　结果窗口

结果窗口在 SAS 主界面的资源管理器窗口的位置，默认状态下显示资源管理器窗口，而隐藏了结果窗口，单击窗体下方的窗体条中的“结果窗口”标签，可以显示隐藏了的结果窗口。在结果窗口，用户执行程序的结果将以目录树的形式展现相关的结果，单击相应的结果目录，用户可在输出窗口打开相应的结果。

1.3.6　资源管理器窗口

在 SAS 9.2 中也提供了类似于 Windows 文件管理的资源管理器窗口，在该窗口下可以方便地浏览和管理文件，同时，在该窗体下还可以新建 SAS 文件，执行常用的文件操作。

1. 文件的浏览

在资源管理器中用户可以方便地浏览 SAS 文件和逻辑库，通过鼠标操作可以浏览各层次的文件，最高一级为逻辑库、收藏夹、我的电脑、文件快捷方式，用户可以依次浏览其中包括的文件，并打开相应的子目录，同时也可以通过工具栏中的工具返回上一级目录。

【例 1.1】 资源管理器文件浏览功能的使用。

（1）启动 SAS，默认情况下在 SAS 主界面上将显示资源管理器窗口，如图 1.21 所示。用户通过资源管理器可以打开的 SAS 环境中的内容涉及逻辑库、文件快捷方式、收藏夹和“我的电脑”中的所有 SAS 文件。

（2）双击“逻辑库”文件夹，打开 SAS 系统中默认存储的 4 个逻辑库，分别为 Maps、Sashelp、Sasuser、Work 逻辑库，如图 1.22 所示。

（3）用户可以进一步双击逻辑库文件，打开其中的文件，同时可以通过工具栏中的工具，返回上一级的文件目录。

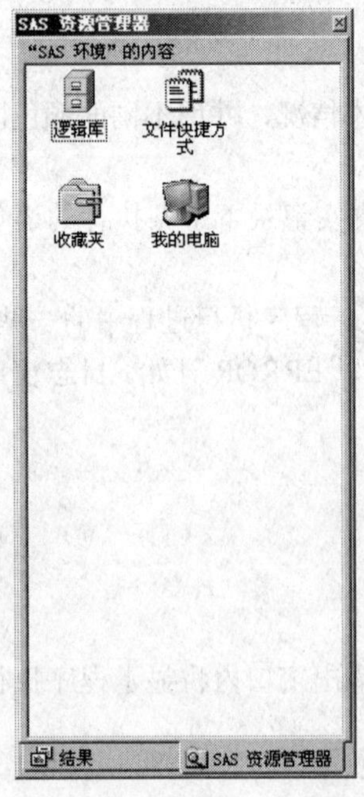

图 1.21　资源管理器窗口

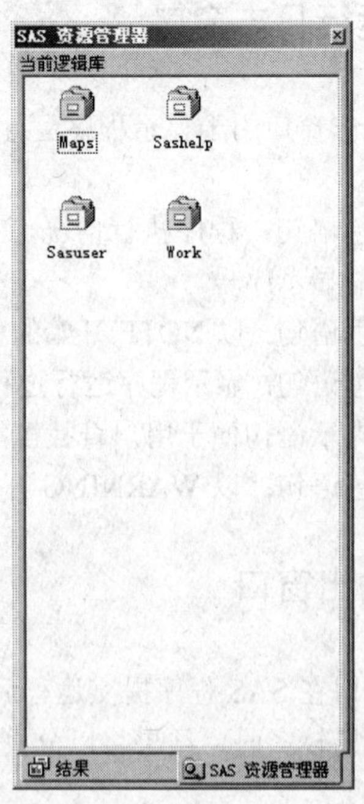

图 1.22　资源管理器窗口文件浏览

2．文件的常用操作

在 SAS 的资源管理器窗口涉及的常用文件操作包括如下内容。

- 文件的新建：在 SAS 资源管理器窗口的第一层目录窗口下，单击该窗口弹出式菜单中的“新建”菜单项，将打开如图 1.23 所示的窗口。在资源管理器的主目录下可用于新建的文件类型包括收藏夹、文件快捷方式、逻辑库、元数据服务器连接、源程序。
- 数据文件的操作：双击资源管理器窗口下的各级目录，打开至底层的文件层，可以执行的具体文件操作主要通过右键弹出式菜单实现，如图 1.24 所示。图 1.24 中的 SAS 数据文件可以执行的操作包括：数据文件的打开、列数据查看、数据的打印、数据的查询、数据的导出、将数据文件复制到剪贴板上、另存为网页格式、在 Excel 中查看数据等。

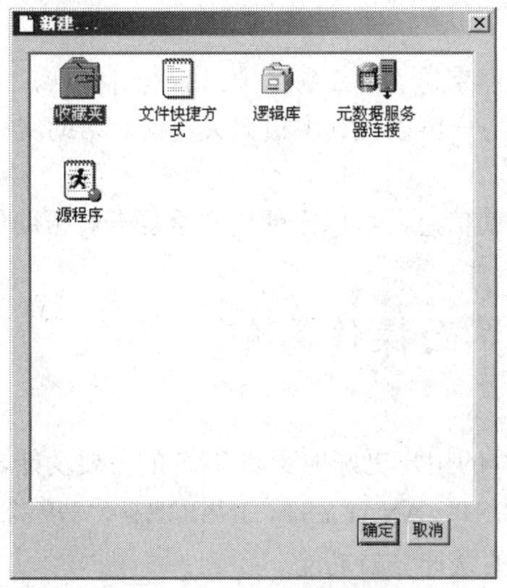

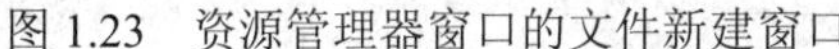
图 1.23　资源管理器窗口的文件新建窗口

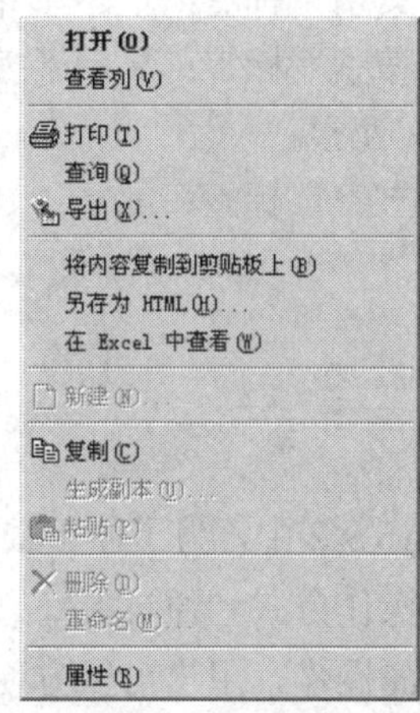

图 1.24　资源管理器数据文件的基本操作窗口

1.3.7　帮助窗口

在 SAS 9.2 中还为用户提供了专门的帮助窗口，可以方便用户学习和使用 SAS 软件，如图 1.25 所示。本书中介绍的 SAS 9.2 中文版还为用户提供了简单的中文帮助文档，其中包括适用于 SAS 编程新手和 SAS 高级编程人员两个版本的帮助文档，可以在进入帮助文档前选择。

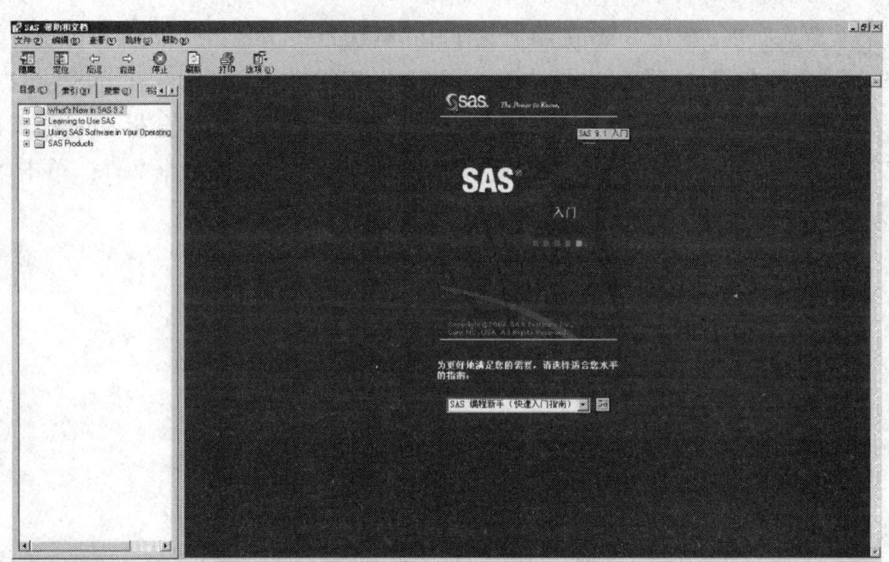

图 1.25　SAS 帮助窗口

在 SAS 帮助窗口左侧区域的小窗口中包含“目录”、“索引”、“搜索”和“书签”4 个标签，方便用户高效使用 SAS 的帮助文档。其中：

- ❑ “目录”标签：显示了帮助文档的树形目录，单击相应的子目录可以进入不同的帮助内容中。

- “索引”标签：显示了帮助文档中按照字母 A～Z 顺序排列的索引信息。
- “搜索”标签：显示了搜索对话框，用户可以在其中根据关键词对帮助文档进行全文搜索。
- “书签”标签：显示了建立书签的帮助信息，可以方便用户重复查看帮助信息。

1.4　SAS 的界面操作简介

在 SAS 9.2 中，为了便于很多不擅长编程的用户更好地实现 SAS 的主要功能，提供了图形化的操作方式。通过 SAS 9.2 中的 ASSIST、ANALYST、INSIGHT 和 DESTOP 四个模块的界面操作，用户可以方便地实现常用的统计分析功能。

1.4.1　INSIGHT 界面操作

INSIGHT 模块集成了 SAS 常用的程序设计模块的主要功能，可用于实现数据输入/输出、数据分析、各种图形绘制等功能的图形化的操作界面。

1. INSIGHT的启动

在 SAS 9.2 中，INSIGHT 的启动包括以下两种方法。

- 命令行法：在命令行窗口中输入 insight 命令。
- 菜单方式实现：单击 SAS 主界面菜单中“解决方案|分析|交互式数据分析”菜单项。

通过上述两种方式均可打开如图 1.26 所示的 INSIGHT 启动窗口。在 INSIGHT 启动窗口，用户可以新建或者打开一个已存的数据文件，用于后续的统计分析。单击 INSIGHT 启动窗口中的“打开”按钮，可在 SAS 逻辑库中打开一个已存的数据文件；单击“新建”按钮可新建一个空的电子表格，用户可在其中输入数据。

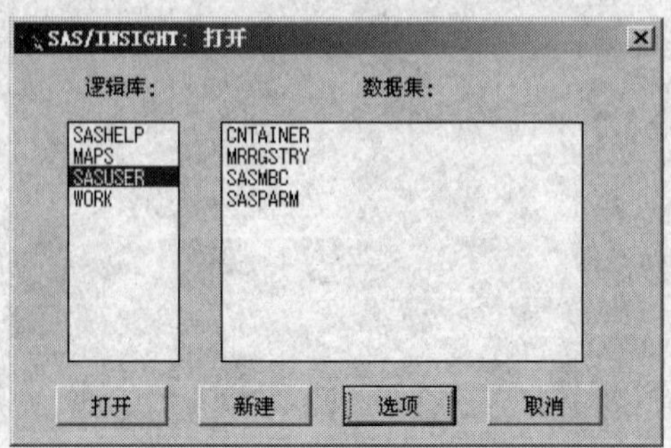

图 1.26　INSIGHT 启动窗口

【例 1.2】 INSIGHT 数据窗口。

启动 INSIGHT 模块，选择其中 SASHELP 逻辑库中的数据文件 CARS，如图 1.27 所示，单击界面中的“打开”按钮，将打开如图 1.28 所示的数据表格。

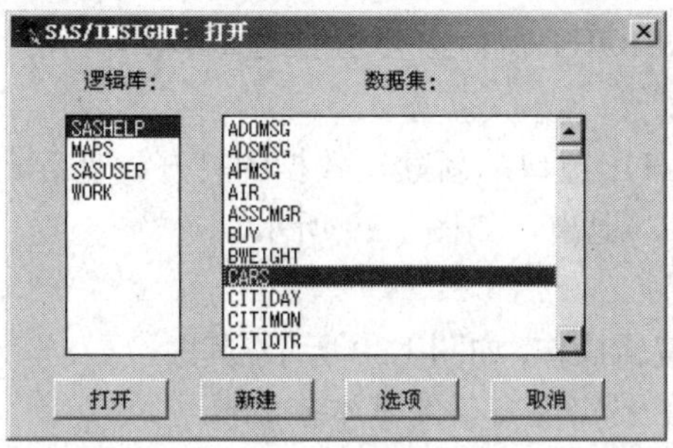

图 1.27　INSIGHT 窗口数据文件的打开消除空行

图 1.28　INSIGHT 窗口下数据文件

用户可以从 INSIGHT 窗口下的数据表格中获取的信息除了 CARS 数据的值外，还包括观测个数、变量个数、数据标签、数据类型、观测序号。其中：

- 电子表格的第一行显示每列数据的数据类型，前 5 列数据为列名型数据，后 3 列数据为区间型数据，如图 1.28 所示。列名型的数据可以是数值型或字符串型的，这类数据一般用于识别观测，分类数据，而区间型的数据必须为数值型的数据。
- 第二行显示每列数据的数据标签，帮助用户更好地理解每列数据的意义。
- 表格左上方显示了变量个数和观测个数，图 1.28 所示的数据变量个数为 15，观测个数为 428。

2. INSIGHT的菜单项

INSIGHT 模块主要为用户提供方便的数据描述性统计分析功能、数据的预处理、快速地绘制各类型的统计图表的功能、常用的一些统计方法（多元、拟合）等。这些功能在 INSIGHT 窗口中主要通过其菜单来实现，INSIGHT 窗口的主菜单包括“文件”、“编辑”、“分析”、“表”、“图形”、“曲线”、“变量”、“窗口”和“帮助”9 个菜单。下面具体介绍其中几个实现 INSIGHT 窗口主要功能的菜单。

（1）“文件”菜单

主要用于实现 INSIGHT 窗口的新建，数据的打开、保存，窗口的页面设置、打印设置，INSIGHT 窗口的关闭、退出，如图 1.29 所示。

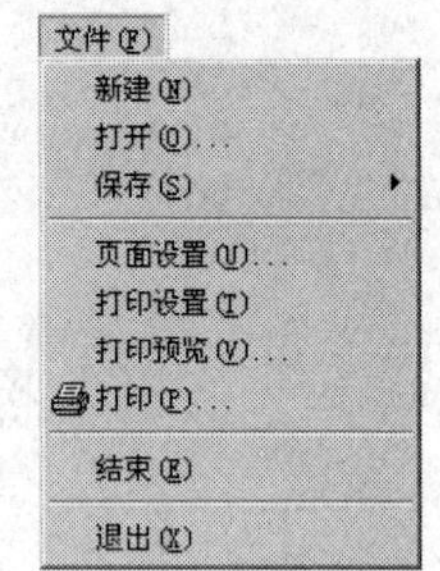

图 1.29　INSIGHT 窗口“文件”菜单

（2）“编辑”菜单

主要用于实现基本的编辑操作，如图 1.30 所示。其中，

- ❑“窗口”子菜单：主要实现窗口的基本控制操作，涉及的常用操作包括窗口的新建、复制、字体设置和布局设置等操作。
- ❑“变量”子菜单：主要实现数据的基本变换，可用来对数据进行基本的预处理操作，包括常用的倒数、对数变换等，同时，用户还可以根据其中的“其他”菜单项，设置任意的数据变换形式。
- ❑“观测”子菜单：主要实现对观测数据的选择，包括通过观测的查找、依据一定条件显示或隐藏变量、在计算中引用或排除变量等功能。
- ❑“输出格式”子菜单：主要实现数据输出格式的设置，从而使输出的数据可以在其他软件中继续使用。
- ❑“复制”菜单项：主要实现对指定数据的复制。
- ❑“删除”菜单项：主要实现对指定数据的删除。

（3）“分析”菜单

主要用于实现 INSIGHT 窗口的作图和分析功能，其中可以绘制的图形包括直方图/条形图、盒型图/马赛克图、线图、散点图等高线图和旋转图；分析功能包括分布、拟合、多元三种常用的统计分析功能，在后续章节中将详细介绍这些功能的实现，如图 1.31 所示。

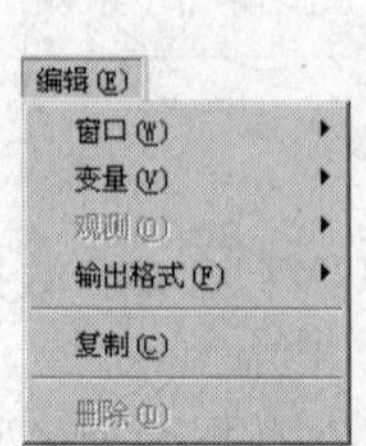

图 1.30　INSIGHT 窗口“编辑”菜单

分析(A)
直方图/条形图 (Y)(H)
盒形图/马赛克图 (Y)(B)
线图 (Y X)(L)
散点图 (Y X)(S)
等高线图 (Z Y X)(C)
旋转图 (Z Y X)(R)
分布 (Y)(D)
拟合 (Y X)(F)
多元 (Y X)(M)

图 1.31　INSIGHT 窗口“分析”菜单

另外，INSIGHT 窗口中的其他几个菜单“表”、“图形”、“曲线”、“变量”主要用于分析过程中的图表等参数设置，随着不同的数据分析将动态显示不同的菜单项，这里不再展开叙述。

下面再具体介绍一下 INSIGHT 窗口常用的右键弹出式菜单，该菜单可以快速实现常用的一些数据操作功能，如图 1.32 所示，其中，

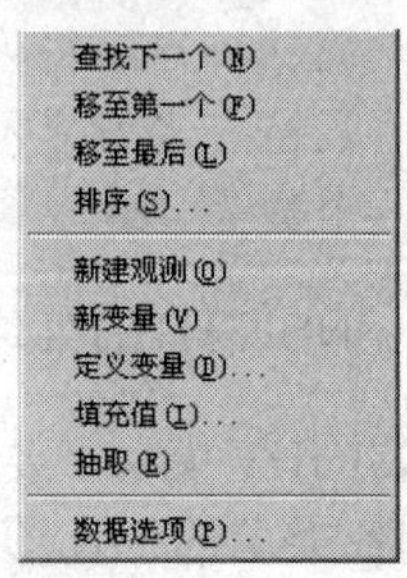

图 1.32　INSIGHT 窗口弹出式菜单

- ❑“查找下一个”菜单项：在选定观测后，查找其下一个的观测，并把该观测显示到窗口的第一行。

- ❑ “移至第一个”菜单项：把选定的行或列数据移至第一行或第一列。
- ❑ “移至最后”菜单项：把选定的行或列数据移至最后一行或最后一列。
- ❑ “排序”菜单项：可以对单列或多列数据进行排序，如果选定单列数据，即对单列数据按照从小到大的顺序排序。如果选定多列数据，则需要综合考虑各列数据，设置第一排序列、第二排序列等排序数据，再进行相关排序。
- ❑ “新建观测”菜单项：可用于快速地新建多个观测，即在数据表中增加行数据，默认为 100 行。
- ❑ “新变量”菜单项：可用于快速地新建多个变量，即在数据表中增加列数据，默认为 1 列。
- ❑ “定义变量”菜单项：可用于完成数据集内变量的定义，包括类型、观测水平、默认任务、名称和标签的定义。
- ❑ “填充值”菜单项：可用于生成等差数列的数据填充到变量中。
- ❑ “抽取”菜单项：可用于从原数据集中抽取出指定的变量数据，构建新的数据集。
- ❑ “数据选项”菜单项：可用于设置在数据窗口中按 Enter 或 TAB 键时光标移动的方向（上、下、左、右）。

1.4.2　ANALYST 界面操作

ANALYST 窗口是 SAS 9.2 中为用户提供的又一个集数据管理和统计分析功能于一体的界面操作窗口，通过该窗口，用户可以方便地实现常用的统计分析功能。下面具体介绍一下该窗口的启动及其主要的菜单功能。

1. ANALYST窗口的启动

与 INSIGHT 窗口的启动方式类似，ANALYST 窗口的启动也有命令行方式和菜单方式两种，具体的启动方法如下。

- ❑ 命令行法：在主界面上的命令行窗口输入命令 ANALYST。
- ❑ 菜单法：单击主界面上的菜单“解决方案”|“分析”|“分析家”。

通过上述两种方法可以成功启动 ANALYST 模块，打开如图 1.33 所示的窗口。ANALYST 主窗口可以分为两部分，其中左半部分的树形目录区用于管理文件，可以看到刚启动的 ANALYST 窗口中包含一个名为“New Project”的新项目，其下的文件夹中包含一个空的名为“Untitled”的数据集文件。而 ANALYST 窗口的右半部分可用于显示数据。

2. ANALYST窗口的菜单

在 SAS 中随着打开的窗口的不同，其界面上的主菜单也将依据各窗口的功能不同而发生动态变化。ANALYST 窗口下的主菜单包括“文件”、“编辑”、“视图”、“工具”、“数据”、“报表”、“图形”、“统计”、“窗口”和“帮助”菜单。

（1）“文件”菜单

主要实现对 SAS 数据文件的基本管理操作，包括常用的打开、保存、关闭、打印等功能。

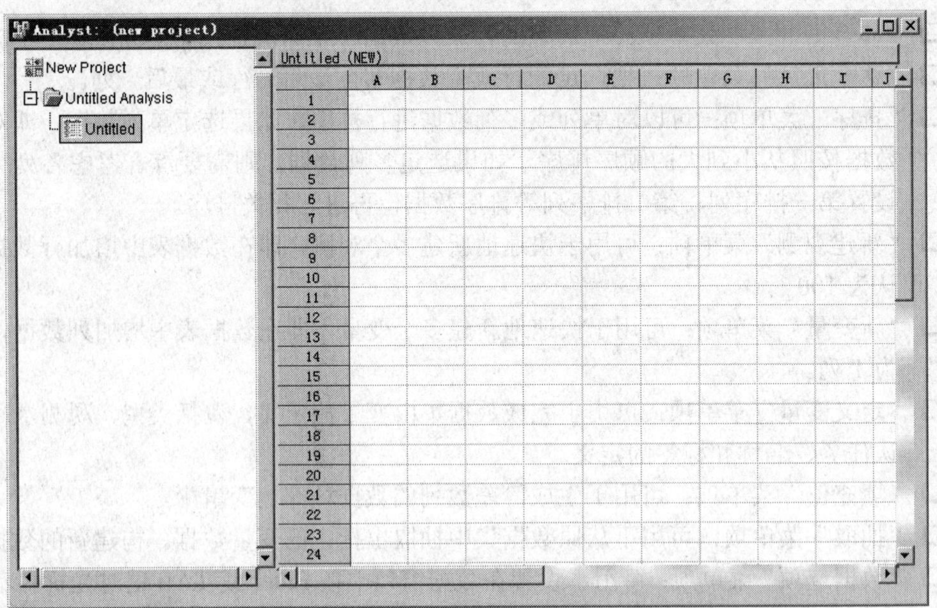

图 1.33　ANALYST 窗口

（2）“编辑”菜单

主要实现对 SAS 数据文件的常用的编辑操作，如图 1.34 所示。

- ❑“插入列”子菜单：可以在指定的数据列前或数据最后插入一列数值型或字符型的数据列。
- ❑“添加行”菜单项：可以在数据的最后加入一行数据。
- ❑“模式”子菜单：打开的数据集在 ANALYST 窗口中将存在两种模式：“编辑”和“浏览”，其中“编辑”模式可以对数据集内的数据进行编辑操作，而“浏览”模式只能浏览数据集中的数据。

（3）“视图”菜单

主要实现列数据的显示和表属性的设置操作，如图 1.35 所示。

- ❑“列”子菜单：可以实现对指定列数据的移动、隐藏、固定等操作。
- ❑“表属性”菜单项：可用于查看数据表的基本信息。

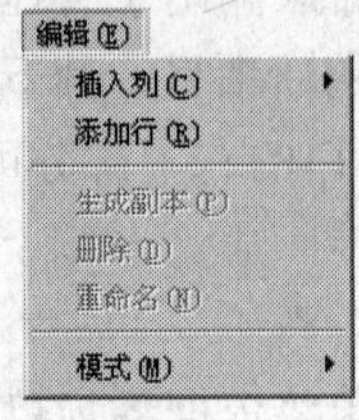

图 1.34　ANALYST 窗口“编辑”菜单

图 1.35　ANALYST 窗口“视图”菜单

（4）“工具”菜单

主要为用户提供了一些分析操作过程中的工具的参数设置，如图 1.36 所示，包括标题的设置、样本数据的导入、查看器设置、图形设置、新建逻辑库、定制工具栏、窗口选项的设置。

（5）“数据”菜单

主要实现数据的预处理功能，如图 1.37 所示。

- “过滤”子菜单：实现数据的初步筛选。
- “排序”菜单项：可以对指定的一列或多列数据进行升序或降序的排序操作。
- “变换”子菜单：可以对数据进行变换，包括简单的计算、求秩、标准化等。
- “随机变量”子菜单：生成符合一定分布的随机变量，包括常用的正态分布、均匀、二项式分布等。
- “按组汇总”菜单项：实现数据的分类汇总。
- “合并表”子菜单：按照列或者行的方式连接数据。
- “拆分列”菜单项：对数据中的变量按列进行拆分。
- “转置”菜单项：对数进行转置。
- “随机抽样”菜单项：从原有数据集中随机抽样构建新的数据集。

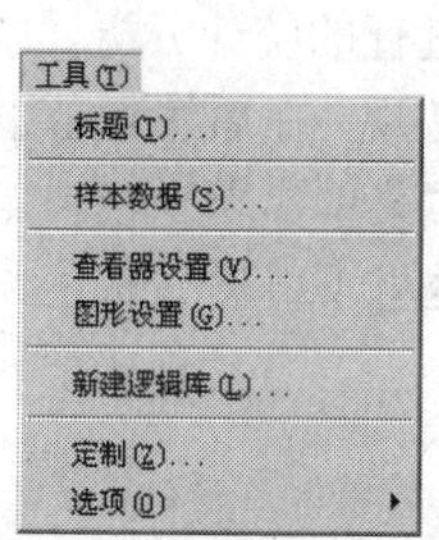

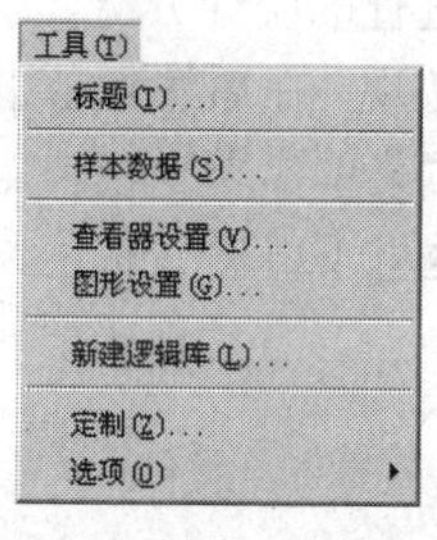

图 1.36　ANALYST 窗口“工具”菜单

图 1.37　ANALYST 窗口“数据”菜单

（6）“报表”菜单

主要实现统计分析报表的生成，如图 1.38 所示。

- “列出数据”菜单项：在结果窗口中打印出相关的数据。
- “表”菜单项：生成统计报表。

（7）“图形”菜单

主要实现常用图形的绘制，包括条形图（水平/垂直）、饼图、直方图、盒形图、概率图、散点图（二维/三维）、等高线图和曲面图的绘制，如图 1.39 所示。

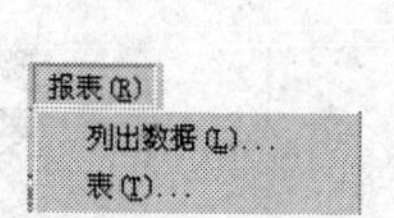

图 1.38　ANALYST 窗口“报表”菜单

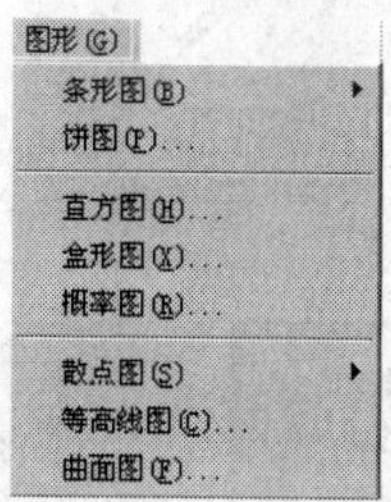

图 1.39　ANALYST 窗口“图形”菜单

（8）“统计”菜单

实现常用的统计分析功能，如图 1.40 所示。

- "描述性统计"子菜单：可以做汇总统计量、相关分析、分布、频数统计等常规的描述性统计分析。
- "表分析"菜单项：可以实现对属性数据的表分析。
- "假设检验"子菜单：可以实现单样本或多样本的假设测验，其中又可分为均值的 T 检验、均值的 Z 检验、比例检验、方差检验。
- "方差分析"子菜单：可以实现单因素、多因素、混合模型等的方差分析。

统计(S)
描述性统计(D)
表分析(T)...
假设检验(H)
方差分析(A)
回归(R)
多元分析(M)
生存分析(U)
样本大小(S)
索引(I)...

图 1.40　ANALYST 窗口"统计"菜单

- "回归"子菜单：可以实现简单的回归、线性回归和 Logistic 回归。
- "多元分析"子菜单：可以实现的多元分析包括主成分和典型相关分析。
- "生存分析"子菜单：可以实现的生存分析包括生命表和生存分析。
- "样本大小"子菜单：可以实现参数检验和样本的置信区间估计等基本的统计分析。
- "索引"菜单项：可以根据索引快速查询需要进行的统计分析。

在 ANALYST 窗口下的功能主要通过上述菜单来实现，在后续章节中将详细叙述这些菜单项的使用方法。同时，用户也可以通过右键弹出式菜单实现上述功能，ANALYST 窗口的右键弹出式菜单与其窗口下的主菜单基本相同，这里不再展开叙述。

1.4.3　ASSIST 界面操作

为了便于用户更好地使用 SAS 软件，在 SAS 9.2 中还提供了类似于 Windows 操作风格的 ASSIST 窗口，在该窗口中通过图形界面操作可以快速实现常用的统计分析功能。

在命令行中输入 ASSIST 命令或单击菜单"解决方案"| ASSIST 可以启动如图 1.41 所示的 ASSIST 的窗口。

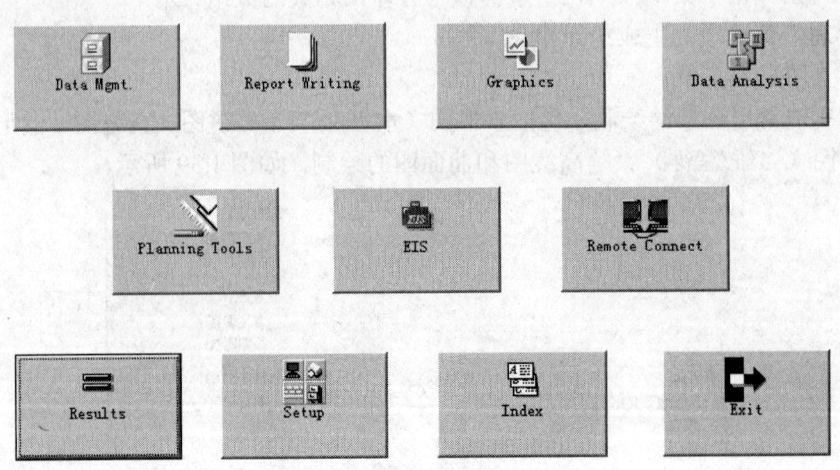

图 1.41　ASSIST 主界面

在 ASSIST 窗口中包含了 11 个图形化的按钮，它们可分别用于实现相应统计分析模块的进入。

- Data Mgmt：实现数据库模块的常用操作，包括数据的查询、连接等操作。
- Report Writing：实现统计报表的生成。
- Graphics：实现常用图形的绘制，包括饼图、条形图等绘制。
- Data Analysis：实现数据的常用统计分析，包括方差分析、回归、时间序列分析等。
- Planning Tools：预测工具，实现常用的数据预测等分析。
- ETS：实现经济学的常用统计分析，包括时间序列分析等。
- Remote Connect：实现远程连接模块。
- Results：实现结果输出的相关设置操作。
- Setup：相关参数的设置，包括文件管理、SAS 各窗口环境等的设置。
- Index：索引按钮，通过索引查找到需要的各项功能。
- Exit：退出 ASSIST 窗口。

1.5　SAS 系统的文件管理

SAS 是一款优秀的专业统计软件，具有强大的编程和图形界面操作能力，可以满足用户的各种统计分析的需求。同时，与一般的统计软件相比，SAS 的最大优势就是其强大的文件管理能力，可以方便地管理大量数据文件，从而高效地进行各类统计分析。

1.5.1　SAS 数据集

与一般统计软件不同，SAS 中存在一种特殊的数据文件，称为数据集，SAS 中一切统计分析只能对数据集中的数据进行分析。因而，对于各类数据，我们首先必须创建数据集文件，而一般的数据集的来源主要分为外部文件和内部创建的两种，其中外部文件需要通过一定的接口转换为 SAS 内部的数据集，而一些简单的数据资料可以直接在 SAS 系统中输入。

本节将具体介绍如何在 SAS 中快速创建内部数据文件及其可以进行的简单操作，而对于外部数据文件的导入和导出等操作，将在本书数据管理部分详细介绍。

SAS 数据集的创建主要是一个创建数据表的过程，然后用户可以在新建的数据表中输入数据。数据表的新建可以通过菜单和资源管理器两种方式实现。

- 菜单法：单击主界面上的菜单“工具|表编辑器”。
- 资源管理器法：在资源管理器的逻辑库文件夹中的子目录下，单击“新建”菜单，选择新建表选项。

【例 1.3】 利用资源管理器新建 SAS 数据集。

打开资源管理器的逻辑库文件夹下的 Work 子目录，在其中的右键弹出式菜单中单击“新建”菜单项，如图 1.42 所示，将打开如图 1.43 所示的窗口，在其中选择新建“表”。单击“确定”按钮后将打开如图 1.44 所示的新建的空数据表文件。

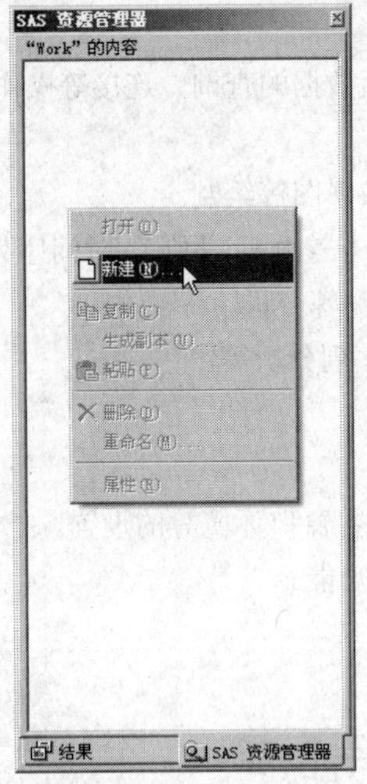

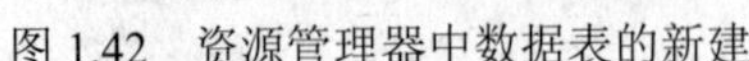

图 1.42　资源管理器中数据表的新建

图 1.43　数据表的新建

图 1.44　空数据表文件

在空的数据表文件中输入数据，本实例的数据为某商店对其会员的基本信息的统计。用户可以在表中直接输入变量的值，如图 1.45 所示。在数据表中每行为一个观测，本实例中我们输入了 1～10 号顾客的基本信息，每列数据为一个变量，包含的变量包括顾客号、姓名、性别、年龄。在变量输入的过程中需要对每列数据的数据类型和数据长度等基本数据格式进行设置，以其中的“顾客号”变量为例，在数据表中的“顾客号”变量所在列中右键单击 Column Attributes 菜单，打开如图 1.46 所示的列属性编辑对话框。在列属性编辑对话框中设置其数据名称属性 Name 为“number”，数据标签属性 Label 为“顾客号”，数据长度属性 Length 为“8”，数据类型属性 Type 为“Numeric”，如图 1.46 所示。

在数据输入完毕后，用户需要及时保存数据文件，以便下次可以直接使用。数据表文件保存类似于一般文件的保存方法，可以通过单击主界面上“文件|保存”菜单或工具栏中的工具保存数据文件。在保存数据文件时需要对数据进行命名，数据集文件的命名需要遵行以下规定：

- 首字母需为英文字母或下划线；

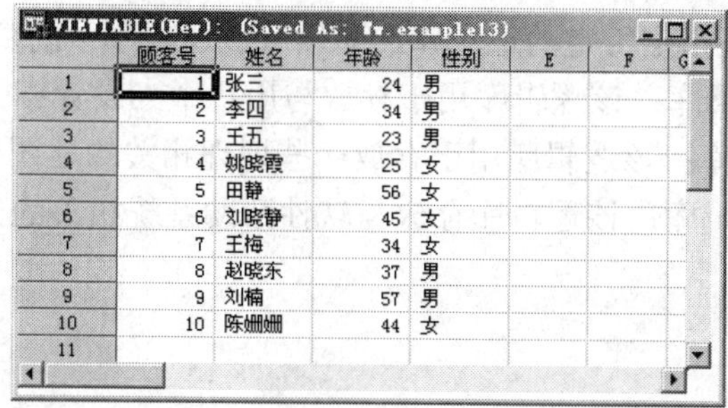

VIEWTABLE(New): (Saved As: Ww.example13)

	顾客号	姓名	年龄	性别	E	F	G
1	1	张三	24	男			
2	2	李四	34	男			
3	3	王五	23	男			
4	4	姚晓霞	25	女			
5	5	田静	56	女			
6	6	刘晓静	45	女			
7	7	王梅	34	女			
8	8	赵晓东	37	男			
9	9	刘楠	57	男			
10	10	陈姗姗	44	女			
11							

图 1.45　数据表的数据的输入

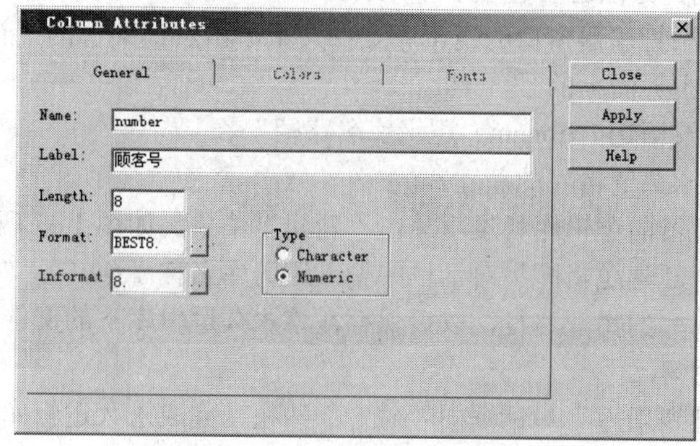

图 1.46　数据表的数据类型设置

- ❑ 命名只能由英文字母、数字和下划线组成，不能包含特殊字符；
- ❑ 命名的长度需在 1 到 32 个字符之间。

在本实例中我们保存上述的数据文件为“example13.sas7bdat”，用户可以在随书光盘中找到该文件。数据文件的后缀为“sas7bdat”。

1.5.2　SAS 逻辑库

逻辑库是 SAS 中特有的概念，在 SAS 系统中，逻辑库专门用于组织 SAS 数据集文件，可用于指向特定的物理路径。在 Windows 目录下，每一个 SAS 逻辑库对应于一个文件夹，在逻辑库下存储数据文件。

1．逻辑库的分类

在 SAS 系统中的逻辑库可以分为永久逻辑库和临时逻辑库。永久逻辑库中的数据文件为永久文件，每次启动 SAS 系统时都可以使用，而临时逻辑库中存放的文件为临时文件，在退出 SAS 系统后将被自动删除。一般用户在使用逻辑库存储数据集时会把需要反复使用的数据存放在永久逻辑库中，而将计算过程中的一些不重要的中间结果存放在临时逻辑库中。

用户启动 SAS 系统后，默认其中包括如下 4 个固定的逻辑库。

- ❑ Work 临时逻辑库：在启动 SAS 后会自动生成，存储用户执行程序时临时生成的数据文件。在退出 SAS 后，该逻辑库下的文件将被清除。同时，用户在 SAS 中引用数据时，如果不指定特定的逻辑库，即读取该逻辑库下的数据文件。

- ❑ Sasuser 永久逻辑库：该逻辑库用于存放与用户个人设置相关的一些永久文件。
- ❑ Maps 永久逻辑库：该逻辑库用于存放一些地理相关的地图数据。
- ❑ Sashelp 永久逻辑库：该逻辑库存放与软件帮助系统相关的文件，包括一些例子的数据文件等。

2．逻辑库的创建

用户在把需要反复使用的数据集文件存储到逻辑库前，需要首先创建一个永久逻辑库。永久逻辑库的创建方法主要包括以下几种。

- ❑ 菜单法：资源管理器窗口的逻辑库文件夹里单击右键菜单的“新建”菜单项。
- ❑ 工具条法：主界面上的🗋工具。
- ❑ 编程法：通过语句“libname 逻辑库名路径”。

【例 1.4】 SAS 永久逻辑库的新建。

（1）在资源管理器的逻辑库目录下单击“新建”菜单，如图 1.47 所示。

（2）在弹出的“新建逻辑库”对话框中输入逻辑库名称“ww”，勾选“启动时启用”复选框，并设置逻辑库的物理路径，以后保存在该永久逻辑库下的文件都将保存在该物理路径下，如图 1.48 所示。

（3）单击“新建逻辑库”对话框中“确定”按钮，完成永久逻辑库的新建工作，在资源管理器窗口将产生一个名为“ww”的逻辑库文件，以后用户可以把数据文集文件存放在该逻辑库下。

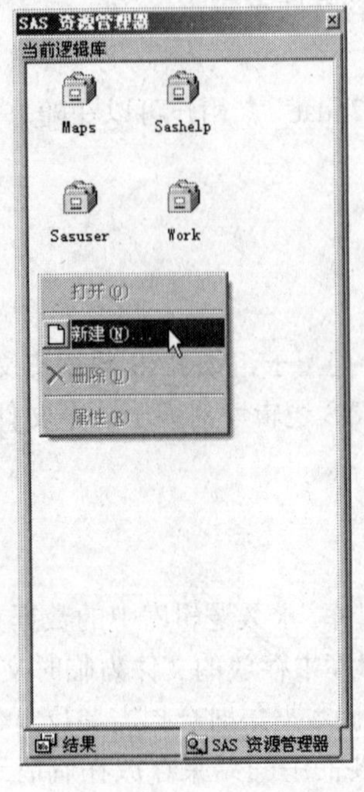

图 1.47　逻辑库的新建

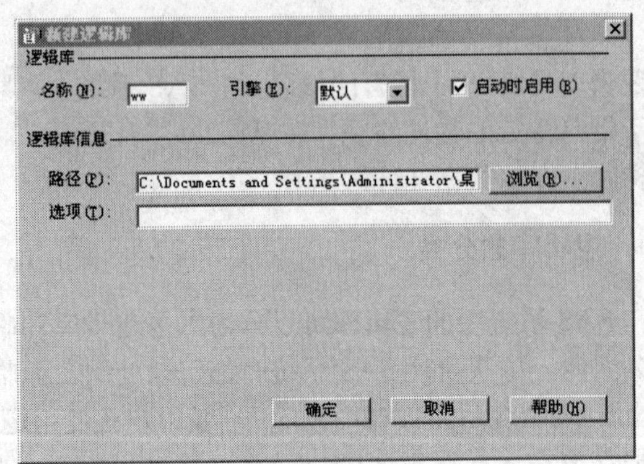

图 1.48　新建逻辑库的定义

3．逻辑库的数据集的引用

在 SAS 程序实现前，首先需要通过数据步指定需要分析的数据，而一般用户经常使用的数据可以以数据集的形式存储在逻辑库中，通过对逻辑库中数据集的访问实现数据集的引用。在 SAS 9.2 系统中数据集访问的语句为：“逻辑库名.数据集名”。其中，逻辑库名可以缺省，SAS 将访问 work 临时逻辑库中的数据文件。

1.6 本章小结

SAS 系统是专门的统计分析软件，在各个领域中都得到了成功的应用。本章主要对 SAS 软件的基本情况做了简单的介绍，对 SAS 系统概况的介绍帮助读者对 SAS 的历史、特点和功能等有初步了解。同时，为了满足广大的入门读者的需求，本书从零开始，对 SAS 软件做了详细介绍，其中包括 SAS 安装与启动、SAS 的主要操作界面、常用的 SAS 界面操作窗口、SAS 的文件管理。通过本章的学习，读者将对 SAS 软件的基本操作环境和常用的功能有基本了解。在后续的章节中，本书将循序渐进地为用户讲述 SAS 具体功能的实现。

1.7 习题

1．熟悉了解 SAS 9.2 基本功能，并完成 SAS 软件的安装。

2．熟悉了解 SAS 9.2 主要操作界面，查看其各项菜单，并了解各菜单的主要功能。

3．熟悉了解 SAS 的 INSIGHT，ANALYST 和 ASSIST 的桌面操作环境。

4．掌握 SAS 逻辑库和数据集的概念，练习创建一个新的名为 test 的永久逻辑库，并在其中新建一个数据表，输入如下数据。

员工考核成绩表

序号	文化程度	成绩
1	高中	70
2	高中	78
3	大专	80
4	高中	87
5	本科	95
6	高中	85
7	本科	80
8	本科	94
9	高中	76
10	大专	73
11	大专	60
12	本科	93
13	大专	93
14	本科	89
15	本科	88

5．学习使用 SAS 的帮助文档。

第2章　SAS程序设计入门

SAS软件具有强大的统计分析功能，为了更好使用这些功能，用户往往需要依赖于程序设计。SAS系统为用户提供了一种专门用于SAS软件的编程语言，该语言类似于一般的编程语言，用户可以方便地在程序编辑窗口完成程序的设计工作，但同时由于SAS软件的统计分析特性，因此该语言也具有不同的语言规范、关键词等。本章将主要介绍SAS语言的规范、程序基本结构、常用的语句、函数等程序设计的基本知识，通过本章的学习，读者将对SAS程序设计有初步的认识。

2.1　SAS语言基础

作为一门编程语言，SAS语言具有特殊的编程语言规范。与其他的程序设计语言相比，SAS具有较为宽松的编程规范，比如不区别大小写、语句可以分多行写等。本节将主要介绍SAS语言的这些编程规范。

2.1.1　SAS程序的组成

1. SAS语句

SAS程序由SAS语句组成，SAS语句以关键词开始（除赋值、累加、注释和空语句以外），分号用于标识语句结束。SAS语句的这种以关键词开始和分号结束的机制，使得在程序设计过程中用户不需要为每句语句单独分配一行的代码空间，即支持一行多句和多句一行。同时，还需要注意SAS语句不区分大小写，且可以在任意位置放入空行或空格，可以在任意列位置开始程序。不过为了程序的易读性，还是建议读者一句一行书写SAS语句，并为各语句设置合适的代码缩进格式。

在SAS系统中也存在注释语句。为程序适当地加上注释可以便于代码的阅读，方便他人学习使用代码。同时，在程序调试时也可以为一些不需要执行的代码加上注释符，使其成为注释语句。

在SAS系统中，注释语句的添加方式类似于C语言，包括如下两种方式：

- 在程序代码后，通过“/*注释语句*/”表示注释，注释语句可以占多行；
- 单独使用一行添加注释语句，以“*”号开头，用于标识注释。

2. SAS变量

变量是SAS语言的重要组成部分。在SAS系统中，所有数据以变量形式存在，且每一列数据为一个合法变量。在SAS中，变量的类型包括字符型和数值型两种。

- 字符型变量：字符型变量为字符、数字和一些特殊字符的组合，其存储长度为 1～32 767 个字节，默认情况下定义的字符型变量的长度为 8 个字节。字符型变量定义后需在其后加“$”以标识其为字符型变量。
- 数值型变量：数值型变量由数字组成，可以定义的数值范围从$\pm10^{-307}$～$\pm10^{308}$。数值型变量的存储长度为 2～8 个字节，默认情况下为 8 个字节。

同时，SAS 系统中的变量除了可以赋予具体的值外，还可以赋予其他一些属性，包括 Name（变量名称）、Types（变量类型）、Length（变量长度）、Informat（变量输入格式）、Format（变量输出格式）、Label（变量标签）。用户可以通过变量定义时对列属性的设置完成这些属性的赋值。

3．SAS常量

SAS 常数用来表示具有固定值的数值、字符串或其他一些特殊字符。

- 数值型常量：直接通过具体的数值表示，例如 1、2、0.3 等。
- 字符型常量：由单引号引起来的字符串，例如'I am a student' 等。
- 日期型常量：由单引号引起的日期，并在其后加字符 D、T、DT 分别代表日期、时间、日期时间，例如：'12:37'T。

4．SAS运算符

SAS 运算符为一系列符号，它们使得 SAS 语句可以执行数据计算、比较、逻辑运算等功能。

- 算术操作符主要用于进行常规的四则运算，包括+（加）、–（减）、*（乘）、/（除）和**（乘方）。
- 比较操作符用于比较两个变量之间是否存在一定关系，返回的结果为关系判断后的真假值，包括 EQ 或=（等于）、GT 或>（大于）、LT 或<（小于）、NE 或^=（不等于）、GE 或>=（大于等于）、LE 或<=（小于等于）。
- 逻辑操作符可用于连接逻辑表达式，进行逻辑关系的判断，包括 AND 或&（逻辑与）、OR 或 |（逻辑或）、NOT 或^（逻辑非）。

5．SAS表达式

SAS 表达式由变量、常数和运算符组成，可用于变量的赋值、变量的转换、变量的计算和逻辑运算。例如：

```
Y=3;             /*变量的赋值*/
X=log(x);        /*变量的转换*/
Y=2*x+1;         /*变量的计算*/
x>y;             /*逻辑运算*/
```

2.1.2　结构化语句

类似于一般的编程语言，在 SAS 系统中也提供了顺序、条件、循环三种结构化语句。顺序语句比较简单，只要把 SAS 语句按照程序执行的顺序排列即可。这里主要介绍一下条件语句和循环语句。

1．条件语句

条件语句使程序根据一定的判断条件选择相应执行的操作。根据需要判断条件和执行的相应程序的不同，SAS 中的条件语句可以使用以下几种格式。

（1）IF-THEN 语句

IF 条件 THEN 语句：如果条件为真，则执行相应的语句。例如：

```
IF x<0 THEN x=-x;
```

该语句的功能为如果条件“x 小于 0”为真，则执行语句“x=-x”。

（2）IF-THEN DO:-END 语句块

IF-THEN DO:-END 语句块：如果条件为真，则可执行多条语句。例如：

```
IF x<0 THEN DO:
PUT 'x 小于 0';
x=-x;
END;
```

（3）IF-THEN-ELSE 语句

IF-THEN-ELSE 语句的基本格式为：

```
IF 条件 THEN            /*如果条件为真执行语句块 1，否则执行语句块 2*/
   程序块 1;
ELSE
   程序块 2;
```

注意：SAS 系统中的 IF 分支语句与其他的编程语言不同，不需要 ENDIF 语句。

（4）SELECT 语句

SAS 中的 IF 语句不支持“ELSEIF”，即其他条件的判断，但是可以通过 SELECT 语句完成多个选择条件的判断。SELECT 语句的基本格式为：

```
SELECT (条件表达式);
    WHEN(值列表 1)  语句 1;
    WHEN(值列表 2)  语句 2;
    …
    OTHERWISE  语句;
END;
```

在上述语句中，对 SELECT 后的条件表达式进行判断：如果其值在值列表 1 中，则执行语句 1，然后退出 SELECT 语句，不再对后面的选择进行判断；如果其值在值列表 2 中，则执行语句 2，然后退出 SELECT 语句，不再对后面的选择进行判断；依此类推，最后，如果可供选择的条件都不能满足，则执行 OTHERWISE 后的语句。

SELECT 语句的另一种调用格式为：

```
SELECT;
    WHEN(条件 1)  语句 1;
    WHEN(条件 2)  语句 2;
    …
    OTHERWISE  语句;
```

```
END;
```

在上述的调用格式中，SELECT 关键词后无须跟条件表达式，程序在执行的过程中直接对 WHEN 语句后的条件进行判断：如果条件 1 能满足，则执行语句 1，然后退出 SELECT 语句，不再对后面的条件进行判断；如果条件 2 能满足，则执行语句 2，然后退出 SELECT 语句，不再对后面的条件进行判断；依此类推，最后，如果所有的条件都不为真，则执行 OTHERWISE 后的语句。

【例 2.1】 SELECT 语句的使用。

（1）SELECT 语句调用格式 1：

```
SELECT(sex);      /*对 sex 的值进行判断，如果为“男”，则输出“性别男”，如果为“女”，
                  则输出“性别女”*/
  WHEN('男')  put  '性别男';
  WHEN('女')  put  '性别女';
  OTHERWISE  put  '输入数据不符合要求';
END;
```

（2）SELECT 语句调用格式 2：

```
SELECT;
    WHEN(grade<60)        /*如果成绩低于 60 分，则输出成绩不合格*/
        PUT '成绩不合格';
    WHEN(grade < 75)      /*如果成绩低于 75 分，则输出成绩合格*/
        PUT '成绩合格';
    WHEN(grade < 85)      /*如果成绩低于 85 分，则输出成绩良好*/
        PUT '成绩良好';
    OTHERWISE             /*如果上述条件都不符合，说明成绩大于 85，则输出成绩优秀*/
        PUT '成绩优秀';
END;
```

2. 循环语句

在 SAS 系统中的循环可以分为 DO、DO-WHILE 和 DO-UNTIL 三种不同的循环，下面具体介绍这三种循环格式的语句。

（1）DO 循环

DO 循环用于变量在一定范围内时，执行相应的循环，可以控制循环的次数，其基本的格式为：

```
DO 循环变量＝初值 TO 终值 BY 步长;
    循环体语句块;
END;
```

上述代码中，首先为循环变量赋初值，然后执行循环体语句块，每执行一次，按照循环变量的步长，对循环变量的值做出改变，当循环变量的值超过终值后，终止循环。

【例 2.2】 DO 循环语句的使用。

下面的程序利用 DO 循环语句，计算 1～10 内各个数的平方并输出。

```
DATA;
DO I=1 TO 10 BY 1;            /*计算 1～10 内各个数的平方并输出*/
    X=I*I;
    PUT X;
```

```
END;
RUN;
```

执行上述程序，将在日志窗口输出每次循环计算的变量 X：

```
1
4
9
16
25
36
49
64
81
100
```

（2）DO-WHILE 循环

DO-WHILE 循环语句通过条件控制程序的执行，当程序满足 WHILE 语句后的条件时，将执行循环体语句块，否则退出循环。其基本的调用格式为：

```
DO  WHILE(循环继续条件);
    循环体语句块;
END;
```

【例 2.3】 DO-WHILE 循环语句的使用。

下面的程序利用 DO-WHILE 循环语句，在循环符合指定条件后退出循环。

```
data;
  x=20;                 /*为变量 x 赋值*/
  do while(x>0);        /*如果 x 的值大于 0，则执行循环*/
    x=x-1;              /*循环语句*/
  end;
  put x;                /*循环结束后输出变量 x 的值*/
run;
```

执行上述程序，在日志窗口的代码后输出：

```
0
```

（3）DO-UNTIL 循环

DO-UNTIL 循环语句用于根据循环的终止条件完成循环的终止。当循环的终止条件不满足时，执行循环体语句，否则退出循环。

```
DO UNTIL(循环终止条件);
    循环体语句块;
END;
```

【例 2.4】 DO-UNTIL 循环语句的使用。

下面的程序执行循环语句，直到满足循环条件退出 DO 循环。

```
data;
  x=3;                      /*为变量 x 赋值*/
  do until(x>100);          /*执行循环操作，直到变量 x 的值大于 100 退出循环*/
      x=x*2;
  end;
      put x;                /*循环结束后输出变量 x 的值*/
run;
```

执行上述程序，在日志窗口的代码后输出：

```
192
```

2.2　SAS 程序结构

SAS 程序的基本结构为由多个 SAS 语句构成，而 SAS 语句按照功能的不同可以分为数据步和过程步。数据步主要用于对程序中数据文件的管理，例如引用需要分析的数据、输入数据等；过程步指进行相关统计分析的命令语句，对于不同分析功能，一般都需要通过指定格式的语句来实现。对于一般的 SAS 程序，前半部分为数据步，用于分析时数据集的导入；后半部分为过程步，用于指定需要进行的统计分析。本节将重点介绍 SAS 中的这两类语句。

2.2.1　数据步介绍

在 SAS 系统中，数据步用于创建和管理数据集，其基本的语言格式为：

```
DATA  数据集名;          /*创建数据集并命名*/
INPUT  变量列表;         /*列出数据集的变量名*/
CARDS;                   /*数据区的开始标识*/
数据
;                        /*数据区的结束标识*/
RUN ;                    /*数据步程序提交运行*/
```

其中：

- ❑ DATA 语句用于指定数据集名，并标识数据步的开始。所创建的数据集可以是在指定永久逻辑库下，此时数据集名应为“逻辑库名.数据集名”，如果用户省略逻辑库名，创建的数据集将存储在 Work 临时逻辑库下，在 SAS 软件关闭后将不存在。
- ❑ INPUT 语句用于顺序列出输入数据的变量名，各个变量之间通过空格间隔，默认情况下输入的变量为数值型。如果输入的数据为字符串型，需要在变量名后加“$”符号。
- ❑ CARDS 语句用于标识数据的开始，且输入的数据各列应与 INPUT 语句定义的变量顺序一致。
- ❑ 数据将在 CARDS 语句后开始输入，各个数据之间至少通过一个空格间隔，且输入的数据的顺序应该与 INPUT 语句中列出的变量名顺序相同。如果输入的数据中有缺失值，需要使用“.”标识。最后，所有数据输入完毕后，“;”分号不可以忘记加上。
- ❑ RUN 语句用于向 SAS 系统提交数据步的程序。

【例 2.5】 数据步的使用：内部输入数据。

下面的程序创建了一个含有姓名、性别和学号三个变量的数据集。采用在 SAS 系统内直接输入的模式创建数据集。

```
data test;                    /*数据集的创建*/
input name$ sex$ number;
cards;
张三 男 1001
李四 男 1002
王五 男 1003
姚香 女 1004
陈亮 男 1005
;
run;
```

执行上述程序，用户将在临时逻辑库 Work 中建立数据集文件 Test。在资源管理器窗口中用户单击逻辑库/Work/Test 数据集可以查看输入的数据，数据存储在 Test 表中，如图 2.1 所示。

VIEWTABLE: Work.Test

	name	sex	number
1	张三	男	1001
2	李四	男	1002
3	王五	男	1003
4	姚香	女	1004
5	陈亮	男	1005

图 2.1　数据集的新建

另外，对于存放在外部文件上的数据集，可以通过下面的 DATA 步语句进行创建：

```
DATA 数据集名;                    /*创建数据集并命名*/
INFILE '文件路径' [选项];         /*从指定的路径下读取数据文件*/
INPUT  变量列表;                  /*列出数据集的变量名*/
RUN;                              /*数据步程序提交运行*/
```

其中，INFILE 语句用于从指定的文件路径下读取数据文件，此处的文件路径应为完整的文件路径，同时选项中可以设置 SAS 读取数据的相关参数，例如读取的数据行数等，在后面对 SAS 数据步语句的讲解中将详细介绍。SAS 系统中支持的从外部读取的文本文件类型包括后缀为 txt、dat 和 csv 的数据文件。类似于第一种的数据步格式，INPUT 语句用于顺序列出读取的变量名。

【例 2.6】 数据步的使用：外部输入数据。

把例 2.5 的数据保存于 test 文本文件中，并存在桌面的 sasdada 文件夹下，下面通过含 infile 语句的数据步实现数据集的输入。

```
data test2;
infile 'C:\Documents and Settings\Administrator\桌面\sasdata\test.txt';
                                                    /*打开外部数据文件*/
input name$ sex$ number;                            /*输入变量列表*/
put name= sex= number=;                             /*输出导入的数据*/
run;
```

执行上述程序将从外部文件输入数据，并在日志窗口显示如下所示的数据：

```
name=张三 sex=男 number=1001
name=李四 sex=男 number=1002
name=王五 sex=男 number=1003
```

```
name=姚香 sex=女 number=1004
name=陈亮 sex=男 number=1005
```

2.2.2　过程步介绍

在 SAS 9.2 中，用户需要使用的统计分析功能一般都封装为完善的 SAS 过程，用户只需要通过对 SAS 过程的调用即可完成相应的统计分析。在 SAS 系统中过程步的基本调用格式为：

```
PROC 过程名 [DATA=数据集名] [选项];
过程步语句;
Run;
```

其中：

- PROC 语句用于指定需要进行的统计分析过程和相关数据集，其中“过程名”为用户需要进行的统计分析的名称。表 2.1 列出了 SAS 系统主要的过程名及其功能，在后续章节会对这些过程的使用进行详细的介绍。“DATA=数据集名”对于数据集的指定是可选的，如果缺省，系统将对最近一次使用的数据集文件进行分析。同时，在 PROC 语句中用户也可以设置统计过程的相关参数，涉及方法的选择、结果输出设置等。

表 2.1　SAS系统的主要过程名及其基本功能

过　程　名	基 本 功 能
MEANS	数值数据的简单描述性统计
FREQ	属性数据的简单描述性统计
UNIVARIATE	基本的统计量分析
CORR	相关分析
TTEST	假设测验
SORT	数据排序
ANOVA	方差分析
REG	回归分析
GLM	线性模型拟合
CLUSTER	聚类分析
PRINCOMP	主成分分析
FACTOR	因子分析
CANCORR	典型相关分析
LOGISTIC	LOGISTIC 回归
DISCRIM	距离判别分析
CANDISC	典型判别分析
STEPDISC	逐步判别分析
LIFEREG	生存分析回归过程
LIFETEST	生存分析检验过程
AUTOREG	时间序列自回归过程

续表

过 程 名	基 本 功 能
TABULATE	绘制分类统计量的表格
PRINT	数据列表的打印输出
GCHART	统计图形的绘制
GRAPH	统计图形的绘制
PLOT	图形绘制

- 过程步语句用于辅助 SAS 过程的实现，经常使用的过程语句介绍如下。
  - VAR 语句：用于指定需要分析的变量。
  - WHERE 语句：用于指定一定的分析条件。
  - BY 语句：用于指定变量的分组情况。
  - MODEL 语句：用于指定分析的模型。
- RUN 语句用于向 SAS 系统提交过程步中的语句。

【例 2.7】 介绍一个简单的 SAS 程序。

下面的程序展示了一个最为简单的 SAS 程序的基本结构，包括数据步和过程步。在程序中首先通过 data 数据步语句创建 test 数据文件，其中存放输入的学生成绩数据，然后通过三个过程步对数据集执行相关操作。三个过程步中第一个 print 过程步用于打印出输入的数据，第二个 sort 过程步用于对成绩数据的排序，第三个 print 过程用于打印出排序后的结果。

```
title '成绩统计';                                    /*此程序用于成绩的简单统计*/
data test;                                          /*建立一个临时数据集 test*/
    input number math chinese english physics chemistry;
                                                    /*列出输入的数据名*/
    avg = (math+ chinese+english+physics+chemistry)/5;
                                                    /*计算 5 门课的平均成绩*/
    cards;                                          /*数据开始输入*/
    101   74   89  86  92  67
    102   81   76  68  84  79
    103   70   98  70  88  76
    104   83   62  85  63  78
    105   61   82  81  76  84
    106   82   71  62  75  62
    107   88   94  63  66  72
    108   98   73  70  93  84
    109   90   87  76  93  67
    110   89   62  78  78  84
    111   77   74  96  98  69
    112   85   79  83  65  83
    113   92   77  73  94  80
    114   63   82  79  90  78
    115   97   84  83  77  81
    116   96   64  66  84  97
    117   84   95  93  98  73
    118   70   90  98  85  76
    119   94   91  83  69  72
    120   80   92  61  74  76
   ;
run;
proc print;                                         /*打印输入的成绩数据集*/
```

```
run;
proc sort data=test;  by descending  avg;   /*按均值对成绩进行降序排列*/
run;
proc print;                                  /*打印出排序后的成绩*/
run;
```

提交上述程序，在结果输出窗口将生成两张打印出的数据表，如图 2.2 和图 2.3 所示。其中，图 2.2 所示为原始数据，图 2.3 所示为排序后的数据。

Obs	nunmber	math	chinese	english	physics	chemistry	avg
1	101	74	89	86	92	67	81.6
2	102	81	76	68	84	79	77.6
3	103	70	98	70	88	76	80.4
4	104	83	62	85	63	78	74.2
5	105	61	82	81	76	84	76.8
6	106	82	71	62	75	62	70.4
7	107	88	94	63	66	72	76.6
8	108	98	73	70	93	84	83.6
9	109	90	87	76	93	67	82.6
10	110	89	62	78	78	84	78.2
11	111	77	74	96	98	69	82.8
12	112	85	79	83	65	83	79.0
13	113	92	77	73	94	80	83.2
14	114	63	82	79	90	78	78.4
15	115	97	84	83	77	81	84.4
16	116	96	64	66	84	97	81.4
17	117	84	95	93	98	73	88.6
18	118	70	90	98	85	76	83.8
19	119	94	91	83	69	72	81.8
20	120	80	92	61	74	76	76.6

图 2.2　打印的原始成绩表数据

Obs	nunmber	math	chinese	english	physics	chemistry	avg
1	117	84	95	93	98	73	88.6
2	115	97	84	83	77	81	84.4
3	118	70	90	98	85	76	83.8
4	108	98	73	70	93	84	83.6
5	113	92	77	73	94	80	83.2
6	111	77	74	96	98	69	82.8
7	109	90	87	76	93	67	82.6
8	119	94	91	83	69	72	81.8
9	101	74	89	86	92	67	81.6
10	116	96	64	66	84	97	81.4
11	103	70	98	70	88	76	80.4
12	112	85	79	83	65	83	79.0
13	114	63	82	79	90	78	78.4
14	110	89	62	78	78	84	78.2
15	102	81	76	68	84	79	77.6
16	105	61	82	81	76	84	76.8
17	107	88	94	63	66	72	76.6
18	120	80	92	61	74	76	76.6
19	104	83	62	85	63	78	74.2
20	106	82	71	62	75	62	70.4

图 2.3　打印的排序后的成绩表数据

2.3　SAS 中数据步常用语句

本节将主要介绍在 SAS 中数据步常用的语句的基本调用格式，其中包括赋值语句、数据输入语句、变量定义语句等。对于这些语句的具体用法，读者可以在后续章节的学习中慢慢体会。

2.3.1　赋值语句

在 SAS 系统中，赋值语句用于将表达式计算的值赋予指定的变量，其调用的基本格式为：

```
变量=表达式
```

其中，变量可以是一个 SAS 系统中已存在的变量或者用户新建的变量，但右边表达式中的变量需要是已存在并赋值的变量。

例如本书例 2.5 中的语句：

```
avg = (math+ chinese+english+physics+chemistry)/5;
```

此语句为简单的赋值语句，通过表达式“(math+ chinese+english+physics+chemistry)/5”的计算为变量 avg 赋值。

2.3.2 INPUT 语句

INPUT 语句是最为常用的向 SAS 系统中读入数据的语句，通过 INPUT 语句，用户可以方便地读取各种格式的数据。下面介绍 INPUT 语句常用的列表模式和列模式读取数据。

1. 列表模式

列表输入模式是较为简单的数据读入格式，对读取的数据有以下要求：

- 每个变量为一列数据，变量与变量之间通过分隔符分隔。
- 缺失的数据需以“.”号表示。

采用列表模式输入时，数据的列形式无须统一，只需在 INPUT 语句中按顺序列出变量列表，SAS 系统在读取时会按照变量列表中的顺序逐个读取数据，遇到分隔符即表示一个变量的读取完成，并将开始下一个变量的读取。

按列表模式输入数据的 INPUT 语句的基本格式为：

```
INPUT 变量名 [$] [选项] [@/@@];
```

其中：

- 变量名为需要输入的数据各列的变量名。
- 输入数据如果为字符型数据，需要在其后加“$”符号。
- 选项参数可用于设置输入数据的格式。
- INPUT 语句缺省的变量分隔符为空格，因此对于其他分隔符（例如逗号、制表符等），需要通过 INFILE 语句设置，设置语句为“INFILE 文件路径 dlm='分隔符号'”或“INFILE CARDS dlm='分隔符号'”。
- 读取的字符型数据的默认长度为 8 个字符，超过 8 各字符的变量，需要通过 LENGTH 语句定义其长度。LENGTH 语句的格式为：“length 变量名$长度”。
- 符号@表示一个数据行仅读取一个数据观测，系统输入完所有变量后会自动转入下一数据行，进行数据读取，默认选项，而符号@@表示一个数据行可读取多个观测。

【例 2.8】 INPUT 列表模式数据输入。

程序 1：列表模式数据输入，且数据输入过程中不转行。

```
data test2_8;
```

```
input name$ price @@;         /*列表模式数据输入，且数据输入过程中不转行*/
cards;
香蕉 2.8 苹果 3.5 橘子 2
柿子 1.5 西瓜 3 芒果 6
;
run;
```

程序 2：列表模式数据输入，且数据输入过程中转行。

```
data test2_8;
input name$ price;            /*列表模式数据输入，且数据输入过程中转行*/
cards;
香蕉 2.8 苹果 3.5 橘子 2
柿子 1.5 西瓜 3 芒果 6
;
run;
```

上述程序都通过 INPUT 列表模式实现数据输入，在数据的输入过程中，多个观测被写到了一行，其中程序 1 的 INPUT 语句后加了“@@”符号，在输入数据后不会因两个变量（name 和 price）读取了一次就转入下一行数据的读取，而是继续读取数据至没有数据后转入下一行，最后输入到 SAS 数据集中的数据如图 2.4 所示，共计 6 个观测。而对于程序 2，INPUT 语句未加“@@”符号，在默认状况下系统默认一行为一个观测，在每一行数据中仅读取了一次观测即转入下一行，最后读取了 2 次观测进入数据集中，如图 2.5 所示。

VIEWTABLE: Work.Test2_8

	name	price
1	香蕉	2.8
2	苹果	3.5
3	橘子	2
4	柿子	1.5
5	西瓜	3
6	芒果	6

图 2.4　INPUT 语句列表模式的输入数据 1

VIEWTABLE: Work.Test2_8

	name	price
1	香蕉	2.8
2	柿子	1.5

图 2.5　INPUT 语句列表模式的输入数据 2

2．列模式

对于没有固定分隔符的数据，如果已按列排列好，不同观测的各变量均从相同的列开始，即可使用列模式的数据输入方式。例如对于一张学生成绩统计表，其第 1～8 列的数据为学号，9～10 列为数学成绩，13～14 列为语文成绩，则可以通过列模式指定每个变量所在的数据列输入数据。其 INPUT 语句的基本格式为：

```
INPUT 变量名 1 [$] 起始列数-终止列数 变量名 2 [$] 起始列数-终止列数…变量名 n [$] 起始列数-终止列数;
```

【例 2.9】 INPUT 列模式数据输入。

下面的程序将利用 INPUT 语句向数据集 test2_9 输入数据。

```
data test2_9;
input city$ 1-10 zip 12-17;                /*列模式数据输入*/
cards;
Birmingham 35201
Montgomery 36101
Huntsville 35801
```

```
Tuscaloosa 35401
Mobile    36601
run;
```

2.3.3 INFILE 语句

INFILE 语句可用于打开存放在外部文本文件中的数据文件。在 INFILE 语句中需指定输入的文本文件的完整路径，其后需要使用 INPUT 语句进一步读取出文本文件中的数据集。INFILE 语句的基本格式为：

```
INFILE 文件路径 [选项];
```

- ❑ 其文件路径一般包含文件完整路径和文件名，如果是默认文件路径，系统将在当前路径下寻找“文件名”的数据文件。
- ❑ 同时，可选参数“选项”可用于对输入数据的基本格式进行设置，其中 DELIMITER 选项可设置数据输入的分隔符，默认情况下为空格。

【例 2.10】 INFILE 语句的使用。

新建数据文件 test2.dat，存放于桌面上的 sasdata 文件夹下，其中存放数据：

1,2,3,4,5,6,7,8

```
data test2_10;
infile 'C:\Documents and Settings\Administrator\桌面\sasdata\test2.dat'
delimiter=',';                /*设置文件路径和间隔符为逗号*/
input x y @@;                 /*输入变量 x 和 y*/
put x= y=;                    /*输出输入的数据集*/
run;
```

执行上述程序，在日志窗口将显示输入的 SAS 数据集，如下所示：

```
x=1 y=2
x=3 y=4
x=5 y=6
x=7 y=8
```

2.3.4 PUT 和 FILE 语句

在前面的介绍中我们可以看到 SAS 数据步主要用于数据集的创建，但是数据输入到数据步中后，用户可能也希望在数据步中查看建立的数据集，以检验输入的数据或查看经过了简单的数据变换后的数据。PUT 和 FILE 语句主要用于 SAS 系统中的数据步数据的输出。其中，PUT 语句主要用于把数据输出到日志窗口，其基本格式为：

```
put 变量名;
```

同时，为了便于用户查看输出的变量，put 语句的格式也可以表示为：

```
put 变量名=;
```

采用上述格式的输出结果为“变量名=变量的值”。例如语句“put x=;”执行后将在日志窗口输出“x=x 的值”。

此外，put 语句还可以指定输出变量在窗口中显示的列数，例如“put x 5-10”将在日志窗口的第 5～10 列显示变量 x 的值。

【例 2.11】 put 语句的使用。

下面的程序使用 put 语句将相关的变量输出到日志窗口，具体程序如下：

```
data;
x=3;                /*创建变量 x*/
y=sin(x)+1;         /*创建变量 y*/
put x;              /*日志窗口输出变量 x 的具体值*/
put x y;            /*日志窗口输出变量 x 和 y 的具体值*/
put x=;             /*日志窗口输出变量 x=具体值*/
put x= y=;          /*日志窗口输出变量 x=具体值和 y=具体值*/
put x 5-10;         /*在日志窗口的第 5～10 列输出变量 x 的值*/
run;
```

执行上述程序后将在日志窗口输出以上 5 个 put 语句的结果，它们分别为：

```
3
3 1.1411200081
x=3
x=3 y=1.1411200081
        3
```

FILE 语句也是 SAS 数据步中常用的输出语句，该语句需要与 PUT 语句联合使用，可以把数据步中的数据输出到结果窗口或外部文件中，其语句的基本格式为：

```
FILE PRINT [选项];
FILE '文件路径' [选项];
```

其中，第一种格式的 FILE 语句用于指示 SAS 系统 PUT 语句的结果输出到结果窗口中；第二种格式的 FILE 语句可以使数据输出到外部指定的文件中。下面我们通过两个例子来看一下 FILE 语句的这两种格式的使用。

【例 2.12】 FILE 语句的使用：结果输出到结果窗口。

下面的程序将利用 FILE 语句将中间计算结果直接输出到结果窗口，具体程序如下：

```
data test2_12;
file print;         /*结果输出到结果输出窗口*/
do i=1 to 5 by 1;
x=i*i;
put i= x=;          /*在结果窗口输出数据*/
end;
run;
```

执行上述结果，将结果输出到结果输出窗口，如图 2.6 所示。

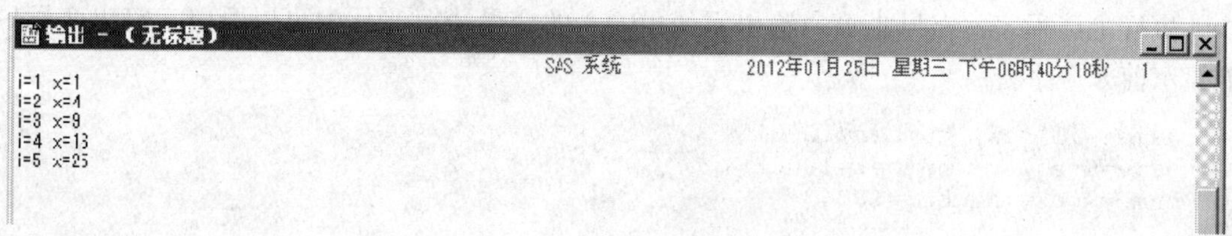

图 2.6　FILE 语句结果输出窗口

【例 2.13】 FILE 语句的使用：结果输出到外部文件。

下面的程序利用 FILE 语句，将结果输出到指定的外部文件中，具体程序如下：

```
data test2_13;
file 'd:/test2_13.txt';        /*结果输出到结果输出窗口*/
do i=1 to 5 by 1;
x=i*i;
put i= x=;                     /*在结果窗口输出数据*/
end;
run;
```

执行上述程序，计算的结果将写入外部的文本文件，在 D 盘上将生成文件"test2_13.txt"，打开该文件，其中包含输入的数据，如下所示。

```
i=1 x=1
i=2 x=4
i=3 x=9
i=4 x=16
i=5 x=25
```

2.3.5　LENGTH 语句

在 SAS 数据步中，LENGTH 语句用于定义变量的长度，其基本格式为：

```
LENGTH 变量名[$] 变量长度;
```

其中，对于字符型的变量，需要在其后添加符号"$"，数值型变量可以设置的长度范围为 2～8，字符型变量可以设置的长度范围为 1～32 767。

在 SAS 系统中，LENGTH 语句主要用于设置字符串变量的长度，因而系统默认的变量长度为 8 个字节，字符串变量的长度较易超过这个范围，而数值型变量一般不会超过 8 个字节的范围。

【例 2.14】 LENGTH 语句的使用。

程序 1：未使用 LENGTH 语句增长字符串变量的长度。

```
data test2_14;
input name$ number;       /*列出输入变量*/
put name= number=;        /*日志窗口输出变量*/
cards;
William,Edwards 10001
Greg,Curran  10002
Moore 10003
;
run;
```

执行上述程序，在日志窗口输出系统中输入的变量情况，从中可以看出字符串变量只能显示前 8 个字符：

```
name=William, number=10001
name=Greg,Cur number=10002
name=Moore number=10003
```

程序 2：使用 LENGTH 语句增长字符串变量的长度。

```
data test2_14;
length name$ 20;          /*指定变量长度*/
```

```
input name$ number;      /*列出输入变量*/
put name= number=;       /*日志窗口输出变量*/
cards;
William,Edwards 10001
Greg,Curran  10002
Moore 10003
;
run;
```

执行上述程序，在日志窗口输出系统中输入的变量情况，从中可以看出字符串变量可以显示完整：

```
name=William,Edwards number=10001
name=Greg,Curran number=10002
name=Moore number=10003
```

2.3.6　LABEL 语句

为了更好地说明 SAS 输入的数据，用户可以通过 LABEL 为输入的变量加上标签。标签可以为中文字符，其基本的格式为：

```
LABEL 变量名=标签名;
```

通过上述语句可以为一个或多个变量加上标签，同时，当为变量的标签名赋值为空时，可以删去变量的标签。

【例 2.15】 LABEL 语句的使用。

下面的程序利用 LABEL 语句为数据集内各变量加上数据标签，以方便用户理解各变量的意义。

```
data test2_15;
length city$ 10;
label city='城市' zip='邮政编码';      /*为变量加上标签*/
input city$10  zip;                    /*数据输入*/
cards;
Birmingham 35201
Montgomery 36101
Huntsville 35801
Tuscaloosa 35401
Mobile    36601
run;
```

执行上述程序将为输入的数据加上标签，用户可以打开 SAS 逻辑库下的 test2_15 数据集查看输入的数据，如图 2.7 所示。

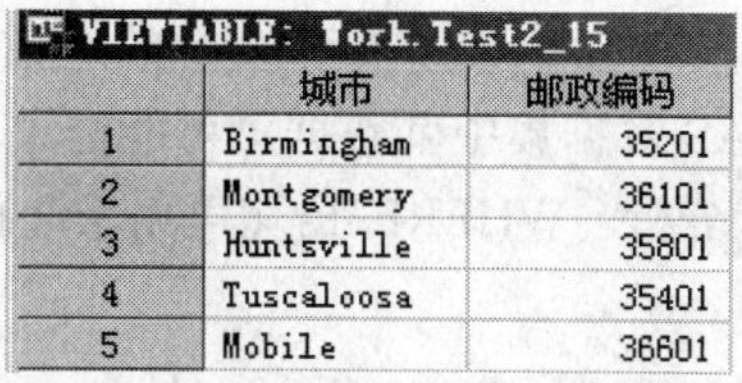

VIEWTABLE: Work.Test2_15

	城市	邮政编码
1	Birmingham	35201
2	Montgomery	36101
3	Huntsville	35801
4	Tuscaloosa	35401
5	Mobile	36601

图 2.7　LABEL 语句加上标签的结果

2.3.7　KEEP 语句

KEEP 语句可用于变量的选择。对于 SAS 数据集中的变量，可以通过 KEEP 语句保留需要使用的变量，而对于暂时不需要使用的变量可以删除。KEEP 语句的基本格式为：

```
KEEP 变量名 1 变量名 2 … 变量名 n;
```

【例 2.16】 KEEP 语句的使用。

下面的程序通过 KEEP 语句保留数据集中的部分变量。

```
data test2_16;
x=3;                    /*创建变量 x*/
y=sin(x)+1;             /*创建变量 y*/
z=x+y;                  /*创建变量 z*/
keep x y;               /*保留变量 x 和 y，删去变量 z*/
run;
```

执行上述程序后，用户可以打开 SAS 逻辑库中的 test2_16 数据集，其中仅存储了变量 x 和 y。

2.3.8　DROP 语句

DROP 语句可以起到与 KEEP 语句类似的作用，DROP 语句通过对指定变量的删除，实现有用变量的保存。DROP 语句的基本格式为：

```
DROP 变量名 1 变量名 2 … 变量名 n;
```

【例 2.17】 DROP 语句的使用。

下面的程序通过 DROP 语句删除数据集中的部分变量。

```
data test2_17;
x=3;                /*创建变量 x*/
y=sin(x)+1;         /*创建变量 y*/
z=x+y;              /*创建变量 z*/
drop z;             /*删去变量 z*/
run;
```

执行上述语句后，SAS 逻辑库中的 test2_17 数据集中变量 z 被删除，存储了变量 x 和 y。

2.3.9　WHERE 语句

KEEP 和 DROP 语句可以实现 SAS 数据集中变量的选择，而 WHERE 语句可以实现数据集中观测的选择。已存的 SAS 数据集中其数据量可能过大，用户在一些分析中可能只需要从中挑选出一部分样本进行分析。WHERE 语句可用于选择符合一定条件的观测，其基本的调用格式为：

```
Where 表达式
```

其中，WHERE 语句后的表达式为观测的选择条件。

【例 2.18】 WHERE 语句的使用。

下面的 WHERE 语句用于数据步中查找符合一定条件的数据变量。

```
where x>100;                    /*选择变量 x 大于 100 的观测*/
where x between 100 and 200;    /*选择变量 x 大于 100 小于 200 的观测*/
where x in (10, 20, 30);        /*选择变量 x 的值为 10、20 或 30 的观测*/
where x>100 & y>100;            /*选择变量 x 大于 100 且变量 y 小于 100 的观测*/
```

2.4　SAS 中过程步常用语句

本节主要介绍一些在 SAS 过程步语句中最为常用的语句。其中包括结果输出语句、打印语句、变量指定语句、分类语句等。

2.4.1　输出语句

OUTPUT 语句用于指定 SAS 过程步中产生的结果输出数据集，其基本格式为：

```
OUTPUT OUT =输出数据集名 [关键字=变量名];
```

其中，“关键字=变量名”选项可用于指定输出数据集中的结果，关键词为 SAS 过程中使用的 SAS 结果名，而变量名为输出数据集中的变量名。下面通过一个实例来体会 SAS 输出语句的使用。

【例 2.19】 OUTPUT 语句的使用。

在下面的程序中利用 MEANS 过程对 SAS 数据集 shoes 执行均值计算操作，并通过 OUTPUT 语句将计算结果输出到指定数据集中。

```
proc means data=sashelp.shoes; /*SAS 的均值计算过程*/
var Sales;                      /*对变量 sales 进行均值分析*/
*输出结果数据到数据集 resultmean，并指定均值分析的几个统计量的结果名
output out=resultmean n=n_result min=min_result max=max_result mean=mean_
result;
run;
```

执行上述程序后，用户可以查看 SAS 逻辑库下的 resultmean 的结果，其中存放了 n_result、min_result、max_result 和 mean_result 几个均值统计的计算结果。

2.4.2　打印语句

对于在 SAS 系统中生成的数据集，用户除了可以在逻辑库下打开数据集外，比较常用的查看数据集的方法是在结果窗口把数据集打印出来。其中，PRINT 语句是较为常用的数据集打印语句，其基本的格式为：

```
PROC PRINT DATA =数据集名 [NOOBS];
  VAR 变量列表;
  WHERE 表达式;
```

```
RUN;
```

其中，“DATA =数据集名”用于指定需要打印的数据集名；NOOBS 选项可以指定不输出观测序号；VAR 语句用于指定需要进行打印的变量；WHERE 语句可以在数据集中选择部分观测进行打印。

【例 2.20】 PRINT 语句的使用。

对于本书实例 2.19 所产生的结果数据集 resultmean，用户可以通过下面的语句在结果输出窗口打印出结果：

```
proc print data=resultmean;        /*结果的打印*/
run;
```

执行上述语句后，将在结果输出窗口中打印出如图 2.8 所示的结果。

```
                              SAS 系统          2012年01月27日 星期五 下午08时10分55秒  12
Obs   _TYPE_   _FREQ_   n_result    min_result    max_result    mean_result
 1      0       395       395          $325      $1,298,717       $85,700
```

图 2.8　PRINT 语句的结果输出

2.4.3　标注语句

为了更好地向用户解释输出的结果，可以在过程步语句上方添加合适的标题，默认情况下标题为“SAS 系统”，如图 2.8 所示。指定 SAS 程序标题内容的 TITLE 语句的格式为：

```
TITLE '标题内容';
```

在使用 TITLE 语句的过程中，用户需要注意该语句的作用域较大，用户进行一次设置后，在未退出 SAS 系统前，所有语句都将采用设置的标题。用户如果希望取消，可以通过一个空的 TITLE 语句来实现。

【例 2.21】 TITLE 语句的使用。

下面的程序使用 TITLE 语句为程序加上“SAS 学习”的标题。

```
title 'SAS 学习';                         /*程序标题*/
proc print data=resultmean;               /*结果的打印*/
run;
```

执行上述语句后，将在结果输出窗口中打印出如图 2.9 所示的结果，此时的标题语句改为了“SAS 学习”。

```
                              SAS 学习          2012年01月27日 星期五 下午08时10分55秒  15
Obs   _TYPE_   _FREQ_   n_result    min_result    max_result    mean_result
 1      0       395       395          $325      $1,298,717       $85,700
```

图 2.9　TITLE 语句的使用

FOOTNOTE 语句可以为 SAS 系统输出加脚注，其用法基本同 TITLE 语句。FOOTNOTE 语句的基本格式为：

```
FOOTNOTE '脚注内容';
```

同样，FOOTNOTE 语句的作用域也较大，设置后所有的输出都将添加相同的脚注，可以通过空的 FOOTNOTE 语句来取消脚注。

【例 2.22】 FOOTNOTE 语句的使用。

下面的程序首先清空刚才添加的程序标题，然后利用 FOOTNOTE 语句为程序加上脚注“脚注添加学习”。

```
title ;                              /*取消标题*/
footnote ‘脚注添加学习’ ;            /*添加脚注*/
proc print data=resultmean;          /*结果的打印*/
run;
```

执行上述程序，在结果输出窗口的底部会显示“脚注添加学习”的脚注。

2.4.4　MODEL 语句

在一些 SAS 过程中，MODEL 语句用于指明所采用的统计分析模型类型，其基本格式为：

```
MODEL 因变量列表=自变量列表;
```

通过上述形式的 MODEL 语句，可以指定所构建的模型的因变量和自变量，例如：“model y=x;”，则将在 SAS 系统中构建利用自变量 x 预测变量 y 的模型。

2.4.5　VAR 语句

VAR 语句用于向 SAS 过程指明需要分析的变量，其基本格式为：

```
VAR 变量名 1 变量名 2 ... 变量名 n;
```

【例 2.23】 VAR 语句的使用。

下面的程序利用 VAR 语句指定 SAS 过程分析的变量。执行下面的程序将对数据集中的 grade 变量进行均值分析。

```
data test2_22;              /*创建数据集*/
input number grade;
cards;
1001 95
1002 89
1003 75
1004 90
1005 97
;
run;
proc means data=test2_22;
var grade;                  /*指定分析的变量*/
run;
```

2.4.6　ID 语句

在 SAS 的一些过程中，为了方便用户区别不同观测的结果，常常在结果输出时，最前面一列为观测的序号，但是如果在变量中有一些名称变量等，可以用来区别不同的观测，用户可以通过 ID 语句指定用来区别观测的变量。结果输出后将以指定的变量标识不同的观测。ID 语句的基本格式为：

```
ID 变量名;
```

【例 2.24】 ID 语句的使用。

下面的程序在过程步中使用 ID 语句指定观测的区别变量。

```
data test2_23;
input number grade;
cards;
1001 95
1002 89
1003 75
1004 90
1005 97
;
run;
proc print data=test2_23;   /*输入数据的打印*/
id number;                  /*指定观测的区别符号*/
run;
```

执行上述程序，将在结果输出窗口打印出输入的数据结果，如图 2.10 所示。如果未使用 ID 语句指定观测的区别变量，将在打印出的数据集前增加一列观测序号，如图 2.11 所示。

SAS 系统

number	grade
1001	95
1002	89
1003	75
1004	90
1005	97

图 2.10　ID 语句的打印输出结果图

SAS 系统

Obs	number	grade
1	1001	95
2	1002	89
3	1003	75
4	1004	90
5	1005	97

图 2.11　未使用 ID 语句的打印输出结果图

2.4.7 BY 语句

在一些过程步中，需要对指定的变量分组执行相关的操作，在 SAS 过程中实现变量的分组的语句为 BY 语句，其基本的操作格式为：

```
BY  [DESCENDING] 变量列表;
```

其中：

（1）DESCENDING 选项为可选，默认情况下 BY 语句执行升序排序，添加该选项后执行降序排序。

（2）BY 语句可以同时对多个变量排序，先按第一变量分组，对于第一变量值相同的再按第二变量分组，依此类推。

（3）过程步中的 BY 语句指定的分组变量需要是按照一定顺序排列好的变量，如果有未排序的变量，需要在使用 BY 语句前排序。

【例 2.25】 BY 语句的使用。

下面的两个过程步中分别使用 BY 语句执行数据的分组排序和分组打印，具体程序如下：

```
proc sort data=sashelp.class out=test; /*对 BY 语句指定的分组变量排序*/
by sex;
run;
proc print data=test;                  /*按照 BY 语句指定的变量分组打印*/
by sex;
run;
```

执行上述程序，将在 SAS 结果输出窗口打印出如图 2.12 所示的分组后的数据集。

```
                    SAS 系统                2012年02

------------------------ 性别=男 ------------------------

      Obs    Name          Age    Height    Weight

        1    阿尔弗雷德    14      69.0      112.5
        2    亨利          14      63.5      102.5
        3    詹姆斯        12      57.3       83.0
        4    杰弗瑞        13      62.5       84.0
        5    约翰          12      59.0       99.5
        6    菲利普        16      72.0      150.0
        7    罗伯特        12      64.8      128.0
        8    罗纳德        15      67.0      133.0
        9    托马斯        11      57.5       85.0
       10    威廉          15      66.5      112.0

------------------------ 性别=女 ------------------------

      Obs    Name        Age    Height    Weight

       11    爱丽丝      13      56.5       84.0
       12    芭芭拉      13      65.3       98.0
       13    凯露        14      62.8      102.5
       14    简          12      59.8       84.5
       15    雅妮特      15      62.5      112.5
       16    乔伊斯      11      51.3       50.5
       17    茱迪        14      64.3       90.0
       18    罗伊斯      12      56.3       77.0
       19    玛丽        15      66.5      112.0
```

图 2.12　BY 语句分组的数据集

2.4.8　CLASS 语句

另外，在一些统计过程中可以使用 CLASS 语句进行分类，然后对分类的变量进行统计分析。CLASS 语句的基本格式为：

```
CLASS  变量列表;
```

【例 2.26】 CLASS 语句的使用。

下面的程序利用 CLASS 语句对数据集进行分组，然后计算各组内数据的均值，具体程序如下：

```
proc means data=sashelp.class;
class sex;                          /*按照性别分类计算均值*/
var height;
run;
```

执行上述程序后，将在结果输出窗口输出如图 2.13 所示的按照 CLASS 语句分类后的计算结果，按照性别分组，分别对原始数据集中的 height 变量进行了简单的数据分析。

SAS 系统　　2012年02月01日 星期三 上午10时

MEANS PROCEDURE

分析变量：Height 身高（英寸）

性别	观测的个数	N	均值	标准差	最小值	最大值
男	10	10	63.9100000	4.9379370	57.3000000	72.0000000
女	9	9	60.5888889	5.0183275	51.3000000	66.5000000

图 2.13　BY 语句分组的数据集

2.5　常 用 函 数

为了使用户更为方便地进行程序设计，SAS 系统把用户经常需要使用的程序封装为函数的形式，在函数中用户输入 0 个或 1 至多个自变量，即可返回计算结果。函数为 SAS 编程的实现提供了极大的方便。SAS 函数的基本形式为：

```
函数名(变量列表)
```

其中，变量列表的书写格式可以表示为：“of 变量 1 变量 2 ...变量 n”或“变量 1, 变量 2, ...变量 n”或“of 变量 1-变量 n”。例如求和函数 sum 支持的自变量形式包括：

```
sum(x1, x2, x3)
sum(of x1 x2 x3)
sum(of x1-x3)
```

在 SAS 系统中的常用函数包括数学函数、字符串函数、时间函数和统计函数等，本节将向用户简单介绍这些函数的使用。

2.5.1　数学函数

下面的数学函数主要用于执行相关的数据计算。

- ABS(x)：返回变量 x 的绝对值。
- SQRT(x)：返回变量 x 的平方根。
- MOD(x,y)：返回 x 除以 y 的余数。
- LOG(x)：返回变量 x 的自然对数。
- LOG10(x)：返回变量 x 的以 10 为底的对数。
- SIGN(x)：符号函数，当 x 小于 0 时返回–1，当 x 大于 0 时返回 1，当 x 等于 0 时返回 0。
- MAX(x1,x2,⋯,xn)：返回所有输入变量中的最大的一个变量。
- MIN(x1,x2,⋯,xn)：返回所有输入变量中的最小的一个变量。
- ROUND(x,eps)：在指定精度 esp 下返回变量 x 的四舍五入的计算结果。
- CEIL(x)：返回大于等于变量 x 的最小整数。
- FLOOR(x)：返回小于等于变量 x 的最大整数。
- INT(x) 求 x 扔掉小数部分后的结果。
- EXP(x)：计算指数函数。

- ❑ SIN(x)：计算正弦函数。
- ❑ COS(x)：计算余弦函数。
- ❑ TAN(x)：计算正切函数。
- ❑ ARSIN(y)：计算反正弦函数。
- ❑ ARCOS(y)：计算反余弦函数。
- ❑ ATAN(y)：计算反正切函数。

【例 2.27】 数学函数的使用。

下面通过具体的操作演示几个常用数学函数的使用：

```
data;
y1=sin(0.5);                          /*计算正弦函数值*/
y2=cos(0.5);                          /*计算余弦函数值*/
y3=int(4.23);                         /*求 4.23 取掉小数部分后的结果*/
y4=floor(2.33);                       /*返回小于等于变量 2.33 的最大整数*/
y5=ceil(2.33);                        /*返回大于等于变量 2.33 的最小整数*/
put y1= y2= y3= y4= y5=;
run;
```

执行上述程序的结果如下：

```
y1=0.4794255386 y2=0.8775825619 y3=4 y4=2 y5=3
```

2.5.2　统计函数

对于简单的统计分析功能，SAS 系统提供了统计函数，用户可以利用这些函数快速计算出样本数据的描述性统计结果，这些统计函数如下。

- ❑ MEAN(x1, x2, …, xn)：返回所有输入自变量的均值。
- ❑ MAX(x1, x2, …, xn)：返回所有输入自变量中的最大值。
- ❑ MIN(x1, x2, …, xn)：返回所有输入自变量中的最小值。
- ❑ N(x1, x2, …, xn)：返回输入自变量中的非缺失数据的个数，缺失数据在 SAS 中以“.”表示。
- ❑ NMISS(x1, x2, …, xn)：返回输入自变量中缺失数值的个数。
- ❑ SUM(x1, x2, …, xn)：计算所有输入自变量的和。
- ❑ VAR(x1, x2, …, xn)：计算所有输入自变量的方差。
- ❑ STD(x1, x2, …, xn)：计算所有输入自变量的标准差。
- ❑ CV(x1, x2, …, xn)：计算所有输入自变量的变异系数。
- ❑ RANGE(x1, x2, …, xn)：计算所有输入自变量的极差。
- ❑ CSS(x1, x2, …, xn)：计算所有输入自变量的离差平方和。
- ❑ USS(x1, x2, …, xn)：计算所有输入自变量的平方和。
- ❑ SKEWNESS(x1, x2, …, xn)：计算所有输入自变量的偏度。
- ❑ KURTOSIS(x1, x2, …, xn)：计算所有输入自变量的峰度。

【例 2.28】 统计函数的使用。

下面通过具体的实例操作演示几个常用统计函数的使用：

```
data;
x=max(8,3);        /*计算其中的较大值*/
```

```
put x=;
x=min(1,2,3);    /*计算其中的较小值*/
put x=;
x=sum(1,2,3);    /*数据求和*/
put x=;
run;
```

执行上述程序，日志窗口生成的结果如下：

```
x=8
x=1
x=6
```

2.5.3　数组函数

为便于用户对数组执行相关的操作，SAS 提供了如下专门用于数组计算的函数。

- DIM(x)：返回数组 x 第一维的元素个数。
- DIMk(x)：返回数组 x 第 k 维的元素个数。
- LBOUND(x)：返回数组 x 第一维的下界。
- HBOUND(x)：返回数组 x 第一维的上界。
- LBOUND k(x)：返回数组 x 第 k 维的下界。
- HBOUND k(x)：返回数组 x 第 k 维的上界。

【例 2.29】 数组函数的使用。

下面通过具体的操作演示数组函数的使用：

```
data;
set sashelp.class;
array n(3) weight  height  age;
array c(2) sex name;
i=dim(n);            /*计算数组的维数*/
j=dim(c);            /*计算数组的维数*/
run;
```

2.5.4　字符串函数

字符串是程序设计中经常涉及的一类数据，为了方便用户对字符串进行快速有效的操作，SAS 提供了一系列专门用于字符串操作的函数。

- TRIM(s)：返回去除字符串 s 尾部空格的结果。
- UPCASE(s)：返回字符串 s 中的所有小写字母转换为大写字母的结果。
- LOWCASE(s)：返回字符串 s 中的所有大写字母转换为小写字母的结果。
- LENGTH(s)：返回字符串 s 的长度。
- REVERSE(s)：返回字符串 s 反转的结果。
- SUBSTR(s,p,n)：从字符串 s 第 p 位置开始取 n 个字符。
- TRANWRD(s,s1,s2)：把字符串 s 中的所有字符串 s1 替换为字符串 s2。
- INDEX(s,s1)：返回字符串 s1 在字符串 s 中出现的位置，若不出现，则返回 0。
- REPEAT(s,n)：返回字符表串 s 重复 n 次后的结果。
- RANK(s)：返回字符 s 的 ASCII 码值。

- BYTE(x)：返回 ASCII 码值为 x 的相应字符。

【例 2.30】 字符串函数的使用。

下面通过具体的操作演示几个常用字符串函数的使用：

```
data;
s='abcdefgh';
y=SUBSTR(s,2,2);     /*从字符串的第二个字符开始取两个字符*/
put y=;
l=LENGTH(s);         /*计算字符串的长度*/
put l=;
r=REVERSE(s);        /*将字符串逆转*/
put r=;
run;
```

执行上述结果，生成的结果如下：

```
y=bc
l=8
r=hgfedcba
```

2.5.5　时间函数

对于同一个时间，可以通过不同形式来记录，而在 SAS 系统中为了方便对不同时间变量的管理，会统一把所有的时间变量转换为数值变量，转换的原则为 1960 年 1 月 1 日 0 时 0 分 0 秒对应为值 0，通过距离该时间的秒数来转换时间变量相应的数值，即在这之后的时间变量为正数，之前的时间变量为负数。例如 1960 年 1 月 1 日 0 时 1 分 0 秒对应的数值为 60。为了方便用户在 SAS 系统中方便地使用这些时间变量，提供了以下专门的时间函数。

- TODAY()：返回当前日期的 SAS 系统对应值。
- DATE()：返回当前日期的 SAS 系统对应值。
- TIME()：返回当前时间的 SAS 系统对应值。
- DATETIME()：返回当前日期时间的 SAS 系统对应值。
- MDY(m,d,yr)：返回 yr 年 m 月 d 日的 SAS 系统时间值。
- YEAR(date)：返回 SAS 时间值 date 的年。
- MONTH(date)：返回 SAS 时间值 date 的月份。
- DAY(date)：返回 SAS 时间值 date 的日期。
- WEEKDAY(date)：返回 SAS 时间值 date 的星期几。
- QTR(date)：返回 SAS 时间值 date 的季度值。
- HMS(h,m,s)：返回 h（时）、m（分）、s（秒）下的 SAS 时间值。
- DHMS(d,h,m,s)：返回 d（日）、h（时）、m（分）、s（秒）下的 SAS 时间值。
- DATEPART(d)：返回 SAS 日期时间值 d 的日期部分。

【例 2.31】 时间函数的使用。

下面通过具体的操作演示几个常用时间函数的使用：

```
data a;
x=date();                                 /*获取当前时间*/
year=year(x); put year=;                  /*返回当前年*/
```

```
month=month(x); put month=;          /*返回当前月*/
day=day(x); put day=;                /*返回当前日*/
run;
```

执行上述程序，将在日志窗口获取当前的时间数据，如下所示：

```
year=2012
month=5
day=2
```

2.5.6　概率分布函数

SAS 系统中还提供了以下可用于常用分布下概率计算的函数，如下所示。

- PROBNORM(x)：标准正态分布函数，用于计算标准正态分布下，随机变量小于 x 的概率。
- PROBT(x,df,nc)：t 分布函数，计算自由度为 df，非中心参数为 nc 的 t 分布下，随机变量小于 x 的概率。
- PROBCHI(x,df,nc)：卡方分布函数，计算自由度为 df，非中心参数为 nc 的卡方分布下，随机变量小于 x 的概率。
- PROBF(x,ndf,ddf,nc)：F 分布函数，计算自由度为(ndf,ddf)，非中心参数为 nc 的 F 分布下，随机变量小于 x 的概率。
- PROBBETA(x,a,b)：Beta 分布函数，计算参数为(a,b)的 Beta 分布下，随机变量小于 x 的概率。
- PROBGAM(x,a)：Gamma 分布函数，计算参数为 a 的 Gamma 分布下，随机变量小于 x 的概率。
- PROBBNML(p,n,m)：二项分布函数，计算二项分布 B(n,p)下，随机变量小于等于 m 的概率。
- POISSON((lambda,n)：泊松分布函数，计算参数为 lambda 的泊松分布下，随机变量小于等于 n 的概率。
- PROBHYPR(N,K,n,x,r)：超几何分布函数，计算参数为 N，K，n，r 的超几何分布下，随机变量小于等于 x 的概率。

【例 2.32】 概率分布函数的使用。

下面通过具体的操作演示几个常用概率分布函数的使用：

```
data;
p=probnorm(2); /*计算小于 2 的概率*/
put p;
run;
```

执行上述程序，生成的结果如下：

```
0.9772498681
```

2.5.7　分位数函数

分位数函数为概率分布函数的逆函数，即通过分位数函数可以计算出一定概率 p 下的分布函数 F(x)的分位数 x。在 SAS 系统中提供了常用的 6 种分布的分位数函数。

- ❑ PROBIT(p)：返回标准正态分布概率 p 下的分位数。
- ❑ TINV(p,df,nc)：返回自由度为 df，非中心参数为 nc 的 t 分布概率 p 下的分位数。
- ❑ CINV(p,df,nc)：返回自由度为 df，非中心参数为 nc 的卡方分布概率 p 下的分位数。
- ❑ FINV(p,ndf,ddf,nc)：返回自由度为(ndf,ddf)，非中心参数为 nc 的 F 分布概率 p 下的分位数。GAMINV(p,a)：返回参数为 a 的 Gamma 分布概率 p 下的分位数。
- ❑ BETAINV(p,a,b)：返回参数为 (a,b)的 Beta 分布概率 p 下的分位数。

【例 2.33】 分位数函数的使用。

下面通过具体的操作演示几个常用分位数函数的使用：

```
data a;
p=probit(0.005); /*概率 0.005 下的正态分布函数的分位数*/
put p=;
run;
```

执行上述程序，将输出分位数函数的使用结果：

```
p=-2.575829304
```

2.5.8 随机数函数

为便于用户生成随机数，完成程序的模拟，SAS 系统还提供了 9 种随机数函数。随机数函数可用于生成各种分布下的随机数。

- ❑ UNIFORM(seed)或 RANUNI(seed)：可用于生成均匀分布的随机数，其中函数的输入参数 seed 为随机数生成的种子数，需为小于 $2^{31}-1$ 的任意常数，系统将根据设置的种子数生成随机数，因而如果在不同的程序段中输入相同的随机数，则会产生相同的随机数列。
- ❑ NORMAL(seed)或 RANNOR(seed)：可用于生成符合标准正态分布的随机数，其中 seed 为随机数生成的种子数。如果需要生成参数为(mu, sigma)的正态分布的随机数，程序语言应为 mu+NORMAL(seed)*sigma 或 mu+ RANNOR(seed)*sigma。
- ❑ RANEXP(seed)：可用于生成参数为 1 的指数分布的随机数，其中 seed 为随机数生成的种子数。如果需要生成参数为 lambda 的指数分布随机数，可以通过语句 RANEXP(seed)/lambda 实现。
- ❑ RANGAM(seed, alpha)：可用于生成参数为 alpha 的 Gamma 分布随机数，其中 seed 为随机数生成的种子数。
- ❑ RANTRI(seed,h)：可用于 0～1 范围内参数为 h 的三角分布随机数，其中 seed 为随机数生成的种子数。
- ❑ RANCAU(seed)：可用于生成标准 Cauchy 分布随机数，其中 seed 为随机数生成的种子数。如果要生成位置参数为 alpha 和尺度参数为 beta 的 Cauchy 分布，需要通过语句 alpha+RANCAU(seed)*beta 来实现。
- ❑ RANBIN(seed,n,p)：可用于生成参数为 n 和 p 的二项分布随机数，其中 seed 为随机数生成的种子数。
- ❑ RANPOI(seed,lambda)：可用于生成参数为 lambda 的泊松分布随机数，其中 seed

为随机数生成的种子数。

- RANTBL(seed, p1, …, pn)：可用于生成概率分别为 p1，…，pn 的离散分布随机数，其中 seed 为随机数生成的种子数。

【例 2.34】 随机数函数的使用。

下面通过具体的操作演示几个常用随机数函数的使用：

```
data;
mu=0;
sigma=1;
do i=1 to 20;
y=mu+sigma*RANNOR(0); /*生成（0,1）分布的正态随机数*/
put y=;
end;
run;
```

执行上述程序，在日志窗口输出正态分布的 20 个随机数，生成的结果如下所示：

```
y=-0.744175666
y=1.0173655649
y=-1.721905364
y=-0.705339104
y=-1.336226244
y=0.2217732265
y=0.6829075078
y=-1.956669704
y=-1.156415568
y=-0.786239683
y=-0.377598219
y=0.585328362
y=1.284543105
y=1.0607517117
y=0.2473014342
y=-0.005892896
y=0.1366139863
y=-0.381905954
y=0.965054377
y=2.3346638623
```

2.6　程序的常见错误

对于入门读者来说，完成的程序在执行过程中往往不能获得设想的输出结果，程序中经常会出现各种错误，例如由于用户单词拼写错误造成的词法错误、使用了不符合 SAS 语言规范的语句、不正确地程序设计导致了逻辑错误。本节主要讨论一些无法正常执行的程序中常见的错误（词法错误和语法错误），而对于程序中由于逻辑错误导致错误结果的情况，不做具体介绍，这一类错误需要用户结合程序的功能，仔细分析代码结构，才可排除。

2.6.1　词法错误

刚学习 SAS 的用户较易犯词法错误。由于对 SAS 程序不熟悉，常常会把一些关键词、过程名、变量名等拼写错误，由此会导致程序无法执行。

1．关键词的拼写错误

对于有经验的 SAS 编程者，关键词的拼写错误在程序未提交前就可发现。在 SAS 程序编辑器中对书写的程序按照功能的不同显示不同的颜色，例如：DATA、PROC、RUN 等用于标识数据步、程序步开始或结束的语句会使用深蓝色显示；而 SAS 的关键词，例如一些过程的选项等以蓝色显示；输入的数据以浅黄色底纹显示。如果用户在程序的书写过程中出现了关键词的拼写错误，错误的关键词将以红色显示，程序其他部分也将以不正常的颜色显示。

另外，如果用户提交了含有错误拼写关键词的程序，SAS 系统会自动对一些常见的关键词拼写错误做校正，程序可以按照校正后的代码正常执行。在日志窗口会指出程序关键词被错拼，并给出校正的关键词。

【例 2.35】 关键词的拼写错误。

下面的程序中出现了关键词的拼写错误，导致程序出现警告。

```
daAa test;                    /*含有错误拼写的关键词*/
inpat name$ sex$ age;         /*含有错误拼写的关键词*/
cards;
田佳 女 12
王梅 女 13
林建 男 13
赵瑞 男 13
;
run;
```

执行上述程序，由于程序中存在拼写错误，在日志窗口会显示如下的代码校正信息：

```
WARNING 14-169: 假定符号 DATA 错拼为 daAa。
WARNING 1-322: 假定符号 INPUT 被错拼为 inpat。
```

2．过程名的拼写错误

过程名的拼写错误，常常会导致系统无法找到正确的过程，程序将终止，并给出错误信息。

【例 2.36】 过程名的拼写错误。

下面的程序由于过程名的拼写错误而无法正常执行程序。

```
proc mean data=test;          /*错误的过程名拼写*/
var age;
run;
```

执行上述代码，由于含有错误拼写的无效 SAS 过程，将导致系统出错，并在日志窗口给出如下错误警告信息：

```
ERROR: PROCEDURE MEAN 没有找到。
NOTE: SAS 系统由于错误而停止了该步的处理。
```

另外，变量名、函数名等拼写错误也将导致程序无法正确执行，在 SAS 的日志窗口将提示变量或函数无法找到的错误信息。

2.6.2 语法错误

语法错误是由于不正确地使用 SAS 语言造成的，主要是因为用户对 SAS 语言规范未牢固掌握，同时受到其他编程语言的影响，写出了一些不符合 SAS 程序设计规范的语句，导致程序出错。常见的错误介绍如下。

1．“;”的漏用

分号的漏用是入门读者经常会犯的错误。不同于一般的程序设计语言，SAS 程序需要在每句程序语句后都强制加上“;”。如果用户遗漏分号，SAS 系统将无法识别语句的结束，而对之后语句关键词等的识别也都将出错。同时，使用 cards 语句输入数据后，也需要强制加上分号，标志数据输入的完成。

【例 2.37】 分号的漏用。

下面的程序由于分号的漏用，导致 SAS 系统无法正常识别各语句，程序无法正常执行。

```
data test;
input name$ sex$ age   /*分号的漏用*/
cards;
田佳 女 12
王梅 女 13
林建 男 13
赵瑞 男 13
;
run;
```

上述程序中在第二行的 input 语句后遗漏了分号，SAS 系统无法正确识别 input 语句的结束。程序执行后在日志窗口将给出如下错误信息：

```
ERROR 180-322: 语句无效或未按正确顺序使用。
ERROR 180-322: 语句无效或未按正确顺序使用。
```

2．RUN语句的漏用

未使用 RUN 语句的 SAS 过程，在程序执行过程中只能向 SAS 系统提交相关的代码，系统接收代码后未接到 RUN 语句的执行命令，程序无法执行。此时日志窗口不会给出任何提示信息，用户也无法得到计算结果。

3．标点符号的错用

SAS 语言是一门较为宽泛的语言，对大小写不敏感，支持中文变量内容、路径等的输入，但是在 SAS 系统中使用的标点符号必须为英文符号。中文的标点符号对于 SAS 系统来说都是无效的符号，例如中文状态的分号，无法起到标识语句结束的作用。

【例 2.38】 标点符号的错用。

下面的程序中在第二行中使用了中文状态下的分号，导致程序无法正常执行。

```
data test;
input name$ sex$ age；    /*中文分号的错用*/
cards;
```

```
田佳 女 12
王梅 女 13
林建 男 13
赵瑞 男 13
;
run;
```

执行上述程序，系统无法识别正确的分号，程序出错，并在日志窗口提示如下错误信息：

```
ERROR 180-322: 语句无效或未按正确顺序使用。
NOTE: SAS 系统由于错误而停止了该步的处理。
```

4．不符合语法规范的语句

SAS 系统具有其自身的语法规则，与常用的 C 等编程语言有所差异，用户在操作过程中常常错用这些语言。例如：IF-ELSEIF 语句的错用，在 SAS 系统中不支持该语句；循环语句中 TO 写为“：”等。

【例 2.39】 不符合语法规范的语句。

下面的程序中，第二句 do 语句不符合 SAS 的语法规则，导致程序无法正确执行。

```
data test;
do i=1 : 10 by 2;    /*不符合语法规则的语句*/
x=sin(i);
end;
run;
```

执行上述程序将由于不符合语法规则的语句而导致程序无法正常执行。在日志窗口将出现如下错误提示信息：

```
17   do i=1 : 10 by 2;
            -
            22
            76
ERROR 22-322: 语法错误，期望下列之一: <, <=, =, >, >=, EQ, GE, GT, LE, LT, NE,
NG, NL, ^=, ~=.
ERROR 76-322: 语法错误，语句将被忽略。
```

5．引号或括号的不配对使用

引号或括号的不配对使用在程序设计中经常会遇到，由于在程序中没有中括号、大括号等区别，所有的括号都用小括号，多层小括号使用的时候易出现不配对的情况。

【例 2.40】 引号或括号的不配对使用。

下面的程序中第三行的表达式中括号未配对使用导致程序出错。

```
data test;
x=2;
y=(x+sin(x)/2; /*符号的不配对使用*/
run;
```

执行上述程序，由于括号的不配对使用，RUN 语句无法正确提交，SAS 程序无法执行。

2.7　本章小结

本章作为 SAS 程序设计的入门章节，向读者详细地介绍了 SAS 语句的基本规范、SAS 程序中的过程步和数据步语句、常用的 SAS 语句和函数、程序设计中的常见错误。通过本章的学习，读者应具备以下技能：

- ❑ 掌握 SAS 程序的基本结构；
- ❑ 熟悉 SAS 语言的基本规范；
- ❑ 了解常用的 SAS 语言及其基本用法；
- ❑ 了解 SAS 的常用函数；
- ❑ 认识 SAS 程序设计过程中的常见错误。

2.8　习　　题

1．利用 SAS 数据步语句将下表中的数据输入到 SAS 系统中，并建立 test 数据集。

学生基本信息表

姓名	年龄	性别	身高	体重
张亦满	12	男	158	54
吴清涛	13	男	153	45
蔡文婷	13	女	150	42
季人杰	14	男	160	60
袁雪	12	女	146	40
蒋文越	14	男	166	56
张国桢	13	男	154	52
付京	12	男	148	49
逄冠宇	13	男	157	51
谢浩蕊	12	女	143	41

2．利用 PRINT 和 PUT 语句分别将 test 数据集中的数据打印到结果输出窗口和外部文件。

3．查找出 test 数据集中学生身高大于 150 cm 的学生，构建新的数据集 test2。

4．在结果输出窗口打印出 test2 数据集中的数据，并设置标题为“身高大于 150 cm 的学生”。

5．利用 SAS 系统中的 means 过程计算 test 数据集中所有学生身高和体重的均值和标准差。

第2篇　常用的统计分析

- 第3章　SAS数据管理
- 第4章　描述性统计分析
- 第5章　列联表分析
- 第6章　统计推断
- 第7章　非参数统计分析
- 第8章　方差分析
- 第9章　相关与回归分析
- 第10章　聚类分析
- 第11章　判别分析
- 第12章　主成分分析
- 第13章　因子分析
- 第14章　典型相关分析
- 第15章　时间序列分析
- 第16章　生存分析

第 3 章　SAS 数据管理

在前面的章节中向用户介绍了 SAS 程序设计的基本情况，其中 SAS 程序的数据步和过程步的机制，是其与其他程序设计相比的最大特色之一。数据步可以创建数据集、管理数据、执行简单的数据预处理操作、输出数据等。本章将对 SAS 的数据管理部分做详细的介绍。在 SAS 系统中，所有过程的实现都需要针对已存的 SAS 数据集来操作，因而本书在具体介绍 SAS 各个过程步前，首先向用户介绍 SAS 数据管理的基础知识。

3.1　数据的导入和导出

在 SAS 系统中除了可以通过数据步编程实现数据的输入和输出外，也提供了方便的界面操作方式，本节将向用户介绍如何在 SAS 系统中实现数据的快速导入和导出。

3.1.1　数据的导入

在前面程序设计的介绍中，SAS 系统中的数据多是通过直接输入，或外部文本文件的方式导入的。但在实际的使用中，用户的数据量可能比较大，直接在界面中输入比较烦琐，同时，一般的数据文件为了便于查看处理，多存储在 Excel 等文件中。用户利用 SAS 系统提供的数据导入向导，可以方便地导入 Excel 数据。下面通过一个实例具体演示如何在 SAS 中导入 Excel 数据。

【例 3.1】 数据的导入。

（1）单击主界面上的“文件”|“导入数据”菜单，将打开如图 3.1 所示的数据导入平台窗口。在数据导入平台中首先选择需要导入的数据类型，其中包括 Standard data source（标准的数据源）和 User-defined forma（用户自定义两个选项），在这里勾选 Standard data source 复选框。在复选框下方需要进一步选择标准的数据源的类型，其中包括 Excel 文件、Access 文件、SPSS 文件等，这里选择“Microsoft Excel 97/2000/2002/2003 工作簿”。同时，用户需要注意 SAS 9.2 版本目前不支持最新的 Excel 2007 或 2010 数据的导入，用户需要将高版本的 Excel 文件转换为低版本的文件。

（2）单击数据导入平台窗口上的 Next 按钮，进入 Excel 数据文件的选择窗口，如图 3.2 所示。此时，我们选择本书源程序数据中的 Book1.xls 文件，单击 OK 按钮，进入下一步的操作。

（3）在弹出的数据导入平台窗口中，进一步选择需要导入的数据所在的 Excel 中的工作簿，如图 3.3 所示。本实例中在下拉列表框中选择“Sheet1”。同时，用户还可以单击 Options 按钮，设置数据导入的相关参数，如图 3.4 所示。其中包括是否使用当前数据的第一行数据内容作为导入数据的变量名；是否转换数值变量到字符变量；是否使用每列数据的最大文本输入；是否为输入的数据使用 DATE 格式；是否为输入的时间数据使用 TIME 格式；允许输入的最大文本的大小。

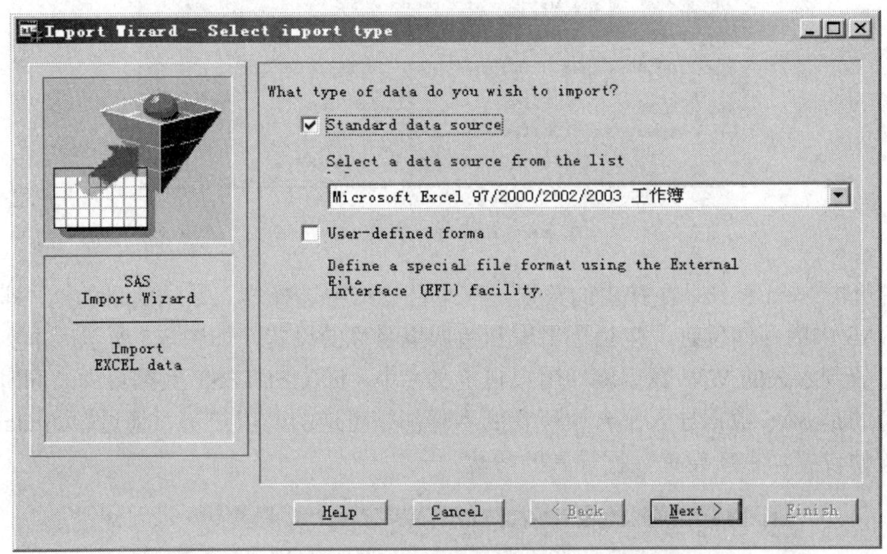

图 3.1 数据导入平台：导入数据类型选择

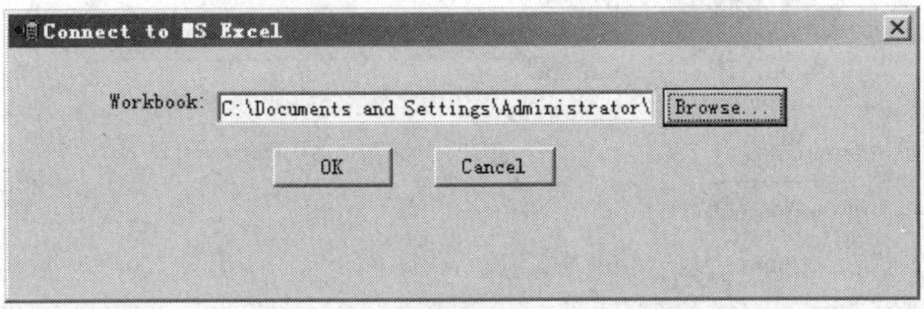

图 3.2 数据导入文件的选择窗口

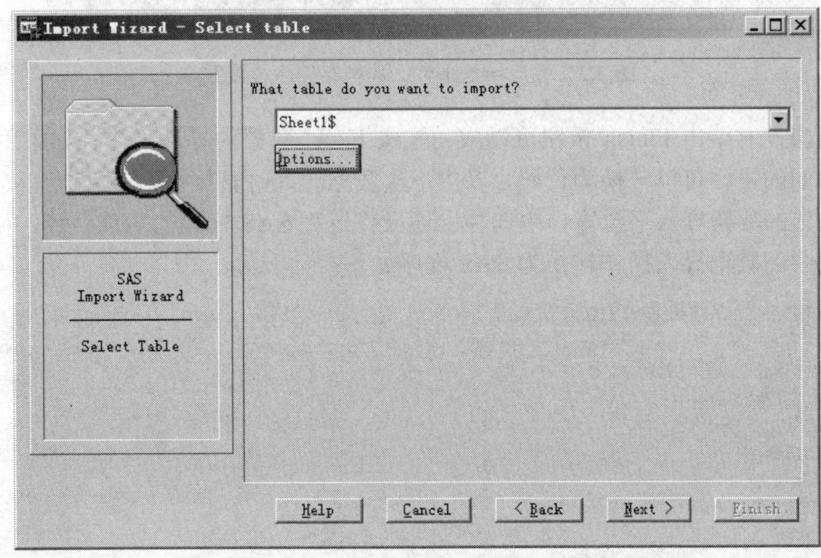

图 3.3 数据导入平台：工作簿的选择

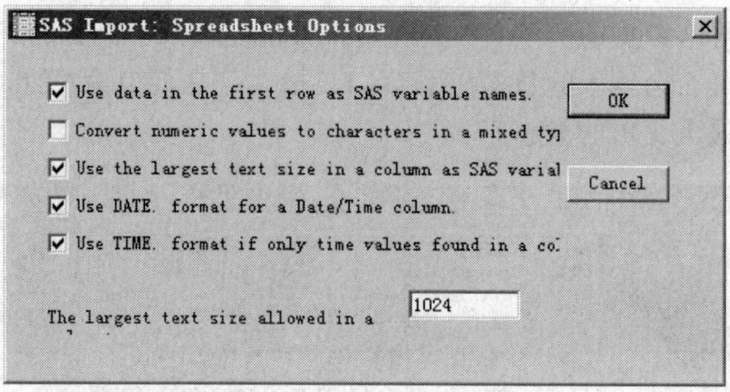

图 3.4　数据导入参数设置

（4）单击 Next 按钮，在弹出的数据导入平台窗口中选择导入数据的目的地，即导入的数据在 SAS 中的存储位置，包括逻辑库和数据集名称的设置，如图 3.5 所示。本实例中选择数据存放到永久的 WW 数据库（用户自定义）中，EXCELTEST 数据集中。同时，用户需要注意的是 SAS 数据导入平台中所有的步骤都是可逆的，用户可以通过单击 Back 按钮回到之前的设置，重新设置数据导入的参数。

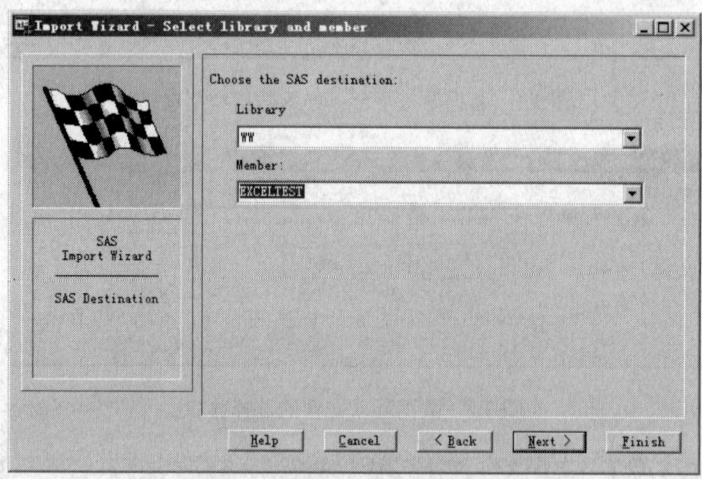

图 3.5　数据导入平台：数据存储路径设置

（5）用户此时单击 Finish 按钮可以成功完成 Excel 数据的导入工作。如果用户希望上述的图形界面的操作可以转换为代码，以供下次数据导入时直接执行，可以继续单击 Next 按钮，在弹出的数据导入平台窗口中选择上述操作过程 SAS 代码的生成路径，如图 3.6 所示。本实例中的数据导入操作转换为 SAS 程序如下：

```
PROC IMPORT OUT= WW.EXCELTEST
DATAFILE= "C:\Documents and Settings\Administrator\桌面\sasdata\Book1.xls"
    DBMS=EXCEL REPLACE;
    RANGE="Sheet1$";
    GETNAMES=YES;
    MIXED=NO;
    SCANTEXT=YES;
    USEDATE=YES;
    SCANTIME=YES;
RUN;
```

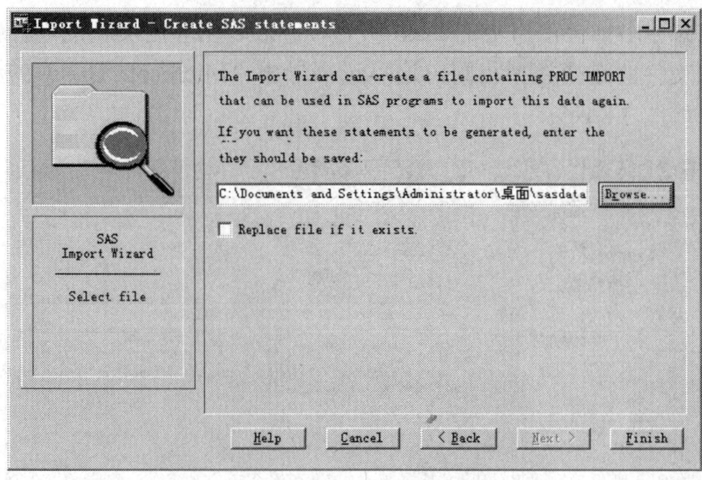

图 3.6　数据导入平台：代码的生成

至此，利用数据导入平台完成了 Excel 数据的导入，在日志窗口也会出现“NOTE: 成功创建‘WW.EXCELTEST’数据集。”的提示。用户可以进一步打开数据集文件查看其中的数据。

3.1.2　数据的导出

对于 SAS 系统中的数据集也可以通过数据导出平台实现数据的导出，数据的导出类似于数据导入的逆过程。下面通过一个实例演示对例 3.1 导入数据的导出。

【例 3.2】 数据的导出。

（1）单击主界面上的“文件”|“导出数据”菜单，将打开如图 3.7 所示的数据导出平台窗口，在其中选择需要导出的数据所在的逻辑库名和数据集名。本实例中所要导出的数据在 WW 逻辑库下的 EXCELTEST 数据集中。在数据集名称设置下拉列表框下方，有“Write variable labels as column names”，勾选后导出的数据将以数据标签作为每列数据的名称。

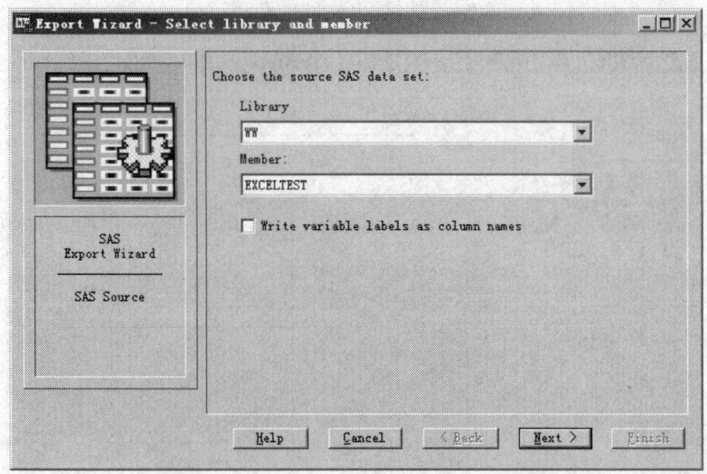

图 3.7　数据导出平台：数据集的选择

（2）单击数据导出平台窗口上的Next按钮，进入数据导出类型的选择窗口，与数据导入过程中数据源文件的选择类型相同，这里选择导出“Microsoft Excel 97/2000/2002/2003工作簿”文件，如图3.8所示。

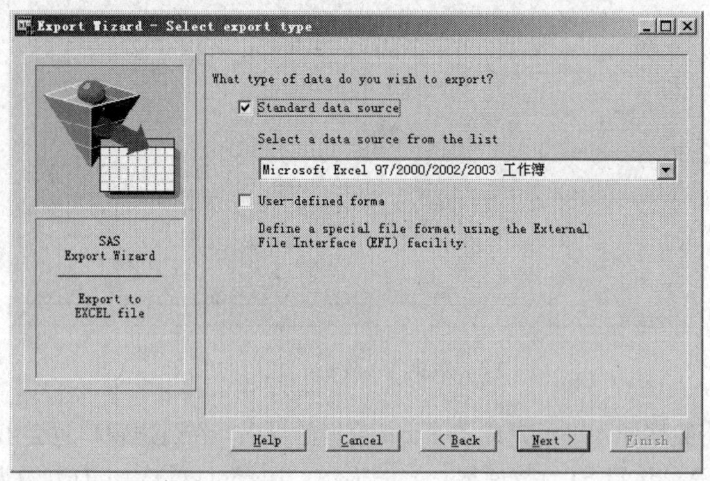

图3.8　数据导出平台：导出数据类型选择

（3）单击Next按钮，选择导出数据所在路径和文件名，如图3.9所示。单击OK按钮后，进一步设置数据所在的工作簿名，如图3.10所示。此时单击Finish可以完成数据的导出工作，或者选择Next按钮，输出上述数据导出过程的程序代码。

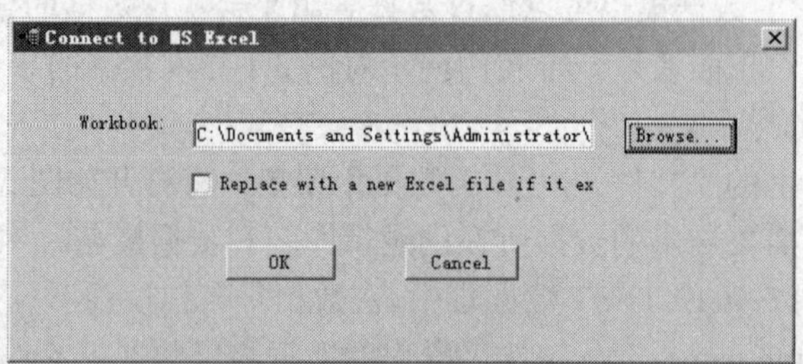

图3.9　数据导出文件的选择窗口

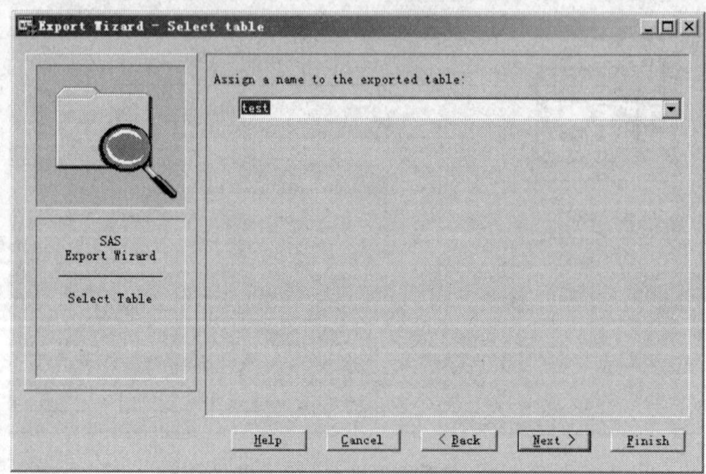

图3.10　数据导出平台：导出数据表格设置

3.2　数据集的基本操作

用户可以通过多种途径灵活地创建数据集，但是导入的数据集往往并不能满足数据分析的要求。有时我们可能只需要使用其中的部分数据资料，或者需要同时使用多个数据资料，或者需要对原始数据进行简单的变换，这些都可以在 SAS 数据步中通过基本的数据操作快速编程实现。本节主要介绍 SAS 数据集的基本操作，包括数据集的复制、新增、拆分、连接、筛选、排序等。

3.2.1　数据集的复制

对于已存的 SAS 数据集，用户可以通过 SET 语句复制出数据集内的数据建立新的数据，同时在复制的过程中也可以删除、保留部分变量，或者按照一定条件复制数据集。在 SAS 系统内常用的数据集复制语句的基本格式为：

```
DATA 新数据集名;
SET 数据集名;
[KEEP 变量名列表;]
[DROP 变量名列表;]
[IF 条件 THEN 语句;]
RUN;
```

其中：

- ❑ DATA 语句用于创建新的数据集，即已有数据集复制后生成的新的数据集。
- ❑ SET 语句用于从已有的数据集中复制出数据，其后跟的“数据集名”为需要复制的已存的数据集的名称。
- ❑ KEEP 语句为可选语句，常用于数据的复制语句，可用于在数据复制过程中实现仅复制指定变量的功能。
- ❑ DROP 语句为可选语句，用于在数据复制的过程中删除一些不需要的变量，与上面的 KEEP 语句的作用正好相反，在实际使用过程中，如果需要保留的变量比较多，可以采用变量的删除操作，反之，使用变量的保留操作。
- ❑ IF 语句用于设置从数据集中选择观测的条件，或对变量执行一些修改操作。

【例 3.3】 数据集的复制。

（1）复制 Sashelp 逻辑库下 Class 数据集到新建的 Student 数据集，并在结果输出窗口打印出 Student 数据集。

```
data student;                /*创建新的数据集 student*/
set sashelp.class;           /*复制数据集 class*/
run;
proc print data=student;     /*打印出新建数据集 student*/
run;
```

执行上述程序后，将在结果输出窗口打印出数据集 student，如图 3.11 所示。

输出 - (无标题)

SAS 系统　　2012年01月30日 星期一 下

Obs	Name	Sex	Age	Height	Weight
1	阿尔弗雷德	男	14	69.0	112.5
2	爱丽丝	女	13	56.5	84.0
3	芭芭拉	女	13	65.3	98.0
4	凯露	女	14	62.8	102.5
5	亨利	男	14	63.5	102.5
6	詹姆斯	男	12	57.3	83.0
7	简	女	12	59.8	84.5
8	雅妮特	女	15	62.5	112.5
9	杰弗瑞	男	13	62.5	84.0
10	约翰	男	12	59.0	99.5
11	乔伊斯	女	11	51.3	50.5
12	茱迪	女	14	64.3	90.0
13	罗伊斯	女	12	56.3	77.0
14	玛丽	女	15	66.5	112.0
15	菲利普	男	16	72.0	150.0
16	罗伯特	男	12	64.8	128.0
17	罗纳德	男	15	67.0	133.0
18	托马斯	男	11	57.5	85.0
19	威廉	男	15	66.5	112.0

图 3.11　数据集 student 的输出

（2）复制 Sashelp 逻辑库下 Class 数据集到新建的 Student 数据集，仅保留其中的 Name 和 Sex 变量。

```
data student;              /*创建新的数据集 student*/
set sashelp.class;         /*复制数据集 class*/
keep name sex;             /*保留其中的 name 和 sex 变量*/
run;
```

（3）复制 Sashelp 逻辑库下 Class 数据集到新建的 Student 数据集，删除其中的 Sex 变量。

```
data student;              /*创建新的数据集 student*/
set sashelp.class;         /*复制数据集 class*/
drop sex;                  /*删除其中的 sex 变量*/
run;
```

（4）复制 Sashelp 逻辑库下 Class 数据集到新建的 Student 数据集，仅复制其中 Height 变量大于 60 的观测。

```
data student;              /*创建新的数据集 student*/
set sashelp.class;         /*复制数据集 class*/
if height>60;              /*复制其中 Height 变量大于 60 的观测*/
run;
```

（5）复制 Sashelp 逻辑库下 Class 数据集到新建的 Student 数据集，对 Height 变量大于 60 的观测的 Weight 执行减 5 的操作。

```
data student;                         /*创建新的数据集 student*/
set sashelp.class;                    /*复制数据集 class*/
if height>60 then weight=weight-5;    /*Height 变量大于 60 的观测采用相关操作*/
run;
```

3.2.2　数据集的新增

SAS 数据管理中变量的新增操作较为简单，在数据集建立过程中直接添加新的变量即可，而如果要在已建立的数据集后增加新的变量，可以通过 SET 语句来实现，其基本的格式为：

```
DATA 数据集名;
SET 数据集名;
新增变量=新增变量的值;
RUN;
```

观测的新增需要通过 APPEND 过程实现，其基本的语句格式为：

```
PROC APPEND BASE=数据集 1 DATA=数据集 2;
```

执行上述语句将在数据集 1 后增加数据集 2 的观测。

【例 3.4】 数据集的新增。这里定义了两个变量 x、y，然后增加一个新的数据集 z，设置 z=x*y，然后输出 z 的结果。

```
data test;                /*数据步新建数据*/
input x y;
cards;
10 12
11 14
13 16
;
run;
data test;                /*数据步新建变量*/
set test;
z=x*y;
run;
proc print data=test;   /*打印出含新增变量的数据集*/
run;
```

执行上述程序，将在结果输出窗口打印出新增变量的数据集。如图 3.12 所示，新的数据集在原有数据集资料的基础上增加了一个新的变量 z。

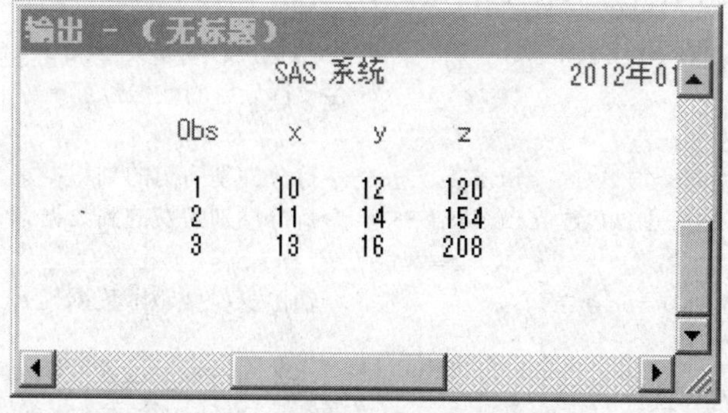

图 3.12　数据集变量的新增

```
proc append base=test data=test2; /*数据观测的添加*/
```

```
run;
proc print data=test;
run;
```

执行上述程序，将在原始数据集 test 的基础上增加新的数据集 test2，最后的数据集 test 如图 3.13 所示，其后添加了新的数据集 test2 的数据。

SAS 系统

Obs	x	y	z
1	10	12	3
2	11	14	3
3	13	16	3
4	14	15	13

图 3.13　数据集观测的新增

另外，数据集的新增可以通过数据集的连接操作实现，在 3.2.4 节的数据连接操作介绍中将详细介绍。

3.2.3　数据集的拆分

用户有时需要按照一定的原则将一个数据集拆分为两个或多个数据集，例如例 3.3 中学生身高和体重的数据，可以按照性别分为男生和女生两个数据集。上述数据集拆分方法的实现在 SAS 中主要通过语句 SET 和 OUTPUT 来实现，其语句的基本格式为：

```
DATA 新数据集名 1 新数据集名 2…新数据集名 n;
SET 数据集名;
[IF 条件 1 THEN OUTPUT 新数据集 1;]
[IF 条件 2 THEN OUTPUT 新数据集 2;]
…
[IF 条件 n THEN OUTPUT 新数据集 n;]
RUN;
```

【例 3.5】 数据集的拆分。将数据集 sashelp 按照其中变量 Sex 拆分为两个子数据集，其中 student1 数据集存放拆分后的男生数据集，student2 数据集存放拆分后的女生数据集。

```
data student1 student2;            /*创建新的数据集 student1 和 student2 用于
                                   存放拆分后的数据*/
set sashelp.class;
IF sex='男' THEN OUTPUT student1;   /*拆分性别为男的到数据集 student1*/
IF sex='女' THEN OUTPUT student2;   /*拆分性别为女的到数据集 student2*/
run;
proc print data=student1;          /*输出窗口打印出数据集 student1*/
run;
proc print data=student2;          /*输出窗口打印出数据集 student2*/
run;
```

执行上述程序，将在输出窗口打印出拆分后的两个数据集。如图 3.14 和图 3.15 所示，分别显示了拆分后的男生和女生数据集。

SAS 系统　　　2012年02月(

Obs	Name	Sex	Age	Height	Weight
1	阿尔弗雷德	男	14	69.0	112.5
2	亨利	男	14	63.5	102.5
3	詹姆斯	男	12	57.3	83.0
4	杰弗瑞	男	13	62.5	84.0
5	约翰	男	12	59.0	99.5
6	菲利普	男	16	72.0	150.0
7	罗伯特	男	12	64.8	128.0
8	罗纳德	男	15	67.0	133.0
9	托马斯	男	11	57.5	85.0
10	威廉	男	15	66.5	112.0

图 3.14　数据集的拆分：男生数据集

SAS 系统　　　2012年02月

Obs	Name	Sex	Age	Height	Weight
1	爱丽丝	女	13	56.5	84.0
2	芭芭拉	女	13	65.3	98.0
3	凯露	女	14	62.8	102.5
4	简	女	12	59.8	84.5
5	雅妮特	女	15	62.5	112.5
6	乔伊斯	女	11	51.3	50.5
7	茱迪	女	14	64.3	90.0
8	罗伊斯	女	12	56.3	77.0
9	玛丽	女	15	66.5	112.0

图 3.15　数据集的拆分：女生数据集

3.2.4　数据集的连接

如果是两个小的数据集，可以通过数据集的连接操作将其合为一个大的数据集。数据集的连接操作按照数据的连接方向可以分为横行和纵向两种方式。数据集的横向连接通过语句 MERGE 实现，同时在一般的数据拼接过程中，为了防止由于观测数据顺序不同而导致的数据拼接错误，在两个待拼接的数据集中需要存在相同的标识数据观测的变量，然后在数据连接过程中通过 BY 语句指定分组变量，进行数据连接。其基本的语句格式为：

```
DATA 新数据集名;
MERGE  数据集列表;
[BY 变量名];
RUN;
```

其中：

- DATA 数据步用于定义连接后的数据集名。
- MERGE 语句实现对两个或多个数据集的横向连接，其后所跟的数据集名为需要连接的数据集名称列表。
- BY 语句用于指定数据连接过程中不同数据集观测的识别变量，同时需要注意的是 BY 语句指定的分组变量需要在待连接的数据集中按照一定顺序排序，如果未排序，需要使用 SORT 语句对该变量进行排序。

【例 3.6】 数据集的横向连接。首先创建两个数据集 grade1 和 grade2，然后横向连接数据集 grade1 和 grade2，最后将连接后的数据集在结果输出窗口打印出来。

```
data grade1;                          /*数据集 grade1 创建*/
input number math chinese;
cards;
1001 95 98
1002 87 89
1003 78 67
;
run;
data grade2;                          /*数据集 grade2 创建*/
input number english;
cards;
1002 77
1003 89
1001 98
1004 89
;
run;
data grade;
merge grade1 grade2;                  /*合并数据集 grade1 和 grade2*/
run;
proc print data=grade;                /*输出窗口打印出横向连接后的数据集*/
run;
```

执行上述程序后，将在结果输出窗口打印出如图 3.16 所示的数据集的简单连接的结果。从中可以看到使用 MERGE 语句实现了数据集的横向连接。在连接的过程中对于相同的变量会合并，同时这种数据连接过程是简单的连接，虽然观测的顺序不同，但仅通过 MERGE 语句无法识别，从而会导致数据连接的错误。如果观测的个数不同，最后输出的结果为最多的观测的个数，缺少的变量以缺失值表示。

SAS 系统　　2012年

Obs	number	math	chinese	english
1	1002	95	98	77
2	1003	87	89	89
3	1001	78	67	98
4	1004	.	.	89

图 3.16　数据集的简单连接结果

如果要对上述两个数据集的数据资料实现正确的连接，需要首先对数据进行排序，然后在数据连接的过程中通过 BY 语句指定连接的分组变量 number。下面的程序可以实现上述的功能：

```
proc sort data=grade2;                /*按照 number 的升序排列对数据 grade2 进行排序*/
by number;
run;
data grade;
merge grade1 grade2;                  /*合并数据集 grade1 和 grade2*/
by number;
run;
proc print data=grade;                /*输出窗口打印出横向连接后的数据集*/
run;
```

执行上述程序后将在结果输出窗口打印出如图 3.17 所示的数据集的简单连接的结果。

SAS 系统　　　　2012年(

Obs	number	math	chinese	english
1	1001	95	98	98
2	1002	87	89	77
3	1003	78	67	89
4	1004	.	.	89

图 3.17　数据集的正确连接结果

在 SAS 系统中除了可以实现数据集的横向连接外，也可以实现纵向连接。数据集的纵向连接通过语句 SET 来实现，其基本的语句格式为：

```
DATA 新数据集名;
SET 数据集列表;
RUN;
```

【例 3.7】 数据集的纵向连接。首先创建两个数据集 grade1 和 grade2，然后纵向连接这两个数据集，最后在结果输出窗口打印出连接后的数据集。

```
data grade1;                          /*数据集 grade1 创建*/
input number math chinese;
cards;
1001 95 98
1002 87 89
1003 78 67
;
run;
data grade2;                          /*数据集 grade2 创建*/
input number math;
cards;
1004 89
1005 87
;
run;
data grade;
set grade1 grade2;                    /*合并数据集 grade1 和 grade2*/
run;
proc print data=grade;                /*输出窗口打印出横向连接后的数据集*/
run;
```

执行上述程序，将在结果输出窗口输出如图 3.18 所示的结果。从中可以看到通过 SET 语句实现了两个数据集的上下连接，其中 grade2 数据比 grade1 数据少一个变量，拼接后的数据集中变量为默认值。

SAS 系统　　　　2012年

Obs	number	math	chinese
1	1001	95	98
2	1002	87	89
3	1003	78	67
4	1004	89	.
5	1005	87	.

图 3.18　数据集的纵向连接

3.2.5　数据集的更新

MODIFY 和 UPDATE 语句可以用于数据集的更新，已存数据集的修改。其中，MODIFY 语句的数据更新工作只能在原数据集中进行，而 UPDATE 语句的数据更新后可以建立新的数据集。

MODIFY 语句的基本格式为：

```
DATA 原始数据集名
MODIFY 原始数据集名 更新数据集名;
BY 变量名;
RUN;
```

其中：

- DATA 语句指定需要更新的数据集名。
- MODIFY 通过更新数据集的内容实现对原始数据集的更新，更新数据集中只需要包含需要更新的变量和更新的值，不更新的变量不需要列出。
- BY 语句用于指定分组的变量，其变量需要同时存在于原始数据集和更新数据集，用于数据更新时的标识，同时，BY 语句指定的变量需要在数据集中已排序过。

UPDATE 语句的基本格式为：

```
DATA 新数据集名
UPDATE 原始数据集名 更新数据集名;
BY 变量名;
RUN;
```

UPDATE 语句的用法与 MODIFY 语句基本相同，下面通过一个实例来体会这两个语句在数据集的更新中的使用。

【例 3.8】 数据集的更新。这里首先创建一个新的数据集 student，接着再创建一个存储更新数据情况的数据集 student2，然后分别通过 UPDATE 和 MODIFY 语句让数据集 student2 更新数据集 student。

```
data student;                    /*数据集的新建*/
input number sex$ grade;
cards;
1001 男 78
1002 女 89
1003 男 76
1004 男 83
1005 女 92
;
run;
data student2;                   /*更新数据集的新建*/
input number sex$ grade;
cards;
1001 女 .
1003 .  78
;
run;
data studentnew;
```

```
update student student2;    /*数据集的更新*/
by number;
run;
data student;
modify student student2;    /*数据集的更新*/
by number;
run;
proc print data=studentnew;
run;
proc print data=student;
run;
```

执行上述程序后将打印出通过UPDATE语句和MODIFY语句两种方式更新的数据集，可以看到最后的结果相同，均在结果输出窗口打印出如图 3.19 所示的数据集内容，但是UPDATE 语句的更新结果存储在新的数据集 studentnew 中，而 MODIFY 语句的更新结果存储在原始数据集 student 中。

```
                SAS 系统            2

Obs    number    sex    grade

 1      1001     女       78
 2      1002     女       89
 3      1003     男       78
 4      1004     男       83
 5      1005     女       92
```

图 3.19 数据集的更新

3.2.6 数据集的排序

在 SAS 数据管理中数据的排序通过 SORT 过程实现，其基本的语句格式为：

```
PROC SORT  选项;
BY [DESCENDING] 变量名表;
RUN;
```

其中：

- PROC 语句用于指定需要进行的数据分析过程为 SORT（排序），其后常跟的选项介绍如下。
  - DATA=数据集名：指定需要进行排序的数据集，如果缺省该选项，将对 SAS 系统内最近一次使用的数据集进行排序操作。
  - OUT=数据集名：用于指定排序后的数据集，如果缺省该选项，排序后的数据集将覆盖原始数据集。
- BY 语句用于指定按照其后跟的变量进行排序，默认情况下执行升序排序。如果加上 DESCENDING 参数，可执行降序排序，同时 BY 语句后可以跟多个变量，在程序执行的过程中会先对第一个变量排序，如果几个观测的第一个变量值相同，则按照第二个变量的值进行排序，依此类推。BY 语句的排序对数值类型变量按照数值的大小排序，对字符变量按照首字符的 ASCII 码制进行排序。

【例 3.9】 数据集的排序。首先创建一个新的数据集 student，数据集中包含学号 number

和成绩 grade 两个变量，然后对数据集中学生的成绩按照从高到低的顺序排序。最后将排序的结果在结果输出窗口打印出来。

```
data student;                  /*数据集的新建*/
input number grade;
cards;
1001 78
1002 89
1003 76
1004 83
1005 92
;
run;
proc sort data=student;        /*数据集的排序*/
by descending grade;           /*数据集按照成绩从高到低排序*/
run;
proc print data=student;       /*数据集的打印输出*/
run;
```

执行上述程序，将在结果输出窗口输出如图 3.20 所示的排序后的结果。

SAS 系统

Obs	number	grade
1	1005	92
2	1002	89
3	1004	83
4	1001	78
5	1003	76

图 3.20　数据集的排序

3.2.7　数据集的转置

在 SAS 系统中利用 TRANSPOSE 过程可以实现数据集的转置，数据集的转置即通过对数据的翻转，把原始数据集中的变量转为观测，观测转为变量。TRANSPOSE 过程的基本语句格式为：

```
PROC TRANSPOSE 选项
VAR 变量列表;
ID 变量;
IDLABEL 变量标签名;
BY <DESCENDING> 变量列表;
COPY 变量列表;
```

其中：

- ❑ PROC 指定数据分析的过程为 TRANSPOSE（转置），同时，该语句可以设置的转置过程选项介绍如下。
  - ➢ DATA=数据集名：用于指定需要进行转置分析的数据集。
  - ➢ OUT=数据集名：用于指定转置后的数据集。
  - ➢ NAME=变量名：用于指定转置后的转置变量在新数据集中的变量名。
  - ➢ LABEL=标签名：用于指定转置后的转置变量在新数据集中的变量标签名。

- ➢ PREFIX=前缀名：用于指定转置后的变量的前缀名。
- ❑ VAR 语句指定需要转置的变量，如果省略该语句，系统将对数据集中的所有数值变量进行转置。
- ❑ ID 语句后跟的变量为转置后数据的变量名。
- ❑ IDLABEL 语句指定转置后数据的变量标签名。
- ❑ BY 语句指定分组变量，按照分组变量对数据进行转置。
- ❑ COPY 语句将未转置的变量复制到输出数据集中。

【例 3.10】 数据集的转置。首先创建一个新的数据集，然后对指定的变量执行数据集的转置操作，最后在结果输出窗口打印出转置的数据集。

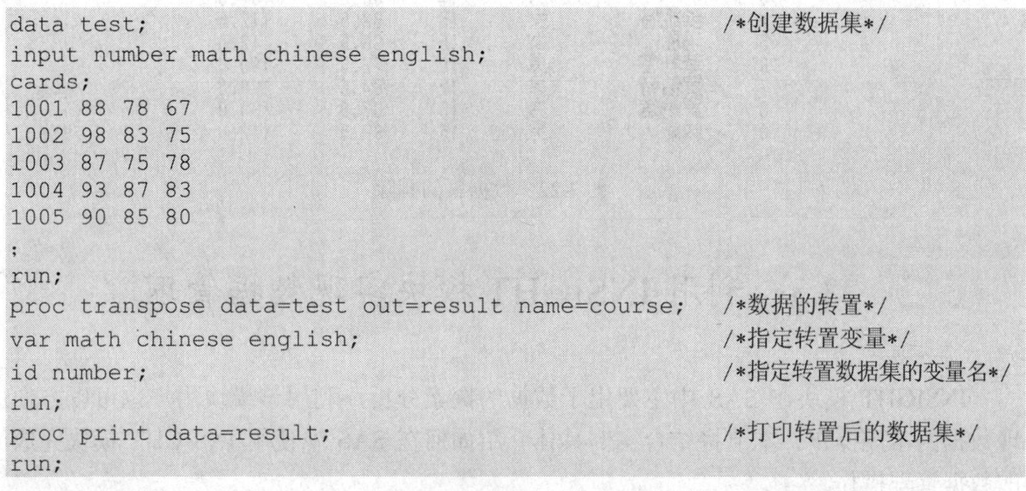

```
data test;                                              /*创建数据集*/
input number math chinese english;
cards;
1001 88 78 67
1002 98 83 75
1003 87 75 78
1004 93 87 83
1005 90 85 80
;
run;
proc transpose data=test out=result name=course;        /*数据的转置*/
var math chinese english;                               /*指定转置变量*/
id number;                                              /*指定转置数据集的变量名*/
run;
proc print data=result;                                 /*打印转置后的数据集*/
run;
```

执行上述程序将在结果输出窗口输出如图 3.21 所示的转置后的数据集。

SAS 系统　　　　2012年02月02日 星

Obs	course	_1001	_1002	_1003	_1004	_1005
1	math	88	98	87	93	90
2	chinese	78	83	75	87	85
3	english	67	75	78	83	80

图 3.21　数据集的转置

3.2.8　数据集的删除

在 SAS 数据管理中 DELETE 语句可以实现数据的删除，常与 IF 语句连用，实现对一定条件下的观测数据的删除。其基本的调用格式为：

```
IF 条件 THEN DELETE;
```

上述语句通过 IF 语句判断观测中的变量是否符合指定的条件，如果符合，执行观测的删除操作。

【例 3.11】 数据集的删除。这里将 weight 变量小于 100 的观测删除。

```
data test;
set sashelp.class;
```

```
if weight<100 then delete;        /*将指定条件的观测删除*/
run;
proc print data=test;
run;
```

执行上述程序后，weight<100 的观测将被删除，剩余的观测在结果输出窗口输出，如图 3.22 所示。

```
                    SAS 系统                2012年02月0

        Obs    Name          Sex    Age    Height    Weight

          1    阿尔弗雷德    男      14     69.0      112.5
          2    凯露          女      14     62.8      102.5
          3    亨利          男      14     63.5      102.5
          4    雅妮特        女      15     62.5      112.5
          5    玛丽          女      15     66.5      112.0
          6    菲利普        男      16     72.0      150.0
          7    罗伯特        男      12     64.8      128.0
          8    罗纳德        男      15     67.0      133.0
          9    威廉          男      15     66.5      112.0
```

图 3.22　数据集的删除

3.3　利用 INSIGHT 模块实现数据管理

INSIGHT 模块在 SAS 中主要用于数据的探索分析，利用该模块用户也可以方便地实现数据的常规操作。本节将结合实例具体介绍如何在 SAS 中使用 INSIGHT 模块完成简单的数据管理操作。

【例 3.12】 INSIGHT 模块数据管理操作。

1．INSIGHT模块的启动

在命令行窗口中输入 insight 命令，在弹出的 INSIGHT 打开窗口中单击“新建”按钮，将新建一个的空的数据表格窗口。

2．数据集的创建

在空的数据表中输入如表 3.1 所示的某班 5 名学生的成绩数据。在 INSIGHT 表格中数据的输入类似于 Excel，用户可以直接输入具体的数值。表格的每一列为数据的变量，即各列分别为本实例中的变量“学号”、“姓名”、“语文成绩”、“数学成绩”、“外语成绩”；表格的每一行为一个观测，对应于本数据集资料中的 5 个数据观测。

表 3.1　某班 5 名学生的课程成绩

学号	姓名	语文	数学	外语
1001	马小玲	87	76	68
1002	赵兴	88	90	77
1003	陈旭	85	87	79
1004	张东	83	85	81
1005	王喜	76	80	86

（1）新建变量

单击空的数据表格左上角的▸按钮，在弹出菜单中单击“新变量”菜单项，如图 3.23 所示。根据需要创建的数据为 5 个变量，在弹出的新建变量数窗口选择新建 5 个变量，如图 3.24 所示。

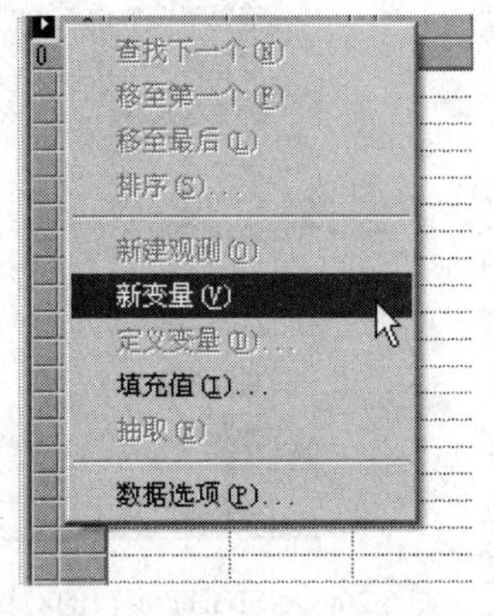

图 3.23　变量的新建

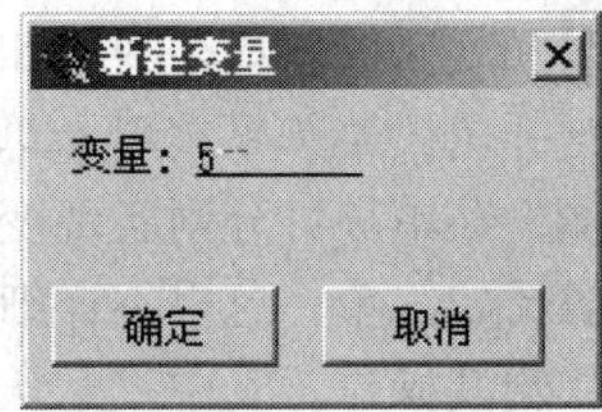

图 3.24　新建变量数

（2）变量属性的定义

在完成了变量的新建后，需要对各个变量的数据类型、变量名、标签名等进行定义。单击数据窗口弹出式窗口中的“定义变量”菜单项将打开如图 3.25 所示的定义变量的窗口，在该窗口中用户可以定义的变量属性包括类型、测量水平、名称和标签等。依次为表 3.1 中的各个变量定义相应的属性，各变量的属性设置如表 3.2 所示。变量定义后在表格中直接输入表 3.1 的数值。

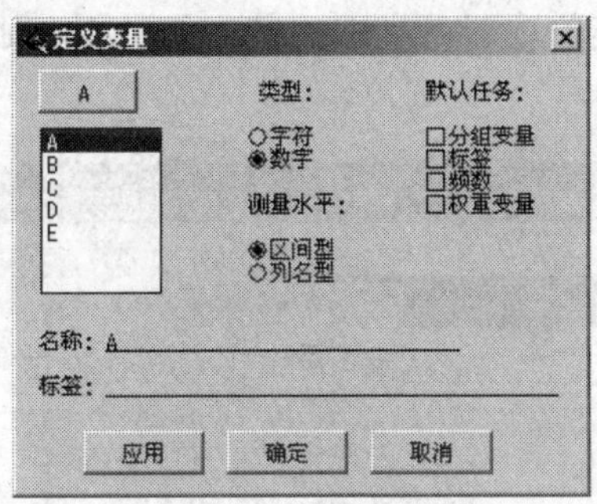

图 3.25　变量的定义

表 3.2　变量属性的定义

变　量	类　型	测量水平	名　称	标　签
学号	数字	区间型	学号	Number
姓名	字符	列名型	姓名	Name
语文	数字	区间型	语文	Chinese
数学	数字	区间型	数学	Math
外语	数字	区间型	外语	English

3. 数据集的常规操作

数据集的一些常规操作例如数据集的新增、移动、拆分、查找等都可以在 INSIGHT 窗口通过简单的菜单操作实现。其中，INSIGHT 模块的右键弹出式菜单如图 3.26 所示，可以用来实现多种数据操作，在后面的内容中将具体讲解各菜单项的使用。

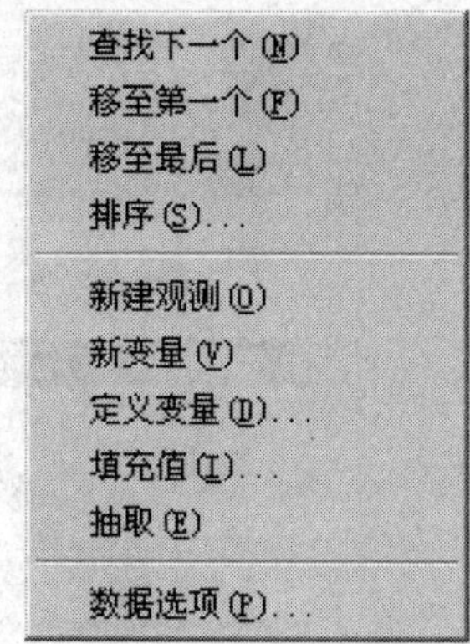

图 3.26　INSIGHT 窗口的右键弹出式菜单

（1）数据集的新增

在 INSIGHT 窗口中可以方便地实现数据集的新增，包括变量和观测的新增。变量和观测的新增都可以通过右键弹出式菜单来实现，单击“新变量”和“新建观测”菜单项可分别实现变量和观测的新建。操作步骤比较简单，这里不详细展开叙述，读者可以自行体会其操作。其中，默认状态下新建变量的个数为 1，新建观测的个数为 100，用户可以根据实际情况选择合适的数目。

（2）数据集的移动

为了便于用户查看数据集，可以对指定的变量或观测实现数据集的移动，从而改变变量或观测的显示位置。用户选中变量名（或观测号）即可对指定的列（或行）执行移动的操作，包括移至第一个和移至最后的操作。数据集的移动操作也是通过弹出式菜单来实现的。

（3）数据集的拆分

如果用户只需要使用数据集中的部分数据，在 INSIGHT 模块下选中需要使用的数据，单击右键菜单中的“抽取”菜单项即可抽取出其中的数据，如图 3.27 所示，并立即建立一个新的数据集。

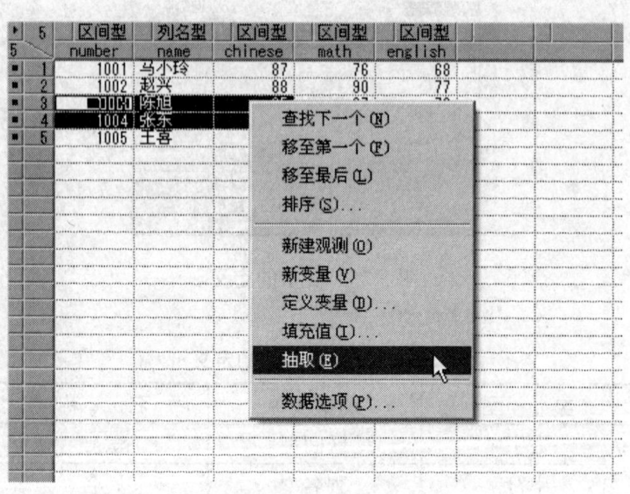

图 3.27　INSIGHT 窗口数据集的拆分

（4）数据集的查找

数据集的查找可以帮助用户快速查找到符合一定条件的观测。单击主界面“编辑”|“观

测”菜单中的“查找”菜单项，在弹出的查找观测窗口中输入需要查找的观测的条件。本实例中我们设置的查找条件为学号 number 大于 1003 的观测，如图 3.28 所示。单击“观测查找”窗口中的“应用”按钮，数据集中符合条件的观测序号将被突出显示。

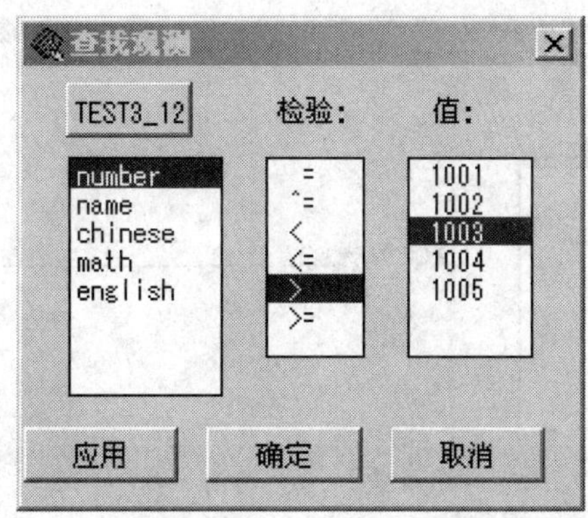

图 3.28　INSIGHT 窗口数据集的查找

（5）数据集的排序

利用 INSIGHT 模块下的菜单操作可以方便地实现数据的排序工作。单击数据窗口中右键弹出式菜单中的“排序”菜单项，在弹出的“排序”窗口内选择需要排序的变量，单击右侧的 Y 按钮，选择的变量将进入 Y 按钮下方的空白区域内，如图 3.29 所示。同时，选中变量后单击“排序”窗口上的“升序/降序”按钮可以设置变量的排序顺序。本实例中，我们选中 chinese 变量对其执行升序排序，如图 3.29 所示，单击“确定”按钮，数据集中的观测按照 chinese 变量升序的顺序排列。

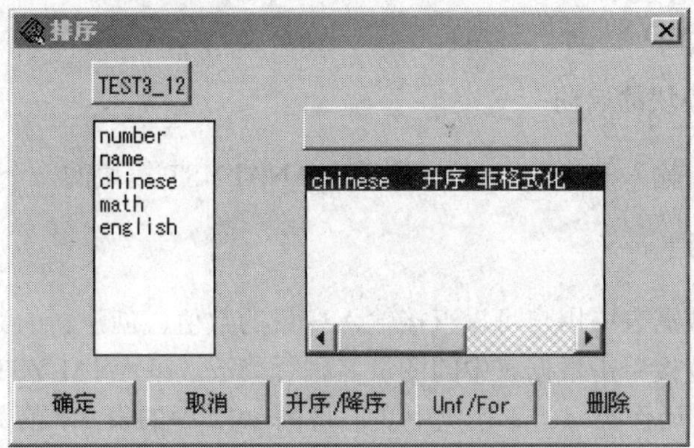

图 3.29　INSIGHT 窗口数据集的排序

（6）数据集的删除

在 INSIGHT 模块下数据集的删除通过菜单“编辑”|“删除”实现。选中需要删除的变量的变量名或观测的观测序号，单击主界面上的“编辑|删除”菜单可实现指定变量或观测的删除。

（7）数据集的保存

利用 INSIGHT 模块新建的数据集将自动保存在临时逻辑库中的 WORK.A 的数据文件，在退出 SAS 系统后该数据集不存在，因而用户需要通过数据集的保存功能将其保存到

永久逻辑库上。SAS 数据集的保存通过菜单“文件”|“保存”|“数据”来实现。单击该菜单项后，在弹出的“保存数据”窗口中选择需要保存的逻辑库名和保存的数据集名，如图 3.30 所示，本实例中的数据集保存在 WW 逻辑库中，文件名为 test3_12。

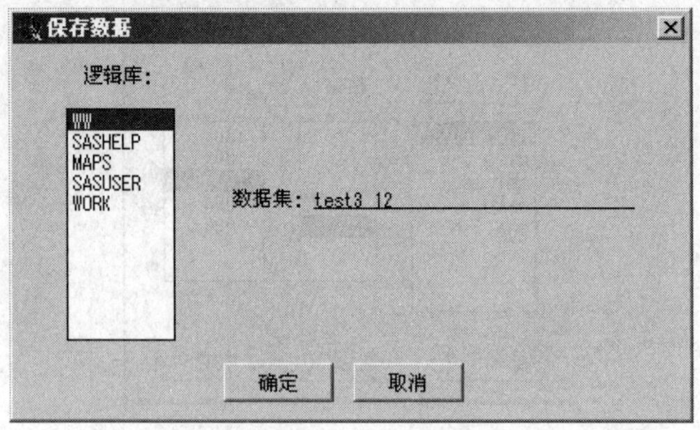

图 3.30　INSIGHT 窗口数据集的保存

3.4　利用 ANALYST 模块实现数据管理

ANALYST 模块是 SAS 系统内实现常用统计分析的界面操作工具，在 ANALYST 模块下用户也可以方便地进行数据管理操作。本节将通过一个具体实例向用户演示如何在 ANALYST 窗口下实现数据的管理操作。

【例 3.13】 ANALYST 模块数据管理操作。

1. ANALYST模块的启动

在命令行窗口中输入 analyst 命令，将弹出 ANALYST 模块的一个空的数据表。

2. 数据集的创建

在新建的空的数据表中用户可以直接输入变量的数值，创建新的数据集。同时，变量的名称也可以通过直接单击数据表中的变量名进行修改。在 ANALYST 窗口下的数据新建过程与一般的 Excel 操作类似。本实例中我们将例 3.12 中的表 3.1 的数据输入，输入后如图 3.31 所示。

Untitled (NEW)

	number	name	chinese	math	english	F
1	1001	马小玲	87	76	68	
2	1002	赵兴	88	90	77	
3	1003	陈旭	85	87	79	
4	1004	张东	83	85	81	
5	1005	王喜	76	80	86	
6						
7						

图 3.31　ANALYST 窗口数据集的新建

单击“文件”|“保存”菜单项将上述新建的数据保存，如图 3.32 所示。

图 3.32　ANALYST 窗口数据集的保存

3. 数据集的管理

数据保存后，将重新打开新的保存的数据集，在数据集中用户可以执行的数据操作包括：数据操作模式的管理、数据集的新增、数据集的移动、数据集的计算、数据集的排序等。下面通过实例具体演示。

（1）数据操作模式的管理

在 ANALYST 窗口下新打开的已存数据集是以“浏览”模式打开的，用户无法执行相关的操作，此时首先需要更改操作模式为“编辑”模式。单击主界面菜单“编辑”|“模式”，勾选“编辑”选项，如图 3.33 所示。

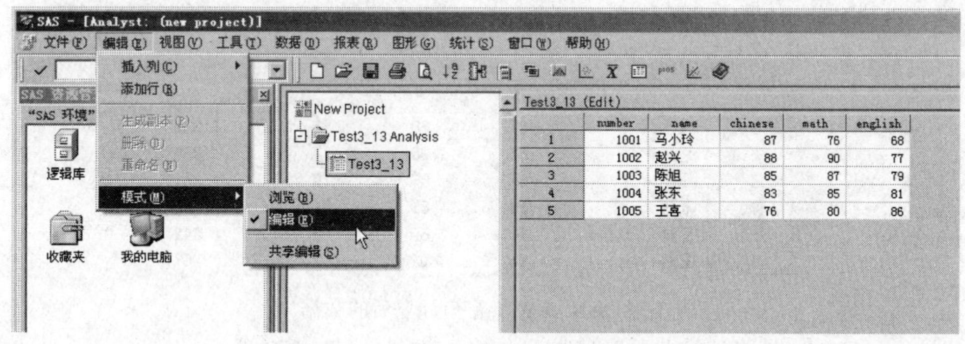

图 3.33　ANALYST 窗口数据集模式的更改

（2）数据集的新增

在 ANALYST 中可以方便地实现变量或观测的新增。单击菜单“编辑”|“插入列”可

以实现变量的新增，新增的变量可以为字符型或数值型。而单击菜单“编辑|添加行”可以实现观测数据的添加。本实例中单击“编辑|添加行”菜单，在原数据的下面将自动增加一个数据行，在其中输入新的观测数据“1006　田心　88 92 87”。

（3）数据集的移动

数据集的移动操作可以方便用户快速重新排列变量。单击菜单“视图|列|移动”将弹出如图 3.34 所示的“列移动”的窗口。用户在左侧的 Column order 选区选中需要移动顺序的变量，然后单击右侧区域的上下箭头按钮，实现变量位置的移动，如图 3.34 所示。如果用户希望变量按照其名称的字母顺序排序，可以直接选择数据移动窗口右下角的 Alphabetical order 选区，选择升序或降序排列的单选按钮，单击 Sort All 按钮，实现所有变量按字母顺序排列。

（4）数据集的计算

主界面的菜单“数据”|“变换”|“计算”可以实现对 ANALYST 窗口内的数据的简单计算。在本实例中我们通过该菜单项计算出每个学生的总成绩。单击“数据”|“变换”|“计算”菜单，在弹出的数据集计算窗口内输入计算公式：sum=chinese+math+english，如图 3.35 所示。单击 OK 按钮后，在原数据集后将增加一个显示成绩总和的新变量 sum，如图 3.36 所示。

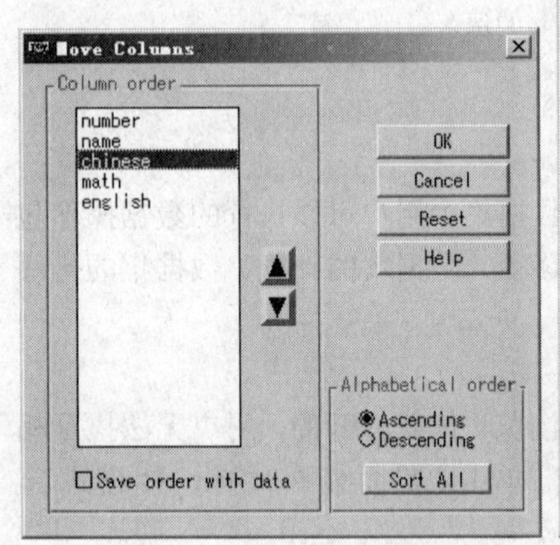

图 3.34　ANALYST 窗口数据集的移动

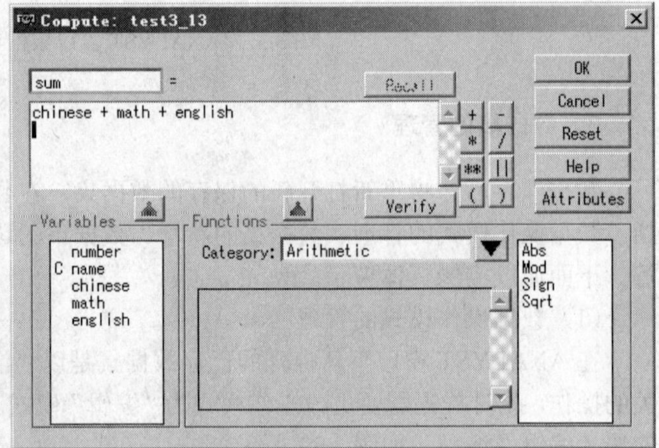

图 3.35　ANALYST 窗口数据集的计算

test3_13 (Edit)

	name	chinese	math	english	sum
1	马小玲	87	76	68	231
2	赵兴	88	90	77	255
3	陈旭	85	87	79	251
4	张东	83	85	81	249
5	王喜	76	80	86	242
6	田心	88	92	87	267

图 3.36　ANALYST 窗口计算后的数据集

（5）数据集的排序

下面通过 ANALYST 窗口的数据排序功能，对计算后的学生的总成绩进行降序排列。单击菜单“数据|排序”，将弹出如图 3.37 所示的数据排序窗口，在该窗口内选择需要排序的变量 sum，单击 Sort by 按钮，使其进入 Sort by 按钮下方的空白区域，选中进入的变量

sum，单击 Ascend/Descend 按钮对 sum 变量执行降序排序。单击 OK 按钮，完成变量的排序操作。观测数据将按照总成绩由高到低的顺序排列。

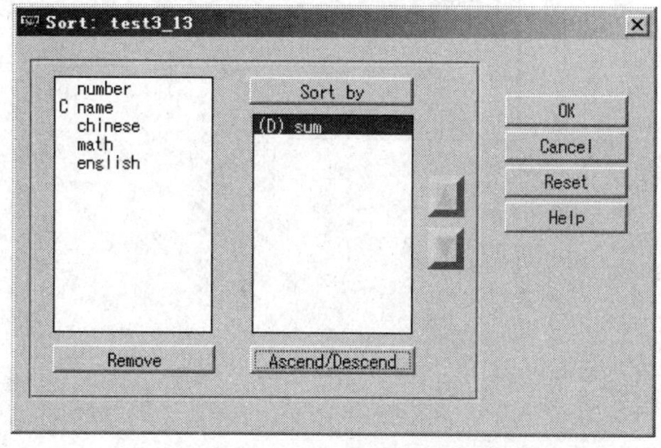

图 3.37　ANALYST 窗口数据集的排序

（6）数据集的标准化

对于不同量纲的数据，为了在分析时能有统一的衡量标准，往往需要对数据资料进行标准化的预处理。在 ANALYST 模块内数据资料的标准化通过菜单“数据”|“变换”|“标准化”实现，单击此菜单项将打开如图 3.38 所示的数据标准化的窗口，在窗口内选中需要标准化的变量，本实例中选择了变量 chinese、math 和 english，单击 OK 按钮，实现对变量的均值为 0，标准差为 1 的标准化操作。在原数据后将增加标准化后的变量数据。

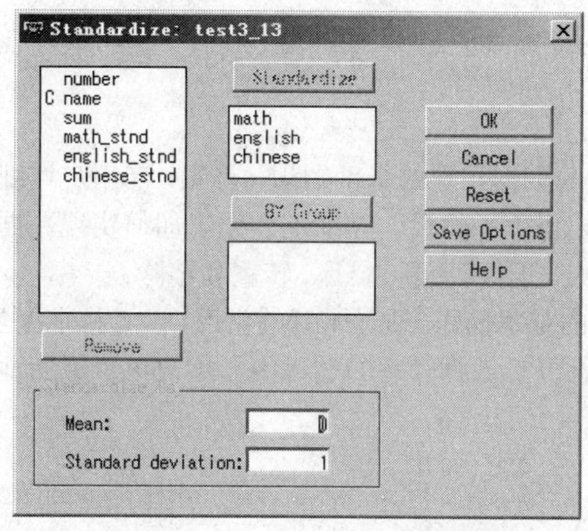

图 3.38　ANALYST 窗口数据集的标准化

（7）数据集的筛选

在 ANALYST 模块通过数据的过滤操纵可以方便地实现数据集的筛选。单击菜单“数据”|“过滤”，在弹出的数据集的筛选窗口内输入数据筛选的条件“number GT 1003”，如图 3.39 所示。单击 OK 按钮，在 ANALYST 窗口内将显示筛选后的结果，如图 3.40 所示，保留了学号大于 1003 的三个观测。

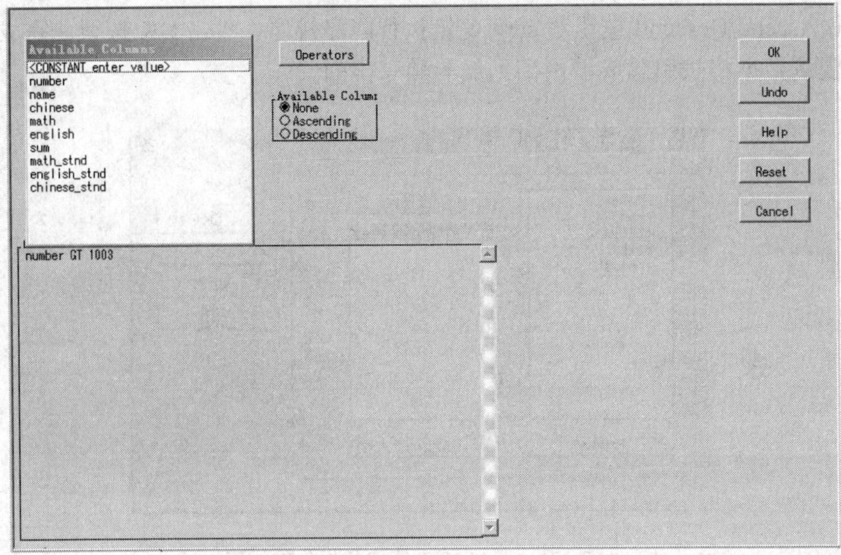

图 3.39　ANALYST 窗口数据集的筛选

test3_13 (Edit) Where number GT 1003

	number	name	chinese	math	english	sum
1	1006	田心	88	92	87	267
4	1004	张东	83	85	81	249
5	1005	王喜	76	80	86	242

图 3.40　ANALYST 窗口数据集的筛选结果

3.5　本 章 小 结

本章主要介绍了 SAS 数据管理的基础知识。首先，向用户详细介绍了如何利用界面操作实现数据的导入和导出操作；然后，详细地介绍了如何实现数据管理的基本操作，包括数据集的复制、新增、拆分、连接、更新、排序、转置和移除；接着，介绍了如何通过 INSIGHT 和 ANALYST 实现数据的基本操作。通过本章的学习，读者将掌握多种数据管理的方法（界面操作、程序设计），在今后数据管理的过程中，用户可以灵活地选择适宜的方法进行数据管理操作。

3.6　习　　题

1. 在 SAS 中利用数据向导导入本书随书光盘习题中的“第三章示例数据.xls”的数据文件。导入的数据集保存在永久逻辑库中，命名为 xiti3_5。

2. 利用程序设计完成下列任务。

（1）复制导入的数据集 xiti3_5 到 SAS 临时逻辑库中的 test 数据集中。

（2）对数据集 test 进行更新，更新后的数据替换原来的数据，需要更新的数据包括：

ID 为 10321 的观测的 PRICE 改为 85；ID 为 17882 的观测的 NUMBER 改为 385。

（3）对数据集 test 进行排序，按照 ID 的升序顺序进行排序。

（4）对数据集 test 进行转置，转置变量为 PRICE，NUMBER 和 COST。

3．在 INSIGHT 模块下实现下列的数据操作。

（1）启动 INSIGHT 模块，打开 xiti3_5 数据集。

（2）将变量的标签改为中文名。

（3）新增一个观测，其各变量的数据依次为 10110、SOCKS、22、1019 和 15。

（4）按照 PRICE 的高低对数据资料进行排序。

（5）保存更改后的数据集。

4．在 ANALYST 模块下实现下列的数据操作。

（1）启动 ANALYST 模块，打开 xiti3_5 数据集，更改为编辑模式。

（2）在原数据集资料后新增一个 PROFIT 变量，变量的计算公式为：（PRICE-COST）*NUMBER。

（3）对 PROFIT 变量按照降序顺序重新排序。

（4）在数据集中筛选出 PRICE 大于 50 的所有观测。

第 4 章　描述性统计分析

描述性的统计分析是数据分析过程中最为基础的统计分析功能。通过对数据的描述性统计分析，可以帮助用户了解数据的基本分布特征，利用一些统计分析指标来反映数据的总体特征。本章将具体介绍如何在 SAS 系统中实现数据的描述性统计分析，包括 MEANS 均值过程、UNIVARIATE 单变量过程和 FREQ 频数过程的具体介绍。同时，对于这些基本的统计分析功能，用户也可以方便地在 INSIGHT 或 ANALYST 模块下具体实现，本章也将详细介绍这些操作的实现过程。

通过本章的学习，读者将掌握以下基本技能：

- ❑ 常用的描述性统计分析指标的了解；
- ❑ 描述性统计分析的 SAS 过程的掌握；
- ❑ 利用界面操作实现描述性统计分析。

4.1　描述性统计分析概述

在统计学中，所有数据的总和称为总体，而一般的统计学分析均是对总体中抽取的部分数据，即样本数据的分析。描述性统计分析主要通过一些统计指标的使用来对样本数据的特征进行描述。常用的描述性统计指标的数据按照使用的功能大致可以分为数据位置描述、离散程度描述、分布形状描述三类。下面将具体介绍这几类描述性统计分析指标。

4.1.1　数据位置描述

在描述性统计分析中，统计指标样本数、均值、中位数和众数等可用于描述样本数据位置的特征。下面具体介绍这些统计指标。

1．样本数（N）

在统计学中，观测样本的数量称为样本数。样本数 $N \leq 30$ 的样本一般认为是小样本，$N>30$ 的样本为大样本，大样本一般符合正态分布的规律。

2．均值（Mean）

样本中所有观测的平均值，可用于描述样本的中心位置。对于样本为 X_1，X_2，…，X_n 的观测数据，其均值的计算公式为：

$$\bar{X} = \sum_{i=1}^{n} X_i = \frac{X_1 + X_2 + \ldots + X_n}{n}$$

3. 中位数（Median）

当样本按照观测值的大小从大到小或从小到大的顺序排列时，位于中间位置的数为中位数。中位数可用于描述数据中间位置的基本信息。中位数不易受极端样本的影响，与均值相比，在含有一些异常值的数据集中，中位数对数据中心位置的描述更为可靠。中位数的确定方法为：将变量按大小排序后，当样本数 N 为奇数时，中位数为位于$(N+1)/2$ 位置的变量；当样本数 N 为偶数时，中位数为位于 $N/2$ 和$(N/2+1)$位置的两个变量的算术平均值。

4. 众数（Mode）

众数是样本观测中出现频率最高的观测，可用于描述数据的集中程度。众数可以通过对样本观测的频率统计来确定。

5. 分位数（Quartile）

分位数可对样本分布做具体描述，描述其位置和分布信息。对于样本数据按照从小到大的顺序排列的观测，观测的分位数的计算公式为各观测的位置数/样本数。在分位数中有几个特殊的统计量较为常用，0 分位数为样本的最小值；0.25 分位数为四分之一分位数；0.5 分位数为中位数；0.75 分位数为四分之三分位数；1 分位数为样本的最大值。

4.1.2　离散程度描述

在描述性统计分析中，统计指标极差、方差、标准差和变异系数可用于描述样本数据离散程度。下面具体介绍这些统计指标。

1. 极差（Range）

极差可用于反映样本数据最大的离散程度，其计算公式为：

极差=最大值–最小值

2. 方差（Var）

方差是最为常用的度量观测数据和均值离散程度的统计指标之一。方差的计算公式为：

$$S^2=\frac{1}{n-1}\sum_{i=1}^{n}(X_i-\bar{X})$$

根据方差的计算公式可知，方差的值小可以说明各观测样本与均值较为接近，数据的离散程度小；而方差的值大可以说明数据中各观测和均值的差异较[illegible]据的离散程度大。

3. 标准差（Std）

标准差为方差的开平方，其值与样本数据具[illegible]同的量纲，是常用的度量数据离散程度的变量。其计算公式为：

$$S=\sqrt{\frac{1}{n-1}\sum_{i=1}^{n}(X_i-\bar{X})}$$

4．变异系数（CV）

变异系数为标准差占均值的百分数，常用于不同量纲数据离散程度的比较。其计算公式为：

$$CV = \frac{S}{\overline{X}} \times 100\%$$

4.1.3　分布形状描述

偏度和峰度是描述性统计分析中反映数据分布形状的重要统计参数，其具体的计算方法和统计学意义如下。

1．偏度（Skewness）

偏度可用于反映数据的分布特征，如果数据对称地分布在中心（均值）的两侧，则偏度的值为 0；如果数据向左偏，在左侧的分布更多，则偏度的值小于 0；如果数据向右偏，在右侧的分布更多，则偏度的值大于 0。

2．峰度（kurtosis）

峰度用于描述数据分布时尾部的分散程度，与标准的正态分布相比，如果较为接近正态分布，则峰度的值近似为 0；如果尾部比正态分布更分散，则峰度的值大于 0；如果尾部比正态分布更集中，则峰度的值小于 0。

4.2　描述性统计分析过程

在 SAS 系统中，MEANS、FREQ 和 UNIVARIATE 过程可用于数据的描述性统计分析。在具体功能的实现上，这几个过程略有交叉。本节将通过实例具体介绍这两个过程在描述性统计分析上的应用。通过本节的学习，读者将灵活地掌握在 SAS 编程环境下完成描述性统计分析的能力。

4.2.1　MEANS 均值过程

MEANS 均值过程可以对观测内的所有变量或各组内的变量进行描述性统计分析。在 SAS 9.2 中，MEANS 过程可以实现的功能包括：

- 计算样本的描述性统计参数；
- 分位数的计算，其中包括中位数的计算；
- 计算均值的置信区间；
- 数据极端值的识别；
- 统计假设测验。

在 SAS 系统中，MEANS 均值过程的基本格式为：

```
PROC MEANS [选项]
BY [DESCENDING] 变量列表;
CLASS 变量列表;
FREQ 变量;
ID 变量列表;
OUTPUT [out=输出数据集名] [统计量关键字=变量名];
VAR 变量列表;
WEIGHT 变量;
```

其中：

- PROC 语句用于指定分析的过程为 MEANS 均值过程，该过程常加的选项如下。
  - DATA=数据集名：指定进行均值过程的数据集。
  - 统计参数关键词=变量名：默认情况下，MEANS 过程仅给出样本数、均值、标准差、最大值和最小值这几个统计参数的计算结果，对于其他的统计参数，用户需要通过选项“统计参数关键词=变量名”来添加计算结果到输出结果数据集中。可以添加的统计指标在 MEANS 过程中都有固定的关键词，表 4.1 详细列出了 SAS MEANS 过程可以计算所有统计参数。

表 4.1　MEANS均值过程的统计参数的关键词

统计参数的关键词	含　义	统计参数的关键词	含　义
N	样本数	CV	变异系数
MEAN	平均数	VAR	方差
STD	标准差	STDERR	均值的标准误
MIN	最小值	SKEWNESS	偏度
MAX	最大值	KURTOSIS	峰度
NMISS	缺失值个数	Q1|P25	四分之一分位数
MODE	众数	Q3|P75	四分之三分位数
MEDIAN	中位数	P1	第 1 百分位数
RANGE	极差	P5	第 5 百分位数
USS	加权平方和	P10	第 10 百分位数
CSS	均值偏差的加权平方和	P90	第 90 百分位数
UCLM	置信度上限	P95	第 95 百分位数
LCLM	置信度下限	P99	第 99 百分位数
CLM	置信度上限和下限	QRANGE	百分位数极差
SUM	累加和	PROBT|PRT	T 分布的双尾 p 值
SUMWGT	权数和	T	总体均值为 0 的 t 统计量

- BY 语句用于指定均值分析分组的变量。在分析的过程中，MEANS 过程首先会将原数据集按照 BY 语句指定的变量分为多个子集，然后在各子集内分别计算描述性统计参数。同时，原数据集需按 BY 语句指定的变量排序。
- CLASS 语句的功能类似于 BY 语句，指定均值分析的分组变量。但与 BY 语句不同的是，原数据集不需要按照 CLASS 语句指定的变量排序好。
- FREQ 语句用于指定输入数据观测频数的变量，其值表示数据集中相应观测出现的频数。
- ID 语句用于指定标识观测的变量。

- ❑ OUTPUT 语句用于将 MEANS 过程计算的结果输出到指定的数据集中，同时可以通过选项“统计量关键字=变量名”指定相关统计参数的输出。
- ❑ VAR 语句用于指定需要进行均值过程分析的变量。
- ❑ WEIGHT 语句用于作为观测权重的变量。

【例 4.1】 MEANS 过程的 SAS 实现。

汽油的硫含量、芳烃含量、苯含量和铅含量是衡量汽油污染程度的重要指标，现对市面上的 A、B 和 C 三种型号的汽油进行随机抽样，分别测定样本的硫含量、芳烃含量、苯含量和铅含量，数据如表 4.2 所示。现对这些数据做基本的描述性统计分析，以了解市面上常售的这三种汽油的污染程度。

表 4.2　各型号汽油污染程度的指标

型　号	序　号	硫含量（μg/g）	芳烃含量（%）	苯含量（%）	铅含量（mg/L）
A	1	159.3	47.5	1.13	5.87
	2	154.2	43.2	1.07	5.63
	3	156.7	44.3	1.06	5.54
	4	151.0	41.9	1.03	5.21
	5	156.8	44.3	1.05	5.63
	6	153.4	42.9	1.06	5.34
	7	153.5	42.7	1.03	5.49
	8	158.2	46.3	1.05	5.76
	9	154.2	44.2	1.04	5.45
	10	159.7	46.0	1.12	5.85
B	1	149.3	41.3	1.00	5.13
	2	152.3	40.8	0.98	5.32
	3	152.9	41.5	1.01	5.24
	4	151.2	42.3	1.02	5.14
	5	155.4	44.7	1.04	5.35
	6	154.8	43.9	1.03	5.69
	7	153.2	42.9	1.03	5.28
	8	150.1	42.5	1.01	5.17
	9	148.2	39.8	0.96	5.10
	10	149.3	41.4	0.97	5.08
C	1	160.2	47.3	1.12	5.98
	2	162.1	48.9	1.11	5.88
	3	159.7	45.8	1.07	5.86
	4	158.3	48.3	1.06	5.69
	5	158.0	47.9	1.06	5.76
	6	156.6	46.5	1.09	5.83
	7	159.3	49.3	1.07	5.87
	8	160.4	49.3	1.06	5.99
	9	157.3	47.6	1.08	5.86
	10	158.2	48.9	1.04	5.93

下面的程序首先创建一个数据集，然后通过 MEANS 均值过程对数据集中的变量进行

描述性统计分析。

```
data ww.test4_1;                                /*创建数据集*/
input type$ sulfur arene benzene pb;
cards;
A 159.3 47.5    1.13    5.87
A 154.2 43.2    1.07    5.63
A 156.7 44.3    1.06    5.54
A 151.0 41.9    1.03    5.21
A 156.8 44.3    1.05    5.63
A 153.4 42.9    1.06    5.34
A 153.5 42.7    1.03    5.49
A 158.2 46.3    1.05    5.76
A 154.2 44.2    1.04    5.45
A 159.7 46.0    1.12    5.85
B 149.3 41.3    1.00    5.13
B 152.3 40.8    0.98    5.32
B 152.9 41.5    1.01    5.24
B 151.2 42.3    1.02    5.14
B 155.4 44.7    1.04    5.35
B 154.8 43.9    1.03    5.69
B 153.2 42.9    1.03    5.28
B 150.1 42.5    1.01    5.17
B 148.2 39.8    0.96    5.10
B 149.3 41.4    0.97    5.08
C 160.2 47.3    1.12    5.98
C 162.1 48.9    1.11    5.88
C 159.7 45.8    1.07    5.86
C 158.3 48.3    1.06    5.69
C 158.0 47.9    1.06    5.76
C 156.6 46.5    1.09    5.83
C 159.3 49.3    1.07    5.87
C 160.4 49.3    1.06    5.99
C 157.3 47.6    1.08    5.86
C 158.2 48.9    1.04    5.93
;
run;
proc means data=ww.test4_1 mean range min max median std cv;
                                                /*调用均值过程计算相关统计参数*/
var sulfur arene benzene pb;                    /*指定均值过程的分析变量*/
output out=result;                              /*保存计算结果到数据表中*/
run;
```

执行上述程序后，将在结果输出窗口输出如图 4.1 所示的均值分析的结果。从结果中可知所有类型汽油的含硫量、芳烃含量、苯含量和铅含量描述性统计分析结果，包括均值、极差、最小值、最大值、中位数、标准差和变异系数的计算结果。

SAS 系统　　2012年02月06日 星期一 下午08时41分11秒　1

MEANS PROCEDURE

变量	均值	极差	最小值	最大值	中位数	标准差	变异系数
sulfur	155.4600000	13.9000000	148.2000000	162.1000000	156.0000000	3.8177083	2.4557496
arene	44.8066667	9.5000000	39.8000000	49.3000000	44.3000000	2.8554767	6.3728836
benzene	1.0483333	0.1700000	0.9600000	1.1300000	1.0500000	0.0422703	4.0321469
pb	5.5640000	0.9100000	5.0800000	5.9900000	5.6300000	0.3039465	5.4627329

图 4.1　MEANS 均值分析过程的结果输出

另外，我们按照汽油的型号分组，对不同组内的汽油的各项污染指标数据进行描述性统计分析。

```
proc means data=ww.test4_1 mean range min max median std cv; /*调用均值过程计算相关统计参数*/
var sulfur arene benzene pb; /*指定均值过程的分析变量*/
by type;/*按照不同类型汽油分组计算描述性统计指标*/
run;
```

执行上述程序，在 SAS 的结果输出窗口内将输出如图 4.2 所示的不同类型汽油分组的描述性统计结果。

SAS 系统　　2012年02月06日 星期一 下午08时41分11秒　2

type=A

MEANS PROCEDURE

变量	均值	极差	最小值	最大值	中位数	标准差	变异系数
sulfur	155.7000000	8.7000000	151.0000000	159.7000000	155.4500000	2.8701529	1.8433866
arene	44.3300000	5.6000000	41.9000000	47.5000000	44.2500000	1.7832866	4.0227534
benzene	1.0640000	0.1000000	1.0300000	1.1300000	1.0550000	0.0347051	3.2617582
pb	5.5770000	0.6600000	5.2100000	5.8700000	5.5850000	0.2148410	3.8522687

type=B

变量	均值	极差	最小值	最大值	中位数	标准差	变异系数
sulfur	151.6700000	7.2000000	148.2000000	155.4000000	151.7500000	2.4476973	1.6138309
arene	42.1100000	4.9000000	39.8000000	44.7000000	41.9000000	1.4647336	3.4783509
benzene	1.0050000	0.0800000	0.9600000	1.0400000	1.0100000	0.0271825	2.7047274
pb	5.2500000	0.6100000	5.0800000	5.6900000	5.2050000	0.1806777	3.4414807

type=C

变量	均值	极差	最小值	最大值	中位数	标准差	变异系数
sulfur	159.0100000	5.5000000	156.6000000	162.1000000	158.8000000	1.6454989	1.0348399
arene	47.9800000	3.5000000	45.8000000	49.3000000	48.1000000	1.1942455	2.4890485
benzene	1.0760000	0.0800000	1.0400000	1.1200000	1.0700000	0.0245855	2.2848933
pb	5.8650000	0.3000000	5.6900000	5.9900000	5.8650000	0.0920447	1.5693892

图 4.2　MEANS 均值分析过程的分组结果输出

4.2.2　UNIVARIATE 单变量过程

在 SAS 系统中，除了可以使用 MEANS 过程执行描述性统计分析外，也可用 UNIVARIATE 过程进行描述性统计分析。UNIVARIATE 过程的基本功能如下：

- ❑ 描述性统计分析，涉及偏度、峰度、分位数的计算，频率表的绘制和变量极端值分析等。
- ❑ 常用统计图形的绘制，包括直方图、概率分布累积图和 Q-Q 图等。
- ❑ 数据的正态性检验。

在 SAS 系统中，UNIVARIATE 单变量过程的基本格式为：

```
PROC UNIVARIATE [选项] ;
BY 变量列表;
CDFPLOT 变量列表 [选项];
```

```
CLASS 变量列表;
FREQ 变量;
HISTOGRAM 变量列表 [选项];
ID 变量;
OUTPUT [out=输出数据集名] [统计量关键字=变量名];
QQPLOT 变量列表 [选项];
VAR 变量列表;
WEIGHT 变量;
```

其中：

- PROC 语句用于指定使用 UNIVARIATE 过程进行描述性统计分析，同时，在该语句后常用的选项介绍如下：
  - DATA=数据集名：指定需要分析的数据集。
  - PLOT 或 PLOTS：绘制茎叶图、盒式图和正态概率图。
  - FREQ：生成频数分布表。
  - NORMAL：对输入变量进行正态性检验。
- BY 语句用于指定分组的变量，在组内对数据进行描述性分析。
- CDFPLOT 语句用于控制概率分布累积图的绘制。
- CLASS 语句的用法基本同 BY 语句，用于指定分组的变量。
- FREQ 语句用于指定代表观测频数的变量。
- HISTOGRAM 语句用于控制直方图的绘制。
- ID 语句用于指定数据集中识别观测的变量。
- OUTPUT 语句用于建立一个新的数据表，存放分析的结果。
- QQPLOT 语句用于控制 Q-Q 图的绘制。
- VAR 语句用于指定 UNIVARIATE 过程分析的变量。
- WEIGHT 语句用于指定代表观测权重的变量。

下面利用UNIVARIATE过程对本章例4.1中表4.2的各型号汽油污染程度的指标数据，进行描述性统计分析，注意体会 SAS 系统中这两种过程在描述性统计分析上的差异。

【例 4.2】 UNIVARIATE 过程的 SAS 实现。

下面的程序利用 UNIVARIATE 过程实现描述性统计分析。

```
proc univariate data=ww.test4_1;
by type;                                        /*指定分组变量*/
var sulfur arene benzene pb;                    /*指定分析变量*/
run;
```

执行上述程序，UNIVARIATE 过程会将所有的描述性统计分析的结果输出到结果窗口。本例中按照汽油型号分组，对每种型号的汽油的各变量都进行了描述性统计分析，结果包括矩、位置和变异性的基本测度、位置检验、分位数和极端观测，其结果的目录如图 4.3 所示。

同时，以 A 汽油的含硫量的结果为例展示 UNIVARIATE 过程的基本的描述性统计分析结果，如图 4.4 所示。

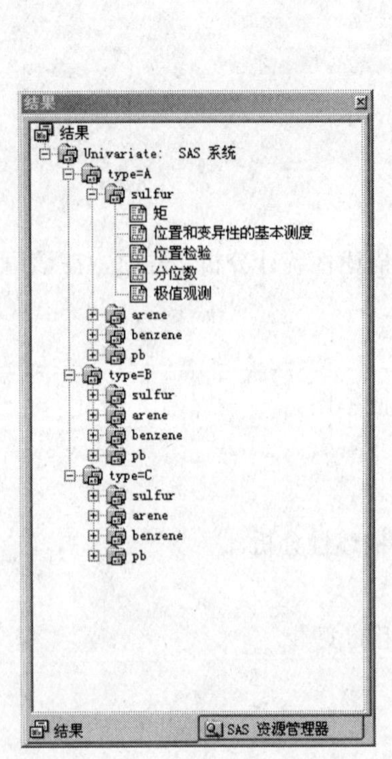

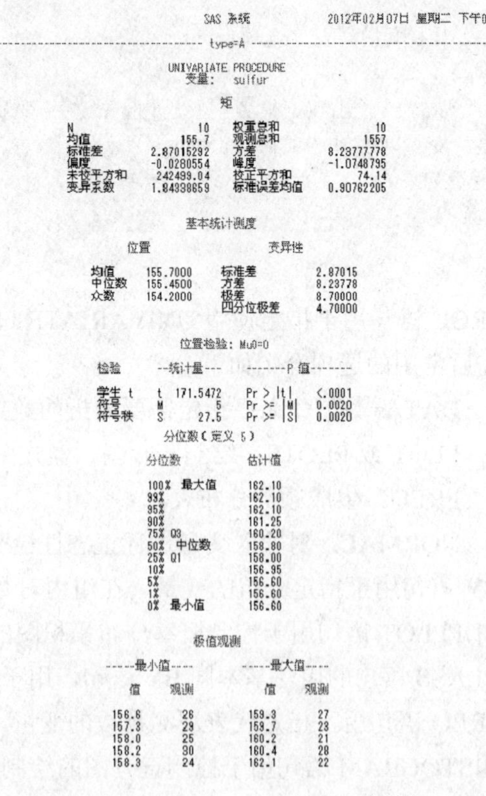

```
                         SAS 系统          2012年02月07日 星期二 下午03时52分48秒  17
------------------------------------ type=A ------------------------------------

                    UNIVARIATE PROCEDURE
                       变量:   sulfur

                            矩

N                       10    权重总和                10
均值                 155.7    观测总和              1557
标准差          2.87015292    方差            8.23777778
偏度            -0.0280554    峰度            -1.0748795
未校平方和       242499.04    校正平方和           74.14
变异系数        1.84338659    标准误差均值    0.90762205

                      基本统计测度

           位置                      变异性

      均值      155.7000     标准差          2.87015
      中位数    155.4500     方差            8.23778
      众数      154.2000     极差            8.70000
                             四分位极差      4.70000

                   位置检验: Mu0=0

      检验        --统计量---    -------P 值-------

      学生 t      t  171.5472    Pr > |t|     <.0001
      符号        M         5    Pr >= |M|    0.0020
      符号秩      S      27.5    Pr >= |S|    0.0020
                 分位数（定义 5）

             分位数               估计值

             100%  最大值         162.10
             99%                  162.10
             95%                  162.10
             90%                  161.25
             75% Q3               160.20
             50%  中位数          158.80
             25% Q1               158.00
             10%                  156.95
             5%                   156.60
             1%                   156.60
             0%  最小值           156.60

                      极值观测

        -----最小值----       -----最大值----

           值      观测          值       观测

         156.6      26         159.3       27
         157.3      29         159.7       23
         158.0      25         160.2       21
         158.2      30         160.4       28
         158.3      24         162.1       22
```

图 4.3　UNIVARIATE 过程结果目录树　　　图 4.4　UNIVARIATE 过程的描述性统计分析结果

4.3　利用界面操作进行简单描述性统计

在前面的章节中主要介绍了如何利用编程实现描述性统计分析，本节将向入门读者介绍如何利用界面操作实现描述性统计分析。

4.3.1　INSIGHT 模块操作

利用 INSIGHT 模块的菜单操作同样可以实现数据位置、离散程度和分布形状等描述性统计指标的计算。本节将通过实例数据的具体操作向用户演示 INSIGHT 模块下描述性统计分析的实现。

【例 4.3】 在 INSIGHT 模块下实现描述性统计分析。

以例 4.1 中的数据为例介绍在 INSIGHT 模块下如何实现描述性统计分析。

1．描述性统计分析的步骤

（1）启动 INSIGHT，导入例 4.1 的数据。

（2）单击菜单“分析”|“分布”，在打开的“分布”对话框内输入描述性统计分析的

相关变量，选中数据集中的相关变量，单击“分布”对话框中的各按钮，使变量被赋予不同的功能。其中 Y 按钮用于控制需要分析的变量；“分组变量”按钮指定用于分组的变量；“标签变量”按钮指定用于识别观测的变量；“频数变量”按钮指定用于作为频数的变量；“权重变量”按钮指定用于作为权重的变量。在本实例中，我们选中变量 type，然后单击“分组变量”按钮，使其进入“分组变量”按钮下方的空白区域。使用相同的方法将变量 sulfur、arene、benzene、pb 输入 Y 按钮下方的区域，如图 4.5 所示。

（3）单击“分布”对话框中的“方法”按钮，将弹出如图 4.6 所示的“方法设置”对话框。主要设置描述性统计指标方差计算时的除数，默认情况下为自由度，可以设置的方法还包括观测数、权重和–1 和权重和。同时，在该对话框中还可以设置数据分析的过程中是否使用带缺失值的观测，默认情况下是使用的。本实例中使用默认的自由度计算方法。

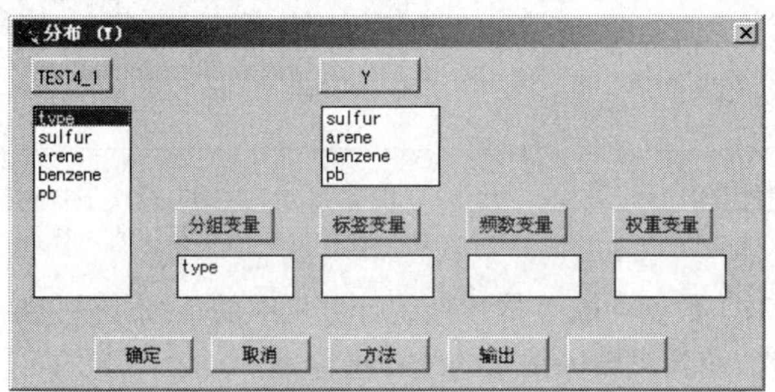

图 4.5　INSIGHT 模块下描述性统计分析的参数设置

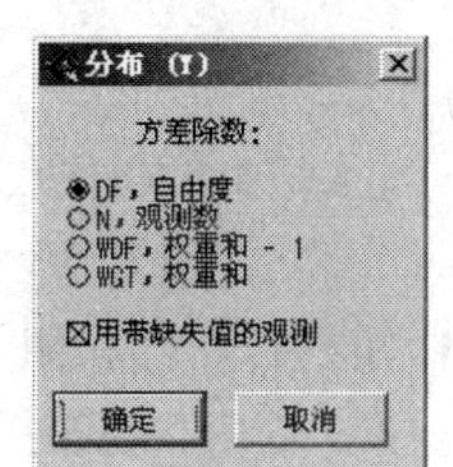

图 4.6　INSIGHT 模块下描述性统计分析的方法设置

（4）单击“分布”对话框中的“输出”按钮，可以对描述性统计分析的结果进行设置。如图 4.7 所示，可以设置的输出参数包括矩统计量、分位数、基本置信区间、位置检验、频数统计、尺度的稳健估计、正态性检验、盒形图/马赛克图、直方图/条形图和正态 Q-Q 图等。用户只需要勾选相应的复选框，在结果输出窗口中将输出这些结果。本实例中使用默认的输出参数，单击“确定”按钮，在返回的“分布”对话框中继续单击“确定”按钮，将输出对数据集的描述性统计分析结果。

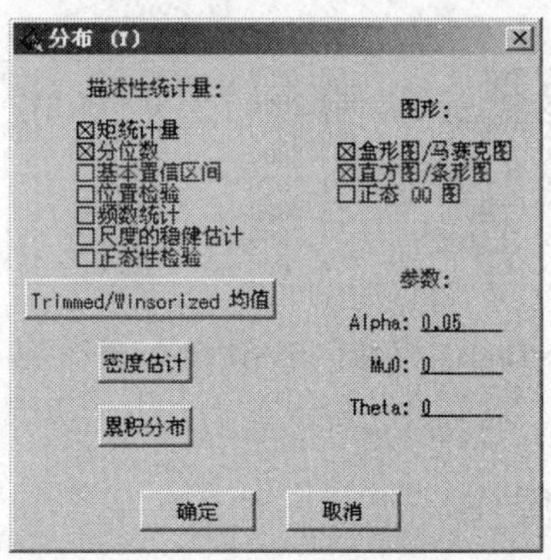

图 4.7　INSIGHT 模块下描述性统计分析的结果输出设置

2. 描述性统计分析的结果

计算完成后，将在界面中弹出描述性统计分析的结果。本实例使用变量 TYPE 对数据进行分组，分别计算了三种类型的汽油的统计分析结果。而每一类的汽油又包括含硫量、芳烃含量、苯含量和铅含量描述性统计分析结果。现以 A 型汽油的含硫量变量为例，演示其描述性统计分析结果。

- 盒形图：如图 4.8 所示，盒形图可以反映出变量的均值、分位数等基本信息。
- 直方图：如图 4.9 所示，直方图可以反映出变量数据分布的基本特征。

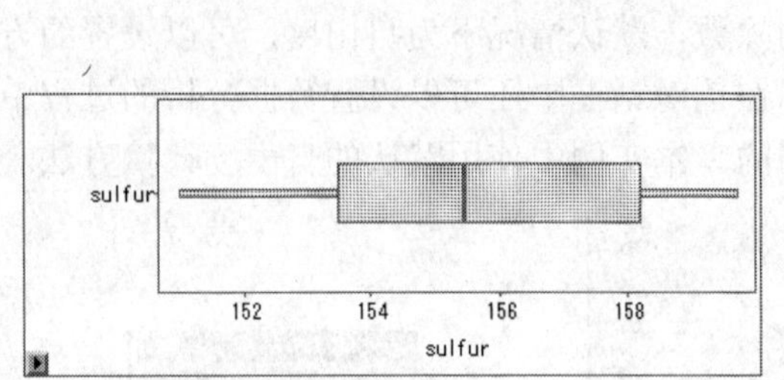

图 4.8　INSIGHT 模块下描述性统计分析的结果：盒形图

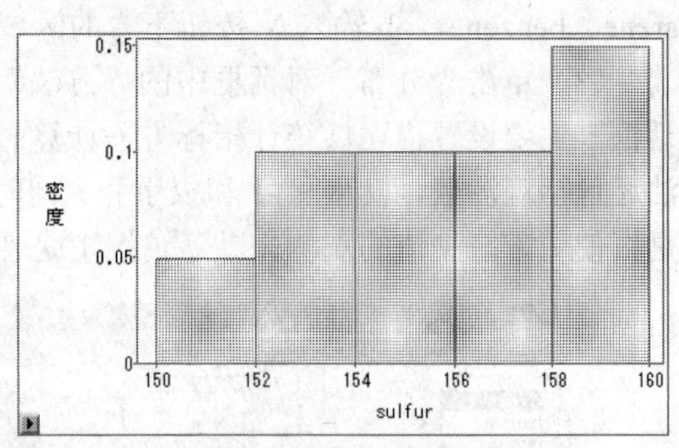

图 4.9　INSIGHT 模块下描述性统计分析的结果：直方图

- 矩统计量：如图 4.10 所示，数据含硫量描述性统计分析中的矩统计量包括样本数 *N*、均值、标准差、偏度、变异系数等常用的统计指标。

矩统计量			
N	10.0000	权重总和	10.0000
均值	155.7000	总和	1557.0000
标准差	2.8702	方差	8.2378
偏度	-0.0281	峰度	-1.0749
未校平方和 (USS)	242499.040	校正平方和 (CSS)	74.1400
变异系数	1.8434	标准误差	0.9076

图 4.10　INSIGHT 模块下描述性统计分析的结果：矩统计量

- 分位数：如图 4.11 所示，数据含硫量描述性统计分析中的分位数包括最大值、中位数、最小值、众数、四分之一位数、四分之三位数等。

分位数				
100%	最大值	159.7000	99.0%	159.7000
75%	Q3	158.2000	97.5%	159.7000
50%	中位数	155.4500	95.0%	159.7000
25%	Q1	153.5000	90.0%	159.5000
0%	最小值	151.0000	10.0%	152.2000
	极差	8.7000	5.0%	151.0000
	Q3-Q1	4.7000	2.5%	151.0000
	众数	154.2000	1.0%	151.0000

图 4.11　INSIGHT 模块下描述性统计分析的结果：分位数

4.3.2　ANALYST 模块操作

在 ANALYST 模块下实现描述性统计的菜单包括“描述性统计”|“汇总统计量”和“描述性统计”|“分布”，分别对应于 SAS 过程中的 MEANS 过程和 UNIVARIATE 过程。本节将通过实例数据的具体操作向用户演示 ANALYST 模块下如何通过这两个菜单实现描述性统计分析。

【例 4.4】 在 ANALYST 模块下实现描述性统计分析。

以 sashelp 中的数据 class 为例介绍在 ANALYST 模块下如何实现描述性统计分析。

1. 利用“汇总统计量”菜单实现描述性统计分析的步骤

（1）启动 ANALYST 模块，打开数据集 sashelp.class。

（2）单击“统计”|“描述性统计”|“汇总统计量”菜单，打开如图 4.12 所示的 Summary Statistics 对话框。本实例中选择分析变量 age，height 和 weight 进入 Analysis 按钮下方的空白区域，选择分组变量 sex 进入 class 按钮下方的空白区域。

（3）单击图 4.12 中的 Statistics 按钮，在弹出的对话框内设置需要计算的统计参数，如图 4.13 所示。可以计算的统计参数包括均值、标准差、标准误、方差、最小值、最大值、极差等，用户只需要勾选需要计算的描述性统计参数即可。单击 OK 按钮，返回 Summary Statistics 对话框。

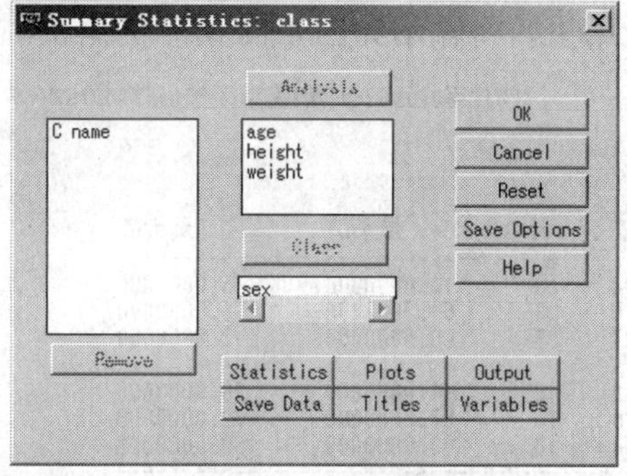

图 4.12　ANALYST 模块下 Summary Statistics 对话框

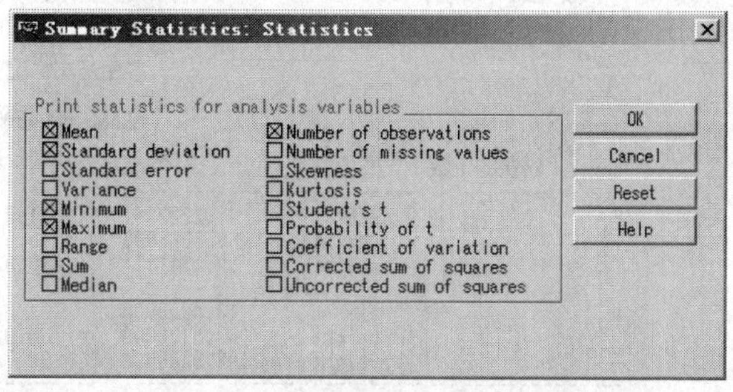

图 4.13　ANALYST 模块下描述性统计参数的设置

（4）单击图 4.12 中的 Plots 按钮，控制统计图形的绘制，包括直方图和盒形图两种，如图 4.14 所示。

（5）单击图 4.12 中的 Output 按钮，对描述性统计分析结果输出格式进行设置。如图 4.15 所示，可以进行的设置包括字符宽度、小数点位数和是否输出变量标签。

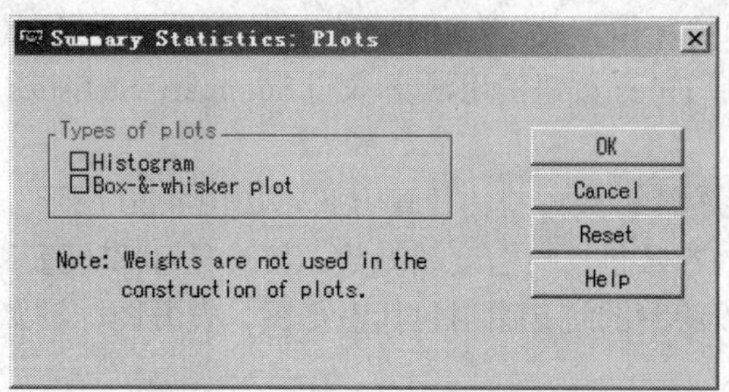

图 4.14　ANALYST 模块下描述性统计图形绘制的控制

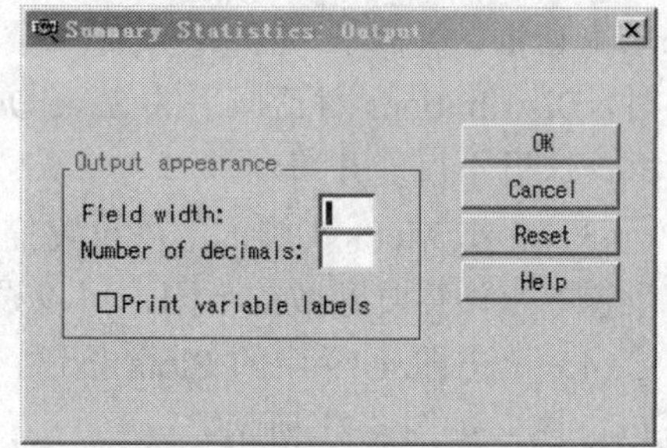

图 4.15　ANALYST 模块下描述性统计结果输出格式的设置

（6）单击图 4.12 中的 Save Data 按钮，可设置需要保存的描述性统计指标。如图 4.16 所示，将需要输出的统计指标通过 Add 按钮，添加到其下方的空白列表中。

（7）单击图 4.12 中的 Titles 按钮，可以设置描述性统计分析的标题。如图 4.17 所示，本实例中设置标题为“学生基本情况分析”。

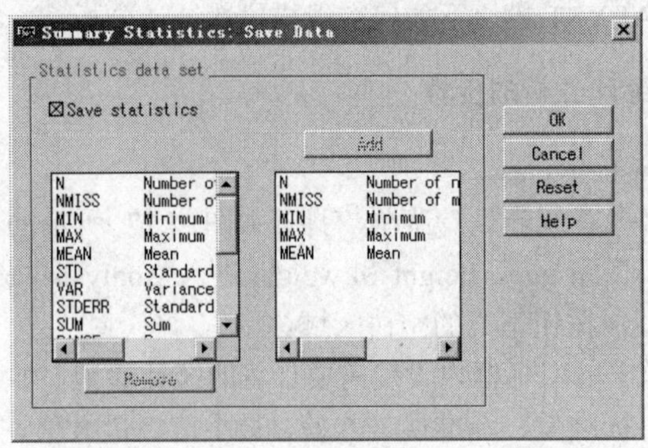

图 4.16　ANALYST 模块下描述性统计结果项的设置

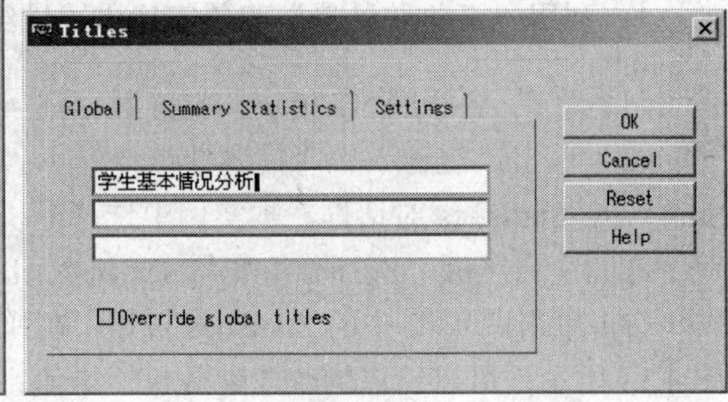

图 4.17　ANALYST 模块下描述性统计标题的设置

（8）最后，单击 OK 按钮，执行描述性统计分析结果，将输出如图 4.18 所示的结果。

2012年02月07日 星期二 下午07时30分53

qq
学生基本情况分析

MEANS PROCEDURE

sex	观测的个数	变量	均值	标准差	N	最小值	最大值
F	9	age	13.2222222	1.3944334	9	11.0000000	15.0000000
		height	60.5888889	5.0183275	9	51.3000000	66.5000000
		weight	90.1111111	19.3839137	9	50.5000000	112.5000000
M	10	age	13.4000000	1.6465452	10	11.0000000	16.0000000
		height	63.9100000	4.9379370	10	57.3000000	72.0000000
		weight	108.9500000	22.7271864	10	83.0000000	150.0000000

图 4.18　ANALYST 模块下利用菜单汇总统计量实现的描述性统计结果

2．利用“分布”菜单实现描述性统计分析的步骤

（1）启动 ANALYST 模块，打开数据集 sashelp.class。

（2）单击“统计”｜“描述性统计”｜“分布”菜单，打开如图 4.19 所示的 Distributions 对话框。类似于“汇总统计量”菜单中的操作方式，选中需要分析的变量和分组变量。同时，Distributions 对话框中的 Save Data 和 Titles 按钮的用法基本同 Summary Statistics 对话框，这里不再展开演示。

（3）单击 Method 按钮，可设置描述性统计参数方差的计算方式，如图 4.20 所示。主要设置方差计算时除数的不同，可以设置的除数包括自由度观测数、权重和–1 和权重和。

（4）单击图 4.19 中的 Plots 按钮，可以绘制的统计图形包括盒形图、直方图、概率图和 Q-Q 图，如图 4.21 所示。

（5）最后，单击 OK 按钮，将执行描述性统计分析，并输出相关的计算结果。本实例中按照性别分组，分别对组内的数据进行描述性的统计分析，包括男生和女生各变量的矩统计、基本统计测度、位置检验、分位数等结果，如图 4.22 所示为其中男生的年龄的描述性统计结果。

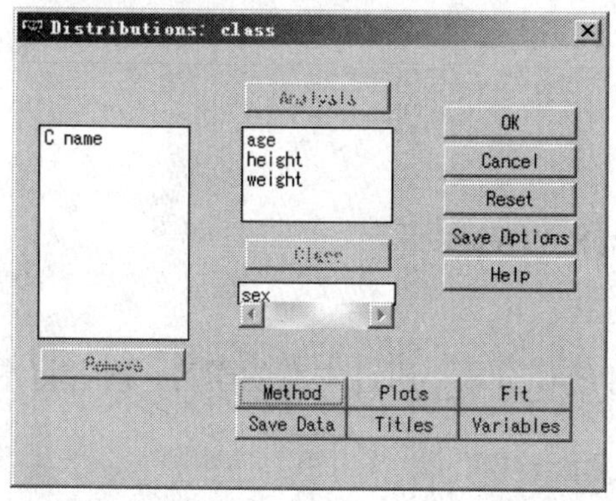

图 4.19　ANALYST 模块下 Distributions 对话框

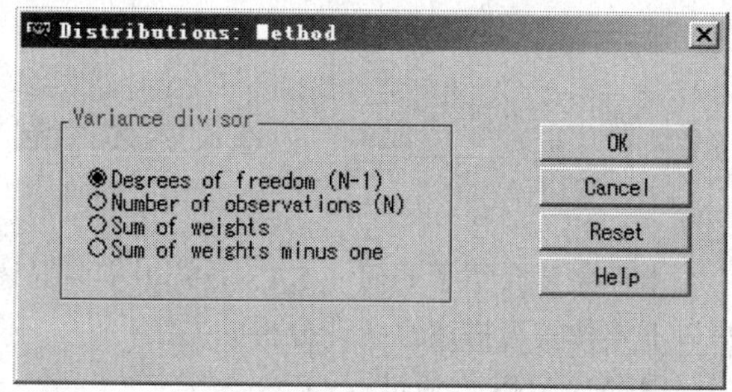

图 4.20　ANALYST 模块下描述性统计方法的设置

Distributions: Plots
Types of plots
Box-&-whisker plot
Histogram
Probability plot
Quantile-quantile plot
OK
Cancel
Reset
Help
Note: Weights are not used in the construction of plots.

图 4.21　ANALYST 模块下描述性统计图形绘制的控制

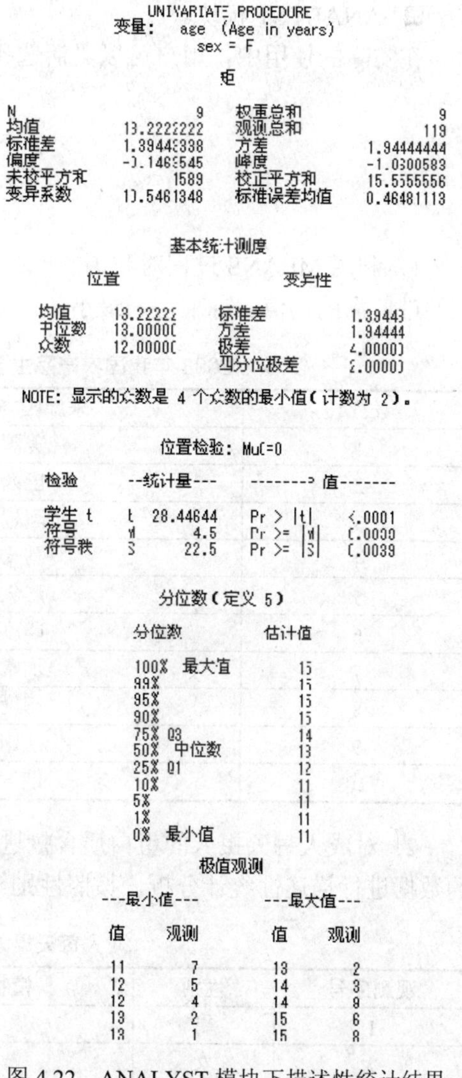

UNIVARIATE PROCEDURE
变量:　age　(Age in years)
sex = F

矩

N	9	权重总和	9
均值	13.2222222	观测总和	119
标准差	1.39443338	方差	1.94444444
偏度	-0.1469545	峰度	-1.0300583
未校平方和	1589	校正平方和	15.5555556
变异系数	10.5461348	标准误差均值	0.46481113

基本统计测度

位置		变异性	
均值	13.22222	标准差	1.39443
中位数	13.00000	方差	1.94444
众数	12.00000	极差	4.00000
		四分位极差	2.00000

NOTE: 显示的众数是 4 个众数的最小值(计数为 2)。

位置检验: Mu0=0

检验	--统计量---		-------p 值-------	
学生 t	t	28.44644	Pr > |t|	<.0001
符号	M	4.5	Pr >= |M|	0.0039
符号秩	S	22.5	Pr >= |S|	0.0039

分位数(定义 5)

分位数	估计值
100% 最大值	15
99%	15
95%	15
90%	15
75% Q3	14
50% 中位数	13
25% Q1	12
10%	11
5%	11
1%	11
0% 最小值	11

极值观测

---最小值---		---最大值---	
值	观测	值	观测
11	7	13	2
12	5	14	3
12	4	14	9
13	2	15	6
13	1	15	8

图 4.22　ANALYST 模块下描述性统计结果

4.4 本 章 小 结

本章主要介绍了如何在 SAS 系统中实现描述性统计分析。通过本章的学习，读者将掌握以下 4 种实现描述性统计分析的方法：

- ❑ MEANS 均值过程；
- ❑ UNIVARIATE 单变量过程；
- ❑ INSIGHT 模块；
- ❑ ANALYST 模块。

在实际的使用中，用户可以灵活选择不同的途径实现描述性统计分析。

4.5 习　　题

1．利用 MEANS 过程对我国农产品进口情况进行描述性统计分析，计算前 10 位进口国的进口额的均值、标准差、最小值、最大值和中位数等基本的统计指标。

2008 年我国农产品主要进口基本情况（单位：亿美元）

位次	来源国（地区）	进口
1	美国	144.21
2	巴西	87.90
3	阿根廷	84.05
4	马来西亚	41.35
5	澳大利亚	29.34
6	印度尼西亚	26.72
7	加拿大	17.63
8	印度	16.10
9	法国	14.39
10	俄罗斯	13.25

2．对成人每天摄入的蛋白质含量进行抽样调查，利用 UNIVARIATE 过程对抽样调查的数据进行描述性统计分析，按照性别分组分析。

成人每天摄入的蛋白质含量调查数据

观测序号	性别	植物性蛋白含量	动物性蛋白含量
1	男	53.2	35.4
2	女	38.7	17.1
3	女	37.8	15.5
4	男	46.2	24.8
5	男	48.6	33.2

续表

观测序号	性别	植物性蛋白含量	动物性蛋白含量
6	女	33.9	9.2
7	女	31.8	15.5
8	男	47.8	47
9	女	37.7	30.7
10	男	57.2	27.2
11	女	36.1	25.3
12	女	43.2	22.1
13	男	49.3	30.7
14	女	41.9	27.2
15	女	42.8	15.3

3．利用 INSIGHT 模块对济南市主要地区的气象资料进行描述性统计分析。分析各地区气象数据的基本特征。

1997 年济南市主要地区气象观测资料

城市	年平均气温（℃）	最高气温（℃）	最低气温（℃）	全年日照时数（小时）	全年降水量（毫米）	无霜期天数（天数）
济南市	15.5	40.9	−10.4	2498.2	618.1	245
长清县	15.2	40.6	−11.2	2312.2	480.1	214
平阴县	14.5	39.6	−12.1	2585.2	561.2	201
济阳县	13.3	39.5	−13	2767.4	573.5	222
商河县	13.3	39.4	−14.2	2457.1	451.3	197
章丘市	14.3	39.1	−15.6	2564.9	724.4	231

4．利用 ANALYST 模块对下表中不同地区农村和城镇居民的收入和支出基本情况进行描述性的统计分析。

不同地区农村和城镇居民的收入和支出基本情况

地区	农村居民人均纯收入（元）	农村居民人均支出（元）	城镇家庭人均可支配收入（元）	城镇家庭人均消费性支出（元）
1	12 626	11 036	8258	6343
2	10 862	9575	6954	5873
3	11 018	9124	6575	5929
4	13 779	10 435	7945	6671
5	10 210	8075	5095	4468
6	9792	7300	5492	3627
7	10 081	7691	5835	3593
8	11 736	7749	5850	4421
9	9425	7614	5751	5306
10	9685	8864	5538	3669
11	10 973	8068	5102	3026
12	11 510	8403	5303	3172
13	10 551	7006	5171	3262
14	11 369	8263	5043	3158
15	9338	7192	5315	2778

第 5 章　列联表分析

在前面的章节中介绍了描述性统计分析，这部分统计分析主要是针对连续性的统计数据。而在实际的工作中还存在一类离散型的数据，对离散型数据进行简单统计抽样得到的数据为属性数据。这部分数据也需要通过简单的统计分析了解数据的基本特征。例如对某校的学生基本情况进行分析，获取的其性别、年龄、文化程度等数据即为属性数据。在实际的工作中，往往需要对这类属性数据进行统计分析，以获取属性数据的基本性质和特点。

本章将对属性数据的统计分析做简单介绍，其中列联表分析是常用的属性数据分析手段，这里将主要介绍如何利用编程和界面操作实现对属性数据的列联表分析。

5.1　列联表分析的编程实现

在统计分析中，会对获取的属性数据进行表格汇总分析，以了解属性数据的基本特征。列联表分析主要用于属性数据的表格汇总。列联表是同时对两个或两个以上的数据进行分类，所获取的频数统计表。列联表按照属性变量的个数可以分为双向表（两个属性变量）、三向表（三个属性变量）、四向表（四个属性变量），以此类推。列联表分析即在列联表的基础上对其中的属性变量数据进行统计分析，以了解单个属性变量及联合属性变量的分布。

在 SAS 系统内利用 FREQ 过程可以方便地实现列联表分析。本节主要介绍如何利用 FREQ 过程实现列联表的分析，以及 FREQ 过程在单变量列联表、2×2 列联表分析和 n 维列联表分析中的应用。

5.1.1　FREQ 频数过程

FREQ 过程执行对属性数据的描述性统计分析和假设测验，生成 1 至 n 维的频数表或列联表。同时，利用 FREQ 过程还可以分析列联表中的各变量关系的程度。

在 SAS 系统中 FREQ 频数过程的基本格式为：

```
PROC FREQ [选项] ;
BY 变量列表;
OUTPUT [out=输出数据集名] 统计量关键词;
TABLES [列联表形式] [选项] ;
WEIGHT 变量;
```

其中：

- PROC 语句用于指定分析的过程为 FREQ，同时对该分析过程进行相关的设置，其中常用的选项介绍如下。

- ➢ DATA=数据集名：指定进行列联表分析的数据集。
- ➢ ORDER=FREQ|DATA|INTERNAL|FORMATTED：控制变量各水平在列联表中出现的顺序，其中 FREQ 选项值规定列联表按照变量各水平个数的多少排列，个数多的排在前面；DATA 选项值规定列联表按照原数据中变量各水平出现的先后顺序排列，在原数据中先出现的变量水平排列在列联表前；INTERNAL 按照内部非格式化的值升序排序；FORMATTED 按照外部格式化的值升序排序。
- ➢ PAGE：在结果输出过程中，每页只可以输出一张表。如果未加该选项，SAS 系统会考虑在一页内输出多张表。

- ❑ BY 语句指定列联表分析的分组变量，在进行分析的过程中，系统将按照 BY 语句指定的变量对数据集进行分组，在各组内分别进行列联表分析。
- ❑ OUTPUT 语句用于控制列联表分析结果的输出，指定计算的结果到指定的数据集，同时需要通过统计关键词选项控制需要保存的统计结果。
- ❑ TABLES 语句用于指定变量进行列联表分析的形式，并生成相应的列联表。同时，通过选项设置列联表中的结果输出，默认情况下输出变量各水平的频数、累积频数、占频数的百分比和累积百分比。
- ❑ WEIGHT 语句用于指定数据集中作为观测权重的变量。

5.1.2　单变量列联表分析

单变量列联表分析可以对原数据资料中各个变量的频数进行统计分析，生成频数表中含单个变量各水平的频数、累积频数、占频数的百分比和累积百分比。单变量列联表分析通过 PROC 过程中的下列语句实现：

```
TABLES 变量列表;
```

下面通过一个实例演示 SAS 中如何通过编程实现单变量列联表分析。

【例 5.1】　单变量列联表分析的 SAS 编程实现。

对表 5.1 中的某小学 30 名教师的基本情况进行单变量列联表分析。

表 5.1　某小学 30 名教师的基本情况

观测序号	性别	学历	职称	观测序号	性别	学历	职称
1	男	研究生	小学高级	12	女	本科	小学二年级
2	女	本科	小学三年级	13	男	本科	小学二年级
3	女	研究生	小学高级	14	女	本科	小学二年级
4	男	大专	小学二年级	15	男	大专	小学一年级
5	男	本科	小学三年级	16	女	本科	小学高级
6	女	本科	小学一年级	17	男	研究生	小学高级
7	女	大专	小学一年级	18	男	本科	小学二年级
8	男	本科	小学二年级	19	女	本科	小学三年级
9	女	大专	小学二年级	20	女	研究生	小学高级
10	男	研究生	小学三年级	21	男	本科	小学二年级
11	男	大专	小学一年级	22	男	本科	小学三年级

续表

观测序号	性别	学历	职称	观测序号	性别	学历	职称
23	女	研究生	小学高级	27	女	大专	未评定职称
24	男	本科	小学三年级	28	男	本科	小学一年级
25	女	大专	小学一年级	29	女	大专	小学一年级
26	男	本科	小学一年级	30	女	大专	未评定职称

本实例首先根据表 5.1 中的数据创建数据集，然后利用 FREQ 过程进行单变量列联表分析。

```
data test;                                          /*创建数据集*/
length zhicheng$ 10;
input num sex$ xueli$ zhicheng$;
label sex='性别' xueli='学历' zhicheng='职称';
cards;
1    男   研究生小学高级
2    女   本科 小学三年级
3    女   研究生小学高级
4    男   大专 小学二年级
5    男   本科 小学三年级
6    女   本科 小学一年级
7    女   大专 小学一年级
8    男   本科 小学二年级
9    女   大专 小学二年级
10   男   研究生小学三年级
11   男   大专 小学一年级
12   女   本科 小学二年级
13   男   本科 小学二年级
14   女   本科 小学二年级
15   男   大专 小学一年级
16   女   本科 小学高级
17   男   研究生小学高级
18   男   本科 小学二年级
19   女   本科 小学三年级
20   女   研究生小学高级
21   男   本科 小学二年级
22   男   本科 小学三年级
23   女   研究生小学高级
24   男   本科 小学三年级
25   女   大专 小学一年级
26   男   本科 小学一年级
27   女   大专 未评定职称
28   男   本科 小学一年级
29   女   大专 小学一年级
30   女   大专 未评定职称
;
run;
proc freq data=test;                                    /*单变量的列联表分析*/
tables sex xueli zhicheng;
run;
```

执行上述程序，将在结果输出窗口内输出性别、学历和职称三个变量的单变量列联表分析结果，如图 5.1 所示，其中包括各变量水平的频数、百分比、累积频数和累积百分比。

SAS 系统　　　2012年02月08日 星期

FREQ PROCEDURE

性别

sex	频数	百分比	累积频数	累积百分比
男	15	50.00	15	50.00
女	15	50.00	30	100.00

学历

xueli	频数	百分比	累积频数	累积百分比
本科	15	50.00	15	50.00
大专	9	30.00	24	80.00
研究生	6	20.00	30	100.00

职称

zhicheng	频数	百分比	累积频数	累积百分比
未评定职称	2	6.67	2	6.67
小学二年级	8	26.67	10	33.33
小学高级	6	20.00	16	53.33
小学三年级	6	20.00	22	73.33
小学一年级	8	26.67	30	100.00

图 5.1　单变量列联表分析结果

5.1.3　2×2 列联表分析

通过 2×2 列联表分析除了可以了解数据集中各变量、各水平的频数分布外，还可以对变量各水平的关联性进行分析，即一个变量的水平是否受到另一个变量的影响。2×2 列联表分析通过 PROC 过程中的下列语句实现：

```
tables 变量1*变量2 [选项];
```

其中，在 2×2 的列联表中，第一个变量的各水平的分布形成列联表的行，第二个变量的各水平的分布形成列联表的列。输出的列联表中的除了单变量列联表中的结果，还包括变量水平交叉的频数、百分比、累积频数和累积百分比，例如输出变量 1 水平 A 和变量 2 水平 B 的观测的频数、百分比、累积频数和累积百分比。同时，通过上述语句的“选项”设置，用户可以进行列联表的关联性分析。常用的选项如下。

- CHISQ：进行卡方测验。
- MEASURES：输出关联性度量的统计量。
- CMH：计算 Cochran-Mantel-Haenszel 统计量，同时给出关联性的置信区间。
- ALL：计算由 CHISQ、MEASURES 和 CMH 选项给出的所有统计检验。
- ALPHA=p：确定置信区间的显著水平，默认情况下 p=0.05。

下面通过一个实例演示在 SAS 中如何通过编程实现 2×2 列联表分析。

【例 5.2】 2×2 列联表分析的 SAS 编程实现。

对表 5.1 中的某小学 30 名教师的基本情况进行 2×2 列联表分析。

```
proc freq data=test;      /*2×2 列联表分析*/
tables sex*xueli;
run;
```

执行上述程序，将在结果输出窗口内输出性别、学历和职称三个变量的单变量列联表分析结果，如图 5.2 所示，其中包括各变量水平的频数、百分比、累积频数和累积百分比。

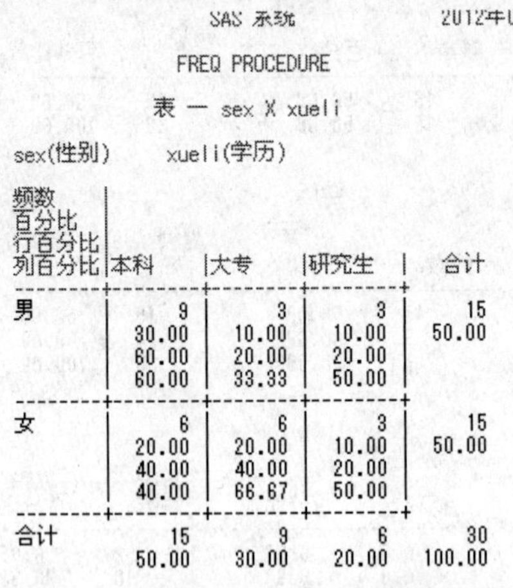

SAS 系统　　2012年02月(

FREQ PROCEDURE

表 一 sex X xueli

sex(性别)　　xueli(学历)

频数 百分比 行百分比 列百分比	本科	大专	研究生	合计
男	9 30.00 60.00 60.00	3 10.00 20.00 33.33	3 10.00 20.00 50.00	15 50.00
女	6 20.00 40.00 40.00	6 20.00 40.00 66.67	3 10.00 20.00 50.00	15 50.00
合计	15 50.00	9 30.00	6 20.00	30 100.00

图 5.2　2×2 列联表分析结果

【例 5.3】 2×2 列联表分析的关联性检验。

本实例对表 5.1 中的数据进行 2×2 列联表分析的关联性检验，具体程序如下：

```
proc freq data=test;                              /*关联性检验*/
tables xueli*zhicheng /chisq measures;
run;
```

执行上述结果，将生成如图 5.3～图 5.5 所示的结果。其中，图 5.3 显示了学历和职称两个变量的关联列表，从表中可以获取不同学历不同职称人数的频数、百分比、累积频数和累积百分比。图 5.4 为变量学历和职称关联性的卡方测验结果，从卡方检验的数值可见 P<0.05 的置信水平，则可以接受原假设，即学历和职称具有显著的关联性。图 5.5 进一步显示了关联性检验的相关统计量。

FREQ PROCEDURE

表 一 xueli X zhicheng

xueli(学历)　　zhicheng(职称)

频数 百分比 行百分比 列百分比	未评定职称	小学二年级	小学高级	小学三年级	小学一年级	合计
本科	0 0.00 0.00 0.00	6 20.00 40.00 75.00	1 3.33 6.67 16.67	5 16.67 33.33 83.33	3 10.00 20.00 37.50	15 50.00
大专	2 6.67 22.22 100.00	2 6.67 22.22 25.00	0 0.00 0.00 0.00	0 0.00 0.00 0.00	5 16.67 55.56 62.50	9 30.00
研究生	0 0.00 0.00 0.00	0 0.00 0.00 0.00	5 16.67 83.33 83.33	1 3.33 16.67 16.67	0 0.00 0.00 0.00	6 20.00
合计	2 6.67	8 26.67	6 20.00	6 20.00	8 26.67	30 100.00

图 5.3　2×2 列联表（学历和职称的交叉）

"xueli * zhicheng" 表的统计量

统计量	自由度	值	概率
卡方	8	30.3333	0.0002
似然比卡方	8	31.3833	0.0001
Mantel-Haenszel 卡方	1	0.0313	0.8596
Phi 系数		1.0055	
列联系数		0.7091	
Cramer V 统计量		0.7110	

图 5.4　卡方检验结果

统计量	值	渐近标准误差
Gamma	0.0000	0.1481
Kendall Tau-b	0.0000	0.1150
Stuart Tau-c	0.0000	0.1194
Somers D C|R	0.0000	0.1284
Somers D R|C	0.0000	0.1030
Pearson 相关系数	-0.0328	0.1253
Spearman 相关系数	-0.0045	0.1518
Lambda 非对称 C|R	0.3636	0.1256
Lambda 非对称 R|C	0.5333	0.1822
Lambda 对称	0.4324	0.1402
不确定系数 C|R	0.3420	0.0693
不确定系数 R|C	0.5080	0.0937
不确定系数对称	0.4088	0.0788

样本大小 = 30

图 5.5　关联性检验统计量

5.1.4　n 维列联表分析

在 SAS 系统中也可以对两个以上的变量进行列联表分析，分析各变量之间的交叉概率情况。*n* 维列联表的实现也通过语句 TABLES，其基本用法如下：

```
tables 变量 1*变量 2*…*变量 n;
```

其中，变量 n 各水平为分析后形成的列联表的列；变量 n-1 各水平为分析后形成的列联表的行；其余的变量形成不同的层。以简单的三个变量的列联表为例，语句"tables a*b*c"将按照 a 变量的不同水平分组，在组内分别生成变量 b×c 的列联表。

【例 5.4】 *n* 维列联表分析的 SAS 编程实现。

某公司计划采用新的奖励制度，现对该制度的执行在人力、行政、销售、产品部进行调查。表 5.2 为调查所得的数据，试以其中性别进行分组，对不同部门的支持情况进行列联表分析。

表 5.2　公司员工对新方案态度的调查数据

员工编号	性别	所在部门	对方案的态度	员工编号	性别	所在部门	对方案的态度
1	男	销售部	支持	15	男	销售部	支持
2	女	人力部	反对	16	女	产品部	反对
3	女	行政部	支持	17	男	人力部	支持
4	男	人力部	支持	18	女	人力部	反对
5	男	销售部	支持	19	男	产品部	反对
6	女	产品部	支持	20	女	行政部	反对
7	男	行政部	反对	21	女	产品部	反对
8	男	销售部	支持	22	男	销售部	支持
9	女	产品部	支持	23	女	产品部	反对
10	女	销售部	支持	24	男	销售部	支持
11	女	产品部	支持	25	男	产品部	反对
12	男	产品部	支持	26	女	销售部	支持
13	男	销售部	支持	27	女	行政部	反对
14	女	人力部	支持	28	男	产品部	反对

续表

员工编号	性别	所在部门	对方案的态度	员工编号	性别	所在部门	对方案的态度
29	女	销售部	支持	35	女	行政部	反对
30	女	产品部	支持	36	男	产品部	支持
31	男	行政部	反对	37	女	产品部	反对
32	男	销售部	支持	38	男	人力部	反对
33	女	产品部	支持	39	男	人力部	反对
34	男	销售部	支持	40	女	销售部	支持

本实例对表 5.2 中的数据进行 *n* 维列联表分析，具体程序如下：

```
data test;                                          /*创建数据集*/
input num sex$ bumen$ taidu$;
label  bumen='所在部门' taidu='对方案的态度';
cards;
1   男   销售部   支持
2   女   人力部   反对
3   女   行政部   支持
4   男   人力部   支持
5   男   销售部   支持
6   女   产品部   支持
7   男   行政部   反对
8   男   销售部   支持
9   女   产品部   支持
10  女   销售部   支持
11  女   产品部   支持
12  男   产品部   支持
13  男   销售部   支持
14  女   人力部   支持
15  男   销售部   支持
16  女   产品部   反对
17  男   人力部   支持
18  女   人力部   反对
19  男   产品部   反对
20  女   行政部   反对
21  女   产品部   反对
22  男   销售部   支持
23  女   产品部   反对
24  男   销售部   支持
25  男   产品部   反对
26  女   销售部   支持
27  女   行政部   反对
28  男   产品部   反对
29  女   销售部   支持
30  女   产品部   支持
31  男   行政部   反对
32  男   销售部   支持
33  女   产品部   支持
34  男   销售部   支持
35  女   行政部   反对
36  男   产品部   支持
37  女   产品部   反对
```

```
38  男   人力部   反对
39  男   人力部   反对
40  女   销售部   支持
;
run;
proc freq data=test;                              /*n 维列联表分析*/
table sex*bumen*taidu;
run;
```

执行上述程序后，将分别生成男性员工和女性员工的“部门×态度”的列联表，如图 5.6a 和 5.6b 所示。

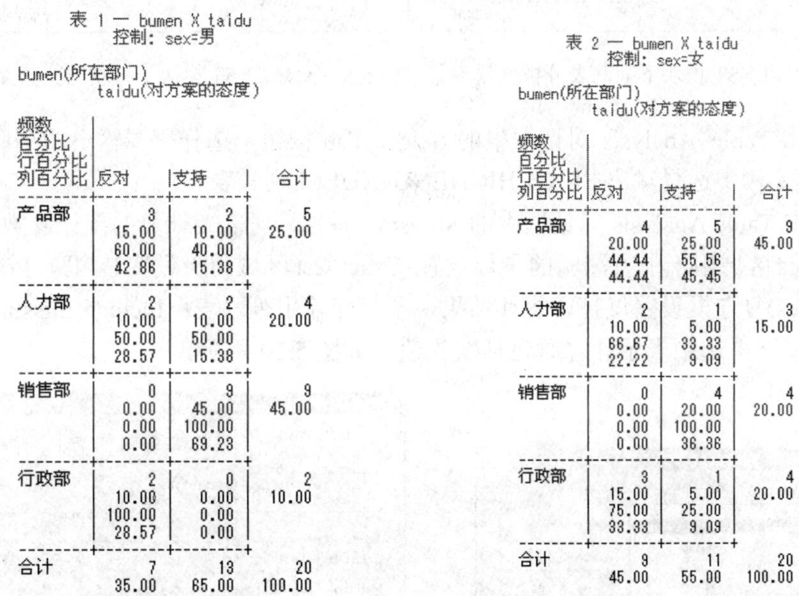

表 1 — bumen X taidu
控制: sex=男

bumen(所在部门)　taidu(对方案的态度)

频数 百分比 行百分比 列百分比	反对	支持	合计
产品部	3 15.00 60.00 42.86	2 10.00 40.00 15.38	5 25.00
人力部	2 10.00 50.00 28.57	2 10.00 50.00 15.38	4 20.00
销售部	0 0.00 0.00 0.00	9 45.00 100.00 69.23	9 45.00
行政部	2 10.00 100.00 28.57	0 0.00 0.00 0.00	2 10.00
合计	7 35.00	13 65.00	20 100.00

表 2 — bumen X taidu
控制: sex=女

bumen(所在部门)　taidu(对方案的态度)

频数 百分比 行百分比 列百分比	反对	支持	合计
产品部	4 20.00 44.44 44.44	5 25.00 55.56 45.45	9 45.00
人力部	2 10.00 66.67 22.22	1 5.00 33.33 9.09	3 15.00
销售部	0 0.00 0.00 0.00	4 20.00 100.00 36.36	4 20.00
行政部	3 15.00 75.00 33.33	1 5.00 25.00 9.09	4 20.00
合计	9 45.00	11 55.00	20 100.00

图 5.6a　*n* 维列联表分析的结果（男性员工层）　　图 5.6b　*n* 维列联表分析的结果（女性员工层）

5.2　利用界面操作进行列联表分析

在 SAS 系统中通过 ANALYST 模块下的界面操作也可以方便地实现列联表分析。本节主要通过实例操作向用户演示如何在 ANALYST 模块下对例 5.1 中的数据进行列联表分析。

【例 5.5】 ANALYST 模块下列联表分析的实现。

（1）启动 ANALYST 模块，导入例 5.1 中的数据。

（2）单击菜单“统计”|“表分析”，在弹出的 Table Analysis 对话框中设置列联表分析的变量，如图 5.7 所示。本实例中变量 zhicheng 为行变量，变量 xueli 为列变量，变量 sex 为分层变量。

（3）单击 Table Analysis 对话框中的 Input 按钮，对列联表中变量各水平的显示顺序进行设置。如图 5.8 所示，可以设置的显示顺序包括：按非格式化的数据值排序、按格式化的数据值排序、按数据集中水平出现的顺序排序和按各水平频数的降序排序。本实例中使用默认的选项。

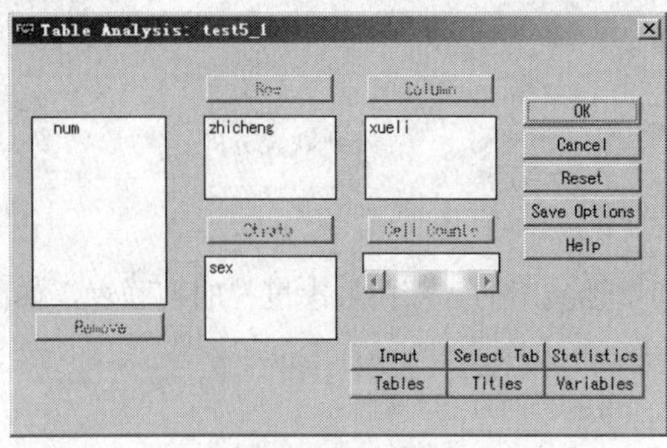

图 5.7　ANALYST 模块下列联表分析变量设置

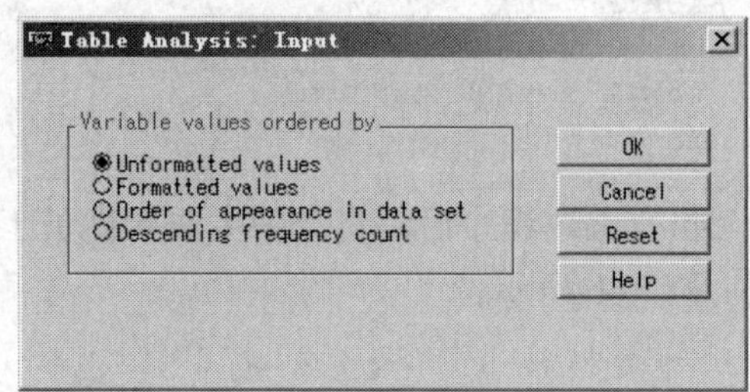

图 5.8　ANALYST 模块下列联表变量显示顺序设置

（4）单击 Table Analysis 对话框中的 Select Tab 按钮，选择需要输出的列联表，如图 5.9 所示。本实例中选择输出 SEX*ZHICHENG*XUELI 列联表。

（5）单击 Table Analysis 对话框中的 Statistics 按钮，对需要计算的统计参数进行设置。其中，Statistics 区域用于卡方测验的参数设置；Exact test 区域用于设置 F 测验；Print statistics only (no tables)复选框设置仅打印统计结果，不打印输出列联表；Include missing values in calculations 复选框选中表示计算时包括缺失值，如图 5.10 所示。

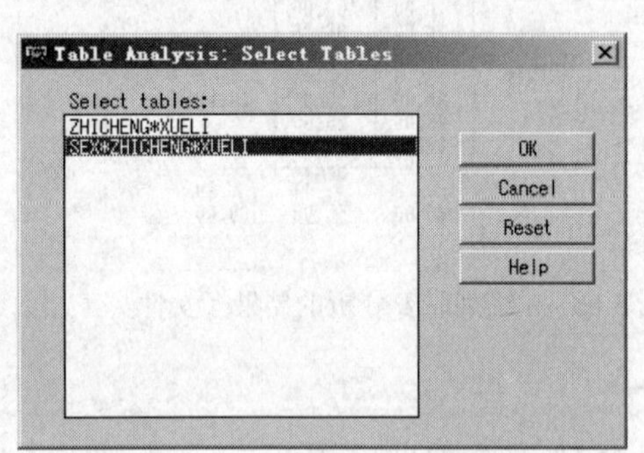

图 5.9　ANALYST 模块下列联表选择

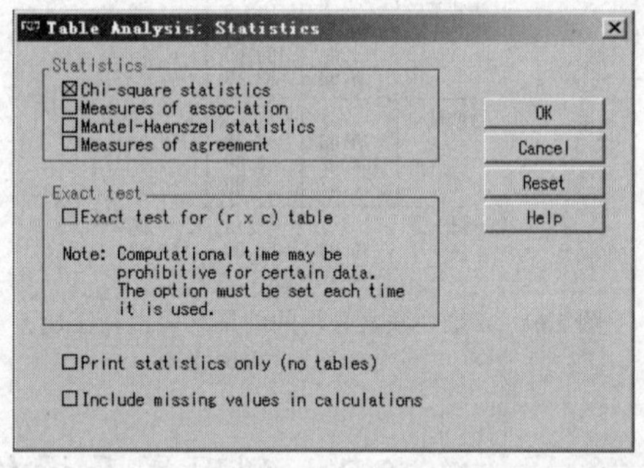

图 5.10　ANALYST 模块下列联表分析统计参数设置

（6）单击 Table Analysis 对话框中的 Tables 按钮，对列联表输出情况进行设置，如图 5.11 所示。其中，Frequencies 区域包括 Observed（观测频数）、Expected（期望频数）和 Deviation（差值频数）三个选项，分别用于控制相应频数的输出。Percentages 区域包括 Cell（单元格百分比）、Row（行百分比）和 Column（列百分比）三个选项，分别用于控制相应百分比的输出。

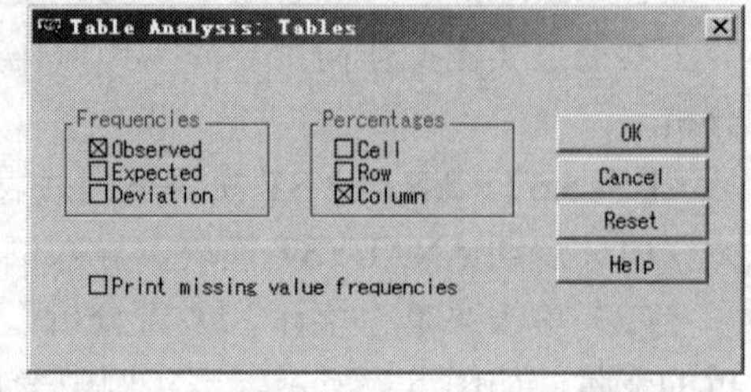

图 5.11　ANALYST 模块下列联表输出设置

（7）另外，Table Analysis 对话框中的 Titles 按钮，可用于设置本次数据分析的标题，类似于之前描述性统计分析中的使用，这里不再详细展开叙述。最后，用户单击 OK 按钮，将按照用户设置的参数执行关联性分析，结果与编程实现的类似，这里请读者在操作过程中仔细体会。

5.3 本章小结

本章主要介绍了如何对属性数据进行列联表分析。通过本章的学习，读者将掌握利用编程和界面操作实现列联表分析的能力。其中，在通过编程实现的过程中，读者除了需要对 SAS FREQ 过程有详细的了解外，还需要掌握该过程在单变量列联表、2×2 列联表和 n 维列联表分析中的应用。

5.4 习 题

1. 随机抽取 20 名学生，对其文理分科的情况进行抽样统计，具体见下表。试对文理分科的情况作列联表分析，并对性别和文理分科的情况作关联性分析。

某班 20 名学生的文理科分科情况

学号	性别	文/理科	学号	性别	文/理科
1	男	文	11	男	理
2	男	理	12	女	文
3	女	文	13	男	理
4	男	理	14	男	理
5	女	文	15	女	文
6	男	理	16	女	理
7	男	理	17	男	文
8	女	文	18	男	文
9	女	理	19	女	理
10	男	理	20	男	理

2. 利用 SAS FREQ 过程对下表中的旅游者学历与类型调查数据进行 2×2 的列联表分析。

旅游者学历与类型调查数据

观测序号	旅游者类型	学历	观测序号	旅游者类型	学历
1	自助游	研究生	12	跟团游	高中及高中以下
2	半自助游	本科	13	半自助游	本科
3	自助游	大专	14	自助游	本科
4	半自助游	研究生	15	跟团游	高中及高中以下
5	自助游	本科	16	跟团游	本科
6	半自助游	大专	17	跟团游	高中及高中以下
7	跟团游	研究生	18	自助游	研究生
8	跟团游	本科	19	跟团游	高中及高中以下
9	自助游	大专	20	跟团游	本科
10	自助游	高中及高中以下	21	半自助游	本科
11	半自助游	研究生	22	自助游	高中及高中以下

续表

观测序号	旅游者类型	学历	观测序号	旅游者类型	学历
23	跟团游	研究生	27	自助游	本科
24	跟团游	本科	28	半自助游	本科
25	跟团游	大专	29	自助游	大专
26	跟团游	本科	30	自助游	研究生

3．根据下表的数据进行 3 维列联表分析，其中以性别分组，在组内进行消费水平和消费满意度的列联表分析。

某商场顾客消费满意度调查

观测序号	性别	消费水平	满意度	观测序号	性别	消费水平	满意度
1	男	100 以下	基本满意	16	女	500-1000	基本满意
2	女	100～500	略有不满	17	女	500～1000	基本满意
3	男	500～1000	略有不满	18	女	1000～2000	基本满意
4	女	1000～2000	略有不满	19	男	500～1000	略有不满
5	男	2000 以上	很满意	20	男	2000 以上	基本满意
6	女	100～500	很满意	21	女	100 以下	基本满意
7	女	1000～2000	略有不满	22	女	1000～2000	基本满意
8	女	1000～2000	基本满意	23	男	1000～2000	基本满意
9	女	100～500	略有不满	24	女	2000 以上	略有不满
10	女	2000 以上	基本满意	25	男	100～500	基本满意
11	男	100 以下	基本满意	26	女	100～500	很满意
12	女	100 以下	基本满意	27	女	2000 以上	很满意
13	男	2000 以上	基本满意	28	女	2000 以上	基本满意
14	女	100 以下	基本满意	29	女	100 以下	基本满意
15	女	2000 以上	基本满意	30	女	2000 以上	基本满意

4．利用 SAS ANALYST 模块对下表中的数据进行列联表分析。

产品质量调查数据

抽样编号	来源地	等级	抽样编号	来源地	等级
1	上海	一级	16	广州	二级
2	北京	二级	17	北京	三级
3	上海	二级	18	上海	三级
4	广州	二级	19	北京	一级
5	上海	三级	20	上海	三级
6	广州	一级	21	上海	一级
7	广州	四级	22	北京	二级
8	上海	二级	23	上海	二级
9	北京	三级	24	上海	一级
10	上海	三级	25	广州	四级
11	北京	四级	26	北京	四级
12	北京	四级	27	上海	一级
13	上海	三级	28	北京	二级
14	上海	三级	29	上海	二级
15	上海	三级	30	上海	一级

第6章　统计推断

自然界中事物总体往往是未知的，我们无法准确地获取事物的总体，但在统计学中可以通过对总体抽样所得的样本数据的研究来推断总体的特征。统计推断是根据总体随机抽样获取的样本数据进行分析来推断总体的统计方法。在统计学中，统计推断研究的两大核心问题是参数估计和假设测验。本章将介绍如何在 SAS 系统中实现统计推断，包括编程和界面操作两种方式。

6.1　统计推断的基本原理与方法

统计推断涉及两大核心问题，参数估计和假设测验。其中，参数估计是利用样本统计量对总体统计参数进行估计，而假设测验在对总体参数进行推断时先给出一定假设，再通过统计检验以判断假设条件是否成立，从而实现对总体的统计推断。本节将具体介绍统计推断的参数估计和假设测验的基本原理和方法。

6.1.1　参数估计

参数估计包括点估计和区间估计。其中，点估计是直接使用抽样样本获取统计参数值估计总体的特征，但是在实际的抽样中存在一定的误差，通过多次的抽样所得的不同样本的统计参数有一定差异，因而通过点估计获得的总体统计推断具有一定的误差性，其可靠程度也没有准确的参考值。区间估测在点估计的基础上，通过对样本数据的统计分析，给出一个参数的区间来估计总体的参数。同时，在区间估计中还给出这一区间的可靠程度，即在一定概率（统计学上称为置信度）下，总体的统计参数在该区间内，因而，在区间估计中的区间在统计学上称为置信区间，而 1-置信度的值为区间估计的显著性水平。例如，对某校学生的体重进行抽样调查，通过对其样本数据的区间估计，可知在 5%的显著性水平下学生体重均值的置信区间为（57.5，65.7），说明在通过样本推断总体的统计学参数的过程中，有 95%的抽样样本的均值会落在区间（57.5，65.7）之中。

6.1.2　假设测验

假设测验在对总体的统计参数做推断的过程中与参数的估计的过程有所差异，其先对总体的参数做出假设，在统计学中这种假设包括原假设（用 H_0 表示）和备择假设（用 H_1

表示），这两种假设相互对立。在假设测验中通过原假设假设总体参数的情况，然后在接受原假设的情况下获得统计参数的抽样分布，计算在一定的显著性水平下，总体参数的估计是否成立。例如，抽样调查 100 亩品种 A 的小麦的产量，获得样本的平均产量为 500 kg/亩，对品种 A 总体均值是否为 500 kg/亩做假设测验。其一般的实现步骤如下：

（1）首先，建立原假设。H_0：u=500，备择假设 H_1：$u\neq500$。

（2）基于原假设，建立样本的抽样情况的统计参数分布。

（3）根据样本抽样均值，计算该均值下的统计量和对应的概率 p。

（4）在一定的显著性水平 α 下，比较 p 和 x 的大小，如果 $p>\alpha$ 则接受原假设，认为样本的均值和总体的均值没有显著的差异；如果 $p\leqslant\alpha$ 则拒绝原假设，接受备择假设，认为样本的均值与总体的均值具有显著的差异。

6.2　统计推断的 TTEST 过程语句

在 SAS 系统中可以实现总体参数的统计推断，其中总体的均值估计和假设测验较为常用，使用的过程语句包括之前介绍过的 MEANS、UNIVARIATE 过程等。同时，在 SAS 系统内还专门提供了一个用于总体均值检验和参数估计的 TTEST 过程语句。TTEST 过程可以实现以下样本的检验：

- ❑ 独立样本均值的 t 检验；
- ❑ 成对样本均值的 t 检验；
- ❑ 两独立样本均值比较的 t 检验。

在 SAS 系统中 TTEST 过程语句的基本格式如下：

```
PROC TTEST [选项];
CLASS 变量;
PAIRED 变量列表;
BY 变量列表;
VAR 变量列表;
FREQ 变量;
WEIGHT 变量;
```

其中：

- ❑ PROC 语句用于指定需要进行分析的过程为 TTEST。同时，设置分析的相关选项，其中常用的介绍如下。
  - ➢ DATA=数据集名：指定需要进行分析的数据集。
  - ➢ ORDER=DATA | FORMATTED | FREQ | INTERNAL | MIXED：指定 CLASS 语句变量分组后的顺序。
  - ➢ ALPHA=数值：指定区间估计时的置信度，可以设的值在 0～1 之间，默认情况下为 0.05。
  - ➢ CI=NONE | EQUAL | UMPU：控制标准差置信区间的估计，其中 NONE 选项不输出标注差的置信区间；EQUAL 选项显示标准差对称的双尾测验的置信区间；

UMPU 显示标准差基于 UMPU 的置信区间。

- SIDES | SIDE | SIDED=2 | L | U：指定假设测验的 t 检验类型，包括 2（双尾测验，默认）、L（左尾测验）和 U（右尾测验）。
- H0=m：指定原假设，m 可以为任意数值，默认情况下原假设为 H0=0。

- CLASS 语句用于指定分组变量，在组内进行统计推断。
- PAIRED 语句用于指定需要分析的成对样本的变量。对于成对变量 A 和 B，语句中配对变量的表示形式为 A×B。
- BY 语句用于指定分析时的分组变量，该变量需为已排序的变量。
- VAR 语句用于指定分析的变量，默认情况下对数据集内的所有变量进行统计推断分析。
- FREQ 语句用于指定作为观测频数的变量，默认情况下各观测的频数为 1。
- WEIGHT 语句用于指定作为观测权重的变量，默认情况下各观测的权重为 1。

6.3　统计假设测验的界面实现

在 SAS 系统中通过 INSIGHT 和 ANALYST 两个模块的界面操作可以方便地实现统计统计推断。本节将通过实例具体介绍这些操作的实现。

6.3.1　INSIGHT 模块操作

利用 INSIGHT 模块可以实现区间估计和假设测验，本小节将通过具体的实例演示这些操作的实现。

1．单个总体均值的区间估计

利用 INSIGHT 模块可以实现单个总体均值的区间估计，在描述性统计分析的模块中实现。现通过例 6.1 演示其具体的操作流程。

【例 6.1】 利用 INSIGHT 模块实现单个总体均值的区间估计。

质检部门从仓库中随机抽取 50 袋 A 型麦片测定其蛋白质含量，调查结果见表 6.1。试分析仓库中麦片的平均蛋白质含量的 95%的置信区间。

表 6.1　A型麦片蛋白质含量抽样统计数据（%）

13.6	13.9	14.6	13.7	14.3	13.9	14.3	13.5	13.5	13.7
14.2	13.6	13.9	14.3	13.7	14.6	13.6	14.2	14.3	14.2
14.1	14.6	14.6	13.6	14.2	13.9	14.0	13.5	13.7	13.5
13.5	14.1	13.9	14.0	13.9	14.2	14.3	14.6	14.2	14.3
14.5	13.6	14.3	13.8	13.4	14.6	13.7	14.0	13.8	13.9

（1）启动 INSIGHT 模块，打开数据集 TEST6_1。

（2）单击菜单“分析”|“分布”，打开如图 6.1 所示的“分布”对话框，选择分析变量进入 Y 按钮下的空白列表区域。

（3）单击“分布”对话框的“输出”按钮，在弹出的“输出参数设置”对话框中，选择“基本置信区间”复选框，如图 6.2 所示。同时，在该对话框的右下侧的“参数”区域，用户可以设置置信区间估计的显著性水平，本实例中的显著性水平为 0.05，如图 6.2 所示。单击两次“确定”按钮后，将输出对总体均值、标准差和方差进行参数估计，包括点估计和置信区间，如图 6.3 所示。其中，对仓库中 A 型麦片蛋白质含量总体的估计均值为 13.998，置信下限和置信上限分别为 13.8960 和 14.100。此外，用户如果想更改置信度从而实现不同置信度下的总体参数估计，可以单击 INSIGHT 主窗口下的“表”|“基础置信区间”菜单，如图 6.4 所示，从中选择相应的置信度，从而在原结果表下方生成新的置信度下总体参数估计的情况。

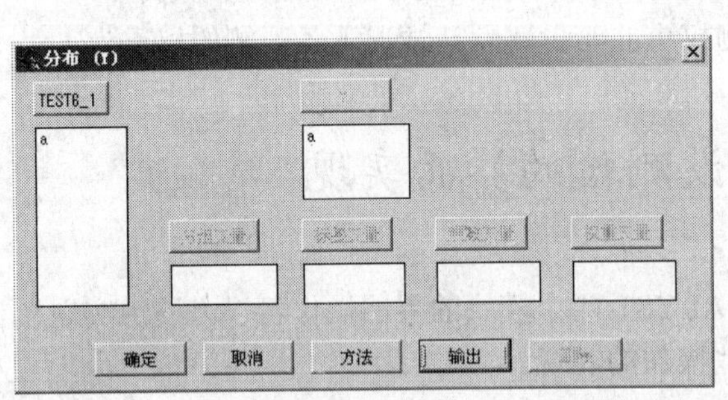

图 6.1　INSIGHT 模块下的“分布”对话框

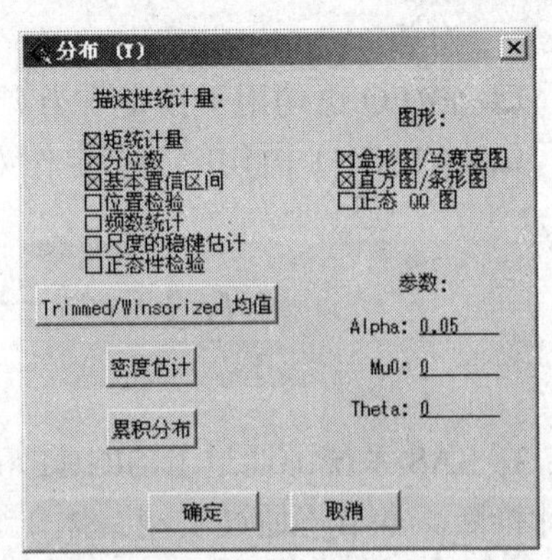

图 6.2　INSIGHT 模块下的区间估计设置

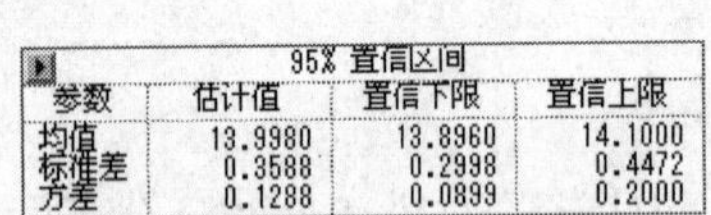

95% 置信区间			
参数	估计值	置信下限	置信上限
均值	13.9980	13.8960	14.1000
标准差	0.3588	0.2998	0.4472
方差	0.1288	0.0899	0.2000

图 6.3　INSIGHT 模块下的区间估计结果

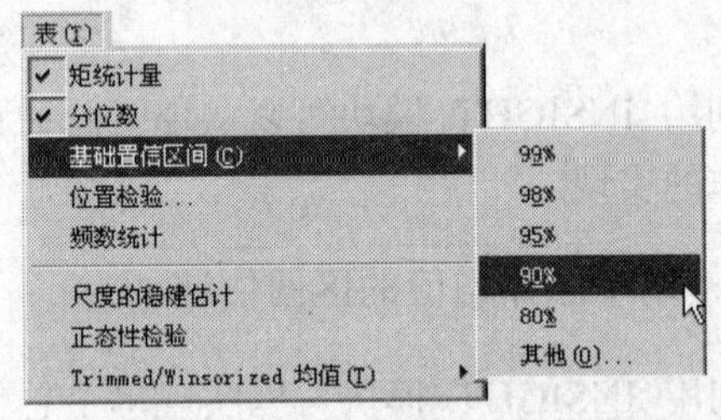

图 6.4　INSIGHT 模块下的不同置信度区间估计的实现菜单

2．单个样本均值的t检验

利用 INSIGHT 模块可以实现单个样本均值的 t 检验。首先用户需要获得描述性统计分析的结果，然后针对描述性统计结果进行 t 检验。现通过例 6.2 演示其具体的操作流程。

【例 6.2】 利用 INSIGHT 模块实现单个样本均值的 t 检验。

如果实例 6.1 中进行抽样的麦片包装袋上标注的蛋白质含量为 14%，试问根据抽样的结果是否可以判定麦片的实际蛋白质含量与其标注的没有显著差异？

分析：本实例中需要判断样本的均值与总体的均值是否有显著差异，需要通过假设测验来完成统计推断。我们首先假设 H_0。u=14；H_1。u≠14；然后通过下面的步骤进行操作。

（1）启动 INSIGHT 模块，打开数据集 TEST6_1。

（2）单击菜单“分析”|“分布”，在弹出的“分布”对话框中将变量 a 移入 Y 按钮下的空白区域。

（3）单击“确定”按钮，完成对变量 a 的描述性统计分析工作。

（4）单击 INSIGHT 模块主窗口的菜单“表”|“位置检验”，在弹出的如图 6.5 所示的对话框中输入 14。单击“确定”按钮，将输出如图 6.6 所示的 t 检验的结果，其中 P 值为 0.9687，大于 0.05，说明在 0.05 的显著水平下，样本的均值与 14%没有显著差异，即说明产品符合要求。

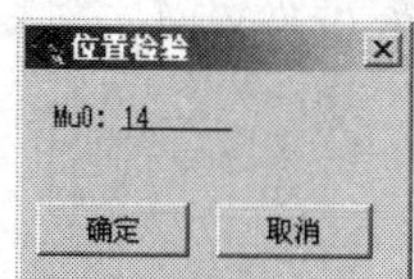

图 6.5　INSIGHT 模块下单个样本均值的 t 检验参数设置

位置检验：Mu0=14		
观测数 (!= Mu0):47		
观测数 (> Mu0):22		
检验	统计量	P 值
学生 T 检验	-0.04	0.9687
符号检验	-1.50	0.7709
符号秩检验	-7.00	0.9416

图 6.6　INSIGHT 模块下单个样本均值的 t 检验的结果

3．成对样本均值的t检验

在 INSIGHT 模块中成对样本均值的 t 检验，通过对成对样本的差值与 0 值的显著性的分析实现。下面通过实例 6.3 演示其具体的操作流程。

【例 6.3】 利用 INSIGHT 模块实现成对样本均值的 t 检验。

现观察 10 名糖尿病患者在服用药物 A 后，分析半小时内病人的血糖是否有显著变化。表 6.2 为对 10 名患者的观测结果。

表 6.2　糖尿病患者服药半小时后血糖的情况调查　（mmol/L）

血糖含量＼病号	1	2	3	4	5	6	7	8	9	10
服药前	7.5	8.3	9.7	6.8	8.3	9.4	9.5	7.3	8.8	7.5
服药后	6.4	7.4	6.8	5.6	6.1	6.3	7.5	6.4	5.8	5.6

分析：为分析服药前后病人的血糖含量是否有显著变化，需要对服药前后血糖含量的差做统计推断，假设血糖含量的差为 0，即 H_0。u=0；H_1。u≠0；然后通过下面的步骤进行操作。

（1）启动 INSIGHT 模块，打开数据集 TEST6_4。

（2）计算服药前后成对数据的差值，单击菜单“编辑”|“变量”|“其他”菜单项，在弹出的“编辑变量”对话框中创建一个新的变量，用于计算数据集中变量服药前病人血糖含量 a 和服药后病人血糖含量 b 的差值，如图 6.7 所示。

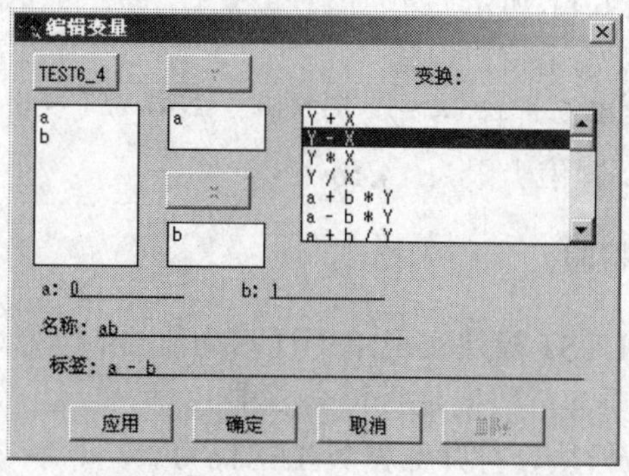

图 6.7　INSIGHT 模块下变量编辑

（3）然后对新生成的差值变量 ab 进行假设测验，步骤同例 6.4 中的步骤 2～4，先进行描述性统计分析，然后对变量 ab 进行位置检验，其中设置位置检验的参数值为 0，如图 6.8 所示。最后的结果如图 6.9 所示，P 值小于 0.05，说明服药前后病人的血糖含量具有显著的差异。

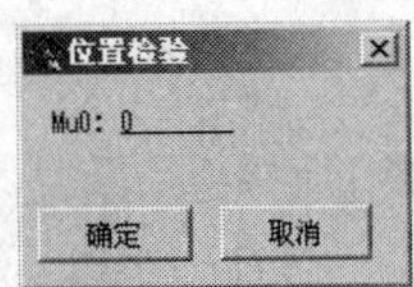

图 6.8　INSIGHT 模块下成对样本均值的 t 检验参数设置

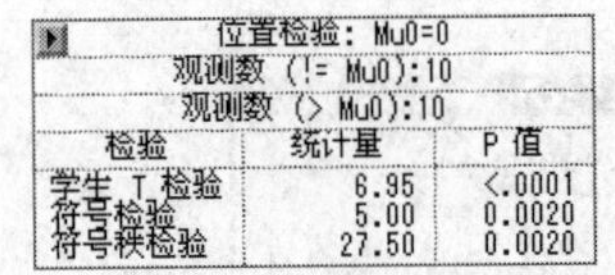

位置检验: Mu0=0		
观测数 (!= Mu0):10		
观测数 (> Mu0):10		
检验	统计量	P 值
学生 T 检验	6.95	<.0001
符号检验	5.00	0.0020
符号秩检验	27.50	0.0020

图 6.9　INSIGHT 模块下成对样本均值的 t 检验的结果

6.3.2　ANALYST 模块操作

在 SAS 系统中的 ANALYST 模块也可以实现统计推断的功能。本小节将通过具体的实例向用户演示如何在 ANALYST 模块下实现单个总体均值的区间估计、单个样本均值的 t 检验、成对样本均值的 t 检验和两个样本均值的 t 检验。上述统计分析过程的实现主要在 ANALYST 模块下的“统计”|“假设测验”菜单项中实现。

1．单个总体均值的区间估计

【例 6.4】 利用 ANALYST 模块实现单个总体均值的区间估计。

计算表 6.1 中的数据进行蛋白质平均含量 95%置信水平下的置信区间。

（1）启动 ANALYST 模块，打开数据集 TEST6_1。

（2）单击“统计”|“假设测验”|“均值的单样本 t 检验”菜单项，在弹出的 One-Sample t-test for a Mean 对话框中将变量 a 选入 Variable 按钮下方的列表框中，如图 6.10 所示。

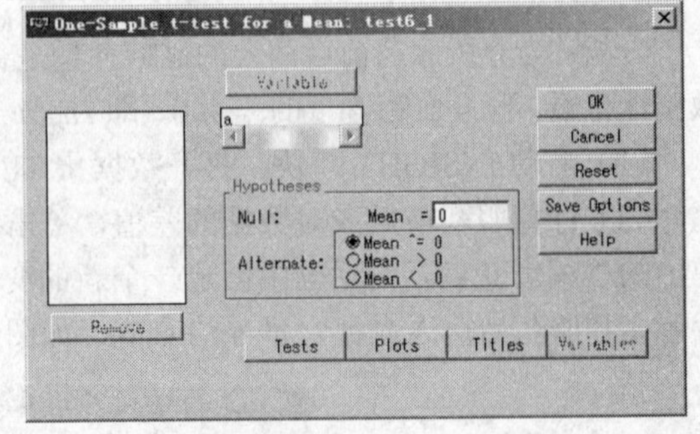

图 6.10　ANALYST 模块下总体均值区间估计变量选择

（3）单击 Tests 按钮，在 Confidence Intervals 选项卡中选择 Interval 选项，置信区间设置为 95%，如图 6.11 所示。单击两次 OK 按钮，将在结果输出窗口中输出总体均值的置信区间结果，如图 6.12 所示，置信下限为 13.90，置信上限为 14.10。

2．单个样本均值的t检验

【例 6.5】 利用 ANALYST 模块实现单个样本均值的 t 检验。

检验表 6.1 中的蛋白质含量数据是否符合要求。

（1）启动 ANALYST 模块，打开数据集 TEST6_1。

（2）单击“统计”|“假设测验”|“均值的单样本 t 检验”菜单项，在弹出的 One-Sample

t-test for a Mean 对话框中将变量 a 选入 Variable 按钮下方的列表框中，输入原假设，Mean 值为 14，如图 6.13 所示。单击 OK 按钮，输出假设测验的结果，如图 6.14 所示。概率 P 大于 0.05，说明蛋白质含量符合要求，与标注的含量 14%没有显著差异。

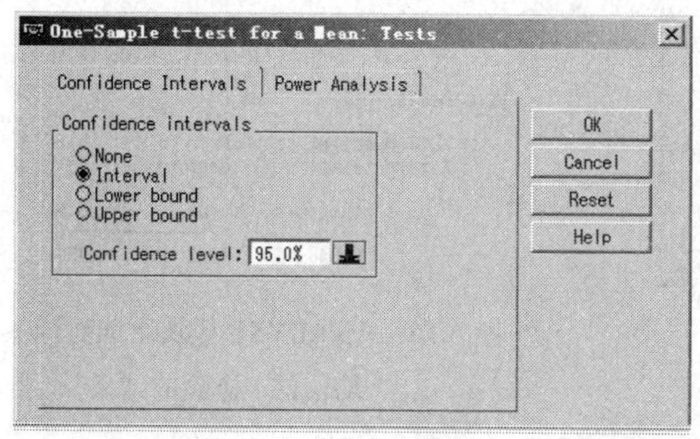

图 6.11　ANALYST 模块下总体均值区间估计的参数设置

```
95 % Confidence Interval for the Mean

        Lower Limit:            13.90
        Upper Limit:            14.10
```

图 6.12　ANALYST 模块下总体均值区间估计的结果

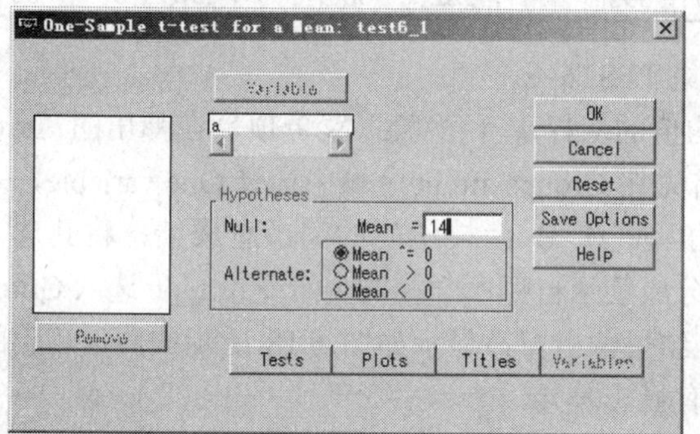

图 6.13　ANALYST 模块下单个样本均值的 t 检验的参数设置

```
Hypothesis Test

   Null hypothesis:    Mean of a =  14
   Alternative:        Mean of a ^= 14

         t Statistic       Df       Prob > t
         ---------------------------------
           -0.039          49        0.9687
```

图 6.14　ANALYST 模块下单个样本均值的 t 检验的结果

3．成对样本均值的t检验

【例 6.6】　利用 ANALYST 模块实现成对样本均值的 t 检验。

对表 6.2 中的数据进行成对样本均值的 t 检验。

（1）启动 ANALYST 模块，打开数据集 TEST6_4。

（2）单击“统计”|“假设测验”|“均值的双样本成对 t 检验”菜单项，在弹出的 Two-Sample Paired t-test for Means 对话框中将变量 a 和 b 分别选入 Group1 和 Group2 按钮下方的列表框中，如图 6.15 所示。单击 OK 按钮，将在结果窗口输出成对样本均值的 t 检验结果，如图 6.16 所示。显著性检验的 P 值小于 0.05，说明服药前后病人的血糖含量有显著差异。

4．两个样本均值的t检验

【例 6.7】　利用 ANALYST 模块实现两个样本均值的 t 检验。

现对 A 和 B 两学校学生的高考总成绩进行统计抽样，如表 6.3 所示，试分析两校学生的成绩是否有显著差异。

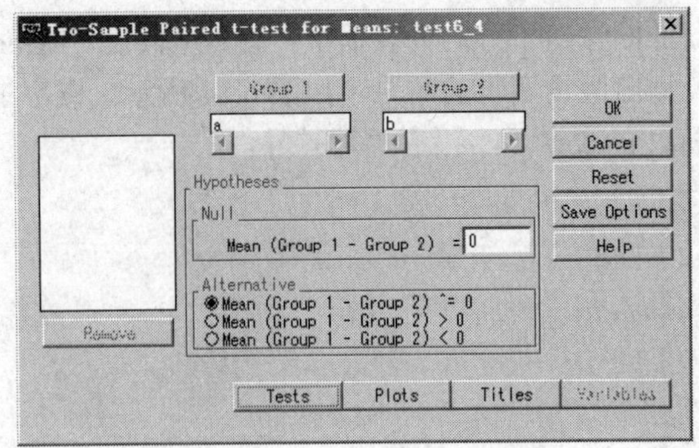

图 6.15　ANALYST 模块下成对样本均值的 t 检验的参数设置

```
Hypothesis Test

     Null hypothesis:      Mean of (a - b) =  0
     Alternative:          Mean of (a - b) ^= 0

          t Statistic      Df      Prob > t
          ---------------------------------
            6.946           9      <.0001
```

图 6.16　ANALYST 模块下成对样本均值的 t 检验的结果

表 6.3　A和B两校学生的高考总成绩

A	603	612	598	574	584	593	602	622	543	558	621	579	584	615	608
B	578	556	554	568	589	584	603	593	574	582	560	595	581	575	604

（1）启动 ANALYST 模块，打开数据集 TEST6_7。

（2）单击“统计”|“假设测验”|“均值的双样本 t 检验”菜单项，在弹出的 Two-Sample Paired t-test for Means 对话框中，首先在 Groups are in 区域中选择 One variable，本实例中仅分析一个变量。变量 a 中存储了 A 和 B 两校学生的高考总成绩，将其选入 Dependent 按钮下方的列表框中，将用于区分成绩来自哪所学校的分组变量 type 选入 Group 按钮下方的列表框中，如图 6.17 所示。在结果输出窗口显示如图 6.18 所示的假设测验的结果，概率 P 大于 0.05，说明两校成绩没有显著差异。

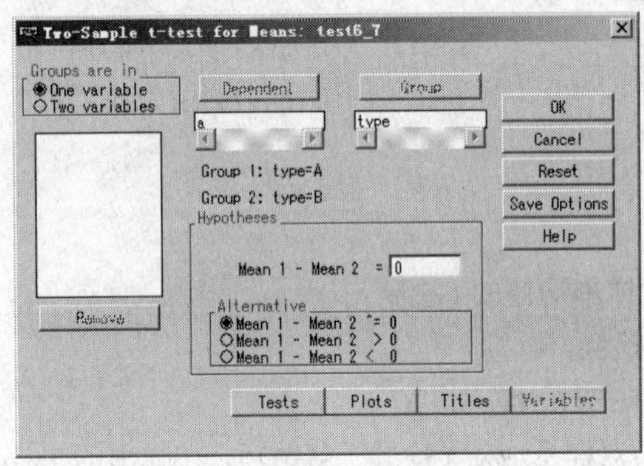

图 6.17　ANALYST 模块下两个样本均值的 t 检验的参数设置

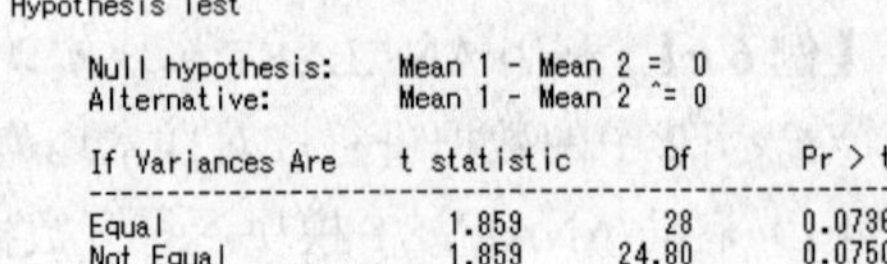

```
Hypothesis Test

     Null hypothesis:      Mean 1 - Mean 2 = 0
     Alternative:          Mean 1 - Mean 2 ^= 0

     If Variances Are      t statistic      Df      Pr > t
     -----------------------------------------------------
     Equal                   1.859          28      0.0736
     Not Equal               1.859       24.80      0.0750
```

图 6.18　ANALYST 模块下两个样本均值的 t 检验的结果

6.4　统计假设测验的实例

在 SAS 系统中利用 TTEST 过程可以编程实现统计推断，本节主要通过实例来演示如何通过编程的手段实现统计推断。

6.4.1　单个样本平均数的假设测验

本节通过实例 6.8 演示如何通过 TTEST 过程实现单个样本平均数的假设测验。

【例 6.8】 某产品标注的净含量为 500 g，现质检部门对市面上销售的该产品的重量进行随机抽样检验，其中抽取的 30 个样本的数据如表 6.4 所示，试分析在 95%的置信度下该产品重量是否符合要求。

表 6.4　某产品重量的抽样情况　（单位 g）

500.1	499.3	500.5	500.3	498.2	499.7	499.2	501.2	500.3	500.7
501.0	500.1	499.4	498.9	500.1	499.5	499.1	499.3	500.7	500.9
500.8	500.2	500.3	500.1	499.3	499.1	500.2	500.5	500.3	501.0

分析：本例需要对独立样本的均值做假设测验，以检验其与总体的均值 500 g 是否有显著差异。首先，假设 H_0。u=500；H_1。$u \neq 500$；然后通过下面的程序对样本的分布进行检验。

```
data test; /*创建新的数据集*/
input a@@;
cards;
500.1   499.3   500.5   500.3   498.2   499.7   499.2   501.2   500.3
500.7
501.0   500.1   499.4   498.9   500.1   499.5   499.1   499.3   500.7
500.9
500.8   500.2   500.3   500.1   499.3   499.1   500.2   500.5   500.3
501.0
;
run;
proc ttest data=test h0=500; /*单个样本平均数的假设测验*/
run;
```

执行上述程序，将在结果输出窗口中输出对变量 a（某产品重量的抽样情况）的样本平均数的假设测验，结果如图 6.19 所示。其中输出的结果有变量 a 的描述性统计分析的结果，对样本均值的置信区间和假设测验的 t 检验概率 P，从中可见 P 大于 0.05，说明原假设成立，产品重量与其标注的没有显著的差异。

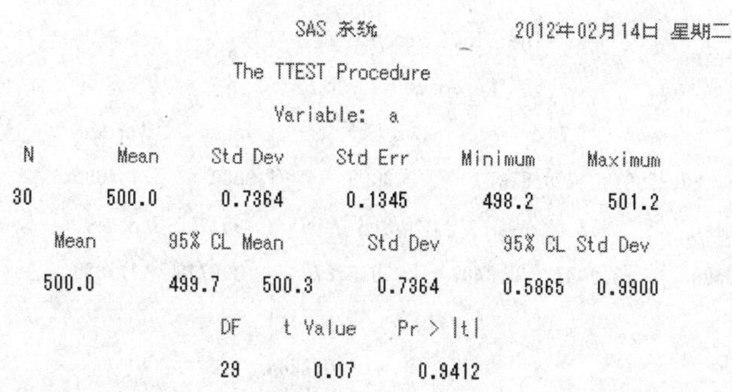

图 6.19　TTEST 过程单个样本平均数的假设测验的结果

6.4.2　成对样本的平均数比较的假设测验

本节通过实例 6.9 演示如何通过 TTEST 过程实现成对样本的平均数比较的假设测验。

【例 6.9】 表 6.5 中数据为某厂 10 名工人生产产品的合格率，现采用了新的技术，试分析在 95%的置信度下采用了新的技术后产品的合格率是否有显著的提高。

表 6.5　产品合格率统计（%）

工人编号 / 合格率	1	2	3	4	5	6	7	8	9	10
采用新技术前	89.3	92.1	91.3	93.4	98.3	95.3	93.3	92.3	94.1	91.8
采用新技术后	90.2	92.3	90.4	95.2	98.3	94.2	95.0	92.9	94.7	91.5

分析：本例需要对成对样本的平均数进行假设测验，以检验采用了新工艺是否显著提高了产品的合格率。首先，假设 H_0。$u_1=u_2$；H_1。$u_1 \neq u_2$；然后通过下面的程序对样本的分布进行检验。

```
data test; /*创建新的数据集*/
input a b@@;
cards;
89.3    90.2
92.1    92.3
91.3    90.4
93.4    95.2
98.3    98.3
95.3    94.2
93.3    95
92.3    92.9
94.1    94.7
91.8    91.5
;
run;
proc ttest data=test; /*成对样本的平均数比较的假设测验*/
paired a*b;
run;
```

执行上述程序后，将在结果输出窗口输出如图 6.20 所示的结果。其中 t 检验的概率大于 0.05，说明原假设成立，使用了新技术后，产品的合格率没有显著的差异。

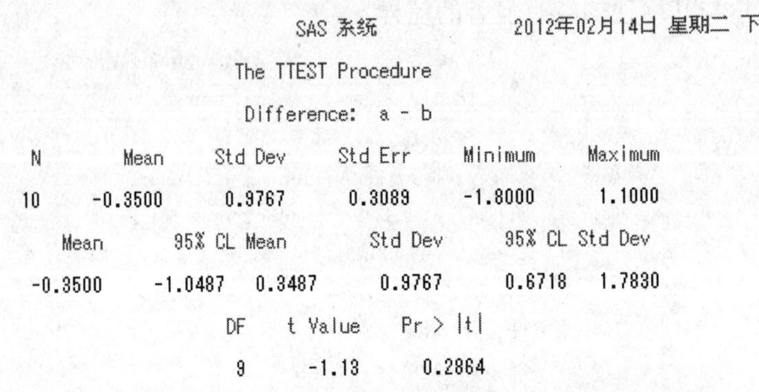

SAS 系统　　2012年02月14日 星期二 下午

The TTEST Procedure

Difference: a - b

N	Mean	Std Dev	Std Err	Minimum	Maximum
10	-0.3500	0.9767	0.3089	-1.8000	1.1000

Mean	95% CL Mean		Std Dev	95% CL Std Dev	
-0.3500	-1.0487	0.3487	0.9767	0.6718	1.7830

DF	t Value	Pr > |t|
9	-1.13	0.2864

图 6.20　TTEST 过程成对样本的平均数比较的假设测验的结果

6.4.3　两个样本的平均数比较的假设测验

本节通过实例 6.10 演示如何通过 TTEST 过程实现两个样本的平均数比较的假设测验。

【例 6.10】 现对甲乙两车间工人完成某项工艺的时间进行抽样统计，其基本情况见表 6.6，试分析在 95%的置信度下甲乙两车间工人的工作效率是否有显著差异。

表 6.6　甲乙车间工艺A的完成时间统计（分钟）

车间＼观测	1	2	3	4	5	6	7	8	9	10
甲	30.1	28.9	29.5	30.7	31.0	30.6	33.3	29.7	32.4	30.4
乙	29.7	28.7	30.2	31.9	32.8	33.2	31.6	30.2	29.8	30.3

分析：本例需要对两个独立样本的均值做假设测验，以检验两个样本是否具有显著差异。现通过下面的程序进行假设测验。

```
data test; /*创建新的数据集*/
input a$ b@@;
cards;
甲 30.1 甲 28.9 甲 29.5 甲 30.7 甲 31.0 甲 30.6 甲 33.3 甲 29.7 甲 32.4 甲
30.4
乙 29.7 乙 28.7 乙 30.2 乙 31.9 乙 32.8 乙 33.2 乙 31.6 乙 30.2 乙 29.8 乙
30.3
;
run;
proc ttest data=test; /*两个样本平均数比较的假设测验*/
class a; /*指定分组变量*/
var b;   /*指定 t 检验的分析变量*/
run;
```

执行上述程序，在 SAS 系统中将输出如图 6.21 所示的结果，其中 P 值大于 0.05，接受原假设，则两个独立样本没有显著差异。

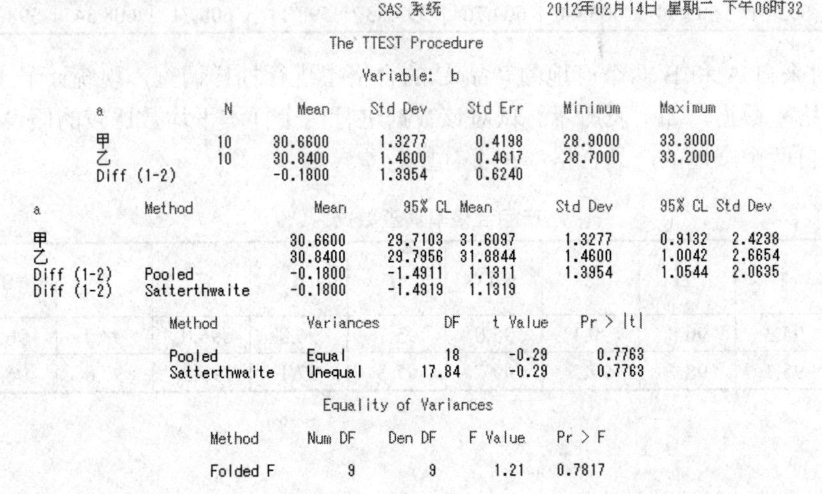

```
                    SAS 系统            2012年02月14日 星期二 下午06时32
                 The TTEST Procedure
                    Variable:  b

      a            N       Mean    Std Dev    Std Err    Minimum    Maximum
      甲          10    30.6600     1.3277     0.4198    28.9000    33.3000
      乙          10    30.8400     1.4600     0.4617    28.7000    33.2000
      Diff (1-2)        -0.1800     1.3954     0.6240

a            Method          Mean      95% CL Mean        Std Dev     95% CL Std Dev
甲                          30.6600   29.7103  31.6097    1.3277     0.9132   2.4238
乙                          30.8400   29.7956  31.8844    1.4600     1.0042   2.6654
Diff (1-2)   Pooled         -0.1800   -1.4911   1.1311    1.3954     1.0544   2.0635
Diff (1-2)   Satterthwaite  -0.1800   -1.4919   1.1319

          Method          Variances       DF    t Value    Pr > |t|
          Pooled          Equal           18     -0.29      0.7763
          Satterthwaite   Unequal      17.84     -0.29      0.7763

                    Equality of Variances
          Method      Num DF    Den DF    F Value    Pr > F
          Folded F         9         9       1.21    0.7817
```

图 6.21　TTEST 过程两个样本平均数比较的假设测验的结果

6.5　本 章 小 结

本章主要介绍了如何在 SAS 系统中实现统计推断，包括参数估计和假设测验的分析。本章从编程和界面操作两个方面，结合具体实例向用户演示了单个总体均值的区间估计、单个样本均值的 t 检验、成对样本均值的 t 检验和两个样本均值的 t 检验。通过本章的学习，读者将对 SAS 统计分析功能的实现有更进一步的体会。

6.6　习　　题

1．通过 ANALYST 模块实现本章例 6.8 中数据的单个样本平均数的假设测验分析。

2．通过 INSIGHT 模块实现对例 6.9 中数据的成对样本的平均数比较的假设测验分析。

3．某产品合格的长度为 12 cm，现随机抽取某批次产品 20 个样本，试根据抽样结果推测该批次产品是否符合要求。通过编程完成对下表数据的单个样本平均数的假设测验。

产品长度的抽样调查（cm）

12.3	12.5	12.8	11.6	11.3	12.4	12	12.7	11.5	11.2
11.3	11.7	11.5	11.9	12.4	12.5	12.6	12.9	13.0	12.4

4．下表为采用了新肥料后的水稻亩产与原产量的比较数据，试通过成对样本的平均数比较的假设测验来分析新肥料对提高产量是否有显著作用。

采用不同肥料的水稻产量（千克/亩）

重复 肥料	1	2	3	4	5	6	7	8	9	10
原肥料	599	584.62	592.14	589.72	597.83	595.24	589.13	580.37	596.43	588.89
新肥料	602.31	605.84	608.44	604.76	593.53	598.11	608.71	608.34	598.21	607.87

5．对来自 A 和 B 两个产地的产品 C 的合格率进行抽样调查，现统计了 10 个批次的产品的合格率数据，如下表所示。试对该数据进行两个样本平均数比较的假设测验分析，以判断来自两个产地的产品合格率是否有显著差异。

产品合格率调查数据　（%）

观测 产地	1	2	3	4	5	6	7	8	9	10
A	95.3	96.8	99.1	95.0	95.7	96.0	96.0	98.0	96.4	96.0
B	95.1	98.7	97.2	99.7	97.3	97.1	99.2	97.6	96.0	98.4

第 7 章　非参数统计分析

前面章节介绍的统计假设推断是基于总体分布已知的情况。但在实际的数据分析处理中，会存在总体分布未知的情况，这时往往需要使用非参数统计分析方法。本章将重点介绍在 SAS 中如何实现非参数的统计分析，包括单个样本、两个样本和多个样本的非参数检验。通过本章的学习，读者将快速地掌握非参数统计分析的 SAS 实现过程。

7.1　非参数统计分析概述

为使读者对非参数检验有一定认识，了解其与参数检验的区别，我们对参数检验与非参数检验进行了对比分析，如表 7.1 所示。由表可知，非参数检验与一般的参数检验相比具有适用范围广、计算简单等优点，但同时，由于其计算简单，分析过程中使用的数据较少，因而检验的结果可靠性略差。读者在实际的使用中应根据具体的要求选择合适的分析方法。

表 7.1　参数检验与非参数检验的对比

	非参数检验	参数检验
优点	✓ 适应范围广 ✓ 小型数据计算简单，可以快速获得结果 ✓ 不受总体参数的影响	✓ 计算结果精确有效 ✓ 检验效率高
缺点	✓ 资料利用率低 ✓ 大型数据计算可能会变得复杂	✓ 无法对非正态分布的数据进行检验
适用范围	✓ 数据的分布形态未知或无法确定 ✓ 非正态分布的数据 ✓ 样本容量较小的数据，一般小于 10	✓ 数据资料需为正态分布

非参数检验针对不同的观测样本需要采用不同的方法，其中对于单个样本主要使用符号检验的方法；对于两个样本使用秩和检验方法，其中，两个独立的样本和配对的两个样本的秩和检验又有所不同；多个样本的非参数检验可以使用 Kruskal-Wallis 和 Freidman 方法。下面简单介绍上述方法。

1. 单个样本的符号检验

单个样本的符号检验步骤如下：

（1）建立对样本与中位数差值数据检验的假设。

- ❑ H_0：差值中位数=0。
- ❑ H_1：差值中位数≠0。

（2）计算单个样本中各样本数据与中位数的差值。

（3）将计算所得的差值数据的绝对值按照从小到大的顺序排序。

（4）对排序后的数据编秩次，同时标上正负号，若差值为0，则舍去不计。

（5）计算正负秩次和，分别记作T+和T–。

（6）计算统计量T，T为T+和T–的最小值。

（7）根据T值，查表确定概率P，若P小于显著性水平α，则拒绝原假设，反之，接受原假设。

2．两个独立样本的Wilcoxon秩和检验

两个独立样本的Wilcoxon秩和检验步骤如下：

（1）建立对样本与中位数差值数据检验的假设。

- ❑ H_0：样本1中位数$d1$=样本2中位数$d2$。
- ❑ H_1：样本1中位数$d1$≠样本2中位数$d2$。

（2）将两个独立样本的数据混合，并按从小到大的顺序编秩。

（3）选其中样本数较小的样本，计算秩和，作为非参数检验T统计量的值。若两样本的个数相同，则任取一个样本的秩和作为T统计量的值。

（4）根据T统计量查表确定P值，若P小于显著性水平α，则拒绝原假设，反之，接受原假设。

3．成对样本的秩和检验

成对样本的秩和检验步骤如下：

（1）建立成对样本秩和检验的假设。

- ❑ H_0：成对样本差值中位数=0。
- ❑ H_1：成对样本差值中位数≠0。

（2）计算各对成对样本的差值。

（3）对差值的绝对值按照从小到大的顺序编秩，同时标上正负号，若差值为0，则舍去不计。

（4）计算正负秩次和，分别记作T+和T–。

（5）如果T+和T–相等或接近，则可接受原假设，成对样本差值的中位数为0。

4．多个样本的秩和检验

多个样本的秩和检验步骤如下：

（1）建立成对样本秩和检验的假设。

- ❑ H_0：各样本的位置参数中位数没有差异。
- ❑ H_1：各样本的位置参数中位数有差异。

（2）将多个独立样本的数据混合，并按从小到大的顺序编秩。

（3）分别计算来自各个样本的秩和。

（4）对各个样本的秩和检验，若各个样本的秩和没有显著的差异，则可以认为各样本的位置参数中位数没有差异。

7.2 非参数统计分析的 NPAR1WAY 语句

在 SAS 系统中，本书之前介绍过的用于描述性统计分析的 UNIVARIATE 过程也可用于非参数统计分析，在后面的实例讲解中将具体演示这一过程在 SAS 非参数分析中的应用。同时，SAS 还提供了 NPAR1WAY 过程语句，专门用于非参数统计分析。其基本的格式为：

```
PROC NPAR1WAY [选项];
BY 变量名;
CLASS 变量名;
EXACT 统计量选项 [运算选项];
FREQ 变量名;
OUTPUT [OUT=数据集名] [选项];
VAR 变量名;
RUN;
```

其中，

- PROC 语句用于指定分析的过程为 NPAR1WAY 非参数统计分析过程，同时其后添加的选项可以对非参数分析的方法等进行设置。其中，常用的选项介绍如下。
  - DATA=数据集名：指定需要分析的数据集名。
  - WILCOXON：指定使用 Wilcoxon 秩和分析的方法进行非参数统计分析。
  - MEDIAN：指定中位数的分析方法用于非参数统计分析。
  - ANOVA：对数据执行方差分析。
  - EDF：计算经验分布的常规统计量。
  - NOPRINT：在结果输出窗口不显示计算结果。当用户以设置结果保存到指定数据集后，可以选择不输出结果。
  - MISSING：对缺失变量的处理做一定控制，CLASS 语句在执行变量分组计算时，缺失变量将视为有效水平。
- BY 语句用于指定分组变量，用法与之前介绍过的过程相同。
- CLASS 语句用于对数据分组，用法与之前介绍过的过程相同。
- EXACT 语句用于对指定的统计量进行精确检验，其中统计量选项用于设置需要进行精确统计分析的统计量，包括 AB（Ansari-Bradley 检验）、CONOVER（Conover 检验）、HL（Hodges-Lehmann 置信区间）、KLOTZ（Klotz 检验）、KS | EDF（两样本的 Kolmogorov-Smirnov 检验）、MEDIAN（中位数检验）、MOOD（Mood 检验）、SAVAGE（Savage 检验）、SCORES=DATA（输入数据作为得分数据计算）、ST（Siegel-Tukey 检验）、VW | NORMAL（Van der Waerden 检验）、WILCOXON（双样本 Wilcoxon 检验，多样本 Kruskal-Wallis 检验）。同时，运算选项还可以对上述统计分析的参数进行设置，如下所示。
  - ALPHA=值：控制蒙特卡洛算法估计 p 值时的显著性水平。
  - AXTIME=值：控制精确估计 p 值计算的最长时间，单位为秒。
  - MC：选择使用特卡洛算法估计 p 值。

> ➢ N=n：设置蒙特卡洛估计 p 值的样本数，默认为 10 000。
> ➢ POINT：统计检验计算出点估计值。
> ➢ SEED=number：控制蒙特卡洛估计初始的种子数。

- ❑ FREQ 语句用于指定观测频数变量，用法与之前介绍过的过程相同。
- ❑ OUTPUT 语句用法与之前介绍过的过程相同，可以指定输出非参数统计分析的各种统计量到指定的数据集内。
- ❑ VAR 语句用于指定分析的变量，用法与之前介绍过的过程相同。

7.3　非参数统计分析实例

在前面的章节中，向用户简单介绍了 SAS 非参数统计分析的基本原理、编程实现的方法。本节将进入具体演示的过程，通过实例向用户演示如何实现单个样本、两个样本和多个样本的非参数检验。

7.3.1　单个样本的非参数检验

在 SAS 系统中单个样本的非参数统计分析，可以通过 UNIVARIATE 过程实现。下面通过例 7.1 具体演示其使用。

【例 7.1】 单个样本的非参数检验。

某产品标注的净含量为 1 kg，现对该产品进行抽样统计分析，试判断该产品重量是否与其标注的一致。

表 7.2　产品净含量的抽样统计情况（kg）

0.998	0.997	0.995	0.994	0.990	0.981	0.986	0.995
0.976	0.986	0.996	0.976	0.965	0.986	0.992	1.001
0.985	1.002	0.999	0.993	0.994	0.995	0.993	0.991
0.975	0.984	0.976	0.954	0.987	0.986	0.985	0.976

分析：本实例要判断抽样统计的数据是否等于 1 kg，需要通过参数检验来实现。在下面的程序中首先对数据的正态性进行检验，然后根据数据的正态性检验的结果采用不同的参数检验方法。如果可以接受数据为正态分布，则使用参数统计分析方法，如果数据不为正态分布，则接受非参数检验的结果。

```
data ww.test7_1;                                      /*创建数据集*/
input x @@;
cards;
0.998   0.997   0.995   0.994   0.990   0.981   0.986   0.995
0.976   0.986   0.996   0.976   0.965   0.986   0.992   1.001
0.985   1.002   0.999   0.993   0.994   0.995   0.993   0.991
0.975   0.984   0.976   0.954   0.987   0.986   0.985   0.976
;
run;
proc univariate data=ww.test7_1 normal mu0=1;  /*单个样本数据的非参数检验*/
var x;
run;
```

执行上述结果，生成的结果如图 7.1 和图 7.2 所示，其中图 7.1 为正态性检验的结果，从中可以看到 Kolmogorov-Smirnov 检验的概率 p 大于 0.05，而其他三种检验的概率 p 也与 0.05 显著水平较为接近，因此我们有理由怀疑数据可能并不是很好的正态分布，非参数检验的统计分析方法更适合该数据的分析。图 7.2 显示了非参数统计的分析结果，其中秩检验的结果中 p 值小于 0.05 的显著水平，因而可以判定不合格，产品的净含量与其标注值有显著差异。

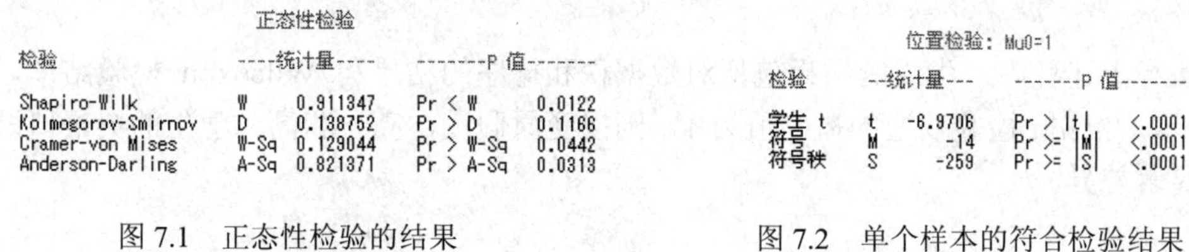

正态性检验

检验	----统计量----		--------P 值--------	
Shapiro-Wilk	W	0.911347	Pr < W	0.0122
Kolmogorov-Smirnov	D	0.138752	Pr > D	0.1166
Cramer-von Mises	W-Sq	0.129044	Pr > W-Sq	0.0442
Anderson-Darling	A-Sq	0.821371	Pr > A-Sq	0.0313

图 7.1　正态性检验的结果

位置检验：Mu0=1

检验	--统计量---		-------P 值-------	
学生 t	t	-6.9706	Pr > |t|	<.0001
符号	M	-14	Pr >= |M|	<.0001
符号秩	S	-259	Pr >= |S|	<.0001

图 7.2　单个样本的符合检验结果

7.3.2　两个样本的非参数检验

在两个样本的参数检验中，对于独立的两个样本和成对的两个样本需要采用不同的分析方法。类似地，在非参数分析中，也需要通过不同的方法来实现。本节将具体通过实例演示通过 SAS 过程在两个样本的非参数统计分析中的应用。

【例 7.2】 两个独立样本的非参数检验。

对某校高一和高二学生的英语学习能力作评价，主要测试学生的口语能力，测试分数如表 7.3 所示。试通过非参数统计探讨这两个年级的学生的英语口语能力是否有显著差异。

表 7.3　高一和高二学生的口语能力测试成绩

	1	2	3	4	5	6	7	8	9
高一	78	67	88	98	78	77	65	85	70
高二	67	78	69	87	85	87	90	65	77

在本实例中首先创建表 7.3 数据的数据集，然后通过 NPAR1WAY 过程进行两个独立样本的非参数检验。

```
data ww.test7_2;                                    /*创建数据集*/
input x type$;
cards;
78  1
67  1
88  1
98  1
78  1
77  1
65  1
85  1
70  1
67  2
78  2
69  2
87  2
85  2
```

```
87  2
90  2
65  2
77  2
;
run;
proc npar1way data=ww.test7_2 wilcoxon;          /*进行 Wilcoxon 检验*/
class type;                                      /*指定分组变量*/
var x;                                           /*指定非参数检验变量*/
run;
```

执行上述程序，生成的结果包括对数据秩和排序的结果和 Wilcoxon 检验结果，如图 7.3 所示。根据 t 检验双边的概率值为 1，则接受原假设，高一和高二学生的英语口语成绩没有显著差异。

```
                      SAS 系统           2012年03月02日 星期五 7

                       The NPAR1WAY Procedure

              Wilcoxon Scores (Rank Sums) for Variable x
                     Classified by Variable type

                         Sum of      Expected       Std Dev          Mean
type          N          Scores      Under H0       Under H0         Score
-------------------------------------------------------------------------
1             9            85.0         85.50      11.272037      9.444444
2             9            86.0         85.50      11.272037      9.555556
                    Average scores were used for ties.

                       Wilcoxon Two-Sample Test

                   Statistic                85.0000

                   Normal Approximation
                   Z                         0.0000
                   One-Sided Pr <  Z         0.5000
                   Two-Sided Pr > |Z|        1.0000

                   t Approximation
                   One-Sided Pr <  Z         0.5000
                   Two-Sided Pr > |Z|        1.0000

             Z includes a continuity correction of 0.5.
```

图 7.3　两个独立样本的符合检验结果

两个配对样本的非参数检验类似于参数检验，是对两个配对样本的差值进行检验。利用 UNIVARIATE 过程可以实现两个配对样本的非参数检验，下面通过一个实例具体演示。

【例 7.3】 两个配对样本的非参数检验。

现对某培训机构的培训后的学员的基础能力是否有提高进行抽样调查，学生培训前后的成绩如表 7.4 所示。

表 7.4　培训前后测试成绩

	学生 1	学生 2	学生 3	学生 4	学生 5	学生 6	学生 7	学生 8	学生 9	学生 10
培训前	89	78	96	78	74	75	84	79	80	85
培训后	95	88	95	87	80	83	90	76	83	88

在本实例中首先创建配对样本的数据集，然后对两样本计算数据差值，对样本的差值进行非参数统计分析。具体过程详见下面的程序：

```
data ww.tes7_3t;                                 /*创建数据集*/
input x y;
d=x-y;
cards;
89  95
```

```
78  88
96  95
78  87
74  80
75  83
84  90
79  76
80  83
85  88
;
run;
proc univariate data=ww.test7_3;                      /*配对样本的符号检验*/
var d;
run;
```

执行上述程序，将对配对样本的差值进行非参数检验，其中的符号检验结果如图 7.4 所示。其中，符号检验的统计量 M 为–3，概率 p 为 0.1094，大于 0.05 的显著水平，同时，Wilcoxon 检验的结果也说明应该接受原假设。

位置检验：Mu0=0

检验	--统计量---		-------P 值-------	
学生 t	t	-3.5239	Pr > |t|	0.0065
符号	M	-3	Pr >= |M|	0.1094
符号秩	S	-23.5	Pr >= |S|	0.0156

图 7.4　两个配对样本的非参数检验

7.3.3　多个样本的非参数检验

多个样本的非参数检验通过 Kruskal-Wallis 检验计算，在 SAS 系统中可以通过 NPAR1WAY 过程计算。下面通过一个实例具体演示。

【例 7.4】 多个样本的非参数检验。

对上海、北京、苏州、无锡、深圳、广州、杭州 7 个城市的白领收入进行抽样调查，表 7.5 显示了上述调查的结果。试通过多样本的非参数统计分析判断各城市间是否有显著差异。

表 7.5　不同城市白领收入调查

上海	12 000	11 000	10 000	9500	10 500	10 000
北京	14 000	13 000	10 000	12 000	10 000	9000
苏州	8000	7500	8500	9000	9500	
无锡	7500	8000	8000	9000	9500	10 000
深圳	12 000	10 000	11 000	10 000	10 000	
广州	13 000	12 000	10 500	11 000	11 000	15 000
杭州	9000	10 000	11 000	12 000	9000	10 000

在本实例中首先创建多个样本的数据集，然后对多个样本的数据集进行非参数检验。具体过程详见下面的程序：

```
data ww.test7_4;
input  x type@@;
cards;
12000 1 14000  2   8000  3   7500  4  12000  5   13000  6   9000  7
11000 1 13000  2   7500  3   8000  4  10000  5   12000  6  10000  7
10000 1 10000  2   8500  3   8000  4  11000  5   10500  6  11000  7
 9500 1 12000  2   9000  3   9000  4  10000  5   11000  6  12000  7
10500 1 10000  2   9500  3   9500  4  10000  5   11000  6   9000  7
10000 1  9000  2            10000  4               15000  6  10000  7
run;
proc npar1way data=ww.test7_4 wilcoxon;         /*进行 wilcoxon 检验*/
```

```
class type;          /*指定分组变量*/
var x;               /*指定非参数检验变量*/
run;
```

```
        Kruskal-Wallis Test

Chi-Square          22.5603
DF                        6
Pr > Chi-Square      0.0010
```

图 7.5　多个样本的非参数检验

执行上述程序，将生成如图 7.5 所示的结果。其中，概率 p 小于 0.05，说明不同城市白领收入之间存在显著差异。

7.4　利用界面操作实现非参数统计分析

本节主要介绍如何利用 SAS 的 ANALYST 模块实现非参数统计分析。下面通过具体演示实现对本章中例 7.1 和例 7.2 数据的非参数分析的界面操作介绍。用户在实际使用中可自行选择适宜方法进行非参数统计分析。

【例 7.5】 利用 ANALYST 模块实现单个样本的非参数检验。

（1）启动 ANALYST 模块，打开本书例 7.1 中的数据文件 test7_1。

（2）单击菜单“统计”|“描述性统计”|“分布”命令，在打开的 Distributions 对话框中将变量 x 选入 Analysis 按钮下方的区域，如图 7.6 所示。

（3）单击 Distributions 对话框中的 Fit 按钮，在弹出的 Fit distributions 区域内设置 Normal 分布选项，如图 7.7 所示。

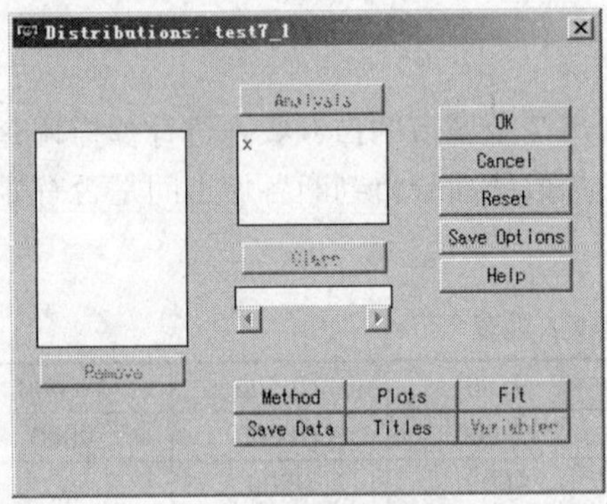

图 7.6　ANALYST 模块单个样本的非参数检验变量选择

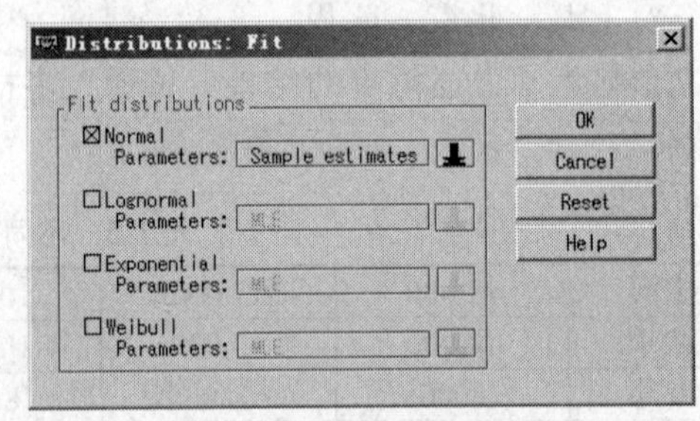

图 7.7　ANALYST 模块单个样本的非参数检验算法设置

（4）单击 Distributions: Fit 对话框和 Distributions 对话框的两个 OK 按钮，将生成单个样本的正态分布结果和符号检验的结果。结果同本章例 7.1，这里不再详细展开叙述。

【例 7.6】 利用 ANALYST 模块实现两个独立样本的非参数检验。

（1）启动 ANALYST 模块，打开本书例 7.2 中的数据文件 test7_2。

（2）单击菜单“统计”|“方差分析”|“非参数单向方差分析”，在弹出的 Nonparametric One-Way ANOVA 对话框中，两个样本非参数分析的分析变量和样本的分类变量分别进入因变量 Dependent 和自变量 Independent 区域，如图 7.8 所示。

（3）单击 Nonparametric One-Way ANOVA 对话框中的 Tests 按钮，在弹出的非参数检验算法设置窗口中，可以设置的检验方法包括双样本 Wilcoxon 检验、Van der Waerden 检验、Savage 检验，Median 检验。本例中选择 Wilcoxon 检验，如图 7.9 所示。

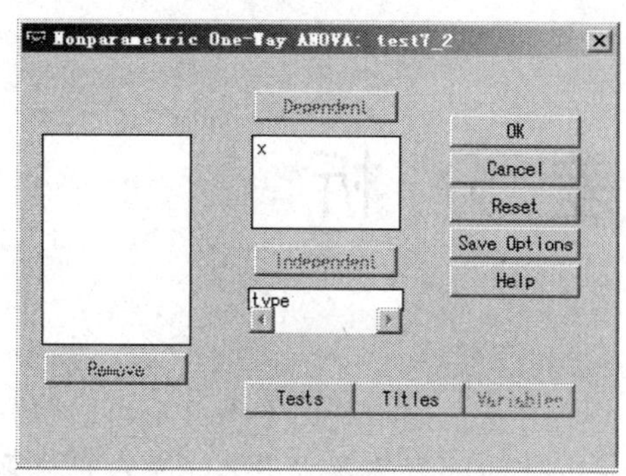

图 7.8　ANALYST 模块两个样本的非参数检验变量选择

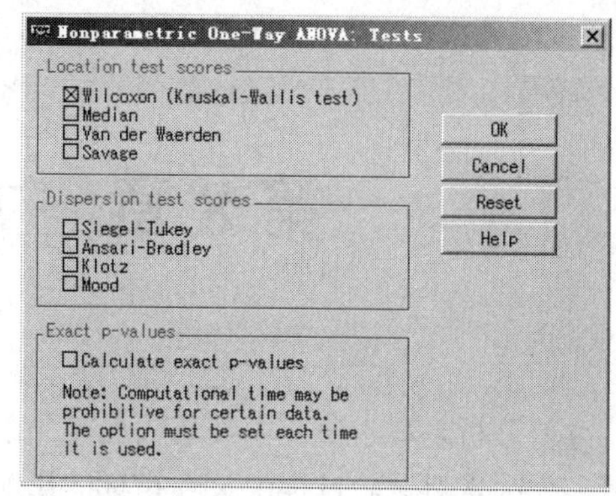

图 7.9　ANALYST 模块两个样本的非参数检验算法设置

（4）单击 Nonparametric One-Way ANOVA 对话框中的 OK 按钮两次，将生成两个样本符号检验的结果。结果同本章例 7.2，这里不再详细展开叙述。

7.5 本章小结

本章主要介绍了非参数统计分析的基本知识。通过本章的学习，读者将掌握单个样本、两个样本和多个样本的非参数统计分析。在具体的非参数统计分析过程中，用户可以通过 SAS 过程和界面操作两种方式实现。

7.6 习　　题

1．利用 UNIVARIATE 过程对下表数据的正态性进行判断，根据数据的正态性选择适宜的参数统计分析方法。下表为小麦的出苗率统计情况，试问是否与其理论出苗率 80%有显著差异。

小麦出苗率情况统计

80.5%	79.8%	81.3%	82.0%	75.9%	77.5%
83.1%	82.0%	73%	76.6%	79%	78.9%

2．利用 NPAR1WAY 过程实现两个独立样本的非参数统计分析。下表为某班男女生的身高，试分析两者是否有显著差异。

学生身高统计

身高（m）	性别	身高（m）	性别
1.23	女	1.28	男
1.31	男	1.40	女
1.22	男	1.35	女
1.30	女	1.35	男

3．通过 ANALYST 模块实现习题 2 中数据的非参数统计分析。

第8章 方 差 分 析

方差分析是科学研究中经常需要使用的统计分析方法之一。利用方差分析可以研究一个或多个因素对试验过程中某项指标的影响因素，并比较因素的各水平之间是否有显著差异。本章主要介绍方差分析概述和如何通过 SAS 实现方差分析。

8.1 方差分析概述

方差分析致力于对试验观测数据的变异性进行分析。在方差分析中，数据的变异性来源分为试验因素引起和试验本身误差产生两种情况。在方差分析中，根据试验数据影响因素的个数的不同，可以分为单因素方差分析和多因素方差分析。本节主要对方差分析的基本概念做简单介绍。

8.1.1 方差分析基本概念

方差分析通过 F 检验来比较因素的不同水平是否都对指标产生显著影响。在方差分析中，方差是衡量数据差异程度的重要变量，可以分为各因素水平的方差（组间方差）和误差的方差（组内方差）。方差分析即是对上述数据的变异进行比较分析，从而评价某因素引起的数据变异是否具有显著差异。

在进行方差分析前，需要遵守以下基本假定。

（1）数据的正态性。方差分析所分析的数据需要服从正态分布的要求，这就要求我们需要随机获取因素的不同水平的数据。同时，如果所获取的数据不为正态分布，可以通过数据的简单变化，尽可能保证数据符号正态分布。常用的数据变换方式包括以下 3 种方式：

- ❑ 平方根转换；
- ❑ 对数转换；
- ❑ 反正弦转换。

（2）方差的齐性。不同处理下样本的总体方差相等。

（3）方差的可加性。方差分析的模型为线性可加模型，其中处理效应与误差效应可加。

8.1.2 单因素方差分析

如果在试验设计中仅控制了对指标的一个影响因素，所进行的方差分析为单因素方差分析。在单因素方差分析中需要考虑这一个影响因素的不同水平对指标的影响。

8.1.3　多因素方差分析

如果在研究中需要分析多个因素对指标的影响，所需要采用的方差分析为多因素方差分析，其中又以双因素的方差分析较为常用。在多因素方差分析中除了要考虑各因素的不同水平对指标是否有显著差异外，还需要分析各因素之间的交互影响。

8.1.4　多重比较

当通过方差分析判定因素是对指标具有显著影响后，因素的不同水平之间是否有显著差异，需要通过多重比较来实现。多重比较的方法较多，常用的主要有以下 3 种：

- 最小显著差数法（LSD 法）；
- q 检验法；
- 新复极差法。

8.2　方差分析的编程实现

在 SAS 系统中，方差分析可以通过 ANOVA 过程和 GLM 过程实现。其中，ANOVA 过程是专用于方差分析的过程，而方差分析只是 GLM 过程功能之一。一般数据中如果有缺失数据，采用 GLM 过程，而 ANOVA 过程主要用于平衡试验资料的方差分析，此外 ANOVA 过程的计算效率相对较高。下面将对这两个过程做具体介绍，并结合实例演示这两个过程的编程实现。

8.2.1　ANOVA 过程

ANOVA 过程为主要的用于方差分析的过程，可以实现单因素和多因素的方差分析。ANOVA 过程的基本调用格式为：

```
PROC ANOVA[选项];
CLASS 因素变量列表;
MODEL 指标变量名=因素变量 [选项];
BY 变量;
FREQ 变量;
MEANS 因素变量 [选项];
RUN ;
```

其中：

- PROC 语句用于指定分析的方法为 ANOVA 过程，该过程后常加的选项除了“DATA=数据集名”外，还包括如下选项。
  - MANOVA：删除含有缺失值的观测。
  - NAMELEN=n：设置因素变量名的字符串长度，可以设置的长度 *n* 的范围为

20～200，默认情况下为 20。

- NOPRINT：方差分析的统计结果不在输出窗口显示。
- ORDER=DATA | FORMATTED | FREQ | INTERNAL：控制方差分析中因素变量的排列顺序，包括按照 DATA（原始数据顺序）、FORMATTED（输出格式值的顺序）、FREQ（频数多少的顺序）、INTERNAL（内部值的顺序）进行排序。
- OUTSTAT=数据集名：将计算结果保存到指定的数据集中。
- PLOTS=NONE：默认情况下方差分析会生成对输入数据分组的盒形图，用于描述数据的基本特征。通过该选项可以控制图形的不输出。

- CLASS 语句用于指定方差分析的因素变量。因素变量的类型可以为字符型或数值型。该语句为方差分析必需的语句，且必须在 MODEL 语句之前。
- MODEL 语句用于指定方差分析模型的自变量和因变量，并通过一定的格式向系统表达出自变量的相互作用方式。其中模型的自变量为 CLASS 语句指定的因素变量，而模型的因变量为方差分析的指标变量，必须为数值型变量。MODEL 语句后的选项介绍如下。
  - intercept：在结果中显示对模型中常数项的方差分析结果。
  - nouni：禁止单变量统计结果的输出。
  - MODEL 语句控制的自变量的相互作用模型包括以下 3 种。
    - 主效应模型：y=a b c（其中 y 为分析的指标变量，a，b 和 c 为对变量 y 的三个影响因素）。
    - 交互效应模型：y= a b c a*b a*c b*c a*b*c。
    - 嵌套设计模型：y=a b c(a c)。
- MEANS 语句用于对因素各水平的数据做简单的描述性统计分析，计算数据的均值和标准差。同时 MEANS 语句还可以设置方差分析的多重比较，其后可跟的选项介绍如下。
  - BON：对主效应均值之差进行 Bonferroni 的 t 检验；
  - DUNCAN：对主效应均值进行 Duncan 的多重极差检验；
  - DUNNETT：进行 Dunnett 双尾 t 检验；
  - DUNNETTL：进行 Dunnett 左尾 t 检验；
  - DUNNETTU：进行 Dunnett 右尾 t 检验；
  - GABRIEL：对主效应均值进行 Gabriel 的多重对比检验；
  - REGWF：对主效应均值进行 Ryan-Einot-Gabriel-Welsch 多重 F 检验；
  - REGWQ：对主效应均值进行 Ryan-Einot-Gabriel-Welsch 多重极差检验；
  - SCHEFFE：对主效应均值进行 Scheffe 多重对比检验；
  - SIDAK：对主效应均值进行 Sidak 不等式调整后，对其均值两两进行 t 检验；
  - SMM|GT2：当样本量不相等时，对主效应均值进行两两比较检验；
  - SNK：对主效应均值进行 Student-Newman-Keual 多重极差检验；
  - T|LSD：对主效应均值进行两两 t 检验；
  - TUKEY：对主效应均值进行 Tukey 极差检验；
  - WALLER：对主效应均值进行 Waller-Duncan 的 k 比率 t 检验；
  - ALPHA=p：给出均值间多重比较检验的显著性水平，默认情况下为 0.05；

- ➢ CLDIFF：将两两均值之差的结果用置信区间的形式输出；
- ➢ CLM：对因素每个水平的均值按置信区间的形式输出；
- ➢ E=effect：设置多重比较中所使用的误差均方；
- ➢ KRATIO=value：Waller-Duncan 检验中的类型 1/类型 2 误差限比例；
- ➢ LINES：几个选项产生的均值按降序顺序列出；
- ➢ NOSORT：禁止均值按降序排列；
- ➢ HOVTEST：对因素各水平进行方差齐性检验。

❑ BY 和 FREQ 语句与之前介绍的过程中的用法相同，这里不再展开详细叙述。

【例 8.1】 利用 ANOVA 过程实现单因素的方差分析。

表 8.1 为不同氮肥处理下水稻产量，试通过方差分析研究不同氮肥处理是否对水稻产量有显著影响。

表 8.1　不同氮肥处理下的水稻单产（千克/亩）

处理	重复 1	重复 2	重复 3
N0	490.4	487.5	496.4
N1	500.2	510.2	505.4
N2	509.5	510.3	507.3
N3	523.1	515.7	518.9

根据表 8.1 的数据进行方差分析，其中方差分析的指标为产量，分析的因素为氮肥处理。该因素具有 4 个不同的处理，分别为 N0，N1，N2 和 N3。下面通过 ANOVA 对上述数据进行单因素的方差分析，并结合方差分析的结果进行多重比较，具体代码如下：

```
data ww.test8_1;                                    /*创建数据集*/
input treatment$ x@@;
cards;
N0  490.4   N0  487.5   N0  496.4
N1  500.2   N1  510.2   N1  505.4
N2  509.5   N2  510.3   N2  507.3
N3  523.1   N3  515.7   N3  518.9
;
run;
proc anova data=ww.test8_1;                         /*单因素的方差分析*/
class treatment;                                    /*设置因素变量*/
model x=treatment;                                  /*设置方差分析模型*/
means treatment /t;                                 /*多重比较设置*/
run;
```

执行上述程序，方差分析结果的目录树如图 8.1 所示。其中主要包含以下三部分结果。

❑ Data 子目录：呈现方差分析的数据的基本信息。

❑ Analysis of Variance 子目录：方差分析的结果。

❑ Means 子目录：多重比较结果。

下面具体展开上述目录树，详细介绍方差分析的各部分结果。

（1）数据的基本信息：在 Data 子目录中包括 Class Levels 和 Number of Observations 两张表，给出了因素变量和观测的基本信息，如图 8.2 所示。其中显示了数据的因素变量为 treatment，该因素涉及不同的 4 个水平，分别为 N0、N1、N2 和 N3。同时，在方差分析中读取和使用的数据观测数为 12。

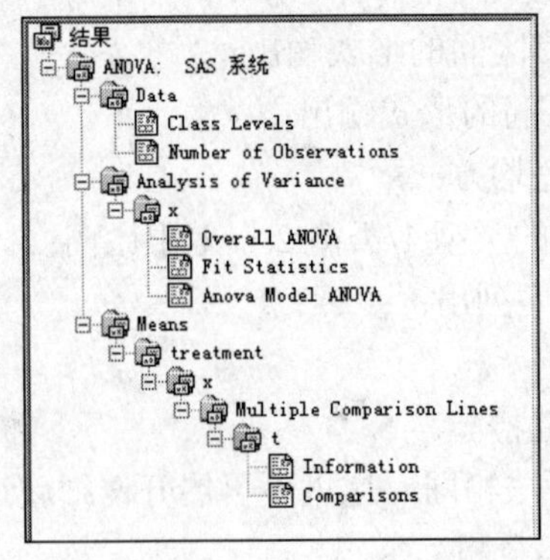

图 8.1　基于 ANOVA 过程的单因素方差分析结果目录树

The ANOVA Procedure

Class Level Information

Class	Levels	Values
treatment	4	N0 N1 N2 N3

Number of Observations Read	12
Number of Observations Used	12

图 8.2　基于 ANOVA 过程的单因素方差分析数据的基本信息表

（2）方差分析的结果：在 Analysis of Variance\x 目录下包含 Overall ANOVA、Fit Statistics 和 Anova Model ANOVA 三种结果表，如图 8.3 所示。其中：

- ❑ Overall ANOVA 表显示了方差分析的总表，包括 Model 方差和 Error 方差两部分的自由度、平方和均方的结果。同时，由该表可知方差分析的 F 统计量的值为 25.88，p 值为 0.0002，小于 0.05 的显著水平，表明不同氮肥处理下水稻的单产具有显著的差异。
- ❑ Fit Statistics 表显示了方差分析的相关统计量，分别为 R^2（描述组间变异占总变异的比例），Coeff Var（变异系数），Root MSE（均方根误差），x（指标的均值）。
- ❑ Anova Model ANOVA 显示了方差分析模型的基本信息，包括处理的自由度、F 统计量等。

The ANOVA Procedure

Dependent Variable: x

Source	DF	Sum of Squares	Mean Square	F Value	Pr > F
Model	3	1190.442500	396.814167	25.68	0.0002
Error	8	123.606667	15.450833		
Corrected Total	11	1314.049167			

R-Square	Coeff Var	Root MSE	x Mean
0.905935	0.776458	3.930755	506.2417

Source	DF	Anova SS	Mean Square	F Value	Pr > F
treatment	3	1190.442500	396.814167	25.68	0.0002

图 8.3　基于 ANOVA 过程的单因素方差分析的结果表

（3）多重比较的结果：在 Means 子目录下包括 Information 和 Comparisons 两张结果表，如图 8.4 所示。其中：

- ❑ Information 表给出了多重比较的显著性水平、自由度、误差平方和、t 临界值和最小显著差异。
- ❑ Comparisons 表显示了多重比较的结果。为了进一步探明因素不同水平是否具有显著水平，本实例中使用了 t 检验的多重比较，其中 N3 处理为 A 组，N2 和 N1 为 B

组，N0 为 C 组，组内水平没有显著差异，各组间的水平具有显著差异。

```
The ANOVA Procedure

t Tests (LSD) for x

NOTE: This test controls the Type I comparisonwise error rate, not the experimentwise error rate.

Alpha                              0.05
Error Degrees of Freedom              8
Error Mean Square              15.45083
Critical Value of t             2.30600
Least Significant Difference     7.401

Means with the same letter are not significantly different.

t Grouping        Mean      N    treatment

         A     519.233      3    N3

         B     509.033      3    N2
         B
         B     505.267      3    N1

         C     491.433      3    N0
```

图 8.4　基于 ANOVA 过程的单因素方差分析的多重比较结果表

【例 8.2】 利用 ANOVA 过程实现双因素的方差分析。

农药 A 和农药 B 可防治主要的病虫害，现对农药 A 和 B 分别设置不同的施用水平，统计实际的病虫害率，数据如表 8.2 所示。现需根据表 8.2 的数据确定农药 A 和 B 对病虫害有无显著差异，A 和 B 是否有交互作用。

表 8.2　病虫害率统计（%）

	B1	B2	B3	B4
A1	15.2, 16.3, 15.7	15.0, 16.3, 15.9	16.7, 15.9, 16.4	17.5, 17.3, 17.9
A2	14.3, 13.7, 14.0	14.3, 14.0, 13.8	15.3, 15.9, 15.2	16.2, 16.3, 16.7
A3	13.2, 14.3, 15.0	13.7, 13.5, 13.2	14.3, 14.9, 14.3	15.9, 15.5, 15.2

在本实例中需要进行 A 和 B 两因素的方差分析，其中 A 因素涉及 3 个水平，B 因素涉及 4 个水平。在下面的程序中首先创建数据集，然后建立两因素方差分析的模型，其中 A 和 B 为因素变量，病害率为指标变量。同时，按照题目要求采用的方差分析模型需要分析 A 因素、B 因素和 AB 的交互因素的影响。

```
data ww.test8_2;               /*通过循环创建数据集*/
   do a=1 to 3;                /*变量 a 代表 A 因素的 3 个处理*/
      do b=1 to 4;             /*变量 b 代表 B 因素的 4 个处理*/
         do c=1 to 3;          /*变量 c 代表 3 个重复*/
         input x @@;
         output;
         end;
      end;
   end;
cards;
15.2 16.3 15.7  15.0 16.3 15.9  16.7 15.9 16.4  17.5 17.3 17.9
14.3 13.7 14.0  14.3 14.0 13.8  15.3 15.9 15.2  16.2 16.3 16.7
13.2 14.3 15.0  13.7 13.5 13.2  14.3 14.9 14.3  15.9 15.5 15.2
;
run;
proc anova data=ww.test8_2;/*进行多因素的方差分析*/
```

```
class a b;                    /*指定因素变量*/
model x=a b a*b;              /*指定方差分析的模型，分析因素 A 和 B 及 AB 的交互作用*/
run;
```

执行上述结果，生成的结果类似于例 8.1，主要包括对分析数据的基本描述信息表和方差分析表，如图 8.5 和图 8.6 所示。其中：

- 图 8.5 的基本描述信息表显示了方差分析的因素为 a 和 b，a 和 b 因素的水平数分别为 3 和 4，同时，总的观测数为 36。
- 图 8.6 的双因素方差分析表显示了方差分析的 F 检验的结果，其中 A 因素、B 因素和 AB 交互的 F 统计量分别为 56.50、38.59 和 1.27，相应的 p 值结果为：A 和 B 因素具有显著的影响，但是 AB 交互作用没有显著影响。

```
                SAS 系统           2012年03月
          The ANOVA Procedure
        Class Level Information
   Class        Levels    Values
   a                 3    1 2 3
   b                 4    1 2 3 4

Number of Observations Read         36
Number of Observations Used         36
```

图 8.5　基于 ANOVA 过程的双因素方差分析基本描述信息表

```
                         SAS 系统            2012年03月04日 星期日 下午07时
                     The ANOVA Procedure
Dependent Variable: x
                                    Sum of
Source                  DF         Squares    Mean Square   F Value   Pr > F
Model                   11     49.24888889     4.47717172     21.49   <.0001
Error                   24      5.00000000     0.20833333
Corrected Total         35     54.24888889

          R-Square     Coeff Var      Root MSE       x Mean
          0.907832      2.994110      0.456435     15.24444

Source                  DF        Anova SS    Mean Square   F Value   Pr > F
a                        2     23.54055556    11.77027778     56.50   <.0001
b                        3     24.12000000     8.04000000     38.59   <.0001
a*b                      6      1.58833333     0.26472222      1.27   0.3076
```

图 8.6　基于 ANOVA 过程的双因素方差分析结果表

8.2.2　GLM 过程

广义线性模型过程 GLM（General Linear Model）功能强大，可以在回归分析、方差分析、协方差分析、多元方差分析、偏相关等常用的数据分析中使用。同时，GLM 过程还提供了多种数据检验方法，包括随机效应检验、常用的假设检验和多变量的对比检验等。GLM 过程主要使用最小二乘方法拟合一般线性回归模型，在此基础上开展其他的统计分析。与上面介绍的 ANOVA 过程相比，GLM 过程在处理不均衡实验设计时更有效。在执行方差分析时 GLM 过程的基本语句格式为：

```
PROC GLM [选项];
CLASS 因素变量列表;
MODEL 指标变量名=因素变量 [选项];
BY 变量;
FREQ 变量;
MEANS 因素变量 [选项];
RUN ;
```

在执行方差分析时，GLM 过程各语句与 ANOVA 过程基本一样，这里不再详细展开叙述，读者可以参看前面章节的介绍。下面通过具体实例演示如何通过 GLM 过程实现方差分析。

【例 8.3】 利用 GLM 过程实现单因素的方差分析。

表 8.3 为 7 个不同品种油菜的油菜籽含油量的统计情况，试分析品种对油菜籽含油量是否有显著差异。

表 8.3　不同品种油菜籽的含油量（%）

	重复 1	重复 2	重复 3	重复 4
品种 1	35.7	36.8	35.9	36.3
品种 2	40.2	41.7	40.5	40.8
品种 3	41.3	42.3	40.9	40.5
品种 4	45.4	46.3	45.7	45.8
品种 5	46.2	45.6	44.9	45.3
品种 6	47.8	47.5	46.9	47.5
品种 7	49.3	49.3	50.2	49.8

下面的程序通过 GLM 过程实现单因素的方差分析。首先建立数据集，其中变量 x 存储含油量数据，变量 type 代表不同的油菜品种。然后采用一般的单因素方差分析模型进行分析，最后对方差分析的结果进一步进行多重比较。

```
data ww.test8_3;                    /*创建数据集*/
input type x@@;
cards;
1   35.7    1   36.8    1   35.9    1   36.3
2   40.2    2   41.7    2   40.5    2   40.8
3   41.3    3   42.3    3   40.9    3   40.5
4   45.4    4   46.3    4   45.7    4   45.8
5   46.2    5   45.6    5   44.9    5   45.3
6   47.8    6   47.5    6   46.9    6   47.5
7   49.3    7   49.3    7   50.2    7   49.8
;
run;
proc glm data=ww.test8_3;           /*单因素的方差分析*/
class type;                         /*设置因素变量*/
model x=type;                       /*设置方差分析模型*/
means type /t;                      /*多重比较设置*/
run;
```

执行上述程序，生成的结果主要包括数据的基本信息表（如图 8.7 所示）、方差分析表（如图 8.8 所示）、多重比较结果表（如图 8.9 所示）。由这些结果表可知：在本次方差分析中观测变量共计 28 个，涉及 7 个水平的数据。从方差分析的 F 统计量的结果来看概率 p 小于 0.05，说明品种对油菜籽含油量有显著影响。进一步多重比较的分析发现，7 个品种的数据可以分为 5 组，按照含油量从高到低排列：组 1（品种 7）；组 2（品种 6）；组 3（品种 4 和 5）；组 4（品种 3 和 2）；组 5（品种 1）。

SAS 系统　　2012年03

The GLM Procedure

Class Level Information

Class	Levels	Values
type	7	1 2 3 4 5 6 7

Number of Observations Read	28
Number of Observations Used	28

图 8.7　基于 GLM 过程的单因素方差分析数据的基本信息表

SAS 系统　　2012年03月05日 星期一 下午03时03分33

The GLM Procedure

Dependent Variable: x

Source	DF	Sum of Squares	Mean Square	F Value	Pr > F
Model	6	511.5850000	85.2641667	294.74	<.0001
Error	21	6.0750000	0.2892857		
Corrected Total	27	517.6600000			

R-Square	Coeff Var	Root MSE	x Mean
0.988264	1.227975	0.537853	43.80000

Source	DF	Type I SS	Mean Square	F Value	Pr > F
type	6	511.5850000	85.2641667	294.74	<.0001

Source	DF	Type III SS	Mean Square	F Value	Pr > F
type	6	511.5850000	85.2641667	294.74	<.0001

图 8.8　基于 GLM 过程的单因素方差分析的结果表

The GLM Procedure

t Tests (LSD) for x

NOTE: This test controls the Type I comparisonwise error rate, not the experimentwise error rate.

Alpha	0.05
Error Degrees of Freedom	21
Error Mean Square	0.289286
Critical Value of t	2.07961
Least Significant Difference	0.7909

Means with the same letter are not significantly different.

t Grouping	Mean	N	type
A	49.6500	4	7
B	47.4250	4	6
C	45.8000	4	4
C			
C	45.5000	4	5
D	41.2500	4	3
D			
D	40.8000	4	2
E	36.1750	4	1

图 8.9　基于 GLM 过程的单因素方差分析的多重比较结果表

【例 8.4】 利用 GLM 过程实现双因素的方差分析。

已知催化剂 A 和 B 均能促进化学反应的进行，现通过实验验证该现象。试验中设置了催化剂 A 的 4 个不同含量（A1：0，A2：5，A3：8，A4：10）、催化剂 B 的三个不同含量（B1：0，B2：5，B3：10），试分析在不同催化剂含量下对化学反应的速率是否有显著影响。

表 8.4　化学反应速率统计

	B1	B2	B3
A1	10.0 10.8 11.0	11.5 11.6 11.2	11.3 11.2 11.8
A2	11.2 11.6 11.4	12.3 12.3 12.7	12.2 12.5 12.6
A3	12.3 12.5 12.7	13.4 13.6 12.8	12.6 13.2 14.0
A4	12.6 12.5 12.7	12.5 12.8 12.7	13.0 12.6 12.9

本实例需要通过 GLM 过程进行双因素的方差分析，分析催化剂 A 和 B 是否对化学反应的速率有显著影响。具体程序如下：

```
data ww.test8_4;                          /*通过循环创建数据集*/
   do a=1 to 4;                           /*变量 a 代表 A 因素的 3 个处理*/
      do b=1 to 3;                        /*变量 b 代表 B 因素的 3 个处理*/
         do c=1 to 3;                     /*变量 c 代表 3 个重复*/
         input x @@;
         output;
         end;
      end;
   end;
cards;
10.0 10.8 11.0  11.5 11.6 11.2  11.3 11.2 11.8
11.2 11.6 11.4  12.3 12.3 12.7  12.2 12.5 12.6
12.3 12.5 12.7  13.4 13.6 12.8  12.6 13.2 14.0
12.6 12.5 12.7  12.5 12.8 12.7  13.0 12.6 12.9
;
run;
proc glm data=ww.test8_4;                 /*进行多因素的方差分析*/
class a b;                                /*指定因素变量*/
model x=a b a*b;                          /*指定方差分析的模型，分析因素 A 和 B 及
AB 的交互作用*/
run;
```

执行上述程序，生成的结果如图 8.10 和图 8.11 所示。方差分析的结果表明催化剂 A 和 B 对化学反应速率都有显著的影响，但其相互作用的影响不显著。

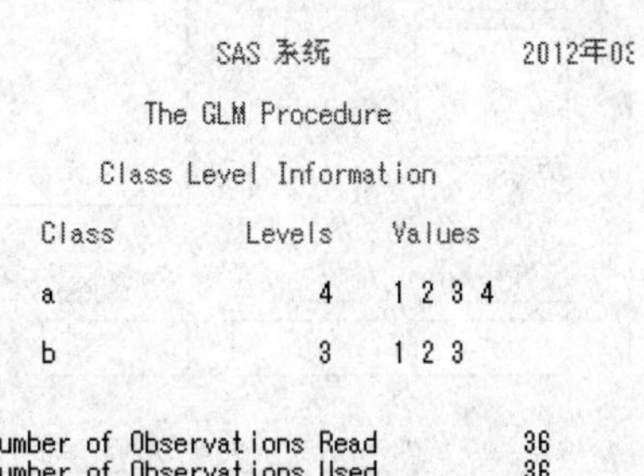

```
            SAS 系统            2012年0

         The GLM Procedure

      Class Level Information

    Class        Levels    Values

    a                 4    1 2 3 4

    b                 3    1 2 3


Number of Observations Read          36
Number of Observations Used          36
```

图 8.10　基于 GLM 过程的双因素方差分析基本描述信息表

```
                          The GLM Procedure

Dependent Variable: x

                                        Sum of
        Source                 DF      Squares     Mean Square    F Value    Pr > F

        Model                  11   22.83222222     2.07565657      18.50    <.0001

        Error                  24    2.69333333     0.11222222

        Corrected Total        35   25.52555556


                R-Square     Coeff Var      Root MSE        x Mean

                0.894485      2.737143      0.334996      12.23889


        Source                 DF     Type I SS     Mean Square    F Value    Pr > F

        a                       3   18.04555556     6.01518519      53.60    <.0001
        b                       2    3.88388889     1.94194444      17.30    <.0001
        a*b                     6    0.90277778     0.15046296       1.34    0.2781
```

图 8.11　基于 GLM 过程的双因素方差分析结果表

8.3　方差分析的界面操作

在前面的小节中主要介绍了如何通过编程实现方差分析。在 SAS 系统内也向用户提供了方便地实现方差分析的界面操作。本节将主要介绍如何在 SAS 系统内通过 INSIGHT 模块和 ANALYST 模块实现方差分析。

8.3.1　利用 INSIGHT 模块实现方差分析

INSIGHT 模块中的方差分析在其“拟合”功能模块中实现。下面通过具体的操作演示其使用。

【例 8.5】 利用 INSIGHT 模块实现单因素的方差分析。

对本章表 8.1 中的数据集进行单因素的方差分析，具体步骤如下。

（1）在 SAS 系统内启动 INSIGHT 模块，打开数据集 test8_1。

（2）单击 INSIGHT 主窗口内的菜单“分析”|“拟合”，打开“拟合”对话框。选中指标变量 x，单击 Y 按钮，使其进入 Y 按钮下方的空格区域；选中变量 treatment，单击 X 按钮，使其进入 X 按钮右侧的空白区域，如图 8.12 所示。

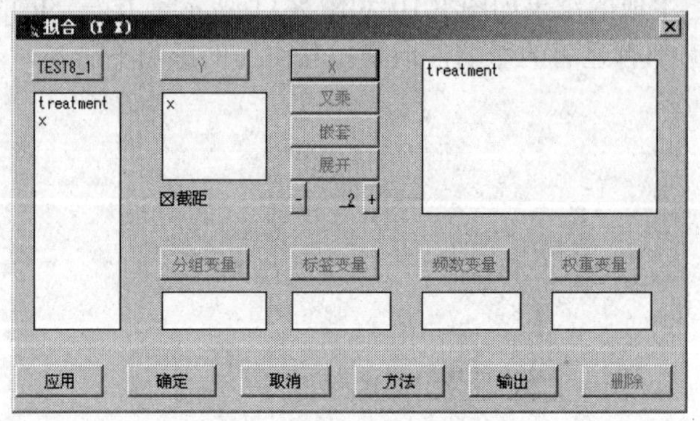

图 8.12　基于 INSIGHT 模块的单因素方差分析的拟合界面

（3）单击图 8.12“拟合”对话框中的“确定”按钮，进行数据分析。生成的结果中包含如图 8.13 所示的方差分析结果表。结果与例 8.1 中的类似，方差分析的 F 统计量为 25.88，概率 p 小于 0.05，说明氮肥处理对产量具有显著影响。

方差分析					
源	自由度	平方和	均方	F 统计量	Pr > F
模型	3	1190.4425	396.8142	25.68	0.0002
误差	8	123.6067	15.4508		
C 合计	11	1314.0492			

图 8.13　基于 INSIGHT 模块的单因素方差分析结果

【例 8.6】 利用 INSIGHT 模块实现双因素的方差分析。

对本章表 8.2 中的数据集进行单因素的方差分析，具体步骤如下：

（1）在 SAS 系统内启动 INSIGHT 模块，打开数据集 test8_2。

（2）单击 INSIGHT 主窗口内的菜单“分析”|“拟合”，打开如图 8.14 所示的“拟合”对话框。选择变量 x 进入 Y 按钮下方的空白区域，变量 a 和 b，及其交叉变量 a∗b 进入 X 按钮旁边的空白区域。其中，交叉变量 a∗b 的选择过程如下：用户按住 Ctrl 键同时选中变量 a 和 b，单击“交叉”按钮，则可生成交叉变量 a∗b。如图 8.14 所示。

（3）单击“拟合”对话框中的“确定”按钮，生成的方差分析的结果如图 8.15 所示。

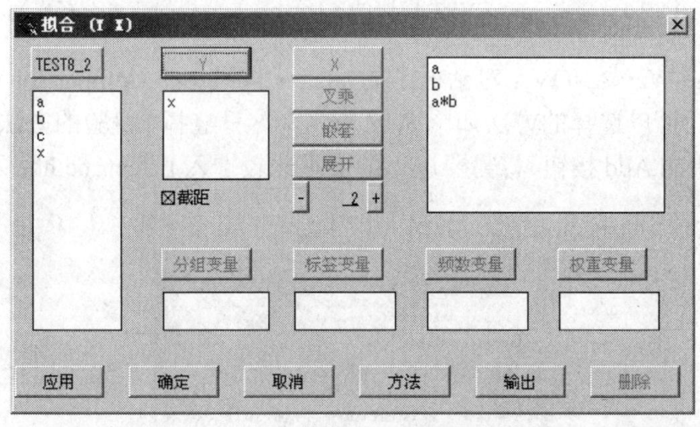

图 8.14　基于 INSIGHT 模块的双因素方差分析的拟合界面

方差分析					
源	自由度	平方和	均方	F 统计量	Pr > F
模型	3	42.0381	14.0127	36.72	<.0001
误差	32	12.2108	0.3816		
C 合计	35	54.2489			

图 8.15　基于 INSIGHT 模块的双因素方差分析结果

8.3.2　利用 ANALYST 模块实现方差分析

本节主要介绍如何利用 SAS 的 ANALYST 模块实现方差分析。具体通过 8.7 和 8.8 两个实例来分别演示单因素和双因素方差分析的实现。

【例 8.7】 利用 ANALYST 模块实现单因素的方差分析。

对本章表 8.3 中的数据集进行单因素的方差分析，具体步骤如下：

（1）在 SAS 系统内启动 ANALYST 模块，打开数据集 test8_3。

（2）单击 ANALYST 主窗口内的菜单“统计”|“方差分析”|“单向方差分析”，在打开的 One-Way ANOVA 对话框中，选中因变量 x，单击 Dependent 按钮，使其进入 Dependent 按钮下方的空白区域；选中自变量 type，单击 Independent 按钮，使其进入 Independent 按钮下方的空白区域，如图 8.16 所示。

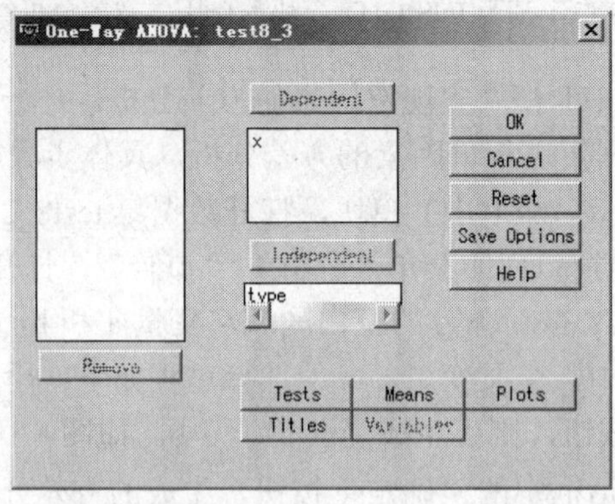

图 8.16　基于 ANALYST 模块的单因素方差分析的变量选择界面

（3）单击 One-Way ANOVA 对话框中的 Means 按钮，在 Comparison method 区域选择多重比较的方法，可以选择的方法如图 8.17 所示，这里选择 t 检验的方法。单击 One-Way ANOVA 对话框中的 Add 按钮，将需要进行的多重比较选入 Effect/method 下方的空白区域，如图 8.18 所示。

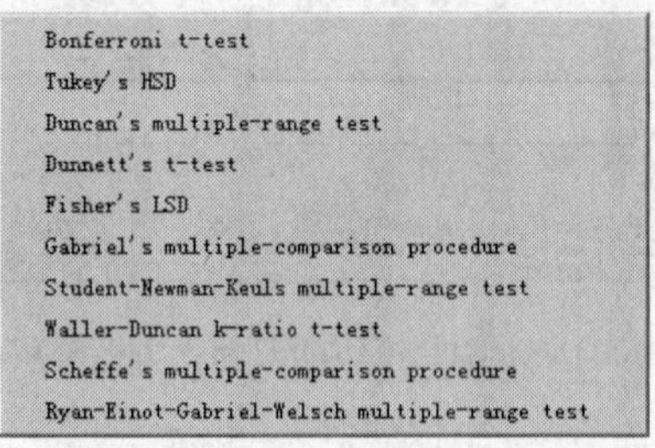

图 8.17　基于 ANALYST 模块的多重比较方法

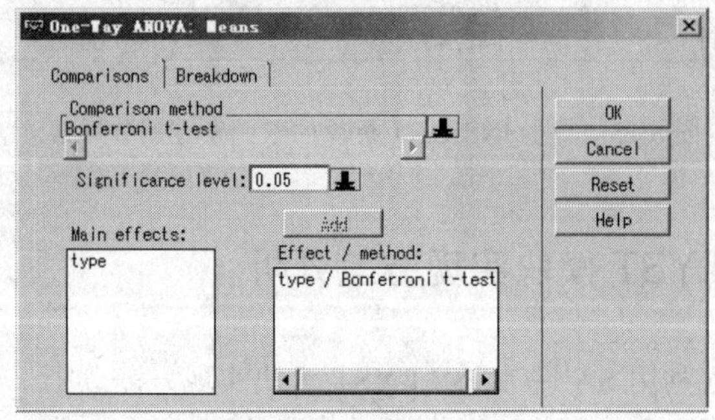

图 8.18　基于 ANALYST 模块的多重比较参数设置

（4）单击 One-Way ANOVA 对话框中的 OK 按钮，将生成如图 8.19 所示的方差分析的结果，以及图 8.20 所示的多重比较的结果。

```
                         The ANOVA Procedure
                       Class Level Information
                 Class         Levels    Values
                 type               7    1 2 3 4 5 6 7

                Number of Observations Read          28
                Number of Observations Used          28
                                    qq               2012年03月05日 星期一 下午03时09分33秒

                         The ANOVA Procedure

Dependent Variable: x

                                         Sum of
        Source                  DF      Squares     Mean Square    F Value    Pr > F
        Model                    6  511.5850000      85.2641667     294.74    <.0001
        Error                   21    6.0750000       0.2892857
        Corrected Total         27  517.6600000

                  R-Square     Coeff Var      Root MSE       x Mean
                  0.988264      1.227975      0.537853     43.80000

        Source                  DF     Anova SS     Mean Square    F Value    Pr > F
        type                     6  511.5850000      85.2641667     294.74    <.0001
```

图 8.19　基于 ANALYST 模块的单因素方差分析结果

```
                      Bonferroni (Dunn) t Tests for x

NOTE: This test controls the Type I experimentwise error rate, but it generally has a higher Type II error rate than
                                     REGWQ.

                   Alpha                               0.05
                   Error Degrees of Freedom              21
                   Error Mean Square               0.289286
                   Critical Value of t              3.45319
                   Minimum Significant Difference    1.3133

              Means with the same letter are not significantly different.

              Bon Grouping          Mean      N    type
                         A       49.6500      4    7
                         B       47.4250      4    6
                         C       45.8000      4    4
                         C
                         C       45.5000      4    5
                         D       41.2500      4    3
                         D
                         D       40.8000      4    2
                         E       36.1750      4    1
```

图 8.20　基于 ANALYST 模块的单因素方差分析的多重比较结果

【例 8.8】 利用 ANALYST 模块实现双因素的方差分析。

对本章表 8.4 中的数据集进行单因素的方差分析，具体步骤如下：

（1）在 SAS 系统内启动 ANALYST 模块，打开数据集 test8_4。

（2）单击 ANALYST 主窗口内的菜单“统计”|“方差分析”|“线性模型”，打开如图 8.21 所示的 Linear Models 对话框。在其中选择变量 x，单击 Dependent 按钮，使其进入

Dependent 按钮下方的区域。选中变量 a、b，单击 Class 按钮，使其进入 Class 按钮下方的区域，如图 8.21 所示。

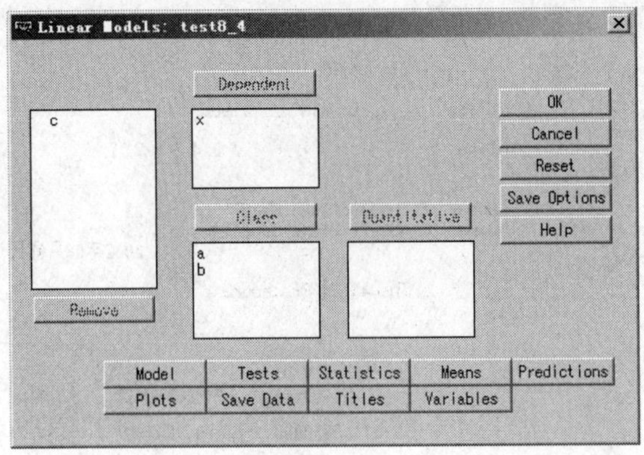

图 8.21 基于 ANALYST 模块的双因素方差分析的参数选择界面

（3）单击 Linear Models 对话框上的 OK 按钮，将生成如图 8.22 所示的双因素的方差分析的结果。

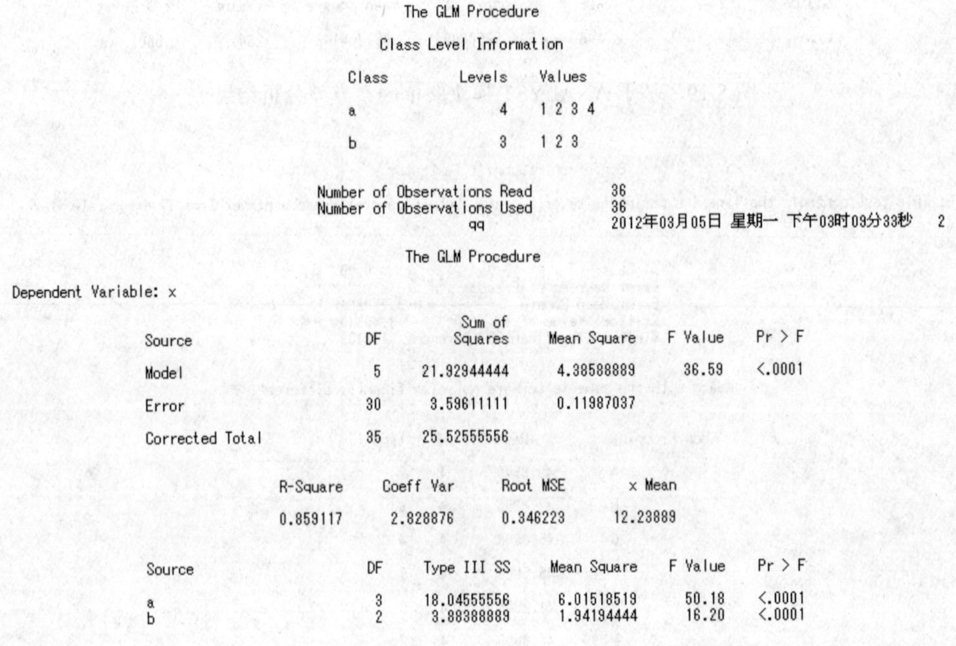

```
                    The GLM Procedure

                 Class Level Information

            Class        Levels    Values

            a                 4    1 2 3 4

            b                 3    1 2 3


         Number of Observations Read        36
         Number of Observations Used        36
                        qq                  2012年03月05日 星期一 下午03时09分33秒   2

                    The GLM Procedure

Dependent Variable: x

                                     Sum of
Source                     DF       Squares     Mean Square    F Value    Pr > F

Model                       5    21.92944444     4.38588889      36.59    <.0001

Error                      30     3.59611111     0.11987037

Corrected Total            35    25.52555556


          R-Square     Coeff Var      Root MSE      x Mean

          0.859117      2.828876      0.346223    12.23889


Source                     DF    Type III SS    Mean Square    F Value    Pr > F

a                           3    18.04555556     6.01518519      50.18    <.0001
b                           2     3.88388889     1.94194444      16.20    <.0001
```

图 8.22 基于 ANALYST 模块的双因素方差分析结果

8.4 本 章 小 结

方差分析是一项重要的统计分析功能，可以实现对数据变异的统计检验。本章主要介绍了方差分析的基本概念及其在 SAS 中的实现方法。其中，利用 ANOVA 和 GLM 过程可以编程实现单因素或多因素的方差分析，同时，基于 INSIGHT 模块或 ANALYST 用户也可以方便地实现方差分析。通过本章的学习，读者将掌握多种方差分析的方法，并对方差分析的具体结果有详细了解。

8.5　习　　题

1．对上海市 60～80 岁的老年人，分 60～65，65～70，70～75 和 75～80 四个年龄层调查了其对老年生活的满意情况，通过满意指数来反映其对生活的满足程度，满意指数的范围从 1～100，值越大，说明对老年生活的满意程度越大。

上海市 60-80 岁老年人对老年生活的满意指数

年龄	重复 1	重复 2	重复 3	重复 4	重复 5
60-65	85	80	83	87	88
65-70	74	76	78	70	84
70-75	67	68	80	76	79
75-80	88	76	79	90	86

试用 ANOVA 过程实现方差分析，对上述数据进行分析，回答下面的问题：

（1）年龄是否对老年生活满意指数有显著影响？

（2）如果有显著差异，不同年龄层之间的影响是否有差异？

2．对不同地区市民的阅读情况进行统计，在每个地区随机抽取三组调查样本，每组样本的人数为 100 人，分别统计其中阅读小说、科技类、艺术类、其他书籍的人数，具体情况见下表。试对调查情况进行方差分析，通过 GLM 过程以探明：

（1）调查中不同地区的阅读人数是否有显著差异？

（2）不同类型的书籍的阅读人数是否有显著差异？

不同地区市民的阅读情况(人)

	地区 1	地区 2	地区 3
小说	67 73 55	55 43 47	45 56 49
科技类	33 34 37	13 8 10	20 19 14
艺术类	21 18 19	13 12 9	8 9 10
其他	57 78 67	24 26 30	33 37 39

3．利用 INSIGHT 模块实现习题 1 的单因素方差分析和习题 2 的双因素方差分析。

4．利用 ANALYST 模块实现习题 1 的单因素方差分析和习题 2 的双因素方差分析。

第 9 章　相关与回归分析

在生产实践中常常需要研究变量之间的关系。在统计学中，相关关系可用于衡量两个变量关系的密切程度。而如果两个相关的变量中，一个变量的变化依赖于另一个变量的变化，我们可以建立回归模型来描述这两个变量的动态变化。本章主要介绍相关与回归分析在 SAS 系统内如何实现。

9.1　相 关 分 析

存在相关关系的两个变量之间存在一定的联系，但是这种联系无法通过确定的模型来定量表示。我们通过相关分析能研究变量间联系的程度。本节主要介绍如何利用 SAS 来实现这种相关分析。

9.1.1　相关分析概述

相关关系是研究两个变量之间联系程度的分析方法。在相关分析中，两个变量的相关程度通过相关系数来衡量。同时，根据相关系数的正负值可将相关分析分为：

- 正相关，两个变量的变化方向相同，一个变量由大到小变化；另一个变量也从大到小变化。
- 负相关，两个变量的变化方向相反，一个变量由大到小变化；另一个变量却从小到大变化。
- 零相关，两个变量的变化没有关系，即一列变量变化；另一个变量不变化。

9.1.2　相关分析的 CORR 过程

在 SAS 系统内提供了专门用于相关分析的 CORR 过程，该过程可以计算变量间的相关系数，例如 Pearson 积矩相关系数、Spearman 秩相关系数、Kendall's tau-b 统计量、Hoeffding's 独立性分析统计量 D，以及 Kendall 偏相关系数。CORR 过程的基本语句格式为：

```
PROC CORR [选项];
BY 变量名;
FREQ 变量名;
PARTIAL 变量名;
VAR 变量名;
WEIGHT 变量名;
```

```
WITH 变量名;
```

其中：

- PROC CORR 语句为 CORR 过程必需的，用于指定进行分析的过程为相关过程，其后可跟的选项介绍如下。
  - DATA=数据集名：指定相关分析的数据集。
  - OUTH=数据集名：产生包含 Hoeffding's D 统计量的输出数据集，需与 HOEFFDING 选项共同使用。
  - OUTK=数据集名：产生包含有 Kendel 统计量的输出数据集，需与 KENDEL 选项共同使用。
  - OUTP=数据集名：产生含有 Pearson 统计量的输出数据集，需与 PEARSON 选项共同使用。
  - OUTS=数据集名：产生含有 Spearman 统计量的输出数据集，需与 SPEARMAN 选项共同使用。
  - PEARSON：计算 Pearson 相关系数，默认情况下 CORR 计算该相关系数。
  - SPEARMAN：计算 Spearman 相关系数。
  - KENDEL：计算 Kendel 统计量。
  - HOEFFDING：计算 Hoeffding's D 统计量。
  - NOMISS：删除含有缺失值的观测，不进行相关分析。
  - NOPRINT：在结果输出窗口不打印出结果。
  - ALPHA：计算并输出 CRONBACH 系数 A。
  - BEST=N：对每个变量输出绝对值最大的 N 个相关系数。
  - COV：计算并输出协方差矩阵。
  - RANK：将相关系数按绝对值从大到小的顺序输出。
  - NOCORR：禁止 PEARSON 相关系数的计算和输出。
- PARTIAL 语句：指定需要计算偏相关系数的变量。
- WITH 语句：与 VAR 语句配对使用，VAR 语句后的变量不再两两进行相关分析，而是对 WITH 指定的每一个变量与 VAR 语句后的每一个变量进行相关分析。
- VAR 语句用于指定需要进行相关分析的变量，CORR 过程会对 VAR 语句后的任意两个变量进行相关分析，如果默认该语句，系统将对当前数据集内的所有变量进行两两相关分析。
- CORR 过程的 BY 语句、FREQ 语句及 WEIGHT 语句与以前所介绍的过程中的使用方法完全相同，这里不再详细展开叙述，读者可以参看前面的章节。

【例 9.1】 相关分析的 CORR 过程编程实现。

为扩大产品的销售，公司在 2011 年各月分别投入了一定量的广告费，试分析投入的广告费用与产品的销售情况是否有一定的相关关系。

表 9.1　产品广告费和销售额的关系

	1月	2月	3月	4月	5月	6月	7月	8月	9月	10月	11月	12月
广告费	6800	5600	4500	5000	7000	7500	6000	5800	4500	5000	5000	6000
销售额	230 000	200 000	19 000	200 000	280 000	300 000	240 000	235 000	200 000	230 000	220 000	250 000

本实例需要通过 CORR 过程对表 9.1 中的数据进行相关分析。在下面的程序中首先创建数据集，对数据集中的变量广告费和销售额进行相关分析，具体程序如下：

```
data ww.test9_1;                    /*创建数据集*/
input x y;
cards;
6800    230000
5600    200000
4500    19000
5000    200000
7000    280000
7500    300000
6000    240000
5800    235000
4500    200000
5000    230000
5000    220000
6000    250000
;
run;
PROC CORR data=ww.test9_1;    /*相关分析*/
var x y;
run;
```

执行上述程序，生成的结果如图 9.1 所示。在 CORR 过程的相关分析的结果中首先给出数据的基本描述性统计信息，然后给出变量的相关系数，其中广告费与销售额为正相关，相关系数为 0.695 76。

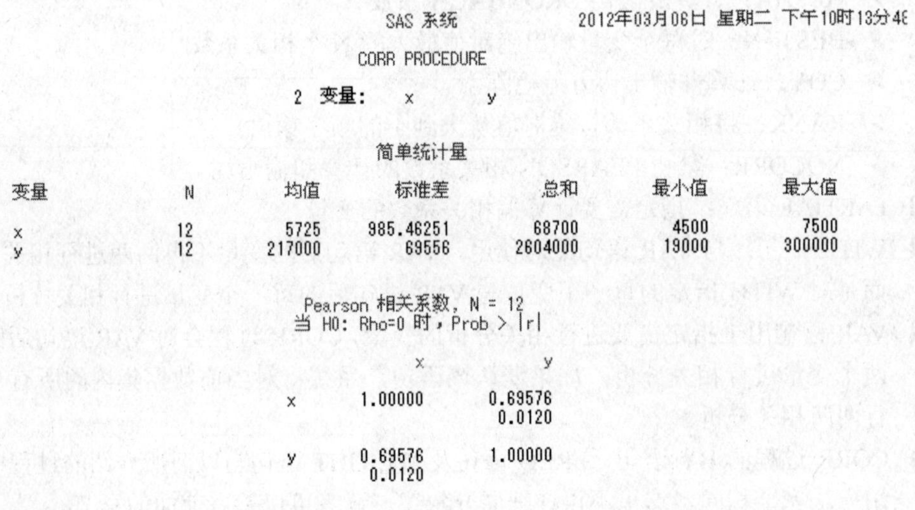

SAS 系统　　2012年03月06日 星期二 下午10时13分48

CORR PROCEDURE

2 变量：　x　　y

简单统计量

变量	N	均值	标准差	总和	最小值	最大值
x	12	5725	985.46251	68700	4500	7500
y	12	217000	69556	2604000	19000	300000

Pearson 相关系数, N = 12
当 H0: Rho=0 时，Prob > |r|

	x	y
x	1.00000	0.69576 0.0120
y	0.69576 0.0120	1.00000

图 9.1　基于 CORR 过程的相关分析结果

9.1.3　相关分析的界面操作

在 SAS 系统内相关分析可以通过 INSIGHT 和 ANALYST 两个模块实现。现通过实例具体演示如何通过界面操作实现相关分析。

【例 9.2】 利用 INSIGHT 模块实现相关分析。

表 9.2 中的数据为青岛市 2000 年外商投资企业生产经营状况，试分析销售收入与税金总额、利润总额和从业人员之间是否有相关关系。

表 9.2　青岛市 2000 年外商投资企业生产经营状况

	销售收入（万元）	税金总额（万元）	利润总额（万元）	从业人员
农.林.牧.渔业	4015	67	329	681
制造业	5 755 127	212 938	98 374	349 309
食品加工业	434 610	10 182	8719	17 602
食品制造业	146 362	6892	11 727	7143
饮料制造业	249 604	29 417	18 747	6791
纺织业	378 555	9734	11 742	22 367
服装及其他纤维制品制造业	395 936	16 486	5050	63 081
家具制造业	15 652	1856	844	1230
石油加工及炼焦业	19 141	780	245	324
化学原料及化学制品制造业	179 709	9343	843	7453
医药制造业	15 911	1317	496	1014
塑料制品业	143 777	4951	6541	8873
非金属矿物制品业	148 823	4484	5097	7480
黑色金属冶炼及压延加工业	64 621	3094	3380	2289
普通机械制造业	76 600	2406	974	5842
交通运输设备制造业	54 752	3615	–662	2728
电气机械及器材制造业	699 535	22 171	34 394	17 477
电子及通信设备制造业	734 273	23 872	40 427	17 525
电力.煤气及水的生产和供应业	118	3	6	30
建筑业	12 310	350	451	1590
交通运输.仓储及邮电通信业	49 112	1568	7282	3258
公路运输业	1102	33	68	67
批发和零售贸易.餐饮业	169 862	6709	2697	3235
食品.饮料.烟草和家庭用品批发	10 741	186	618	74
零售业	104 308	3776	3413	1351
餐饮业	32 530	2506	83	1596
金融.保险业	21 107	1151	2145	127
金融业	21 107	1151	2145	127
房地产业	82 828	9022	1443	2108
社会服务业	61 239	3018	16 545	5804
卫生.体育和社会福利业	1144	103	283	37

1. 相关分析的步骤

（1）启动 INSIGHT 模块，将上述的数据集导入 INSIGHT 电子表格中，或通过“数据导入向导”导入 SAS 系统。在数据集内销售收入变量名为 y，税金总额变量名为 x1，利润总额变量名为 x2，从业人员变量名为 x3。

（2）在 INSIGHT 模块下的主菜单中单击菜单“分析”|“多元”，在弹出的“多元”对话框内选中变量 y，单击 Y 按钮，将其选入 Y 按钮下方的空格区域；同时选中变量 x1，x2 和 x3，将其选入 X 按钮下方的空格，如图 9.2 所示。

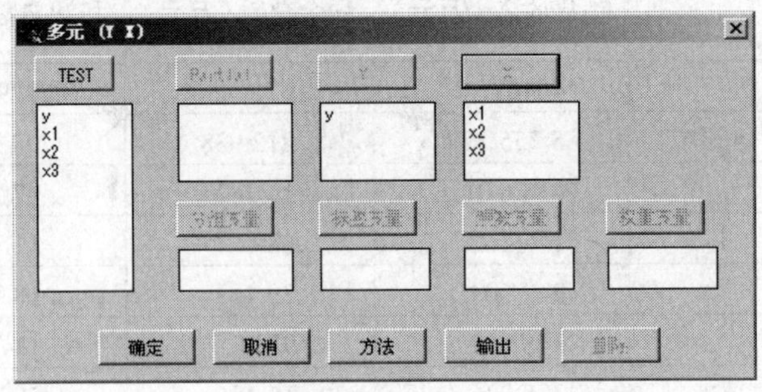

图 9.2　利用 INSIGHT 模块实现相关分析的参数设置

（3）最后单击“多元”对话框中的“确定”按钮，完成相关分析的计算过程。

2. 相关分析的结果

相关分析的结果主要包括两张数据计算结果表，分别为图 9.3 所示的数据的描述性统计分析的结果，从中可以看出 4 个变量的分布特征。图 9.4 为显示变量相关系数计算结果的表，从中可以看到变量 y 与变量 x1、x2、x3 的相关系数分别为 0.9839、0.9283 和 0.9870。

单变量统计量					
变量	N	均值	标准差	最小值	最大值
y	31	325306.806	1026094.92	118.0000	5755127.00
x1	31	12683.2581	37915.5799	3.0000	212938.000
x2	31	9175.6774	19195.6420	-662.0000	98374.0000
x3	31	18019.7742	62651.4265	30.0000	349309.000

图 9.3　利用 INSIGHT 模块实现相关分析的参数基本统计结果

相关系数矩阵			
	x1	x2	x3
y	0.9939	0.9283	0.9870

图 9.4　利用 INSIGHT 模块实现相关分析的相关系数计算结果

【例 9.3】 利用 ANALYST 模块实现相关分析。

本实例对表 9.2 中的数据，利用 ANALYST 模块进行相关分析。

1. 相关分析的步骤

（1）启动 ANALYST 模块，打开表 9.2 中的数据集。

（2）单击 ANALYST 模块主菜单“统计”|“描述性统计”|“相关”，在弹出的 Correlations: test 对话框内将需要进行相关分析的变量 y1，x1，x2 和 x3 选入 Correlate 按钮下方的空白区域，如图 9.5 所示。

（3）单击 Correlations: test 对话框的 OK 按钮，完成相关分析。

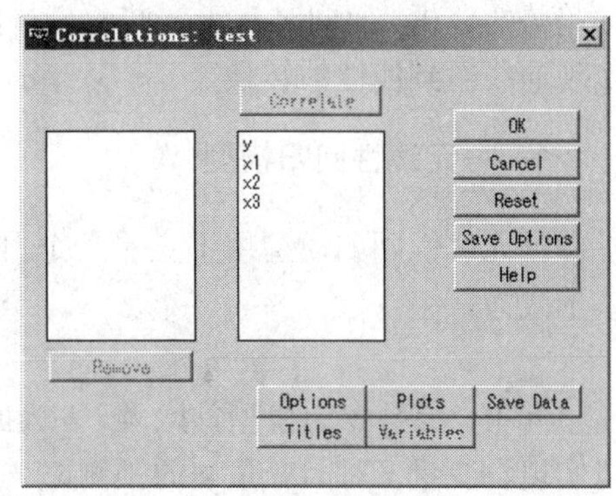

图 9.5　利用 ANALYST 模块实现相关分析的参数设置

2．相关分析的结果

在 ANALYST 模块内的相关分析的结果主要包括数据的基本描述信息和相关系数的计算结果两部分，如图 9.6 所示。其中数据的基本描述信息给出了计算相关的所有变量的数据的样本数、均值、标准差、总和、最小值等基本统计量，同时计算了 y，x1，x2 和 x3 任意两个变量的相关系数，并给出了相关系数的检验概率 p 值。

CORR PROCEDURE

4 变量:　y　x1　x2　x3

简单统计量

变量	N	均值	标准差	总和	最小值	最大值
y	31	325307	1026095	10084511	118.00000	5755127
x1	31	12683	37916	393181	3.00000	212938
x2	31	9176	19196	284446	-662.00000	98374
x3	31	18020	62651	558613	30.00000	349309

Pearson 相关系数, N = 31
当 H0: Rho=0 时，Prob > |r|

	y	x1	x2	x3
y	1.00000	0.99387 <.0001	0.92832 <.0001	0.98699 <.0001
x1	0.99387 <.0001	1.00000	0.92390 <.0001	0.98287 <.0001
x2	0.92832 <.0001	0.92390 <.0001	1.00000	0.87990 <.0001
x3	0.98699 <.0001	0.98287 <.0001	0.87990 <.0001	1.00000

图 9.6　利用 ANALYST 模块实现相关分析的相关系数计算结果

9.2　一元线性回归分析

一元线性回归分析是定量两个变量之间关系的重要统计方法，通过一元线性回归模型的建立，可以实现自变量对因变量的预测。本节将具体介绍一元线性回归的基本概念和实现方法。通过本节的学习，读者将掌握一元线性回归分析的基本流程操作。

9.2.1　一元线性回归的基本概述

一元线性回归是最为简单有效的分析两个变量关系的手段，可以准确地定量因变量和自变量的线性关系。在实际的应用中，一元线性回归分析常用于因变量随自变量呈线性变化趋势的分析，而同时对于一些两变量间不呈线性关系的模型，也可以通过对数据的化简，实现非线性到线性的转换。

1．一元线性回归模型

一元线性回归模型用于定量一个自变量与一个因变量间的线性关系，其定量模型的基本形式为：

$$y=a+bx+\varepsilon$$

其中，参数 a 为模型常数项，b 为回归模型系数项，ε 为模型误差项。通过上述模型可以实现自变量 x 对因变量 y 的预测。

一元线性回归模型系数主要通过最小二乘算法确定，通过最小二乘算法可以找到最佳的模型系数，使线性回归模型的真实值与预测值之间的误差的平方和最小。

2．一元线性回归分析的基本流程

一般用户通过线性回归分析两个变量之间的关系，主要包括以下步骤。

（1）一元线性回归模型数据的选取。

首先需要获取建立回归模型的随机数据。可通过散点图大致查看两变量的关系。如果大致呈线性关系，继续下面的步骤建立一元线性回归模型。

（2）通过最小二乘估计的模型系数。

通过最小二乘估计线性回归模型中系数 b 的适宜参数值，从而实现模型预测值与实际值的误差最小。一般模型最小二乘估计的计算较为繁琐，常借助于统计软件完成模型系数的估计。

（3）回归系数的显著性检验。

通过最小二乘估计的模型系数需要进行回归系数的假设测验，通过回归系数是否与 0 有显著差异，判断回归关系是否成立。

（4）模型拟合优度的评价。

模型拟合优度的评价主要通过下面 3 个指标实现。

- 模型决定系数：模型决定系数介于 0～1 之间，其值越大，说明模型的拟合优度越好，当模型决定系数的值大于 0.9 时，说明模型的准确性较高，而如果模型的决定系数低于 0.5，往往认为模型的拟合效果较差，此时需要考虑分析的两个变量是否具有一定线性关系。
- t 统计量：通过 t 统计量可以获得模型显著性的概率 p，如果 p 值小于模型的显著水平，则可以认为自变量与因变量之间的回归关系是成立的。
- F 统计量：用于获取模型显著性的概率 p，从而确定模型的回归关系是否显著。

（5）利用回归模型实现数据的预测。

对于建立的回归模型可以通过自变量实现因变量的预测，模型的预测结果的可靠性决定了模型的准确度。

9.2.2　一元线性回归模型的 REG 过程

在 SAS 系统中，GLM、REG 等过程均可用于一元线性回归分析的实现，这里重点介绍 REG 过程。REG 过程是 SAS 系统内专门用于回归分析的过程，可以实现一元线性回归、多元线性回归等，并能在回归分析中进行相应的回归统计检验，例如共线性诊断、参数的置信区间计算等。REG 过程的基本调用格式如下：

```
PROC REG 选项;
MODEL 因变量=自变量/选项;
WEIGHT 变量;
ID 变量;
VAR 变量;
BY 变量;
OUTPUT out=数据集名 keyword=变量名;
PLOT 纵轴变量*横轴变量=“符号”选项;
```

其中：

- PROC 语句用于指定分析的过程为 REG 回归过程，其后可以加的选项介绍如下：
  - DATA=输入数据集：指定需要进行回归分析的输入数据集。
  - OUTSET=输出数据集：REG 过程计算的相关统计量将输出到该数据集中。
  - SIMPLE：计算 MODEL 语句和 VAR 语句中各变量的简单统计数，包括变量的总和、均数、方差、标准差、离均差平方和等。
  - CORR：计算 MODEL 语句和 VAR 语句中各变量的相关系数。
  - ALL：执行 REG 过程所有选项的功能。
  - ALPHA=数值：设置统计假设测验的置信水平，默认为 0.05。
  - ANNOTATE=数据集名：PLOT 语句所绘图形的注释信息数据集。
  - COVOUT：计算数据集的协方差矩阵，并输出到指定的输出数据集中。
  - EDF：向输出数据集输出自变量个数、误差自由度、模型决定系数。
  - RSQUARE：与 EDF 选项的作用相同。
  - NOPRINT：分析的结果不在结果窗口输出。
  - RIDGE=数值列表：执行岭回归分析，并设置岭回归参数，结果输出到指定的结果输出数据集。
- MODEL 语句用于指定需要进行的回归分析模型，在模型中需要列出具体的自变量与因变量，且这些自变量与因变量需已存在于 SAS 的数据集中。MODEL 语句后的选项主要介绍如下。
  - P：计算回归模型预测值。
  - ADJRSQ：计算模型自由度校正的决定系数。
  - CLI：计算预测值的置信区间，包括置信上限和下限。
  - CLM：计算因变量的置信上限和下限。
  - B：计算模型回归系数。
  - CLB：计算回归系数估计值的置信区间。
  - R：进行残差分析。
  - SSE：计算模型的误差平方和。
  - COLLIN：对自变量进行共线性诊断。
  - COLLINOINT：对自变量进行共线性分析，不包括截距项。
  - NOINT：回归模型拟合时不包含截距项。

- ❑ OUTPUT 语句用于指定结果输出的输出集并设置相关的需要输出的参数，其中，
  - ➢ OUT=数据集名：用于指定需要输出的数据集。
  - ➢ KEYWORD=变量名：用于指定需要数据的回归分析的统计参数，并规定其输出的变量名，其中 KEYWORD 为需要输出的统计参数的关键词名，具体如表 9.3 所示。

表 9.3　REG过程回归模型输出参数的关键字一览表

关键字	输出的统计参数	关键字	输出的统计参数
PREDICTED|P	模型预测值	STUDENT	student残差（残差除以标准误）
RESIDUAL|R	回归模型的残差	UCL	各预测值置信上限
STDI	各预测值的标准误	LCL	各预测值置信下限
STDP	预测值均值的标准误	UCLM	因变量均值的置信区间的上限
STDR	残差的标准误	LCLM	因变量均值的置信区间的下限

- ❑ PLOT 语句用于绘制模型散点图，语句中第一个变量为纵轴变量，第二个变量为横轴变量，如果用户对散点图的符号有所限制，可以在其后继续设置散点图的符号。另外，PLOT 语句后也可以加一定的选项对绘制的图形进行设置。在后面的章节中会对 SAS 的绘图功能做更详细的介绍，这里仅简单介绍几个常用的选项。
  - ➢ VAXIS=数值：定义纵坐标（y）的刻度间隔，例如 VAXIS=10 TO 100 BY 5。
  - ➢ HAXIS=数值：定义横平坐标（x）的刻度间隔。
  - ➢ VZERO：控制图形纵坐标（y）的刻度从零开始。
  - ➢ HZERO：控制图形横坐标（x）的刻度从零开始。
  - ➢ VREE=值：在纵轴（y）上指定的值处画一条水平线。
  - ➢ HREF=值：在横轴（x）上指定的值处画一条垂直线。
- ❑ WEIGHT 语句、ID 语句、VAR 语句和 BY 语句与之前介绍过的 SAS 过程的语法相同。

【例 9.4】 回归分析的 REG 过程编程实现。

表 9.4 为 2000 年江苏主要城市人均可支配收入与旅游花费的基本情况，试通过回归分析建立模型，以考察人均可支配收入和居民旅游花费的关系。

表 9.4　2000 年江苏主要城市人均可支配收入与旅游花费

城市	旅游花费	人均可支配收入	城市	旅游花费	人均可支配收入
南京市	972.7	10 194	淮安市	280.89	7798
无锡市	827.77	11 647	盐城市	328.8	8059
徐州市	360.09	8954	扬州市	436.66	8700
常州市	828.33	11 307	镇江市	442.75	9451
苏州市	996.05	12 362	泰州市	286.02	8517
南通市	319.88	9598	宿迁市	103.1	5593
连云港市	308.49	7782			

本实例需要通过 REG 过程建立回归模型，实现人均可支配收入对旅游花费的预测，其中回归模型的自变量为人均可支配收入，因变量为旅游花费。具体通过下面的程序实现：

```
data test9_2;                    /*创建回归分析的数据*/
input y x;
cards;
972.7   10194
827.77  11647
360.09  8954
828.33  11307
996.05  12362
319.88  9598
308.49  7782
280.89  7798
328.8   8059
436.66  8700
442.75  9451
286.02  8517
103.1   5593
;
run;
proc reg data=test9_2;                /*进行回归分析*/
model y=x/clb cli clm r;              /*定义回归模型*/
plot x*y;                             /*绘制模型散点图*/
run;
```

执行上述程序，生成的结果主要包括模型的拟合、观测的预测和图形 3 个部分，分别存放在结果窗口的 Fit、Observation-wise Statistics 和 Plots 这 3 个目录下，如图 9.7 所示为 REG 过程的结果目录树。

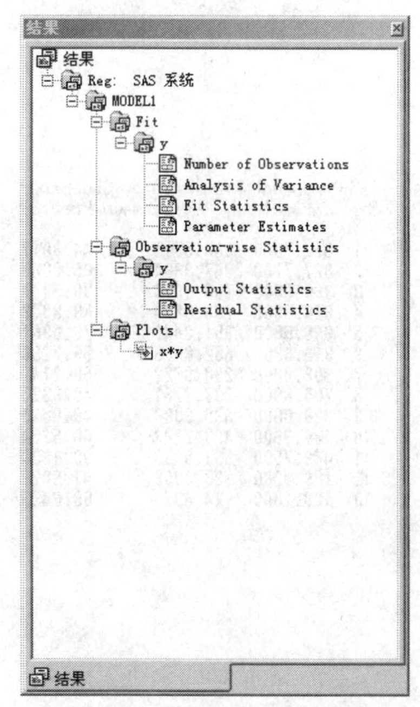

图 9.7　REG 过程的结果目录树

其中：

- ❑ Fit 文件夹下包括 4 张表，如图 9.8 所示，分别为：
  - ➢ Number of Observations，观测的基本信息表，其中回归模型使用的观测数为 13。
  - ➢ Analysis of Variance，回归模型的方差分析表，从中可以看到回归模型的方差分析 F 统计量为 43，概率 p 小于 0.001，回归模型是显著的。
  - ➢ Fit Statistics，模型拟合统计参数表，该模型的均方根误差 RMSE 为 140.189 99，模型的决定系数 R^2 为 0.7963，修正的决定系数为 0.7778，因变量的均值为 499.348 46。
  - ➢ Parameter Estimates，回归模型参数估计表，本实例中回归模型可以表达为 y=0.14412x−830.574 46。
- ❑ Observation-wise Statistics 文件夹下包括两张表，如图 9.9 所示，分别为：
  - ➢ Output Statistics，为观测的模型计算结果表，该表从左到右分别为观测序号、因变量的观测值、模型预测值、标准误、预测均值的置信区间、预测值的置信区间、残差、残差的标准误、Student 残差。
  - ➢ Residual Statistics，给出了模型各观测残差的分析结果，其中可以看到观测 1 和观测 6 的残差较大，说明这两个观测的模型预测结果不是很理想。

The REG Procedure
Model: MODEL1
Dependent Variable: y

Number of Observations Read	13
Number of Observations Used	13

Analysis of Variance

Source	DF	Sum of Squares	Mean Square	F Value	Pr > F
Model	1	845173	845173	43.00	<.0001
Error	11	216186	19653		
Corrected Total	12	1061358			

Root MSE	140.18999	R-Square	0.7963
Dependent Mean	499.34846	Adj R-Sq	0.7778
Coeff Var	28.07458		

Parameter Estimates

Variable	DF	Parameter Estimate	Standard Error	t Value	Pr > |t|	95% Confidence Limits	
Intercept	1	-830.57446	206.49491	-4.02	0.0020	-1285.06669	-376.08223
x	1	0.14412	0.02198	6.56	<.0001	0.09575	0.19249

图 9.8　REG 过程的 Fit 结果表

The REG Procedure
Model: MODEL1
Dependent Variable: y

Output Statistics

Obs	Dependent Variable	Predicted Value	Std Error Mean Predict	95% CL Mean		95% CL Predict		Residual	Std Error Residual	Student Residual
1	972.7000	638.5912	44.3017	541.0838	736.0985	314.9949	962.1874	334.1088	133.0	2.512
2	827.7700	847.9984	65.8666	703.0270	992.9698	507.0826	1189	-20.2284	123.8	-0.163
3	360.0900	459.8816	39.3447	373.2844	546.4787	139.4039	780.3592	-99.7916	134.6	-0.742
4	828.3300	798.9974	59.9976	666.9437	931.0512	463.3711	1135	29.3326	126.7	0.232
5	996.0500	951.0447	79.0961	776.9554	1125	596.7652	1305	45.0053	115.7	0.389
6	319.8800	552.6953	39.7236	465.2642	640.1263	231.9913	873.3992	-232.8153	134.4	-1.732
7	308.4900	290.9722	50.2142	180.4514	401.4930	-36.7803	618.7247	17.5178	130.9	0.134
8	280.8900	293.2781	49.9925	183.2455	403.3108	-34.3101	620.8664	-12.3881	131.0	-0.0946
9	328.8000	330.8936	46.6010	228.3255	433.4617	5.7366	656.0506	-2.0936	132.2	-0.0158
10	436.6600	423.2749	40.5754	333.9692	512.5807	102.0548	744.4951	13.3851	134.2	0.0997
11	442.7500	531.5095	39.1898	445.2534	617.7657	211.1239	851.8952	-88.7595	134.6	-0.659
12	286.0200	396.9009	41.9028	304.6734	489.1283	74.8562	718.9455	-110.8809	133.8	-0.829
13	103.1000	-24.5078	88.8433	-220.0507	171.0351	-389.8075	340.7919	127.6078	108.4	1.177

Output Statistics

```
                        Cook's
 Obs   -2-1 0 1 2          D

   1  |      |*****|     0.350
   2  |      |     |     0.004
   3  |     *|     |     0.024
   4  |      |     |     0.006
   5  |      |     |     0.035
   6  |   ***|     |     0.131
   7  |      |     |     0.001
   8  |      |     |     0.001
   9  |      |     |     0.000
  10  |      |     |     0.000
  11  |     *|     |     0.018
  12  |     *|     |     0.034
  13  |      |**   |     0.465
```

Sum of Residuals	0
Sum of Squared Residuals	216186
Predicted Residual SS (PRESS)	290306

图 9.9　REG 过程的 Observation-wise Statistics 结果表

- Plots 文件夹下为绘制的模型散点图，如图 9.10 所示，从散点图中可以看到模型的大概趋势，同时在散点图的右侧也会给出模型统计量的基本信息。

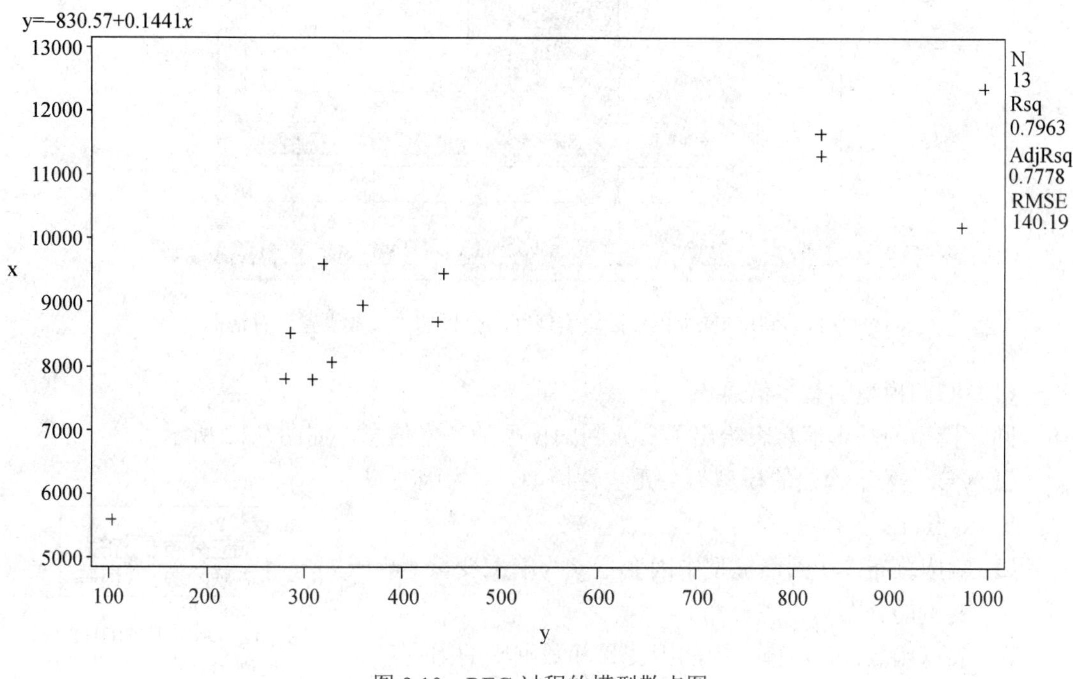

图 9.10　REG 过程的模型散点图

9.2.3　一元线性回归的界面操作

在 SAS 系统内 ANALYST 模块和 INSIGHT 模块均可实现一元线性回归分析。下面通过例 9.2 中的实例数据演示一元线性回归分析的界面操作。

【例 9.5】 利用 INSIGHT 模块实现一元线性回归分析。

本实例对表 9.4 中的 2000 年江苏主要城市人均可支配收入与旅游花费数据进行回归分析，通过 INSIGHT 界面操作建立回归模型。

1．操作步骤

（1）启动 INSIGHT 模块，导入数据集 test9_2。

（2）在 INSIGHT 主窗口单击菜单“分析”|“拟合”，打开如图 9.11 所示的对话框。选中变量 x，单击“拟合”对话框中的 X 按钮，将变量 x 选为自变量，进入 X 按钮右侧的空白区域。选中变量 y，单击 Y 按钮，将变量 y 选为因变量，进入 Y 按钮下方的空白区域。

（3）最后，单击图 9.11“拟合”对话框中的“确定”按钮，执行一元回归分析。

2．结果分析

基于 INSIGHT 模块的一元回归分析结果主要包括以下几个部分。

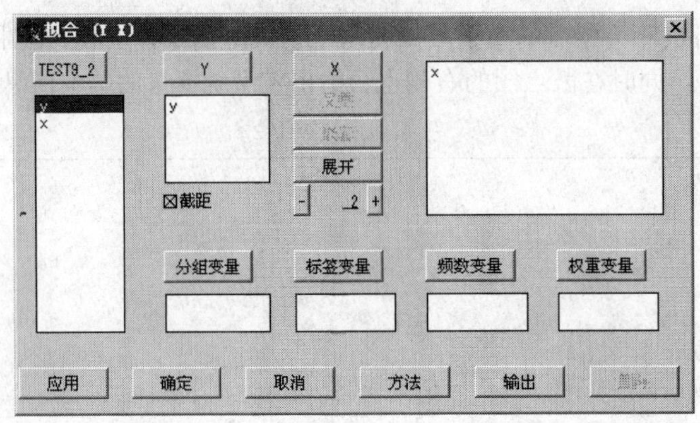

图 9.11　利用 INSIGHT 模块实现回归分析的“参数设置”对话框

（1）回归模型的基本信息表

回归模型的基本信息表给出了一元回归模型的基本信息，如图 9.12 所示。

- y=x：表示构建的模型为一元线性模型，y 为因变量，x 为自变量。
- 响应分布：在回归模型中因变量 y 为响应变量，响应变量的分布为正态分布。
- 关联函数：表示模型中的因变量和数据中的因变量的关系，这里为恒等的关系。

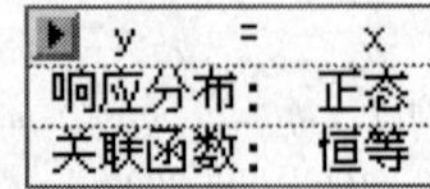

图 9.12　基于 INSIGHT 模块的回归分析基本信息表

（2）回归模型表

回归模型表给出了所建立的模型的定量表达式，本实例中的定量模型为 y=−830.574+0.1441x，如图 9.13 所示。

（3）回归模型散点图

回归模型散点图给出了模型的图形表示，从中可以观察模型各点的线性化程度，如图 9.14 所示。

模型方程						
y	=	-	830.574	+	0.1441	x

图 9.13　基于 INSIGHT 模块的回归模型

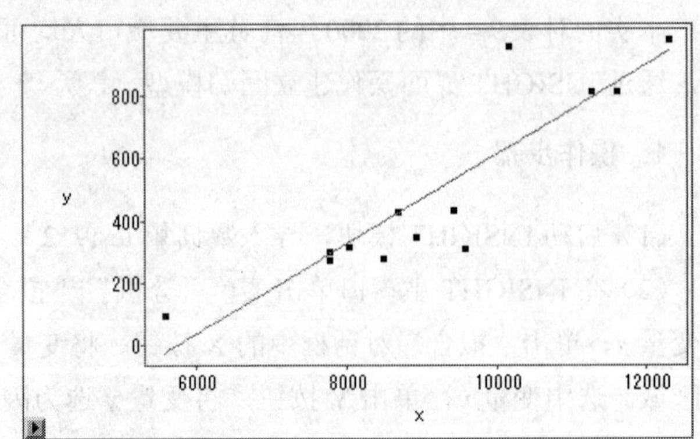

图 9.14　基于 INSIGHT 模块的回归模型散点图

（4）回归模型参数表

回归模型参数表中包括模型的曲线类型、模型次数、模型自由度、模型均方、误差自由度、误差均方、R 平方、F 统计量、概率 p。从中可知回归模型的次数为 1 次，说明该模型的类型为一元回归，模型的 R 平方为 0.7963，F 检验的结果也表明模型具有显著性。

参数回归拟合								
		模型		误差				
曲线	次数（多项式）	自由度	均方	自由度	均方	R 平方	F 统计量	Pr > F
	1	1	845172.879	11	19653.2327	0.7963	43.00	<.0001

图 9.15　基于 INSIGHT 模块的回归模型参数图

（5）回归模型拟合汇总表

回归模型拟合汇总表中包括模型的响应变量的均值、均方根误差平方根、R 平方和校正 R 平方，如图 9.16 所示。

拟合汇总			
响应变量的均值	499.3485	R 平方	0.7963
均方误差平方根	140.1900	校正 R 平方	0.7778

图 9.16　基于 INSIGHT 模块的回归模型拟合汇总表

（6）回归模型方差分析表

图 9.17 所示的结果表为回归模型的方差分析表，从中可以看到表中包含 6 列数据，分别为：

- ❑ 源，说明方差的来源，包括模型、误差和总和三种来源。
- ❑ 自由度，分别统计了模型、误差和总的自由度。
- ❑ 平方和，分别为模型平方和、残差平方和、总的平方和，可用于说明各来源方差的作用的大小。
- ❑ 均方，为平方和除以自由度所得的计算值。
- ❑ F 统计量，方差分析 F 检验的统计量值，该值与模型显著条件下的 F 统计量进行比较，确定模型的显著性水平。
- ❑ P 值，模型的 P 值小于 0.0001，说明回归模型达极显著的水平。

方差分析					
源	自由度	平方和	均方	F 统计量	Pr > F
模型	1	845172.879	845172.879	43.00	<.0001
误差	11	216185.560	19653.2327		
C 合计	12	1061358.44			

图 9.17　基于 INSIGHT 模块的回归模型方差分析表

（7）回归模型检验表

回归模型检验表中包括模型显著性检验的基本信息，模型达极显著水平，如图 9.18 所示。

（8）回归模型的参数估计表

回归模型的参数估计表给出了模型截距项和斜率的自由度、估计值、标准误差、T 统计量、概率值、容差、方差膨胀因子 7 个参数，如图 9.19 所示。

III 类检验					
源	自由度	平方和	均方	F 统计量	Pr > F
x	1	845172.879	845172.879	43.00	<.0001

图 9.18 基于 INSIGHT 模块的回归模型检验表

参数估计值							
变量	自由度	估计值	标准误差	T 统计量	Pr >|t|	容差	方差膨胀因子（VIF）
Intercept	1	-830.5745	206.4949	-4.02	0.0020	.	0
x	1	0.1441	0.0220	6.56	<.0001	1.0000	1.0000

图 9.19 基于 INSIGHT 模块的回归模型的参数估计表

（9）回归模型的诊断图

为了更好地对回归模型进行统计诊断，回归模型的诊断图给出了模型预测值与残差的散点图，理想的模型点应该随机地分布在图中红色的 0 线的两侧，而本实例中几个数据点的散点分布不是很理想，需要进一步检验数据点是否有问题，或者模型是否适用。

【例 9.6】 利用 ANALYST 模块实现一元线性回归分析。

下面在 ANALYST 模块下对表 9.4 中的数据进行一元回归分析。

（1）启动 ANALYST 模块，导入数据集 test9_2。

（2）单击 ANALYST 模块菜单"统计"|"回归"|"简单"，在弹出的 Simple Linear Regression 对话框中选中自变量 x，将其选入 Explanatory 按钮下方的空白区域，选择变量 y，将其选入 Dependent 按钮下方的空白区域，如图 9.20 所示。

（3）在 Simple Linear Regression 对话框中的 Model 区域，选择 Linear 线性模型，如图 9.21 所示，将构建 y=a+bx 形式的模型。同时，这里用户也可以结合实际的需要选择 Quadratic（二次多项式回归模型）和 Cubic（三次多项式回归模型）。

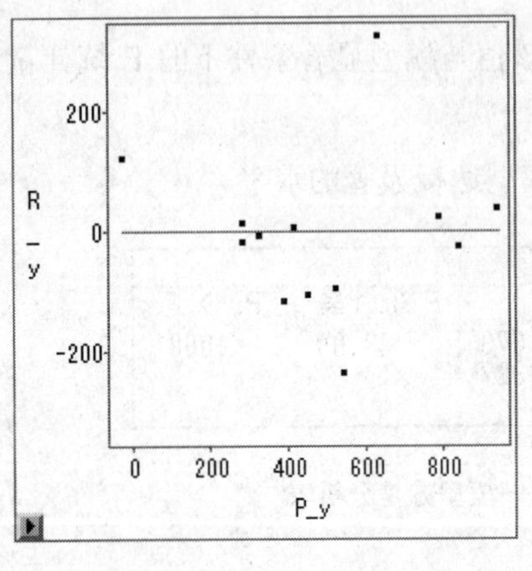

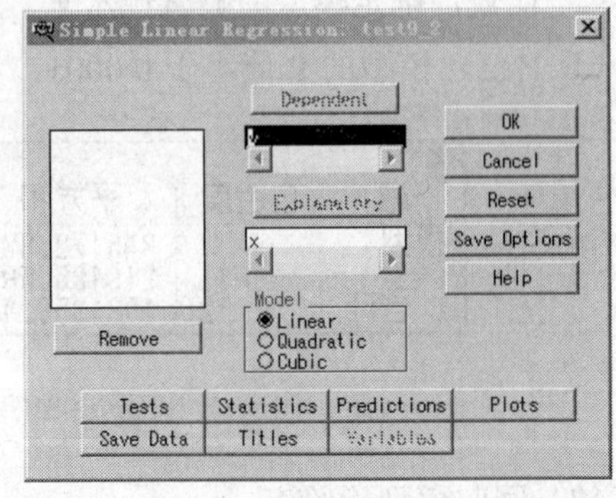

图 9.20 基于 INSIGHT 模块的回归模型的诊断图　　图 9.21 基于 ANALYST 模块的回归模型参数设置

（4）单击 Simple Linear Regression 对话框中的 OK 按钮，执行回归分析计算。计算的结果如图 9.22 所示，主要包括回归模型基本信息表、方差分析表、模型统计参数表和参数估计表，与之前分析的结果类似，这里不再详细展开叙述。

```
                        The REG Procedure
                          Model: MODEL1
                     Dependent Variable: y

           Number of Observations Read          13
           Number of Observations Used          13


                       Analysis of Variance

                                   Sum of          Mean
Source                   DF       Squares        Square    F Value    Pr > F

Model                     1        845173        845173      43.00    <.0001
Error                    11        216186         19653
Corrected Total          12       1061358


          Root MSE            140.18999    R-Square     0.7963
          Dependent Mean      499.34846    Adj R-Sq     0.7778
          Coeff Var            28.07458


                       Parameter Estimates

                        Parameter       Standard
     Variable     DF     Estimate          Error    t Value    Pr > |t|

     Intercept     1   -830.57446      206.49491      -4.02      0.0020
     x             1      0.14412        0.02198       6.56      <.0001
```

图 9.22　基于 ANALYST 模块的回归结果

9.3　多元线性回归分析

前面的小节中主要介绍了一元线性回归分析。当有多个自变量的时候需要进行多元线性回归分析。本节主要将向用户具体介绍多元线性回归分析的基础知识及其相关的 SAS 实现方法。

9.3.1　多元线性回归模型概述

当有多个自变量可以同时影响因变量的变化时，可以考虑建立多元线性回归模型。多元线性回归模型的基本形式为：

$$y=a+b_1x_1+b_2x_2+\ldots\ldots+b_nx_n+\varepsilon$$

其中，参数 a 为模型常数项，b 为回归模型系数项，ε 为模型误差项。通过上述模型可以实现多个自变量（$x_1, x_2\ldots\ldots x_n$）对因变量 y 的预测。

在 SAS 系统内多元回归模型参数的估计也是通过最小二乘算法来实现的。同时在建立多元线性回归模型后需要对模型进行检验。包括以下几方面的模型检验。

- ❑ 模型拟合度：决定系数 R^2 和修正的决定系数 R^2 常用于评价模型的拟合度，其值越接近 1，说明模型的拟合程度越好。另外，均方误差 MSE 和均方根误差 RMSE 也常用于模型拟合优度的评价。
- ❑ 模型显著性：模型显著性分析需要对模型是否成立做显著性分析，建立模型参数全为 0 的原假设，通过假设测验判断原假设是否成立，如果拒绝原假设，说明模型具有显著性意义。

- 参数显著性：多元回归分析建立多个自变量 x 对因变量 y 的预测模型，但是各个自变量的变化是否都对回归模型具有显著影响，需要进行参数的显著性检验。参数的显著性检验是通过对该参数为 0 的假设进行检验完成的。

9.3.2　多元线性回归模型的建立

在 SAS 系统内多元回归模型的建立同样可以通过 SAS 过程或界面操作实现。本节主要介绍如何在 SAS 系统内实现多元线性回归分析。

1. 基于SAS过程的多元线性回归模型的建立

SAS 内实现多元线性回归模型的过程和一元线性回归相同，为 REG 过程。具体的使用过程中 REG 的格式也基本相同，只需要对 REG 过程中的 MODEL 语句稍加修改即可。下面通过具体实例演示多元线性回归模型的建立。

【例 9.7】 多元线性回归模型的 SAS 过程实现。

表 9.5 为中国 2000 年国内生产总值增长率统计，试建立通过第一、第二、第三增长率的国内生产总值增长的预测模型。

表 9.5　中国 2000 年国内生产总值增长率统计

城 市 名 称	国内生产总值	第一产业	第二产业	第三产业
长春	13.1	−5.1	17.4	14
哈尔滨	12.4	2.6	17	12.4
长沙	11.3	4	12.4	12.1
济南	12.1	6.1	10.8	14.9
石家庄	10.5	5	12.1	11
唐山	10.5	6.8	11.5	11
太原	7.77	6.83	7.53	8.22
呼和浩特	14.5	12	16	13.1
包头	9.8	7.7	9.4	11.2
沈阳	10.3	1.9	9.8	12.4
鞍山	9.96	2.81	10.69	10.56
抚顺	19.81	19.67	19.04	21.89
吉林	12.8	4	17.2	11.1
齐齐哈尔	5.8	−3.5	9	11.7
无锡	4.9	12.5	2.71	8.92
常州	11	4.29	11.26	12.1
苏州	12.6	4.1	12.7	13.8
福州	10.2	1.8	12.4	9.2
南昌	9.2	3	9.2	10.9
淄博	11.1	4.07	11.91	11.33
郑州	11.1	10.5	9.8	12.9
合肥	10.5	1	12.5	10.5

续表

城 市 名 称	国内生产总值	第一产业	第二产业	第三产业
南宁	9.31	0.67	6.2	14.78
成都	10.7	4.3	11.5	11.2
贵阳	10.65	2.3	10.81	11.97
昆明	8.4	3.52	7.59	10.25
西安	13	3.5	15.1	10.8
兰州	8.8	4	8.2	10.4
西宁	10	–7	9.2	12.9
银川	9.5	1	9	12.7
乌鲁木齐	8.6	2.4	7.4	9.6
武汉	12	4.4	12.5	12.6
海口	10.2	7.9	11.2	10
泉州	11.8	1.4	12.9	11.6
杭州	12	5.7	12.5	12.1

本实例需要建立一个多元回归模型，其中模型的自变量为第一、第二、第三增长率，模型的因变量为国内生产总值的增长率。下面的程序为基于 REG 过程的多元回归模型的实现。首先创建一个数据集，用于存储表 9.5 中的数据，其中变量 nationrate 为国内生产总值增长率，变量 rate1，rate2 和 rate3 分别为第一、第二和第三产业增长率。然后通过 REG 过程建立多元回归模型。具体程序如下：

```
data ww.test9_5;                                    /*创建数据集*/
input  nationrate rate1 rate2 rate3;
cards;
13.1    -5.1    17.4    14
12.4    2.6     17      12.4
11.3    4       12.4    12.1
12.1    6.1     10.8    14.9
10.5    5       12.1    11
10.5    6.8     11.5    11
7.77    6.83    7.53    8.22
14.5    12      16      13.1
9.8     7.7     9.4     11.2
10.3    1.9     9.8     12.4
9.96    2.81    10.69   10.56
19.81   19.67   19.04   21.89
12.8    4       17.2    11.1
5.8     -3.5    9       11.7
4.9     12.5    2.71    8.92
11      4.29    11.26   12.1
12.6    4.1     12.7    13.8
10.2    1.8     12.4    9.2
9.2     3       9.2     10.9
11.1    4.07    11.91   11.33
11.1    10.5    9.8     12.9
10.5    1       12.5    10.5
9.31    0.67    6.2     14.78
10.7    4.3     11.5    11.2
10.65   2.3     10.81   11.97
8.4     3.52    7.59    10.25
13      3.5     15.1    10.8
```

```
8.8     4      8.2     10.4
10      -7     9.2     12.9
9.5     1      9       12.7
8.6     2.4    7.4     9.6
12      4.4    12.5    12.6
10.2    7.9    11.2    10
11.8    1.4    12.9    11.6
12      5.7    12.5    12.1
;
run;
proc reg data=ww.test9_5;                    /*建立多元回归模型*/
model nationrate=rate1 rate2 rate3;
run;
```

执行上述程序将生成如图 9.23 所示的结果，其中，

- ❑ 回归基本信息表：其中显示了分析的变量数为 35。
- ❑ 方差分析表：方差分析的 F 检验值为 121.23，概率 P 小于 0.0001，说明模型达极显著水平。
- ❑ 模型误差表：模型的决定系数 R^2 为 0.9215，说明多元回归模型的拟合程度较好。
- ❑ 参数估计表：所建立的多元回归模型的定量表达式为

y=0.02531+0.09798*rate1+0.49314*rate2+0.39771*rate3

```
                         The REG Procedure
                           Model: MODEL1
                  Dependent Variable: nationrate

              Number of Observations Read          35
              Number of Observations Used          35

                       Analysis of Variance

                                  Sum of          Mean
 Source                  DF      Squares        Square    F Value    Pr > F

 Model                    3    197.58457      65.86152     121.23    <.0001
 Error                   31     16.84206       0.54329
 Corrected Total         34    214.42663

          Root MSE              0.73708    R-Square     0.9215
          Dependent Mean       10.74857    Adj R-Sq     0.9139
          Coeff Var             6.85750

                       Parameter Estimates

                      Parameter       Standard
   Variable     DF     Estimate          Error    t Value    Pr > |t|

   Intercept     1      0.02531        0.67447       0.04      0.9703
   rate1         1      0.09798        0.02729       3.59      0.0011
   rate2         1      0.49314        0.04230      11.66      <.0001
   rate3         1      0.39771        0.06414       6.20      <.0001
```

图 9.23　基于 REG 过程的多元线性回归结果

2．基于SAS界面操作的多元线性回归模型的建立

对表 9.5 中的中国 2000 年国内生产总值增长率统计数据进行多元回归分析的界面操作，分别通过 INSIGHT 模块和 ANALYST 模块实现。

【例 9.8】 利用 INSIGHT 模块实现多元线性回归分析。

（1）启动 INSIGHT 模块，打开数据集 test9_5。

（2）在 INSIGHT 主窗口单击菜单“分析”|“拟合”，打开如图 9.24 所示的对话框。选中变量 nationrate，单击 Y 按钮，将其选入 Y 按钮下方的空白区域；选择变量 rate1，rate2 和 rate3 为自变量，将其选入 X 按钮右侧区域。如果建立的多元回归模型不需要截距项，这里需要去除“截距”选项，默认情况下建立的多元线性回归模型包含截距项。

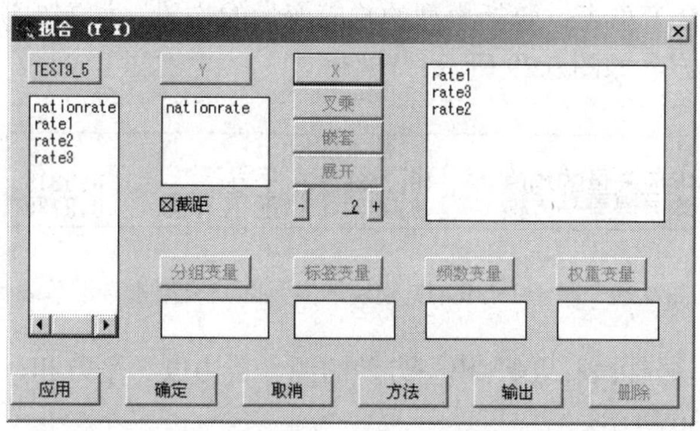

图 9.24　基于 INSIGHT 模块的多元线性回归参数设置

（3）单击“拟合”对话框的“方法”按钮，可以设置相关的多元回归模型建立的方法，包括响应变量的分布、关联函数和尺度等，如图 9.25 所示。

（4）单击“拟合”对话框的“输出”按钮，可以对多元线性回归模型计算的输出参数进行设置，主要包括一些统计表、图的输出，如图 9.26 所示。用户选中需要的统计图表，在 INSIGHT 的结果窗口将生成相应的统计结果。

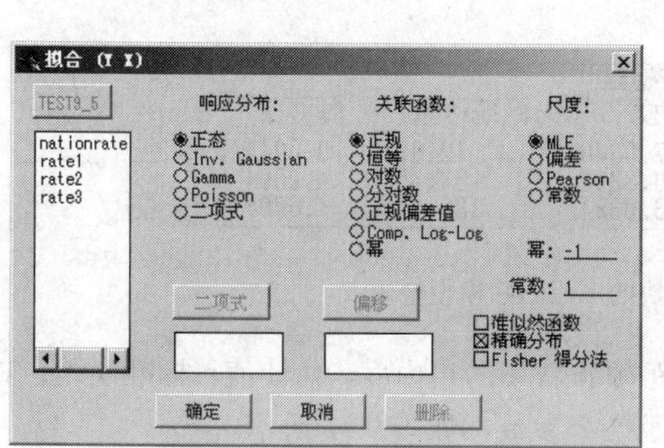

图 9.25　基于 INSIGHT 模块的多元线性回归方法设置

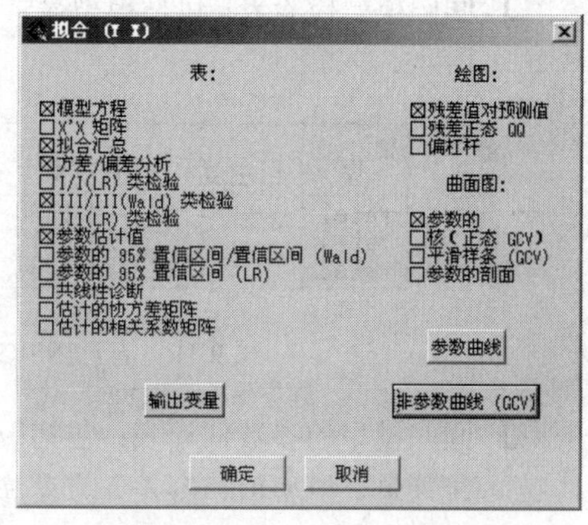

图 9.26　基于 INSIGHT 模块的多元线性回归输出设置

（5）参数设置完毕，返回“拟合”对话框，单击确定按钮，将生成如下统计图表。

- ❑ 回归模型的基本信息表：给出了多元回归模型的基本信息，包括模型形式、响应分布和关联函数，如图 9.27 所示。

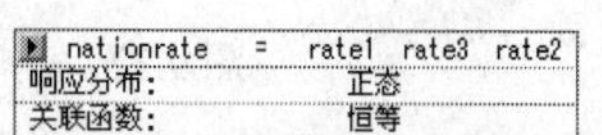

nationrate	=	rate1 rate3 rate2
响应分布:		正态
关联函数:		恒等

图 9.27　基于 INSIGHT 模块的多元回归分析基本信息表

- ❑ 回归模型表：给出了所建立的多元线性回归模型的定量表达式，本实例中的定量模型为 y=0.0253+0.0980*rate1 +0.3977*rate3+0.4931*rate2，如图 9.28 所示。

模型方程
nationrate = 0.0253 + 0.0980 rate1 + 0.3977 rate3 + 0.4931 rate2

图 9.28　基于 INSIGHT 模块的多元回归模型

- ❑ 回归模型拟合汇总表：包括模型的响应变量的均值、均方根误差平方根、R 平方和校正 R 平方，如图 9.29 所示。

拟合汇总			
响应变量的均值	10.7486	R 平方	0.9215
均方误差平方根	0.7371	校正 R 平方	0.9139

图 9.29　基于 INSIGHT 模块的多元回归模型拟合汇总表

- ❑ 回归模型方差分析表：包含模型方差的源、自由度、平方和、均方、F 统计量和 P 值，如图 9.30 所示。

源	自由度	平方和	均方	F 统计量	Pr > F
模型	3	197.5846	65.8615	121.23	<.0001
误差	31	16.8421	0.5433		
C 合计	34	214.4266			

图 9.30　基于 INSIGHT 模块的多元回归模型方差分析表

- ❑ 回归模型检验表：包括模型显著性检验的基本信息，模型达极显著水平，如图 9.31 所示。

源	自由度	平方和	均方	F 统计量	Pr > F
rate1	1	7.0040	7.0040	12.89	0.0011
rate3	1	20.8912	20.8912	38.45	<.0001
rate2	1	73.8391	73.8391	135.91	<.0001

图 9.31　基于 INSIGHT 模块的多元回归模型检验表

- ❑ 回归模型的参数估计表：包括模型截距项和斜率的自由度、估计值、标准误差、T 统计量、概率值、容差、方差膨胀因子 7 个参数，如图 9.32 所示。

变量	自由度	估计值	标准误差	T 统计量	Pr >|t|	容差	方差膨胀因子 (VIF)
Intercept	1	0.0253	0.6745	0.04	0.9703	.	0
rate1	1	0.0980	0.0273	3.59	0.0011	0.9215	1.0852
rate3	1	0.3977	0.0641	6.20	<.0001	0.7196	1.3897
rate2	1	0.4931	0.0423	11.66	<.0001	0.7701	1.2985

图 9.32　基于 INSIGHT 模块的多元回归模型的参数估计表

- ❑ 回归模型的诊断图：给出了模型预测值与残差的散点图，如图 9.33 所示。

【例 9.9】 利用 ANALYST 模块实现多元线性回归分析。

（1）启动 ANALYST 模块，打开数据集 test9_5。

（2）单击菜单“统计”|“回归”|线性”，在弹出的 Linear Regression 对话框中将变量

nationrate 选为模型因变量，变量 rate1，rate2 和 rate3 选为模型的自变量，如图 9.34 所示。

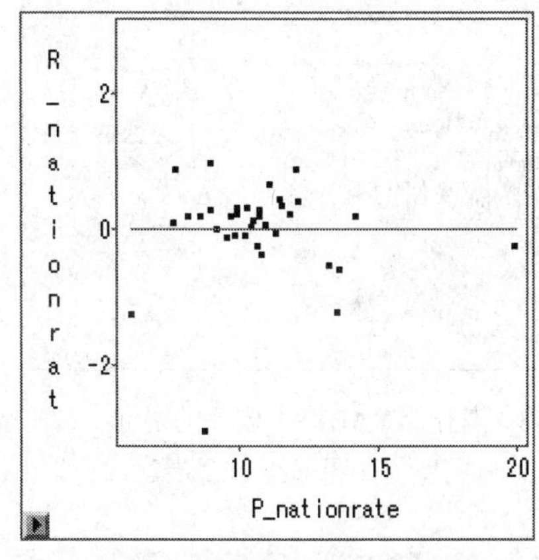

图 9.33 基于 INSIGHT 模块的多元回归模型的诊断图

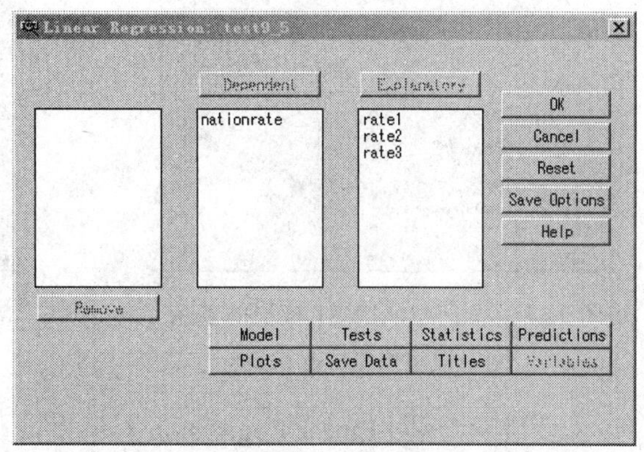

图 9.34 基于 ANALYST 模块的多元回归模型参数设置

（3）单击 Linear Regression 对话框的 Model 按钮，可以对模型构建的方法做出选择，如图 9.35 所示。其中用户可以设置模型选择的方法，这里我们建立多元回归模型，所以选择 Full model，而如果模型中不希望包含截距项，勾选 Do not include an intercept 选项，这里我们尝试建立不包含截距项的多元回归模型，与之前包含截距项的模型进行比较。

（4）单击 Linear Regression 对话框的 Tests 按钮，在弹出的对话框内可用于设置相关的统计参数，包括回归系数的标准差、置信区间等，如图 9.36 所示。

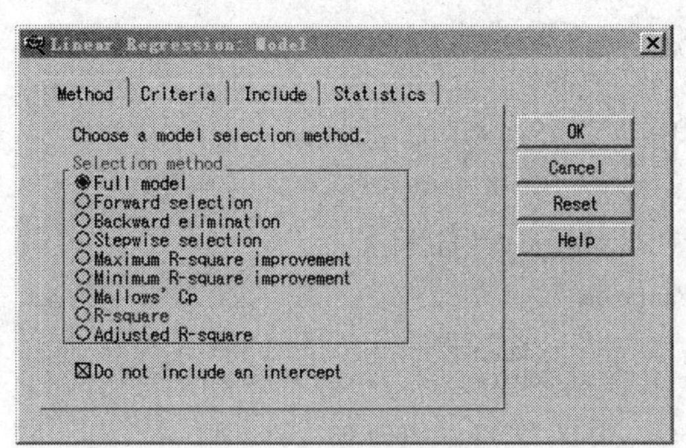

图 9.35 基于 ANALYST 模块的多元回归模型方法设置

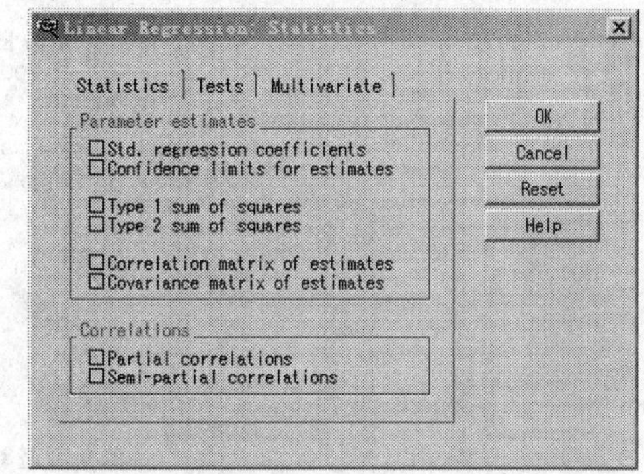

图 9.36 基于 ANALYST 模块的多元回归模型统计参数计算设置

（5）单击 Linear Regression 对话框的 Predictions 按钮，在弹出的对话框内可以设置模型预测情况，如图 9.37 所示。

（6）单击 Linear Regression 对话框的 Plots 按钮，可以绘制各种用于描述数据关系的散点图，包括观察值与预测值的散点图、自变量与因变量的散点图、残差图等，如图 9.38 所示。

（7）单击 Linear Regression 对话框的 Save Data 按钮，选择需要保存的统计计算结果，如图 9.39 所示，单击 Add 按钮，将其添加到结果输出数据集中。此操作功能类似于 REG 过程中的 OUTPUT 语句。

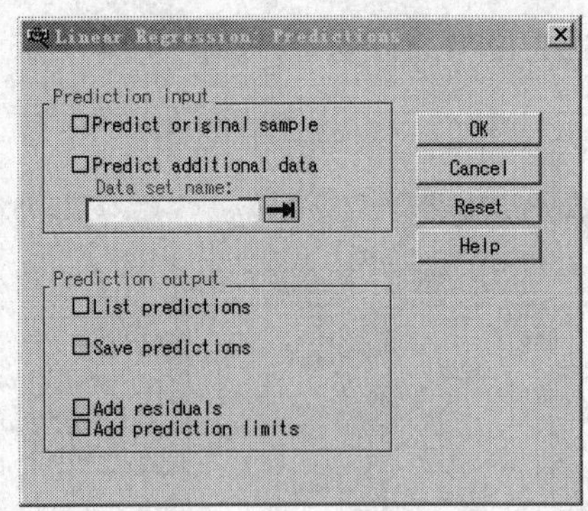

图 9.37　基于 ANALYST 模块的多元回归模型预测情况设置

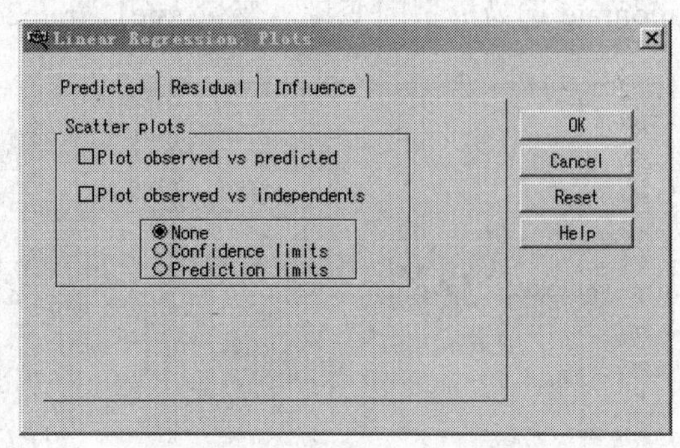

图 9.38　基于 ANALYST 模块的多元回归模型统计图形绘制设置

（8）最后，返回 Linear Regression 对话框，单击 OK 按钮，完成多元回归分析，计算的结果如图 9.40 所示。计算结果的组成与基于 REG 过程的多元回归分析基本类似，但是这里采用了不带截距项的回归模型，计算的结果略有差异。

本实例中所建立的多元回归模型为 y=0.097987*rate1+0.49343*rate2+0.39952*rate3，模型的决定系数为 0.9960，模型达显著水平。

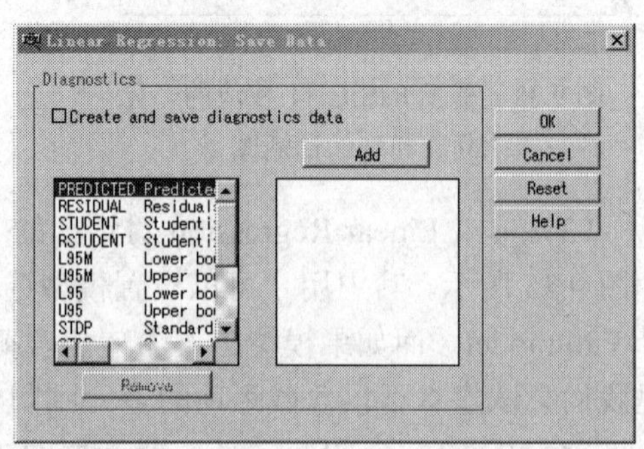

图 9.39　基于 ANALYST 模块的多元回归模型统计图形绘制设置

```
                         The REG Procedure
                           Model: MODEL1
                  Dependent Variable: nationrate

              Number of Observations Read          35
              Number of Observations Used          35

          NOTE: No intercept in model. R-Square is redefined.

                       Analysis of Variance

                                 Sum of         Mean
Source                 DF       Squares       Square    F Value    Pr > F

Model                   3    4241.19638   1413.73213    2685.98    <.0001
Error                  32      16.84282      0.52634
Uncorrected Total      35    4258.03920

            Root MSE              0.72549    R-Square     0.9960
            Dependent Mean       10.74857    Adj R-Sq     0.9957
            Coeff Var             6.74966

                       Parameter Estimates

                      Parameter     Standard
    Variable    DF     Estimate        Error    t Value    Pr > |t|

    rate1        1      0.09787      0.02671       3.66      0.0009
    rate2        1      0.49343      0.04092      12.06      <.0001
    rate3        1      0.39952      0.04144       9.64      <.0001
```

图 9.40　基于 ANALYST 模块的多元回归模型计算结果

9.4 逐步回归分析

在实际的问题中，对因变量产生影响的变量往往有很多，用户较难准确地判断哪些变量应该用于建立多元回归模型。逐步回归是目前常用的变量选择方法，可用于从多个自变量中选择适宜的变量建立多元线性回归模型，实现对因变量的预测。本节将向用户详细介绍逐步回归模型概述和其建立的方法。

9.4.1 逐步回归模型概述

逐步回归从多个自变量中选出适宜的变量建立最优回归模型。其中适宜变量的选择是逐步回归研究的重点，目前常用的逐步回归的变量选择方法有以下几种。

- 前向选择法：将自变量逐个选入模型，计算模型的 F 统计量。如果变量的加入影响模型的显著性即去除加入的变量，继续尝试加入下一个变量，依此类推，至最后模型没有显著变化。
- 后向选择法：与前向选择法相反，先将所有的变量选入模型，每次删去一个对模型影响最小的变量，至最后的模型具有较高的显著性。
- 逐步筛选法：在每一步的变量选择过程中包含变量的加入和删除，每加入一个对模型有显著影响的变量后，对模型影响较小的变量将被删除，直到没有可以使模型具有显著的变量加入和影响较小的变量被删除。

9.4.2 逐步回归模型的建立

逐步回归模型的建立在 SAS 系统内也可以通过编程和界面操作两种方式实现，用户可以结合实际需要灵活选择操作方式。

1．基于SAS过程的逐步回归模型的建立

逐步回归模型的 SAS 实现也是使用 REG 过程，与之前介绍的一元回归和多元回归的主要差异在于需要在 MODEL 语句后添加逐步回归算法的选项。

- SELECTION=name：选择逐步回归的分析方法，其中 name 可为 FORWARD（前向选择法）；BACKWARD（后向选择法）；STEPWISE（逐步回归法）；MAXR（最大 R^2 增量法）；MINR（最小 R^2 增量法）；RSQUARE（R^2 选择法）；ADJRSQ（修正 R^2 选择法）；CP（CP 统计量法）；NONE（使用所有变量建立回归模型，即多元回归模型，默认）。
- MAXSTEP=n：设置逐步回归分析时最多进行的步数为 n。

【例 9.10】 利用 REG 过程实现逐步回归分析。

表 9.6 所示为呼和浩特市 2002 年农民家庭人均年生活消费品支出统计，试从居民的各项主要消费支出中选择能较好估测居民收入的逐步回归模型。

表 9.6　呼和浩特市 2002 年农民家庭人均年生活消费品支出统计

项目	总收入	主食	副食	其他食品	在外饮食	住房装饰	耐用消费品	家庭日用杂品	医疗卫生保健用品	医疗保健服务费	文化教育.娱乐用品
新城区	2632.78	213.34	261.97	179.9	155.52	33.54	26.29	36.81	32.21	101.88	45.03
回民区	3669.72	217.16	270.9	268.24	298.03	92.39	68.76	47.93	87.88	98.72	122.32
玉泉区	3505.19	200.28	367.81	257.75	130.66	18.86	151.73	65.4	77.96	91.57	67.63
赛罕区	2228.87	185.9	230.05	193.46	125.53	59.44	36.98	50.37	73.3	28.21	128.42
土左旗	1305.61	140.56	155.18	113.02	116.69	25.14	7.43	29.51	36.08	15.46	27.72
托县	2069.31	260.27	357.42	184.22	28.49	30.13	35.16	43.39	60.9	22.8	50.49
和林	1347.26	206.14	215.59	103.3	123.06	5.69	2.95	26.77	43.2	37.04	24.22
清水河	1187.77	279.24	224.31	69.45	13.68	7.41	1.29	14.29	28.8	96.5	27.5
武川	1474.12	284.65	210.01	125.23	5.35	2.27	5.53	19.84	23	57.86	38.51

下面的程序用于建立逐步回归模型，自变量为各项消费支出，因变量为总收入。首先创建数据集，其中自变量主食、副食、其他食品、在外饮食、住房装饰、耐用消费品、家庭日用杂品、医疗卫生保健用品、医疗保健服务费、文化教育娱乐用品消费支出的变量名为 x1～x10，因变量居民收入为因变量 y；然后通过 REG 过程建立逐步回归模型，选择方法为逐步筛选法。下面为具体的程序。

```
data ww.test9_8;                                  /*创建数据集*/
input y x1-x10;
cards;
2632.78  213.34  261.97  179.9   155.52  33.54  26.29  36.81  32.21 101.88  45.03
3669.72  217.16  270.9   268.24  298.03  92.39  68.76  47.93  87.88 98.72   122.32
3505.19  200.28  367.81  257.75  130.66  18.86  151.73 65.4   77.96 91.57   67.63
2228.87  185.9   230.05  193.46  125.53  59.44  36.98  50.37  73.3  28.21   128.42
1305.61  140.56  155.18  113.02  116.69  25.14  7.43   29.51  36.08 15.46   27.72
2069.31  260.27  357.42  184.22  28.49   30.13  35.16  43.39  60.9  22.8    50.49
1347.26  206.14  215.59  103.3   123.06  5.69   2.95   26.77  43.2  37.04   24.22
1187.77  279.24  224.31  69.45   13.68   7.41   1.29   14.29  28.8  96.5    27.5
1474.12  284.65  210.01  125.23  5.35    2.27   5.53   19.84  23    57.86   38.51
;
run;
proc reg data=ww.test9_8;                         /*建立逐步回归模型*/
model  y=x1-x10 /selection=stepwise;
run;
```

执行上述程序，生成的结果如图 9.41～图 9.44 所示，从中可知该逐步回归模型共筛选了 3 步，达到了最优的逐步回归模型，最终入选的变量为：y=112.97741−1.67431*x1+11.78666*x3+7.4823*x9，模型达显著水平，R^2 为 0.9972。

2．基于SAS界面操作的逐步回归模型的建立

下面通过实例具体演示如何在 SAS 的 ANALYST 模块中实现逐步回归分析，使用的数据为表 9.6 中的数据。

Stepwise Selection: Step 1

Variable x3 Entered: R-Square = 0.9354 and C(p) = .

Analysis of Variance

Source	DF	Sum of Squares	Mean Square	F Value	Pr > F
Model	1	6671064	6671064	101.44	<.0001
Error	7	460365	65766		
Corrected Total	8	7131429			

Variable	Parameter Estimate	Standard Error	Type II SS	F Value	Pr > F
Intercept	-46.13947	234.93715	2536.56610	0.04	0.8499
x3	13.27197	1.31777	6671064	101.44	<.0001

Bounds on condition number: 1, 1

图 9.41　基于 REG 过程的逐步回归模型筛选第 1 步结果

Stepwise Selection: Step 2

Variable x9 Entered: R-Square = 0.9919 and C(p) = .

Analysis of Variance

Source	DF	Sum of Squares	Mean Square	F Value	Pr > F
Model	2	7073860	3536930	368.63	<.0001
Error	6	57569	9594.87158		
Corrected Total	8	7131429			

Variable	Parameter Estimate	Standard Error	Type II SS	F Value	Pr > F
Intercept	-266.26831	95.95264	73886	7.70	0.0322
x3	12.19481	0.53008	5078152	529.26	<.0001
x9	6.52872	1.00764	402796	41.98	0.0006

Bounds on condition number: 1.1091, 4.4364

图 9.42　基于 REG 过程的逐步回归模型筛选第 2 步结果

Stepwise Selection: Step 3

Variable x1 Entered: R-Square = 0.9972 and C(p) = .

Analysis of Variance

Source	DF	Sum of Squares	Mean Square	F Value	Pr > F
Model	3	7111692	2370564	600.56	<.0001
Error	5	19736	3947.27619		
Corrected Total	8	7131429			

图 9.43　基于 REG 过程的逐步回归模型筛选第 3 步结果

```
                    The REG Procedure
                     Model: MODEL1
                 Dependent Variable: y

               Stepwise Selection: Step 3

             Parameter    Standard
Variable      Estimate       Error   Type II SS  F Value  Pr > F

Intercept    112.97741   137.09063   2680.80476     0.68  0.4474
x1            -1.67431     0.54082        37833     9.58  0.0270
x3            11.78666     0.36466      4123886  1044.74  <.0001
x9             7.48237     0.71596       431126   109.22  0.0001

           Bounds on condition number: 1.361, 11.781
--------------------------------------------------------------------------------

       All variables left in the model are significant at the 0.1500 level.

    No other variable met the 0.1500 significance level for entry into the model.


                         Summary of Stepwise Selection

       Variable   Variable   Number   Partial    Model
Step   Entered    Removed    Vars In  R-Square   R-Square   C(p)    F Value   Pr > F

  1    x3                          1    0.9354     0.9354     .      101.44   <.0001
  2    x9                          2    0.0565     0.9919     .       41.98   0.0006
  3    x1                          3    0.0053     0.9972     .        9.58   0.0270
```

图 9.44　基于 REG 过程的逐步回归模型

【例 9.11】 利用 ANALYST 模块实现逐步回归分析。

（1）启动 ANALYST 模块，打开数据集 test9_8。

（2）单击菜单“统计”|“回归”|“线性”，在弹出的 Linear Regression 对话框中，选入逐步回归模型的自变量和因变量，如图 9.45 所示。

（3）单击 Linear Regression 对话框的 Model 按钮选择逐步回归的方法，这里选择 Stepwise selection 方法，如图 9.46 所示。

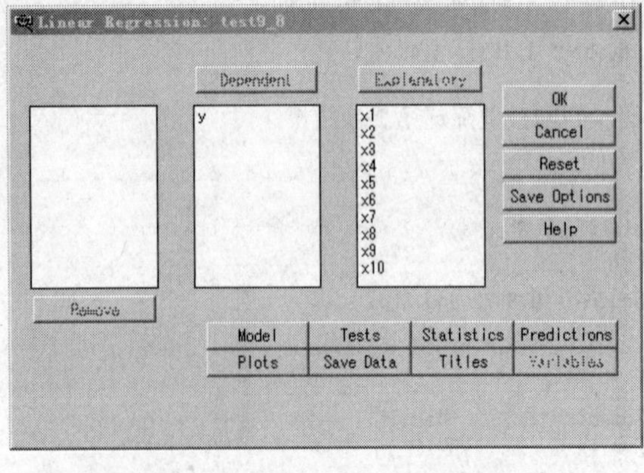

图 9.45　基于 ANALYST 模块的逐步回归模型参数设置

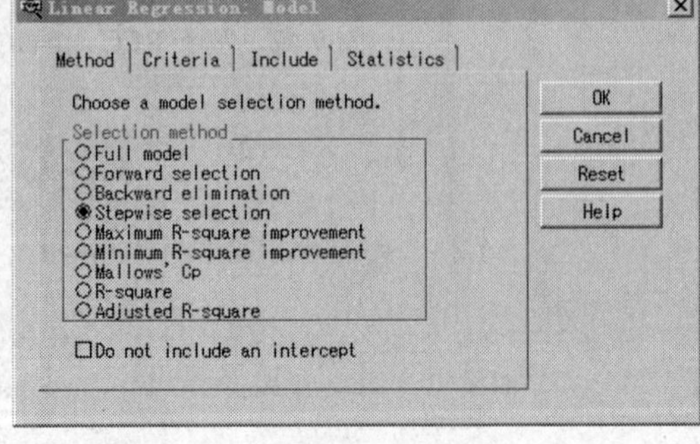

图 9.46　基于 ANALYST 模块的逐步回归模型方法设置

（4）最后，单击 Linear Regression 对话框的 OK 按钮，执行逐步回归分析，具体的分析结果与例 9.8 的结果类似，这里不再详细展开叙述。

9.5　非线性回归分析

在科学实践中，很多问题可能并不能仅仅依靠简单的线性回归来解决，自变量与因变量之间的关系往往是非线性的，此时我们需要考虑建立分线性回归模型。对于比较标准的非线性回归模型，例如指数模型、多项式模型、对数模型等，用户可以通过对自变量的转换，将非线性模型，转换为线性模型。而对于其他的一些非线性模型，用户在 SAS 系统内也可以通过 NLIN 过程来实现。本节主要介绍这两类非线性回归模型的建立。

9.5.1　可化为线性回归的非线性回归

可化为线性回归的非线性模型主要包括表 9.7 中的几种模型，其中详细列出了各模型的转换公式和方法。用户在具体实现的过程中可以在 SAS 数据集建立的过程中对数据进行简单的变换，或者通过 INSIGHT 和 ANALYST 模块实现数据的预处理。在本小节中主要通过一个具体实例演示非线性回归模型的建立。

表 9.7　非线性模型到线性模型的转换

模型类型	非线性表达式	准换	线性表达式
多项式模型	$y=a+bx+cx^2$	$z=x^2$	$y=a+bx+cz$
对数模型	$y=a+b\ln x$	$z=\ln x$	$y=a+bz$
指数模型	$y=ae^{bx}$	$v=\ln y$	$v=\ln a+bx$
幂模型	$y=ax^b$	$v=\ln y$, $u=\ln x$	$v=\ln a+bu$
倒数模型	$y=a+b/x$	$z=1/x$	$y=a+bz$

【例 9.12】 可化为线性回归的非线性回归实现。

已知某化学反应的速率与温度为对数模型，试根据如表 9.8 所示的试验观测数据建立基于不同温度的化学反应速率的对数预测模型。

表 9.8　不同温度下的化学反应速率

温度	5	10	15	20	25	30	35	40	45	50
反应速率	1.116	1.449	1.709	1.868	2.014	2.124	2.216	2.244	2.351	2.409
温度	55	60	65	70	75	80	85	90	95	100
反应速率	2.413	2.458	2.542	2.630	2.607	2.668	2.666	2.752	2.733	2.787

下面的程序首先创建数据集，包括温度和反应速率两个变量，在数据集中的变量名分别为 t 和 y。为执行非线性模型，需要对数据进行对数变换，这一步操作在数据步中实现。然后，对转换好的数据在 SAS 的过程步中建立线性模型，具体程序如下：

```
data ww.test9_10;                    /*创建数据集*/
input t y;
x=log(t);
cards;
5   1.116
```

```
10  1.449
15  1.709
20  1.868
25  2.014
30  2.124
35  2.216
40  2.244
45  2.351
50  2.409
55  2.413
60  2.458
65  2.542
70  2.630
75  2.607
80  2.668
85  2.666
90  2.752
95  2.733
100 2.787;
run;
proc reg data=ww.test9_10;          /*回归分析*/
model y=x;
run;
```

执行上述程序，将生成化学反应速率与转换了的温度的线性模型，具体结果如图 9.47 所示。模型决定系数为 0.9972，定量模型的表达式为：化学反应速率=0.18854+0.56337*ln（温度）。

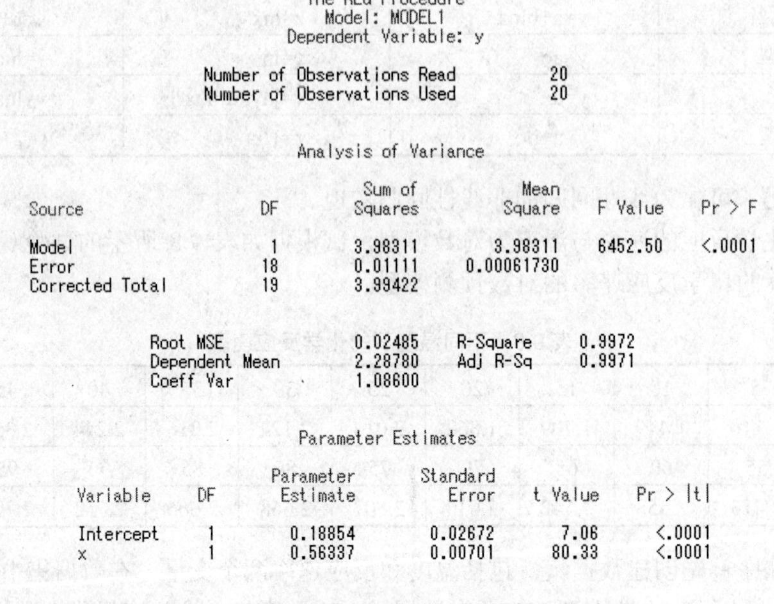

The REG Procedure
Model: MODEL1
Dependent Variable: y

Number of Observations Read	20
Number of Observations Used	20

Analysis of Variance

Source	DF	Sum of Squares	Mean Square	F Value	Pr > F
Model	1	3.98311	3.98311	6452.50	<.0001
Error	18	0.01111	0.00061730		
Corrected Total	19	3.99422			

Root MSE	0.02485	R-Square	0.9972
Dependent Mean	2.28780	Adj R-Sq	0.9971
Coeff Var	1.08600		

Parameter Estimates

Variable	DF	Parameter Estimate	Standard Error	t Value	Pr > |t|
Intercept	1	0.18854	0.02672	7.06	<.0001
x	1	0.56337	0.00701	80.33	<.0001

图 9.47　可化为线性回归的非线性回归的结果

9.5.2　非线性回归 NLIN 过程

在现实中，很多非线性回归不能变换为线性回归，对于不可变换成线性回归的非线性回归分析在 SAS 系统内可通过 NLIN 过程实现。本节主要介绍如何在 SAS 系统内实现这一类不可变换成线性模型的非线性回归。

目前非线性回归的计算方法有很多，其本质是模型拟合最优参数的寻值过程。在计算的过程中，首先会给出一组模型可能的初始解，然后在初始解的基础上不断搜索新的解，使模型拟合的误差更小。各种非线性回归算法的差异主要在解的搜索能力上，有的时候初始解设置得不是很合适，搜索算法会陷入局部最小值的陷阱，最后用户在执行非线性回归前，首先需要明确非线性函数的表达式，然后通过 NLIN 实现非线性回归，拟合模型。NLIN 过程的基本语法格式为：

```
PROC NLIN DATA=数据集[选项];
PARAMETERS 参数名=数值;
MODEL 因变量＝表达式[选项] ;
BOUNDS 表达式;
DER.参数名.参数名=表达式;
ID 变量列表;
OUTPUT OUT=数据集[选项] ;
BY 变量列表;
RUN;
```

NLIN 过程中包含多条语句，其中除语句 PROC、PARAMETERS 和 MODEL 外，其他语句都是可选的，用户可以结合实际需要选择相应的语句。其中：

- ❑ PROC 语句用于指定分析的过程为 NLIN 过程，其后可跟的选项介绍如下。
  - ➢ DATA=数据集：指定需要进行非线性回归分析的数据集。
  - ➢ OUTEST＝数据集名：指定非线性回归分析每步迭代结果保存的数据集。
  - ➢ BEST＝N：计算中只输出网格初始值可能组合中残差平方和最小的 N 组，如果不指定该语句，将输出所有组合的残差平方和。
  - ➢ METHOD＝GAUSS | MARQUARDT | NEWTON| GRADIENT| DUD：设置非线性回归中模型参数估计的迭代方法，其中包括 GAUSS（高斯牛顿法，缺省），MARQUARDT（麦夸特法），NEWTON（牛顿法），GRADIENT（梯度法）和 DUD（试位法）。
  - ➢ MAXITER=n：设置非线性回归算法的最大迭代次数为 n。
  - ➢ PRINT：规定显示每一步的迭代结果。
  - ➢ NOPOINT：禁止结果的打印输出。
  - ➢ NOINPOINT：禁止每一步迭代结果的输出。
- ❑ PARAMETERS 语句：用于设置非线性回归模型的初始参数值。模型初始参数值会对最后模型的收敛情况造成很大的影响。
- ❑ MODEL 语句：定义需要拟合的非线性回归模型，这里可以直接给出非线性回归模型的表达式，表达式中可以包含变量名、各种运算符号和合法的 SAS 函数。
- ❑ BOUNDS 语句：用户规定需要估计的模型参数的合理范围，例如一些不等式约束，各约束之间用逗号间隔。
- ❑ DER 语句：给出需要求解的非线性回归模型对参数的一阶或二阶偏导。
- ❑ 其他的 ID、BY、OUTPUT 语句与之前介绍过的类似，这里不再详细展开叙述。

【例 9.13】 利用 NLIN 过程实现非线性回归分析。

现有一正弦波 y=a*sin(bx)+c，测定了不同时间下的波的频率，如表 9.9 所示试通过非线性回归分析拟合该正弦波的定量模型。

表 9.9　不同时间下的正弦波频率

时间	0	0.2	0.4	0.6	0.8	1	1.2	1.4
频率	0.214	0.257	0.250	0.243	0.274	0.313	0.395	0.356
时间	1.6	1.8	2	2.2	2.4	2.6	2.8	3
频率	0.426	0.379	0.452	0.393	0.370	0.364	0.383	0.348
时间	3.2	3.4	3.6	3.8	4	4.2	4.4	4.6
频率	0.310	0.329	0.272	0.234	0.236	0.137	0.149	0.114
时间	4.8	5	5.2	5.4	5.6	5.8	6	6.2
频率	0.045	0.034	–0.041	–0.065	–0.035	–0.022	–0.014	–0.096

本实例中需要通过 NLIN 过程拟合非线性回归模型 y=a*sin(bx)+c 的参数。首先，创建一个数据集，其中变量 t 和 f 分别为模型的自变量（时间）和因变量（频率），然后通过 NLIN 过程实现非线性回归模型的拟合，其中对于模型的参数，我们根据经验给出几个估计值 a=0.2，b=0.7，c=0.1，同时，参数拟合的约束条件 a>0，b>0。下面为具体的程序：

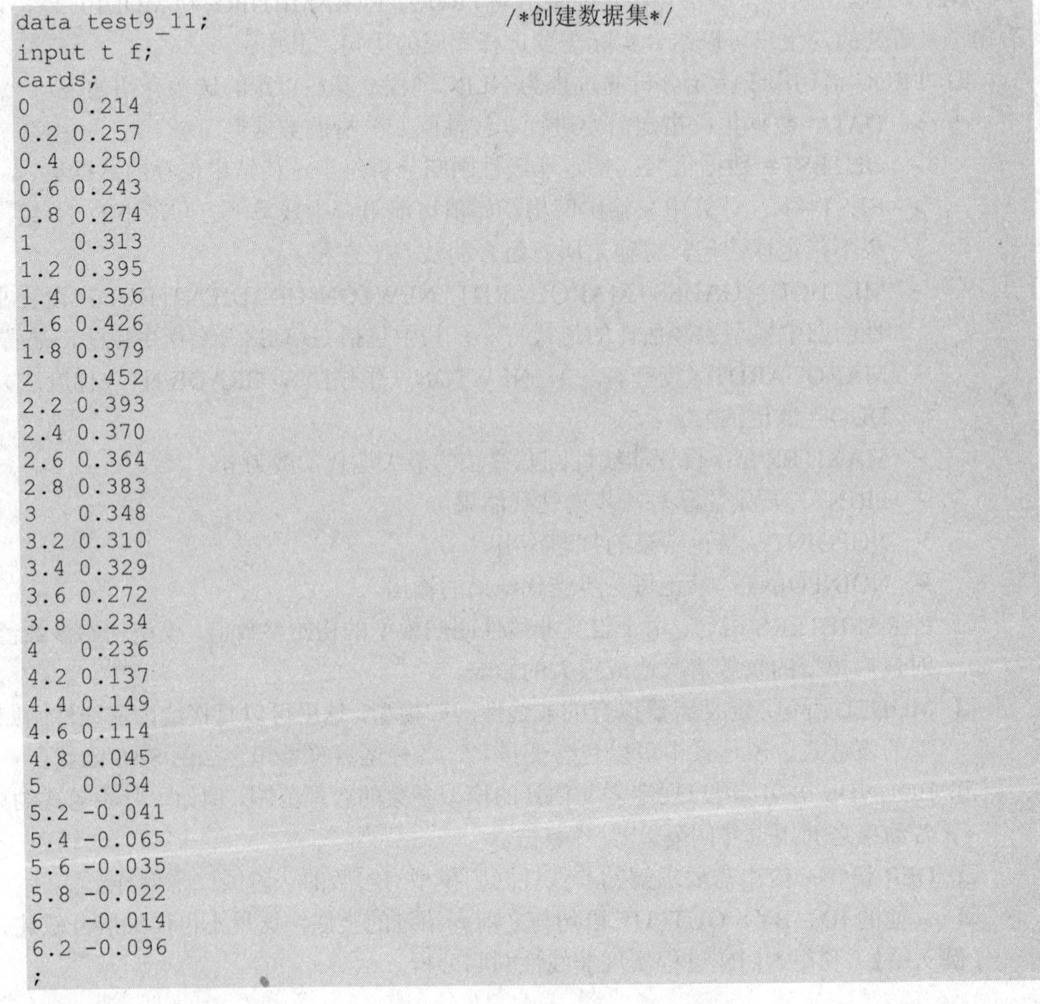

```
data test9_11;                      /*创建数据集*/
input t f;
cards;
0   0.214
0.2 0.257
0.4 0.250
0.6 0.243
0.8 0.274
1   0.313
1.2 0.395
1.4 0.356
1.6 0.426
1.8 0.379
2   0.452
2.2 0.393
2.4 0.370
2.6 0.364
2.8 0.383
3   0.348
3.2 0.310
3.4 0.329
3.6 0.272
3.8 0.234
4   0.236
4.2 0.137
4.4 0.149
4.6 0.114
4.8 0.045
5   0.034
5.2 -0.041
5.4 -0.065
5.6 -0.035
5.8 -0.022
6   -0.014
6.2 -0.096
;
```

```
run;
proc nlin data=test9_11;                  /*非线性模型拟合*/
parameters a=0.2,b=0.7,c=0.1;             /*模型参数估计值*/
model  f=a*sin(b*t)+c;                    /*需要拟合模型的表达式*/
bounds a>0,b>0;                           /*模型参数的约束条件*/
run;
```

执行上述程序，结果目录窗口如图 9.48 所示，可以看到生成的非线性模型拟合结果主要包括以下 6 张表（第 2 项 Covergene States 比较简单，后文不做专门介绍）。

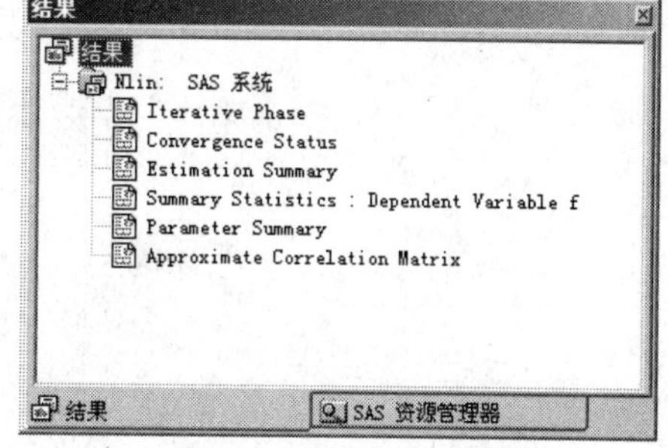

图 9.48　非线性回归的结果目录

- Iterative Phase（迭代过程表）：显示了非线性迭代过程中每一步的计算结果，包括估计的模型参数和总的平方和，如图 9.49 所示。
- Estimation Summary（计算总结表）：对整个非线性回归模型的拟合过程进行了总结，如图 9.50 所示。整个计算过程共进行了 5 步迭代，参数 R，PPC 等分别给出了不同条件下算法收敛的条件，同时给出了整个模型估测时使用的观测的信息。

The NLIN Procedure
Dependent Variable f
Method: Gauss-Newton

Iterative Phase

Iter	a	b	c	Sum of Squares
0	0.2000	0.7000	0.1000	0.2029
1	0.2231	0.7775	0.1816	0.0287
2	0.2335	0.7591	0.1747	0.0267
3	0.2340	0.7604	0.1746	0.0267
4	0.2340	0.7603	0.1746	0.0267
5	0.2340	0.7603	0.1746	0.0267

图 9.49　非线性回归迭代过程表

Estimation Summary

Method	Gauss-Newton
Iterations	5
R	1.847E-6
PPC(c)	3.386E-7
RPC(c)	7.238E-6
Object	1.502E-9
Objective	0.02671
Observations Read	32
Observations Used	32
Observations Missing	0

图 9.50　非线性回归迭代过程表

- Summary Statistic: Dependent Variable f（模型显著性分析表）：对非线性回归模型进行方差分析，本实例中模型具有显著性，p 小于 0.0001，如图 9.51 所示。

Source	DF	Sum of Squares	Mean Square	F Value	Approx Pr > F
Model	2	0.8135	0.4067	441.62	<.0001
Error	29	0.0267	0.000921		
Corrected Total	31	0.8402			

图 9.51　非线性回归模型显著性分析表

- Parameter Summary（参数统计表）：给出了最终建立的模型的参数估计值、标准差和 95%的置信区间，如图 9.52 所示。本实例中建立的模型为：f=0.2340*sin(0.7603*t)+0.1746。
- Approximate Correlation Matrix（近似相关分析表）：给出了模型拟合参数的两两相关分析表，如图 9.53 所示。

Parameter	Estimate	Approx Std Error	Approximate 95% Confidence Limits	
a	0.2340	0.00899	0.2156	0.2524
b	0.7603	0.0142	0.7313	0.7893
c	0.1746	0.00814	0.1580	0.1913

图 9.52　非线性回归模型参数统计表

Approximate Correlation Matrix

	a	b	c
a	1.0000000	-0.4831805	-0.5127165
b	-0.4831805	1.0000000	0.7297687
c	-0.5127165	0.7297687	1.0000000

图 9.53　非线性回归模型近似相关分析表

9.6　Logistic 回归

在实际生活中，特别是一些社会问题中常常会涉及属性或分类数据，而这类数据常常与一些自变量具有线性关系，Logistic 回归用于建立对这类变量的线性回归模型。在本小节中将具体介绍 Logistic 模型及其 SAS 实现过程，通过本节的学习，读者将基本掌握 Logistic 回归的操作。

9.6.1　Logistic 回归模型概述

对于因变量为只具有两种分类结果的属性数据，例如医学中的病人死亡或存活，要考虑二项属性数据与相关变量的线性关系时，需要建立 Logistic 回归模型。Logistic 回归模型是研究分类观察结果与其影响因素之间线性关系的一种分析模型。

Logistic 回归的基本原理为计算二项属性（0 或 1）中各属性的概率与相关自变量的线性关系，即：

$$p(y=1)=f(x)$$

但是，方程左边的概率 p 值域范围为 0～1，而方程右边的自变量的线性组合的值域范围无法限制在 0～1，因而进行 logit 变换，即

$$\operatorname{logit}(p)=\log\left(\frac{p}{1-p}\right)$$

进一步化简 Logistic 回归模型：

$$p=\frac{\exp(\alpha+\beta_1x_1+\beta_2x_2+\cdots+\beta_nx_n)}{1+\exp(\alpha+\beta_1x_1+\beta_2x_2+\cdots+\beta_nx_n)}$$

Logistic 回归即是对上述模型进行参数估计，其中概率 p 为因变量，取各种属性的概率。模型参数估计使用的方法为最大似然法，模型显著性分析使用卡方检验，这些与之前介绍的回归分析有所差异，读者应注意。

9.6.2 Logistic 回归过程

在 SAS 系统内提供了专门用于 Logistic 回归计算的过程。Logistic 过程的基本格式为：

```
PROC LOGISTIC DATA=数据集名 [选项];
MODEL 因变量=自变量 [选项];
BY 变量;
FREQ 变量;
WEIGHT 变量;
OUTPUT OUT=数据集名 KEY=参数关键词;
```

其中：

- PROC 语句为必需语句，用于指定分析的过程为 Logistic 过程，其后可跟的选项如下。
  - DATA=数据集名：指定需要分析的数据集。
  - OUTEST=数据集名：指定存放参数估计参数输出的新数据集名。
  - NOPRINT：禁止统计结果在结果输出窗口内输出。
  - ORDER=DATA|FORMATTED|INTERNAL|FREQ：规定模型中因变量的水平顺序。其中包括 DATA（与数据集中水平出现的顺序一致）、FORMATTED（按照格式化值的顺序）、INTERNAL（按照非格式化值的顺序）、FREQ（按照因变量各水平频率的高低排序）。
  - DESCENDING|DES：按照 ORDER 语句指定的因变量水平顺序倒序排列。
  - SIMPLE：输出模型中自变量的简单描述性统计结果，包括方差，均值等。
- MODEL 语句用于规定 Logistic 模型中的自变量和因变量，其后可跟的选项如下。
  - LINK=关键词：回归模型中自变量与因变量之间的连接函数，默认为 logit 函数，即 link=logit，这里还可以取的连接函数包括 CLOGLOG（余值 log-log 函数）、GLOGIT（广义 logit 函数）、PROBIT（标准正态函数的逆函数）。
  - SELECTION= FORWARD（或 F）| BACKWARD（或 B）| STEPWISE | SCORE：规定对于多个自变量的 Logistic 模型筛选自变量建立模型，其中变量筛选的方法类似于逐步回归，包括 FORWARD（前向选择法）、BACKWARD（后向选择法）、STEPWISE（逐步回归法）和 SCORE（最优子集选择法），默认时为 NONE，即拟合所有自变量的 Logistic 回归模型。
  - SLE=概率值：指定自变量进入 Logistic 回归模型的显著水平，默认为 0.05。
  - SLS=概率值：指定自变量保留在 Logistic 回归模型的显著水平，默认为 0.05。
  - MAXSTEP=n：模型筛选自变量的最大步数。
  - NOINT：拟合的 Logistic 模型不带常数项。
- BY 语句、WEIGHT 语句、FREQ 语句与 OUTPUT 语句在之前的过程中也都有介绍，这里不再详细展开叙述。

【例 9.14】 利用 LOGISTIC 过程实现 Logistic 回归分析。

如表 9.10 所示为医院统计的 A、B、C 三种药物对病人的治疗情况，试建立 Logistic 回归模型。

表 9.10　A、B、C药物治疗效果

性别	药物	有无发病史	治愈情况	性别	药物	有无发病史	治愈情况
男	A	有	1	女	B	有	0
女	A	有	0	男	C	无	1
女	B	有	1	女	C	有	0
男	B	有	1	女	A	无	1
女	B	无	0	女	B	无	1
男	C	有	1	男	C	无	0
女	A	有	0	女	B	无	1
男	C	无	1	女	C	无	1
女	B	有	1	女	A	有	1
女	B	无	1	男	C	无	0
女	B	有	1	男	B	有	1
男	A	无	0	女	A	有	1
男	B	有	1	男	C	无	1
男	B	无	1	女	A	有	1
男	C	无	1	女	B	无	1
女	A	有	1	女	A	无	1
女	B	无	1	男	C	无	1
女	A	无	1	女	A	无	1
男	B	有	1	女	B	无	0
女	A	无	1	男	B	有	1

本实例中需要根据表 9.10 中的数据建立药物治疗效果的 Logistic 模型，首先需要对表中的属性数据进行编码，其中包括性别属性（男=1，女=0）、药物（A=0，B=1，C=2）、病史（有=1，无=0）、治愈情况（治愈=1，未治愈=0）。在下面的程序中，首先根据表 9.10 中的数据建立数据集，然后利用 LOGISTIC 过程拟合模型。具体程序如下：

```
data test9_12;                          /*创建数据集*/
input x1 x2 x3 y;
cards;
1   0   1   1
0   0   1   0
0   1   1   1
1   1   1   1
0   1   0   0
1   2   1   1
0   0   1   0
1   2   0   1
0   1   1   1
0   1   0   1
0   1   1   1
1   0   0   0
1   1   1   1
1   1   0   1
1   2   0   1
0   0   1   1
0   1   0   1
0   0   0   1
```

```
1   1   1   1
0   0   0   1
0   1   1   0
1   2   0   1
0   2   1   0
0   0   0   1
0   1   0   1
1   2   0   0
0   1   0   1
0   2   0   1
0   0   1   1
1   2   0   0
1   1   1   1
0   0   1   1
1   2   0   1
0   0   1   1
0   1   0   1
0   0   0   1
1   2   0   1
0   0   0   1
0   1   0   0
1   1   1   1
;
run;
proc logistic data=test9_12;          /*拟合 logistic 回归模型*/
model y=x1-x3;
run;
```

执行上述程序，生成的结果主要包括 9 张表，如图 9.54 所示为结果目录树。

- ❑ Model Information（模型基本信息表）：包括模型使用的数据集（Date Set），响应变量（Response Variable）、响应变量的水平（Number of Response Levels）、模型采用的连接函数（Model）和模型参数求解的优化算法（Optimization Technique），如图 9.55 所示。

图 9.54　Logistic 回归模型的结果表

```
The LOGISTIC Procedure

Model Information

Data Set                          WORK.TEST9_12
Response Variable                 y
Number of Response Levels         2
Model                             binary logit
Optimization Technique            Fisher's scoring

Number of Observations Read        39
Number of Observations Used        38
```

图 9.55　Logistic 回归模型基本信息表

- ❑ Response Profile（因变量信息表）：包括模型中因变量的基本信息，因变量有两个水平，为 0 的频数为 9，为 1 的频数为 29，如图 9.56 所示。
- ❑ Parameter Estimates（模型参数估计表）：双击该表后可以查看建立的 Logistic 模型参数的拟合情况，根据最大似然估计给出了模型适宜的参数值，如图 9.57 所示。

```
        Response Profile

 Ordered                  Total
  Value          y    Frequency

      1          0            9
      2          1           29

Probability modeled is y=0.
```

图 9.56　Logistic 回归模型因变量信息表

```
              Analysis of Maximum Likelihood Estimates

                                 Standard          Wald
Parameter    DF    Estimate         Error    Chi-Square    Pr > ChiSq

Intercept     1     -1.3245        0.7885        2.8214        0.0930
x1            1     -1.0354        1.0071        1.0571        0.3039
x2            1      0.6217        0.6585        0.8914        0.3451
x3            1     -0.0486        0.7993        0.0037        0.9515
```

图 9.57　Logistic 回归模型参数估计表

9.7　本 章 小 结

本章主要介绍了在 SAS 系统内如何实现相关与回归分析。相关与回归分析是定量分析两个或多个变量之间定量关系的有效手段。其中，相关分析是初步探明两个变量关系的有效措施，本章介绍了编程和界面操作两种实现方式。一元线性回归是最简单可靠的定量模型，可以通过 REG 过程实现。多元线性回归可以研究多个自变量与因变量的线性关系，在 SAS 系统内通过 REG 过程实现。如果多元线性回归模型中含有对因变量影响较小的自变量，可以考虑使用逐步回归，从多个自变量中筛选出最有效的自变量建立模型。逐步回归的实现主要是通过在 REG 过程中的 MODEL 语句后添加 SELECTION 实现的。最后，如果一般的线性模型无法解决我们的实际问题，则可以考虑建立非线性模型。在 SAS 中，非线性模型的建立使用 NLIN 过程。另外，对于社会属性类数据，可以通过 Logistic 回归模型拟合线性模型。

本章介绍了各种相关回归模型的拟合，在实际的应用中，用户应该首先根据实际数据的特征，确定适合的模型，同时，对于非线性模型还需要给定一定的初始值。在建模前对数据特征的相关了解，是构建理想模型的关键。

9.8　习　　题

1．分析下表中的铁路运输情况，通过 CORR 过程分析运营里程与旅客发送量的关系。

上海市主要年份铁路运输统计(1978—1999)

年份	运营里程（公里）	旅客发送量（万人次）	年份	运营里程（公里）	旅客发送量（万人次）
1978	245	1272	1992	235	2748
1980	245	1692	1993	247	2860
1985	245	2320	1994	246	2984
1986	245	2477	1995	256	2929
1987	245	2610	1996	256	2804
1988	259	2838	1997	244	2779
1989	259	2711	1998	248	2760
1990	259	2476	1999	259.5	2906
1991	259	2594			

2．通过 SAS REG 过程建立下表中营业额与利润额的一元线性回归模型。

1996 年世界最大 500 家企业排序统计

公司名称	国家	营业额（万元）	利润额（万元）	公司名称	国家	营业额（万元）	利润额（万元）
通用汽车	美国	168 369	4963	沃尔-马特百货公司	美国	106147	3056
福特汽车	美国	146 991	4446	通用电气	美国	79179	7280
三井物产	日本	144 942.8	321.9	岩井商事	日本	78921.2	136.9
三菱商事	日本	140 203.7	394.1	日本电报公司	日本	78320.7	1330.3
伊藤忠商事	日本	135 542.1	110.9	国际商用机器(IBM)	美国	75947	5429
荷兰皇家/壳牌	英/荷	128 174.5	8887.1	日立	日本	75669	784.2
丸红	日本	124 026.9	178.6	美国电话电报(AT&T)	美国	74525	5908
埃克森石油	美国	119 434	7510	日本生命保险公司	日本	72575	2799.1
住友商事	日本	119 281.3	–1292.8	美孚	美国	72267	2964
丰田汽车	日本	108 702	3426.2	戴姆勒-奔驰	德国	71589.3	1776.1

3．利用 INSIGHT 操作，实现下表数据的多元线性回归分析，建立汽车工业总产值与汽车工业销售产值、出口产品交货值、汽车工业增加值、年末从业人员、从业人员中技术人员、全年能源消耗总量、年末主要设备拥有量、研究与发展经费支出的多元线性回归模型。

中国 2001 年主要城市汽车工业主要经济指标

城市	汽车工业总产值（现行价）（万元）	汽车工业销售产值（现行价）（万元）	出口产品交货值（现行价）（万元）	汽车工业增加值（万元）	年末从业人员合计（人）	从业人员中技术人员数（人）	全年能源消耗总量（标准煤）(t)	年末主要设备拥有量（台）	研究与发展经费支出（万元）
沈阳	1 332 175	1 353 362	5315	270 222	37 331	3948	177 305	15 450	8832
大连	66 507	68 614	737	26 879	5745	424	17 786	2644	476
长春	6 436 939	6 309 091	73 652	1 596 644	130 771	13 468	1 258 828	53 793	73 828
哈尔滨	769 598	770 313	1447	172 573	31 031	2325	113 036	9257	790
南京	661 728	668 521	45 460	125 680	30 029	3363	114 170	18 551	8267
宁波	169 296	159 470	3996	34 438	3878	519	19 032	2143	1311
厦门	372 980	358 332	28 791	100 491	4666	435	18 544	2379	2167
青岛	103 299	101 406	5410	21 876	4678	405	11 838	1829	7470
武汉	283 984	275 623	3987	74 709	28 442	2680	49 548	12 463	1839
广州	1 916 984	1 734 664	39 295	519 309	24 367	2526	133 407	12 226	14 139
深圳	49 464	49 076	52	14 120	385	48	6985	13	0
成都	667 719	694 916	2580	67 954	21 416	2100	48 567	12 624	2964
西安	268 882	281 573	5029	71 737	15 996	1742	295 048	6016	1990

4．通过 ANALYST 模块的逐步回归操作，从上表中汽车工业总产值的影响因素中挑选出适宜的变量建立逐步回归模型。

5．轮虫生物量的变化符合模型的变化，下表数据为采样期间轮虫生物量的变化。试通过非线性回归模型拟合轮虫生物量变化的生长曲线。

轮虫生物量的变化

天	1	2	3.000	4	5	6	7	8	9	10
生物量	0.770	0.777	0.791	0.795	0.796	0.800	0.800	0.798	0.801	0.800
天	11	12	13	14	15	16	17	18	19	20
生物量	0.801	0.802	0.804	0.800	0.809	0.809	0.805	0.805	0.803	0.809
天	21	22	23	24	25	26	27	28	29	30
生物量	0.804	0.801	0.808	0.804	0.802	0.804	0.801	0.801	0.809	0.810
天	31	32	33	34	35	36	37	38	39	40
生物量	0.806	0.801	0.802	0.804	0.808	0.800	0.800	0.802	0.806	0.807

第 10 章 聚类分析

聚类分析是对数据分类的有效方法，目前常用的数据聚类分析方法有系统聚类、变量聚类和快速聚类。本章主要向用户介绍这三种聚类分析方法的基本原理及其 SAS 实现过程，并通过具体的实例演示聚类分析 SAS 过程的实现。

10.1 聚类分析方法概述

本节主要对聚类分析的基本原理、相关统计量和分类做简单介绍。通过本节的学习，读者将对聚类分析方法有初步的了解。在后面的章节中再具体讲述这些方法如何在 SAS 系统中实现。

1. 聚类分析的基本原理

聚类分析是基于数据的基本特征，计算数据内部的相关性，主要通过一些统计指标的计算，反映数据（观测或变量）之间的相似程度，根据一定准则实现数据分类的统计方法。聚类分析在执行时无需数据的先验知识，即事先不需要明确数据的分类，在聚类分析中主要基于数据的统计规律进行分类。分类后各类间数据的差异较小，类与类之间的差异较大，用户需要对分类后的结果进行合理解释。目前常用的聚类分析方法包括系统聚类、变量聚类和快速聚类，在后面的章节中将详细介绍各种方法的原理和实现方法。

2. 聚类分析的相关统计量

聚类分析的本质为计算数据之间的相关统计量，从而通过相关统计量反映数据的相似度，做出分类。因而聚类分析中用户选择的合适的评价分类的统计指标，对分类的准确性将有很大的影响。

目前聚类分析的统计指标主要可以分为距离系数和相关系数。

- 距离系数主要包括：明氏距离、兰式距离、欧式距离、切比雪夫距离、明科夫斯基距离、绝对值距离等。
- 相关系数主要包括：夹角余弦、相关系数等。

3. 聚类分析的分类

聚类分析按照分类对象的不同可以分为变量聚类和样本聚类。

- 变量聚类：是对数据中变量（指标）的聚类，将数据中相似程度较高的变量归为一类。通过变量聚类，用户可以了解各个变量的相似程度，从而挑选一些主要变量进行后面的分析。

- ❑ 样本聚类：是对数据中样本（观测）的聚类，将数据中相似程度较高的样本归为一类。通过样本聚类，用户可以方便地发现样本之间的差异及共性，从而挑选出合适的样本进行下一步的统计分析。

聚类分析按照分类原理的不同，又可以分为系统聚类、变量聚类和快速聚类，下面的章节将详细介绍这 3 种方法的基本原理。

10.2　系 统 聚 类

系统聚类是常用的样本（变量）聚类的方法，通过各种距离统计量描述各样本（变量）间的相似程度，从而根据一定的准则对数据进行分类。在 SAS 系统内系统聚类主要通过 CLUSTER 和 TREE 两个过程实现，本节将具体介绍系统聚类的实现。

10.2.1　系统聚类方法概述

系统聚类的基本原理是将计算所有的样本（变量）两两之间的距离，根据距离的远近进行样本（变量）的分类。其基本的实现过程如下。

（1）将所有的样本（变量）各归为一类，对于含有 n 个样本（变量）的数据，包含 n 类。

（2）计算上述 n 类中任意两类的距离，根据最小距离为一类的原则，将距离较近的两类聚为一类，此时为 n–1 类。依此类推，每次合并距离最小的两类为一类，至最后所有的数据归为一类。

（3）为了便于用户观察上述的聚类过程，做出正确的数据分类结果，常常绘制谱系图。根据谱系图可以得到上述各步中分类的结果，用户根据一定准则（阈值、R^2 统计量、伪 F 统计量等）确定数据合理的分类数。

10.2.2　CLUSTER 过程

在 SAS 系统中，CLUSTER 过程专门用于系统聚类的实现。CLUSTER 提供了 11 种不同的方法系统聚类分析方法，并且同时可对原始或距离数据进行聚类分析。如果为原始数据，将首先计算其欧式距离，然后进行聚类分析。CLUSTER 过程可以给出聚类分析相关的统计量，并将整个聚类分析过程保存下来，在其后常通过 TREE 过程，展示聚类分析的谱系图，便于用户直观地观察聚类过程。但是 CLUSTER 过程对于大样本数据的分类问题表现不是很好，数据计算的速度较慢，后面介绍的快速聚类更适合于大样本数据的聚类。

CLUSTER 过程的基本语法格式如下：

```
PROC CLUSTER DATA=数据集名 [选项];
VAR 指标变量名 [选项];
ID 观测序号
RUN;
```

其中：

- PROC 语句用于指定分析的过程为 CLUSTER 过程，为必需语句，其后可跟的选项除了 DATA=数据集名（用于指定分析的数据集）外，还包括如下选项。
  - METHOD=方法名：用于指定聚类分析的方法，为必需选项，共有 11 种方法可供选择，分别为 METHOD=SINGLE|SIN（最短距离法）、METHOD=COMPLETE|COM（最长距离法）、METHOD=CENTROID|cen（重心距离平均法）、METHOD=AVERAGE|ave（平均距离平均法）、METHOD=MEDIAN|med（中间距离平均法）、method=WARD|war（最小离均差平方和法）、method=FLEXIBLE|FLE（可变类平均法）、method=DENSITY|DEN（密度估计法）、METHOD=EML（最大似然谱系聚类法）、METHOD=MCQUITTY|MCQ（相似分析法）、METHOD=TWOSTAGE|TWO（两阶段密度估计法）。
  - OUTTREE=数据集名：指定聚类分析的输出数据集名，用于保存绘制谱系图的聚类数据。
  - STANDARD：控制对原始数据的标准化（均值为 0，标准差为 1），添加该选项后将对标准化后的数据集进行聚类分析。
  - NONORM：类间距离不进行标准化。
  - RSQUARE|RSQ：输出每一种聚类的 R^2（复相关系数的平方）和半偏 R^2（半偏复相关系数的平方）。
  - PSEUDO：计算判断分类数的伪 F 和伪 R^2 统计量
  - CCC 选项：计算 R^2、半偏 R^2 和三次方聚类标准，可用于判断聚类效果。
  - SIMPLE：输出数据中每个变量的简单描述性统计结果，包括标准差，均值等。
  - NOPRINT：禁止聚类分析计算结果的输出。
  - PRINT=n：输出聚类分析中最后 n 层的计算结果。
- VAR 语句用于指定需要进行聚类的变量名，默认情况下将对数据集中的所有变量进行聚类分析。
- ID 语句用于指定需要进行系统聚类分析的观测序号。

10.2.3　TREE 过程

通过上述 CLUSTER 计算过程中产生的特定数据集，TREE 过程可用于聚类分析谱系图的绘制。其基本的语法格式为：

```
PROC TREE DATA=数据集名 [选项];
ID 样本序号
RUN;
```

其中：

- PROC 语句为必需语句，用于指定分析的过程为 TREE 过程，其后可跟的选项介绍如下。
  - DATA=数据集名：指定谱系图绘制的数据源，为聚类分析过程中产生的 OUTTREE 输出的数据集。
  - OUT=数据集名：用于存储最后的分类结果，即每一观测或变量属于哪一类。
  - HORIZONTAL：控制绘制的谱系图为横向的图形，默认情况下为垂直的谱系图。

- PAGE=n：控制谱系图绘制所需的页数。
- SPACE：控制绘制的谱系图上指标变量之间的间距。
- NCLUSTERS＝选项：人为规定样本观测最后分为多少个类。
- NOPRINT：只输出最后的分类结果数据集 OUT，但不绘制谱系图。

- ID 语句：ID 语句后的变量名用于谱系图刻度的标记。

10.2.4　系统聚类实例演示

本节将通过具体的实例演示系统聚类分析，这里我们仅使用了一种方法，在实际的应用中用户应该考虑不同的情况，采用相应的方法。而同时需要注意的是在实际的使用中由于使用的聚类方法的不同，或者评判分类的准则的不同，可能相同的数据会得到不同的分类结果。

【例 10.1】 系统聚类的 SAS 过程实现。

表 10.1 为江苏省主要城市人口的就业情况，试根据表格中的统计数据对城市进行分类。

表 10.1　2003 年江苏省主要城市人口从业情况

指标	年末总人口（万人）	城镇人口（万人）	第一产业（农.林.牧.渔业)（人）	第二产业（人）	第三产业（人）	国有单位（人）	城镇集体单位（人）	其他单位合计（人）
南京市	572.23	424.59	8904	403 537	497 020	530 284	61 188	317 989
无锡市	442.54	287.14	5701	253 792	250 216	239 309	42 988	227 412
徐州市	908.66	392.64	18 516	251 067	343 409	448 939	45 516	118 537
常州市	346.22	201.01	3806	182 043	168 611	164 427	37 477	152 556
苏州市	590.97	367.92	13 471	525 769	326 485	268 477	52 288	544 960
南通市	777.62	323.53	14 833	263 851	254 781	220 819	56 164	256 482
连云港市	467.83	171.51	22 668	91 013	167 608	181 301	34 004	65 984
淮安市	519.92	184.29	28 437	128 906	190 317	197 345	37 418	112 897
盐城市	796.51	310.59	37 272	177 835	265 264	260 096	35 594	184 681
扬州市	453.61	221.45	4140	187 164	177 370	205 166	40 986	122 522
镇江市	267.19	153	5570	138 695	158 502	170 563	41 795	90 409
泰州市	503.38	231.01	7022	147 837	171 609	161 746	58 405	106 317
宿迁市	517.26	160.35	11 107	52 339	112 796	109 921	7058	59 263

本实例中需要通过聚类分析对江苏省主要城市进行分类。在下面的程序中首先创建一个数据集，集中变量 country 用于存标识观测的城市变量，x1～x8 变量为表 10.1 中的城市人口就业情况的 8 个变量；然后通过 CLUSTER 过程完成系统聚类分析，其中使用的聚类分析方法为中间距离平均法；最后，使用 TREE 过程绘制谱系图，观察聚类分析的分类结果。具体程序如下：

```
data test;                                          /*创建数据集*/
input country$ x1-x8;
cards;
```

```
南京市   572.23  424.59  8904    403537  497020  530284  61188   317989
无锡市   442.54  287.14  5701    253792  250216  239309  42988   227412
徐州市   908.66  392.64  18516   251067  343409  448939  45516   118537
常州市   346.22  201.01  3806    182043  168611  164427  37477   152556
苏州市   590.97  367.92  13471   525769  326485  268477  52288   544960
南通市   777.62  323.53  14833   263851  254781  220819  56164   256482
连云港市 467.83  171.51  22668   91013   167608  181301  34004   65984
淮安市   519.92  184.29  28437   128906  190317  197345  37418   112897
盐城市   796.51  310.59  37272   177835  265264  260096  35594   184681
扬州市   453.61  221.45  4140    187164  177370  205166  40986   122522
镇江市   267.19  153     5570    138695  158502  170563  41795   90409
泰州市   503.38  231.01  7022    147837  171609  161746  58405   106317
宿迁市   517.26  160.35  11107   52339   112796  109921  7058    59263
;
run;
proc cluster data=test method=median outtree=treedata standard ccc;
                                                    /*执行系统聚类分析*/
var x1-x8;                                          /*指定聚类分析的变量*/
id country;                                         /*指定识别观测的变量*/
run;
proc tree data=treedata horizontal;                 /*绘制谱系图*/
run;
```

执行上述程序，生成的系统聚类分析的结果如图 10.1 所示，包括 4 张表和 1 张谱系图，其中在结果目录的 cluster 目录下主要包含以下结果表。

- Eigenvalues of the Correlation Matrix（相关系数特征值表）：给出了相关系数特征值的计算结果，如图 10.2 所示。表中从左到右各列分别为特征值（按从大到小的顺序排列）、特征值之差、贡献率和累积贡献率。

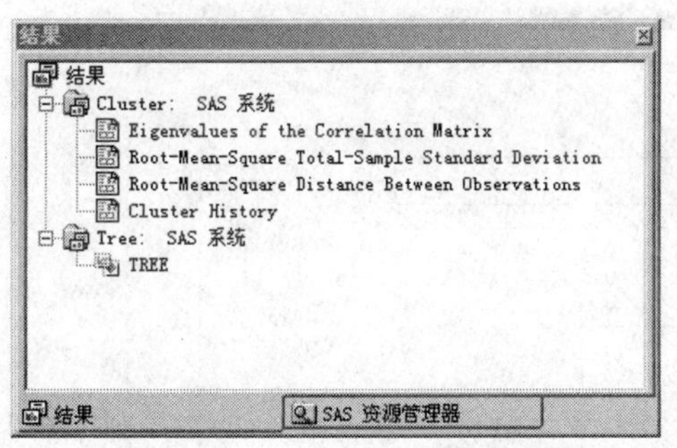

图 10.1　系统聚类的结果目录树

The CLUSTER Procedure
Median Hierarchical Cluster Analysis

Eigenvalues of the Correlation Matrix

	Eigenvalue	Difference	Proportion	Cumulative
1	4.85114892	3.20320259	0.6064	0.6064
2	1.64794633	0.94398447	0.2060	0.8124
3	0.70396186	0.25743440	0.0880	0.9004
4	0.44652746	0.12794684	0.0558	0.9562
5	0.31858063	0.29555516	0.0398	0.9960
6	0.02302547	0.01421615	0.0029	0.9989
7	0.00880932	0.00880932	0.0011	1.0000
8	0.00000000		0.0000	1.0000

The data have been standardized to mean 0 and variance 1

Root-Mean-Square Total-Sample Standard Deviation　1

Root-Mean-Square Distance Between Observations　4

图 10.2　系统聚类的相关系数特征值表

- Cluster History（聚类分析历史表）：给出了整个聚类分析各步分类的过程，如图 10.3 所示。从中可以看到整个分类过程共进行了 12 步。其中聚类分析历史表中第一列 NCL 为当前步中的数据的类别数，从最初的 12 类到最后的 1 类；第 2 列显示了聚类过程中数据的合并方式，例如第一步合并了扬州市和常州市；第 3 列为频数列，显示当期合并的类中有多少样本数；第 4～7 列为聚类分析的相关统计量，分别为 SPRSQ（半偏 R^2）、RSQ（R^2 统计量）、ERSQ（R^2 的近似期望值）、CCC

（三次方聚类标准），其中 R^2 统计量可用于评价聚类的效果，值越大说明聚类的效果越好。随着分类的进行，R^2 统计量不断降低，但是其减少的量并不是随着分类数的增加而一直增加或减少的，从表中可以看到在第 2 步，R^2 统计量的减少较多，从 0.636 到 0.369，所以可以考虑分为 3 类的结果为最终的分类结果，而用户也可以通过半偏 R^2 的值确定分类数。半偏 R^2 值为上一步的 R^2 与该步 R^2 的差值，其值越大，说明上一步的聚类效果好。最后一列为 Norm Median Dist（两个类的中间聚类）。

Cluster History

NCL	--Clusters Joined---		FREQ	SPRSQ	RSQ	ERSQ	CCC	Norm Median Dist	Tie
12	常州市	扬州市	2	0.0033	.997	.	.	0.1998	
11	连云港市	淮安市	2	0.0039	.993	.	.	0.2167	
10	CL12	镇江市	3	0.0088	.984	.	.	0.2813	
9	CL10	泰州市	4	0.0211	.963	.	.	0.4246	
8	无锡市	CL9	5	0.0249	.938	.	.	0.4543	
7	CL8	CL11	7	0.0771	.861	.	.	0.608	
6	徐州市	南通市	2	0.0379	.823	.	.	0.6743	
5	CL6	盐城市	3	0.0446	.778	.	.	0.6332	
4	CL7	宿迁市	8	0.0784	.700	.	.	0.7341	
3	南京市	苏州市	2	0.0642	.636	.	.	0.8778	
2	CL4	CL5	11	0.2672	.369	.533	-1.6	0.9257	
1	CL3	CL2	13	0.3686	.000	.000	0.00	1.1655	

图 10.3　系统聚类的过程

- 另外，在系统聚类结果目录中的 Tree 目录树下，包含 TREE 图，双击该子目录项，将打开如图 10.4 所示的谱系图。从图中可以看到系统聚类各步分类的过程。如果分为 3 类，最后的分类结果介绍如下。
  - 第一类：南京市，苏州市；
  - 第二类：无锡市、常州市、宿迁市、连云港市、淮安市、扬州市、镇江市、泰州市；
  - 第三类：盐城市、徐州市、南通市；

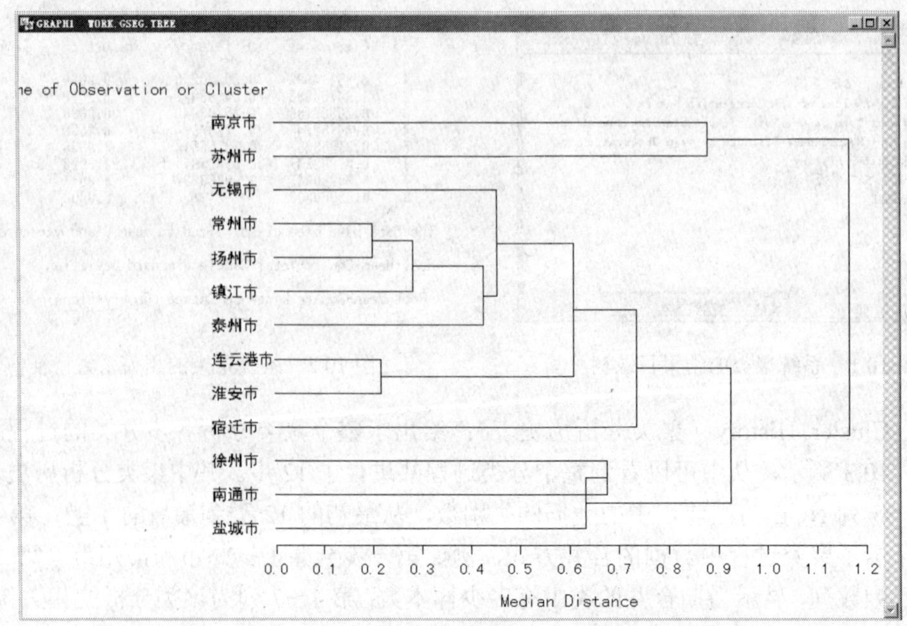

图 10.4　系统聚类的谱系图

10.3　变量聚类

变量聚类主要用于对多个变量的分类，便于提高变量的利用率。本节主要介绍变量聚类的基本概念及其具体实现的方法。

10.3.1　变量聚类方法概述

为了了解变量之间的关系，需要通过变量聚类实现对变量的分类，从而从各个类别中挑选出关键变量，代替数据的整体特征。变量聚类的思想与之前介绍的系统聚类有所差异，这里变量聚类主要是通过相关性来判断变量之间的关系，而类的选择主要是基于主成分变换的思想，使各类的第一主成分对该类数据的解释能力最强。具体的变量聚类的实现过程如下。

（1）初始状态下，所有的变量被看作一个类。

（2）选择一个类对数据进行分裂，类选择的依据为主成分所解释的方差百分比最小，或第二主成分的特征值最大。

（3）把选中的类分裂为两个类。

（4）变量重新归类，重复步骤 2～3，至满足一定条件，停止聚类。

10.3.2　VARCLUS 过程

在 SAS 系统内实现变量聚类的过程为 VARCLUS。其基本的语法格式如下：

```
PROC VARCLUS [选项];
VAR 变量列表;
RUN;
```

其中：

- PROC 语句用于指定分析的过程为 VARCLUS 聚类过程，其后可跟的选项介绍如下。
  - DATA=数据集名：指定需要进行聚类分析的数据集名，可以是原始的 SAS 数据集或者相关分析等计算得的数据集 CORR、COV。
  - OUTTREE=数据集名：保存用于绘制谱系图的聚类数据。
  - OUTSTAT=数据集名：指定存储聚类分析统计量的输出数据集。
  - COV：指定变量聚类中分析协方差矩阵，而不是默认的相关矩阵。
  - PROPORTION=数值：指定每一类中变量的变异至少被解释的百分比，其设置的数值可以为介于 0 和 1 之间的小数，或 1 和 100 之间的正数，例如 PROPORTION=25 和 PROPORTION=0.25 是等价的。
  - MAXEIGEN：指定所有类中第二特征值的上限，超过此值就要分割为两类。
  - MAXC：指定变量聚类分析允许的最大类别数，默认为变量数。
  - MINC：指定变量聚类分析允许的最小类别数。

➢ CORR：结果中输出相关矩阵。
➢ SIMPLE：结果中输出变量基本的统计参数。
➢ NOPRINT：不输出计算结果。

❑ VAR 语句用于指定需要进行聚类的变量。如果不使用该语句，将对数据集内所有的数值型的数据进行聚类分析。

另外，在使用 VARCLUS 过程进行变量聚类后，可以通过其计算的数据 OUTTREE 进一步绘制谱系图，便于用户观察具体的分类过程。谱系图的绘制方法与 CLUSTER 过程相同，同样使用 TREE 过程完成，这里不再详细展开叙述，在本节的实例中将具体演示。

10.3.3　变量聚类实例演示

下面通过一个具体的实例演示变量聚类的过程。

【例 10.2】 变量聚类的 SAS 过程实现。

如表 10.2 所示为济南市 1999 年农村居民人均家庭经营现金支出统计情况，试对其反映支出基本情况的变量进行变量聚类分析。

表 10.2　济南市 1999 年农村居民人均家庭经营现金支出统计

地区	糖类	饮料	白酒	啤酒	糕点	瓜果类	水果	果用瓜	交通和通信支出	娱乐	教育
历下区	1.49	13.27	4.21	5.1	1.32	18.4	7.98	8.3	118.44	281.93	107.09
市中区	2.85	26.32	8.19	9.99	2.86	56.49	25.03	29.73	221.76	423.96	225
槐荫区	1.81	25.86	9.24	10.62	3.62	30.32	20.22	8.94	61.01	292.99	87.86
天桥区	2.35	29.39	6.18	10.14	3.53	67.92	28.64	37.69	136.64	252.58	84.97
历城区	1.37	15.35	5.85	6.71	1.93	29.81	19.01	9.36	94.6	177.09	81.43
长清县	2.76	18.35	9.75	6.78	2.79	22.97	12.61	9.61	100.48	176.48	112.48
平阴县	3	12.06	6.29	3.96	1.99	26.83	18.27	8.11	87.79	148.95	118.1
商河县	0.96	12.6	4.05	4.45	1.34	16.52	6.32	9.74	85.14	112.68	41.66
济阳县	1.31	16.55	6.55	5.61	2.73	15.16	10.34	4.44	85.01	102.2	82.49
章丘市	1.52	19.78	7.14	7.51	2.54	27.76	16.18	10.74	143.18	213.66	127.39

本实例需要进行变量的聚类分析，首先创建一个数据集，其中变量 type 用于定义不同的地区，而变量 x1～x11 为表 10.2 中反映农村居民人均家庭经营现金支出情况的 11 个变量；然后通过 VARCLUS 过程进行变量聚类，在其中保存 OUTTREE 数据用于在 TREE 过程中绘制谱系图。下面为具体的程序。

```
data test;                                   /*创建数据集*/
input type$ x1-x11;
cards;
历下区 1.49  13.27  4.21  5.1    1.32  18.4   7.98   8.3    118.44  281.93  107.09
市中区 2.85  26.32  8.19  9.99   2.86  56.49  25.03  29.73  221.76  423.96  225
槐荫区 1.81  25.86  9.24  10.62  3.62  30.32  20.22  8.94   61.01   292.99  87.86
天桥区 2.35  29.39  6.18  10.14  3.53  67.92  28.64  37.69  136.64  252.58  84.97
历城区 1.37  15.35  5.85  6.71   1.93  29.81  19.01  9.36   94.6    177.09  81.43
长清县 2.76  18.35  9.75  6.78   2.79  22.97  12.61  9.61   100.48  176.48  112.48
平阴县 3     12.06  6.29  3.96   1.99  26.83  18.27  8.11   87.79   148.95  118.1
```

```
商河县 0.96  12.6   4.05  4.45   1.34  16.52  6.32   9.74   85.14   112.68  41.66
济阳县 1.31  16.55  6.55  5.61   2.73  15.16  10.34  4.44   85.01   102.2   82.49
章丘市 1.52  19.78  7.14  7.51   2.54  27.76  16.18  10.74  143.18  213.66  127.39
;
run;
proc varclus data=test outtree=treedata;    /*执行变量聚类分析*/
var x1-x11;                                 /*指定聚类分析的变量*/
run;
proc tree data=treedata horizontal;         /*绘制水平谱系图*/
run;
```

执行上述程序，生成的结果目录树如图 10.5 所示，从中可以看到变量聚类分析的结果主要包括 Varclus 和 Tree 两个目录，而其中 Varclus 目录下又包含三次聚类的过程，在每一步聚类中 SAS 系统都输出了相关的统计表。

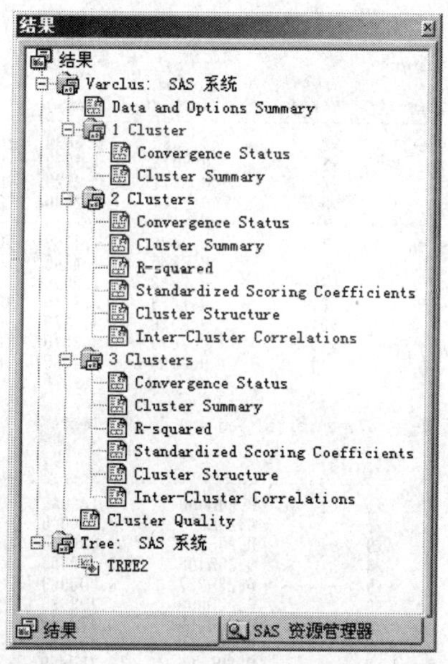

图 10.5　变量聚类的结果目录树

- 第一步的变量聚类分析将全部的变量分为一类，具体的汇总结果表如图 10.6 所示。其分类对方差的解释能力为 6.693 336，贡献率为 0.6085，第二特征值为 1.7132。

Cluster Summary for 1 Cluster

Cluster	Members	Cluster Variation	Variation Explained	Proportion Explained	Second Eigenvalue
1	11	11	6.693336	0.6085	1.7132

Total variation explained = 6.693336 Proportion = 0.6085

Cluster 1 will be split because it has the largest second eigenvalue, 1.713189, which is greater than the MAXEIGEN=1 value.

图 10.6　变量聚类的第一步结果汇总表

- 第二步的变量聚类分析将全部的变量分为两类，其中变量 x2，x3，x4 和 x5 归为一类，而剩下的变量归为另一类，如图 10.7 所示。第二步的聚类分析结果中除了给出分类的汇总表外，还给出了分类的相关统计量、标准回归系数、类结构表和类的相关系数表，如图 10.7 所示。其中，

- 分类的相关统计量中 R-squared with own cluster 是各指标与所属类的相关系数的平方，而 R-squared with next closet 是各指标与相邻类的相关系数的平方。
- 标准回归系数表给出了标准化指标分类的标准回归系数。
- 类结构表给出了因子模型的系数。

在该步所获得的结果不是变量聚类的最后结果，所以对于其中的结果表暂不做详细的介绍，在下面一步的聚类分析中，会对其中的结果做详细介绍。

Cluster Summary for 2 Clusters

Cluster	Members	Cluster Variation	Variation Explained	Proportion Explained	Second Eigenvalue
1	4	4	3.312815	0.8282	0.5477
2	7	7	4.68864	0.6698	1.0621

Total variation explained = 8.001454 Proportion = 0.7274

2 Clusters Cluster	Variable	R-squared with Own Cluster	Next Closest	1-R**2 Ratio
Cluster 1	x2	0.8953	0.5634	0.2397
	x3	0.6073	0.1292	0.4510
	x4	0.8921	0.4923	0.2126
	x5	0.9181	0.2600	0.1106
Cluster 2	x1	0.4488	0.1769	0.6697
	x6	0.8245	0.4505	0.3194
	x7	0.6993	0.5516	0.6707
	x8	0.7499	0.3215	0.3686
	x9	0.6926	0.0978	0.3408
	x10	0.6670	0.3310	0.4978
	x11	0.6066	0.1458	0.4606

Standardized Scoring Coefficients

Cluster	1	2
x1	0.000000	0.142885
x2	0.285625	0.000000
x3	0.235230	0.000000
x4	0.285105	0.000000
x5	0.289237	0.000000
x6	0.000000	0.193663
x7	0.000000	0.178354
x8	0.000000	0.184695
x9	0.000000	0.177496
x10	0.000000	0.174182
x11	0.000000	0.166114

Cluster Structure

Cluster	1	2
x1	0.420652	0.669934
x2	0.946223	0.750606
x3	0.779274	0.359401
x4	0.944501	0.701650
x5	0.958190	0.509888
x6	0.671223	0.908016
x7	0.742718	0.836236
x8	0.567036	0.865966
x9	0.312804	0.832214
x10	0.575319	0.816677
x11	0.381873	0.778848

Inter-Cluster Correlations

Cluster	1	2
1	1.00000	0.64646
2	0.64646	1.00000

Cluster 2 will be split because it has the largest second eigenvalue, 1.06206, which is greater than the MAXEIGEN=1 value.

图 10.7　变量聚类的第二步结果表

- 第三步的变量聚类分析将第二步中的第二类的变量分为了两类，如图 10.8 所示，其中包括聚类汇总表、相关分类的统计表、标准回归系数表、聚类结构表、各类相关系数表。由于该步为最后的分类结果，这里将详细讲述该步中的聚类分析结果。
  - 聚类汇总表给出了用于聚类分析的基本情况，如图 10.8 所示，该表从左到右分别为：Cluster（类别数）、Members（构成的元素）、Cluster Variation（类的变异）、Variation Explained（主成分解释能力的方差）、Proportion Explained（主成分解释能力的贡献率）和 Second Eigenvalue（第二特征值）。
  - R^2 统计表给出了相关分类的统计情况，如图 10.9 所示。从中可以看到最后的分类情况如下。

    第一类：变量 x2，x3，x4 和 x5；

    第二类：变量 x1，x6，x7 和 x8；

    第三类：变量 x9，x10 和 x11。

Cluster Summary for 3 Clusters

Cluster	Members	Cluster Variation	Variation Explained	Proportion Explained	Second Eigenvalue
1	4	4	3.312815	0.8282	0.5477
2	4	4	3.134528	0.7836	0.6579
3	3	3	2.537037	0.8457	0.3035

Total variation explained = 8.98438 Proportion = 0.8168

图 10.8　变量聚类的聚类汇总表

3 Clusters

Cluster	Variable	R-squared with Own Cluster	R-squared with Next Closest	1-R**2 Ratio
Cluster 1	x2	0.8953	0.6302	0.2830
	x3	0.6073	0.1127	0.4426
	x4	0.8921	0.5096	0.2201
	x5	0.9181	0.3826	0.1326
Cluster 2	x1	0.4557	0.2690	0.7445
	x6	0.9581	0.4505	0.0763
	x7	0.8725	0.5516	0.2844
	x8	0.8482	0.3731	0.2421
Cluster 3	x9	0.8596	0.3925	0.2311
	x10	0.7936	0.3940	0.3406
	x11	0.8839	0.2820	0.1617

图 10.9　变量聚类的 R^2 统计表

- 标准回归系数表如图 10.10 所示，给出了从标准化的变量预测分类结果的系数：

$$C1=0.285625*x2+0.235230*x3+0.28510*x4+0.28923*x5$$

$$C2=0.215369*x1+0.31227*x6+0.29799*x7+0.293825*x8$$

$$C3=0.365441*x9+0.351131*x10+0.370567*x11$$

- 聚类结构表给出了每个变量与各类主成分的相关系数，如图 10.11 所示。

3 Clusters

Cluster	Variable	R-squared with Own Cluster	R-squared with Next Closest	1-R**2 Ratio
Cluster 1	x2	0.8953	0.6302	0.2830
	x3	0.6073	0.1127	0.4426
	x4	0.8921	0.5096	0.2201
	x5	0.9181	0.3826	0.1326
Cluster 2	x1	0.4557	0.2690	0.7445
	x6	0.9581	0.4505	0.0763
	x7	0.8725	0.5516	0.2844
	x8	0.8482	0.3731	0.2421
Cluster 3	x9	0.8596	0.3925	0.2311
	x10	0.7936	0.3940	0.3406
	x11	0.8839	0.2820	0.1617

图 10.10　变量聚类的标准回归系数表

Cluster Structure

Cluster	1	2	3
x1	0.420652	0.675080	0.518640
x2	0.946223	0.793862	0.537500
x3	0.779274	0.335656	0.315575
x4	0.944501	0.713849	0.540272
x5	0.958190	0.618538	0.262908
x6	0.671223	0.978818	0.625213
x7	0.742718	0.934058	0.536006
x8	0.567036	0.921003	0.610824
x9	0.312804	0.626490	0.927138
x10	0.575319	0.627694	0.890833
x11	0.381873	0.531038	0.940143

图 10.11　变量聚类的聚类结构表

- 各类相关系数表：给出了各类之间的相关系数表，如图 10.12 所示。

Inter-Cluster Correlations

Cluster	1	2	3
1	1.00000	0.68813	0.45783
2	0.68813	1.00000	0.64613
3	0.45783	0.64613	1.00000

图 10.12　变量聚类的各类相关系数表

- 聚类分析的评价表给出了每一步聚类的效果评价参数，如图 10.13 所示。表从左到右的参数分别为 Number of Clusters（类别数）、Total Variation Explained by Clusters（各类总的方差解释量）、Proportion of Variation Explained by Clusters（各类方差贡献率）、Minimum Proportion Explained by Cluster（各类解释方差的最小比例）、Maximum Second Eigenvalue in a Cluster（各类解释方差的最大比例）、Minimum R-squared for a Variable（各类最小 R^2）和 Maximum 1-R**2 Ratio for a Variable（各类最大 $1\text{-}R^2$ 比）。

Number of Clusters	Total Variation Explained by Clusters	Proportion of Variation Explained by Clusters	Minimum Proportion Explained by a Cluster	Maximum Second Eigenvalue in a Cluster	Minimum R-squared for a Variable	Maximum 1-R**2 Ratio for a Variable
1	6.693336	0.6085	0.6085	1.713189	0.3138	
2	8.001454	0.7274	0.6698	1.062060	0.4488	0.6707
3	8.984380	0.8168	0.7836	0.657950	0.4557	0.7445

图 10.13　变量聚类的评价表

10.4　快速聚类

当统计样本的容量较大时，通过上述的方法进行聚类分析可能是不太现实的，计算的成本较大，需要对每一个样本（变量）类间距离进行不断的计算和比较。快速聚类是有效处理大样本数据分类的方法。该方法首先将数据分为若干类，然后基于类间样本（变量）的距离较小的原则，不断调整分类的结果，使最后的数据分类产生类内距离最小、类间距离最大的分类效果。本节将首先对快速聚类方法的实现做具体介绍，然后通过实例向读者演示其操作流程。

10.4.1　快速聚类方法概述

快速聚类方法基本原理为根据初始的凝聚点对样本进行初步分类，然后根据初步分类结果不断优化分类结果，至产生最好的分类结果为止。其具体的实现过程如下。

（1）可以随机或根据用户经验选择若干个样本作为凝聚点。

（2）计算各个样本到凝聚点的距离，根据就近原则，将各样品划分到距离最近的类中，使其成为一类。

（3）根据新的分类结果，重新计算每一类的凝聚点。

（4）使用新的凝聚点重复步骤 2，调整分类结果，不断反复，至最后达到最优的分类结果。

10.4.2　FASTCLUS 过程

FASTCLUS 过程是 SAS 系统中专门用于快速聚类的过程，可用于大样本观测的快速聚类，且聚类后可以输出各类间的统计参数，方便用户比较。

其基本的语法格式为：

```
PROC FASTCLUS [选项];
VAR 变量列表;
ID 观测序号;
RUN;
```

其中：

- PROC 语句用于指定分析的过程为 FASTCLUS 快速聚类过程，其后可跟的选项介绍如下。
  - DATA=数据集名：指定快速聚类过程的输入数据集。
  - DISTANCE：输出各类样品均值间的距离。
  - CLUSTER=变量名：设置生成的结果数据集中，存储观测属于哪一类变量的名字，默认为 CLUSTER。
  - OUT=数据集名：规定输出结果数据集的名称，其中包括原始数据集和 DISTANCE 和 CLUSTER 中存储的变量。
  - SEED=数据集名：根据用户经验指定初始凝聚点的数据集。
  - MEAN=数据集名：用于存储各类均值和相关统计量的一个输出数据集。
  - MAXCLUSTERS=K：控制聚类分析过程中允许的最大分类个数，即最大凝聚点个数，默认为 100。
  - RADIUS=T：设置凝聚点选择的最小距离准则。当观测点与已有的凝聚点的最小距离均大于 T 值时，该观测可考虑用作新的凝聚点。
  - REPLACE=FULL|PART|NONE|RANDOM|NONE 设置聚类分析中凝聚点替换的方法，包括 FULL（一般替换方式，默认选项）、PART（观测和最近的凝聚点的距离大于凝聚点之间的最小距离时替换）、RANDOM（选择伪随机样本作为凝聚点）、NONE（禁止凝聚点的替换）。
  - LIST：列出最终的分类结果，其中包括观测的序号、观测的分类号、观测到凝聚点的距离。
- VAR 语句用于指定需要进行聚类的变量。如果不使用该语句，将对数据集内所有的数值型的数据进行聚类分析。
- ID 语句用于观测数据的识别。

用户在使用 FASTCLUS 的过程中需要注意以下几点：

- FASTCLUS 过程在计算过程中不会对数据进行标准化，因而在进行 FASTCLUS 过程快速聚类分析前，往往需要用 STANDARD 过程，先将原始数据标准化。
- FASTCLUS 过程不能自动确定类别数，要根据用户经验确定类别数。
- 要根据用户经验选取凝聚点，或者控制系统自动选取初始凝聚点。
- 无法输出谱系图。

10.4.3　快速聚类实例演示

下面通过一个具体实例演示快速聚类的实现。

【例 10.3】 快速聚类的 SAS 过程实现。

对不同年份新疆维吾尔自治区历年农、林、牧、渔业总产值进行聚类分析，如表 10.3 所示。

表 10.3　新疆维吾尔自治区历年农.林.牧.渔业总产值统计

年份	农林牧渔业总产值	农业产值	林业产值	牧业产值	渔业产值
1983	433 934	326 702	15 202	91 329	701
1984	498 889	382 428	17 423	98 283	755
1985	565 699	429 519	25 906	108 598	1676
1986	655 231	492 834	25 528	134 066	2803
1987	816 349	567 006	24 803	220 269	4271
1988	1 084 589	758 089	28 880	290 696	6924
1989	1 214 984	840 690	30 912	334 911	8471
1990	1 446 535	1 104 742	38 152	294 963	8678
1991	1 620 078	1 245 437	42 356	322 413	9872
1992	1 724 197	1 312 184	42 221	358 244	11 548
1993	1 982 025	1 468 176	47 737	451 759	11 353
1994	3 064 721	2 337 813	59 772	646 907	20 229
1995	4 057 332	3 150 055	56 381	823 351	27 545
1996	4 309 617	3 340 735	61 940	875 560	31 382
1997	4 764 743	3 738 602	64 913	925 923	35 305
1998	4 992 355	3 873 616	74 394	1 008 783	35 562
1999	461 150 3	3 409 380	75 565	1 092 279	34 279
2000	4 872 005	3 605 405	83 451	1 145 142	38 007
2001	4 968 125	3 488 409	100 847	1 340 236	38 633

本实例中使用快速聚类算法，首先创建数据集，其中 y 中存放变量年份，而表 10.3 中农、林、牧、渔业总产值数据分别存储在变量 x1～x5 中；然后，通过 STANDARD 过程对数据进行标准化；最后，通过 FASTCLUS 过程实现变量聚类，其中最大凝聚点设为 5，并列出所有的分类结果。具体程序如下：

```
data test;                                              /*创建数据集*/
input y x1-x5;
cards;
1983    433934  326702  15202   91329   701
1984    498889  382428  17423   98283   755
1985    565699  429519  25906   108598  1676
1986    655231  492834  25528   134066  2803
1987    816349  567006  24803   220269  4271
1988    1084589 758089  28880   290696  6924
1989    1214984 840690  30912   334911  8471
1990    1446535 1104742 38152   294963  8678
```

```
1991    1620078 1245437 42356   322413  9872
1992    1724197 1312184 42221   358244  11548
1993    1982025 1468176 47737   451759  11353
1994    3064721 2337813 59772   646907  20229
1995    4057332 3150055 56381   823351  27545
1996    4309617 3340735 61940   875560  31382
1997    4764743 3738602 64913   925923  35305
1998    4992355 3873616 74394   1008783 35562
1999    4611503 3409380 75565   1092279 34279
2000    4872005 3605405 83451   1145142 38007
2001    4968125 3488409 100847  1340236 38633
;
run;
proc standard data=test out=testdata mean=0 std=1;           /*数据标准化*/
var x1-x5;
run;
proc fastclus data=testdata maxclusters=5 list;              /*快速聚类*/
var x1-x5;
id y;
run;
```

执行上述程序，生成的结果目录树如图 10.14 所示，从中可以看到快速聚类分析的结果主要包括 10 张统计表。

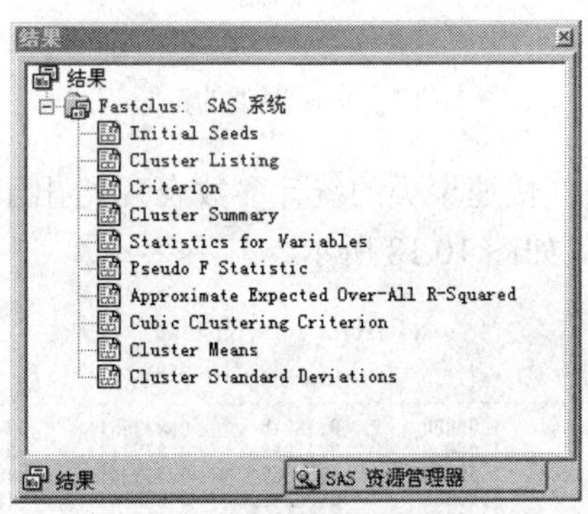

图 10.14　变量聚类的评价表

其中，

- Initial Seeds（初始凝聚点表）：给出了初始设置的 5 个凝聚点，如图 10.15 所示。

The FASTCLUS Procedure
Replace=FULL Radius=0 Maxclusters=5 Maxiter=1

Initial Seeds

Cluster	x1	x2	x3	x4	x5
1	-1.154392041	-1.143952641	-1.363884568	-1.141656374	-1.155394648
2	-0.293424634	-0.307597229	-0.020386167	-0.256082214	-0.412285052
3	0.308714366	0.329583830	0.476586424	0.223395149	0.206928436
4	-0.720012800	-0.767354799	-0.715156740	-0.543176988	-0.613340428
5	1.367288317	1.172622911	2.172735088	1.926899980	1.490834529

图 10.15　快速聚类的初始凝聚点

- Cluster Listing（分类结果表）：给出了最终的分类结果，如图 10.16 所示。最后的数据被分为 5 个类，其中表中第 1 列为观测序号，第 2 列为数据中的年份变量，第 3 列为各观测所属的类别，第 4 列为所属类到凝聚点的距离。最后的分类结果为。

- 第 1 类，1983—1987；
- 第 2 类，1891—1893；
- 第 3 类，1894—1896；
- 第 4 类，1988—1990；
- 第 5 类，1997—2007。

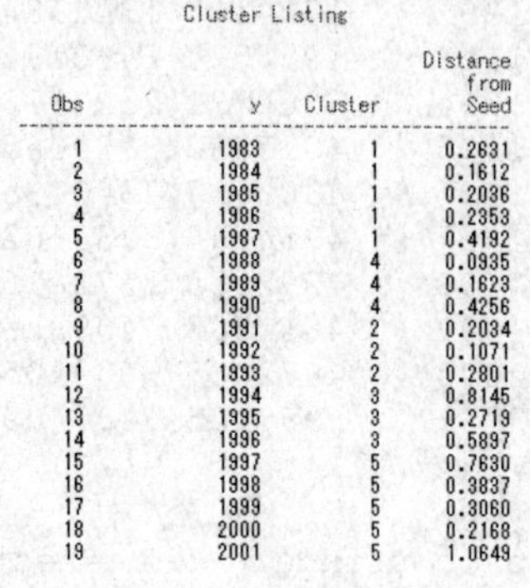

Cluster Listing

Obs	y	Cluster	Distance from Seed
1	1983	1	0.2631
2	1984	1	0.1612
3	1985	1	0.2036
4	1986	1	0.2353
5	1987	1	0.4192
6	1988	4	0.0935
7	1989	4	0.1623
8	1990	4	0.4256
9	1991	2	0.2034
10	1992	2	0.1071
11	1993	2	0.2801
12	1994	3	0.8145
13	1995	3	0.2719
14	1996	3	0.5897
15	1997	5	0.7630
16	1998	5	0.3837
17	1999	5	0.3060
18	2000	5	0.2168
19	2001	5	1.0649

图 10.16　快速聚类的分类结果表

- Cluster Summary（快速聚类的汇总表）：给出了快速聚类的汇总表，如图 10.17 所示。显示了每一类的基本信息，该表从左到右分别为类别数、频数、类内标准差、最邻近的类和类重心间的距离。

Cluster Summary

Cluster	Frequency	RMS Std Deviation	Maximum Distance from Seed to Observation	Radius Exceeded	Nearest Cluster	Distance Between Cluster Centroids
1	5	0.1290	0.4192		4	0.9003
2	3	0.1146	0.2801		4	0.6964
3	3	0.3294	0.8145		5	1.5479
4	3	0.1237	0.4256		2	0.6964
5	5	0.3166	1.0649		3	1.5479

图 10.17　快速聚类的汇总表

- Statistics for Variables（快速聚类的统计参数表）：给出了每个变量的相关统计参数，包括标准差、R^2 等，如图 10.18 所示。

Statistics for Variables

Variable	Total STD	Within STD	R-Square	RSQ/(1-RSQ)
x1	1.00000	0.16215	0.979551	47.902162
x2	1.00000	0.17888	0.975113	39.181941
x3	1.00000	0.33302	0.913741	10.592977
x4	1.00000	0.25292	0.950247	19.099164
x5	1.00000	0.17769	0.975443	39.721382
OVER-ALL	1.00000	0.23010	0.958819	23.283002

Pseudo F Statistic =　81.49

Approximate Expected Over-All R-Squared =　.

Cubic Clustering Criterion =　.

WARNING: The two values above are invalid for correlated variables.

图 10.18　快速聚类的统计参数表

- Cluster Means（类均值表）：给出了各类变量均值，如图 10.19 所示。

Cluster Means

Cluster	x1	x2	x3	x4	x5
1	-1.065360341	-1.061160875	-1.092566852	-1.045391369	-1.061899016
2	-0.408320135	-0.400095677	-0.170379529	-0.438604889	-0.442189888
3	0.723509233	0.772906012	0.459752260	0.555168711	0.636407320
4	-0.701260238	-0.723038553	-0.643470457	-0.612106302	-0.644500988
5	1.297003025	1.271297806	1.305025487	1.342716857	1.332069149

图 10.19　快速聚类的类均值表

- Cluster Standard Deviations（类标准差表）：给出了各类变量标准差，如图 10.20 所示。

```
                         Cluster Standard Deviations

Cluster             x1              x2              x3              x4              x5
--------------------------------------------------------------------------------------
   1      0.0827971679    0.0687158786    0.2089970737    0.1295652899    0.1054322994
   2      0.1036291244    0.0837550366    0.1299279635    0.1640838287    0.0639406359
   3      0.3660090874    0.3902315920    0.1156987010    0.2943960441    0.3952889055
   4      0.1019495500    0.1326684377    0.2012535066    0.0599242544    0.0668687651
   5      0.0872778388    0.1371877424    0.5559685517    0.3853712696    0.1303246218
```

图 10.20　快速聚类的类标准差表

10.5　本 章 小 结

本章主要介绍了如何在 SAS 系统内实现聚类分析。在本章中主要介绍了三种聚类分析（系统聚类、变量聚类、快速聚类）的实现方法。在今后的使用中，读者应该结合实际的需要选择合适的聚类算法。

10.6　习　　题

1．下表为江苏省主要城市的单位与有证照个体经营户的地区分布的统计数据，试对其进行系统聚类分析，以划分不同城市所在的类别。

单位与有证照个体经营户的地区分布

城市	法人单位		产业活动单位		有证照的个体经营户	
	数量（万个）	比重（%）	数量（万个）	比重（%）	数量（万个）	比重（%）
南京	6.15	9.8	7.04	10.0	14.91	8.4
无锡	7.77	12.3	8.51	12.1	13.74	7.8
徐州	3.73	5.9	4.23	6.0	13.78	7.8
常州	5.38	8.5	5.78	8.2	11.45	6.5
苏州	13.53	21.4	14.62	20.8	25.65	14.5
南通	5.67	9.0	6.33	9.0	23.55	13.3
连云港	2.25	3.6	2.69	3.8	7.70	4.4
淮安	2.58	4.1	3.11	4.4	9.38	5.3
盐城	3.99	6.3	4.55	6.5	18.01	10.2
扬州	3.57	5.7	4.10	5.8	10.99	6.2
镇江	2.98	4.7	3.24	4.6	6.85	3.8
泰州	3.49	5.6	3.93	5.6	13.19	7.5
宿迁	1.99	3.1	2.24	3.2	7.58	4.3

2．下表为不同学校的教育基本统计情况，试对其反映教育基本情况的变量学校数（所）

毕业生数（人）、招生数（人）、在校学生数（人）、教职工数（人）和专任教师数（人）进行变量聚类分析。

枣冬市 2007 年教育基本情况

项目	学校数（所）	毕业生数（人）	招生数（人）	在校学生数（人）	教职工数（人）	专任教师数（人）
本科院校	1	2545	3310	10278	876	565
专科院校	1	1560	1620	2656	708	448
普通中等专业学校	6	5494	8542	24523	804	547
成人中等专业学校	2	1566	4559	11534	123	85
职业高中学校	13	7477	8977	24378	1360	973
普通高中	31	28135	27943	80052	18703	4149
普通初中	134	72434	56458	178619	220420	10590
普通小学	725	56381	45146	284326	19637	18286
特殊教育学校	4	90	230	1132	173	149
幼儿教育	626	35183	44139	68024	3126	2094

3．根据下表的数据，进行快速聚类分析。

黑龙江垦区农（牧）场奔小康主要考核指标统计

场别	人均国内生产总值（元／人）	人均纯收入（元／人）	人均家庭纯财产（元／人）	人均衣着支出（元／人）	人均动物性食物摄入量（公斤／人）	人均砖瓦建筑住宅面积（平方米／人）	自来水入户率（%）	高中教育普及率（%）
二九0	11 314	4575	7933	413	39	16	80	89
绥滨	13 234	4949	7353	510	47	16	83	92
江滨	10 764	3891	6809	403	39	16	80	93
军川	11 792	4439	7282	378	39	15	66	86
名山	11 508	3828	5514	335	39	15	55	96
延军	5849	2509	4206	428	31	13	62	96
共青	11 478	3524	7755	383	39	16	75	72
宝泉岭	11 935	4105	7043	449	36	17	54	65
新华	8250	3649	5795	349	37	15	76	100
普阳	20 082	5118	9275	544	39	15	98	100
汤原	9055	3327	5129	343	35	14	83	100
依兰	7850	3318	5368	307	30	12	88	86
梧桐河	7140	2342	4447	300	30	15	49	100
友谊	6331	3783	6100	367	43	11	44	69
五九七	5572	3295	5425	320	32	15	68	51
八五二	11 801	3810	5423	374	34	16	98	84

续表

场别	人均国内生产总值（元／人）	人均纯收入（元／人）	人均家庭纯财产（元／人）	人均衣着支出（元／人）	人均动物性食物摄入量（公斤／人）	人均砖瓦建筑住宅面积（平方米／人）	自来水入户率（%）	高中教育普及率（%）
八五三	10 797	3673	5337	366	36	15	98	93
饶河	9564	3661	5564	383	37	15	93	86
二九一	11 032	4270	8010	472	43	17	85	92
双鸭山	5260	3080	4941	436	35	15	80	79
江川	10 218	4507	5486	607	39	16	74	92
曙光	7538	3440	4576	338	31	15	96	71
北兴	6260	4012	6134	353	36	16	96	71
红旗岭	11 602	3358	5037	316	32	14	91	91
宝山	18 925	3469	4924	406	39	12	91	100
八五九	11 421	4129	6280	347	33	20	72	70
胜利	9591	4184	6907	373	38	12	87	100
七星	9864	3539	6277	367	35	13	51	78
勤得利	8435	3502	5233	279	28	14	71	55
大兴	8045	3119	4815	294	27	12	30	82
青龙山	13 130	5010	9621	394	36	15	76	95
前进	12 476	4162	5542	333	34	13	90	56
创业	15 492	6078	6942	414	37	16	85	78
红卫	9746	3472	4570	247	27	14	80	70
前哨	7846	3520	4839	307	34	15	57	68
前锋	12 052	3283	4717	267	28	13	57	81

第 11 章　判别分析

判别分析也是一种数据分类的方法，但与之前介绍的聚类分析不同的是，判别分析需要根据已有的数据分类情况，建立一定的判别准则，从而实现对未知样本的分类。本章将重点介绍判别分析在 SAS 系统内的实现。通过本章的学习，读者将掌握一般判别分析、典型判别分析和逐步判别分析的 SAS 实现方法。

11.1　判别分析方法概述

判别分析是根据已有的数据分类知识，建立一个判别准则，使其错判率最低，进而基于判别准则实现对未知样本所属类别判断的统计方法。本节将简单介绍判别分析的基本原理和步骤，使用户对算法有一定的了解。

11.1.1　判别分析的基本思想

判别分析的实现需要依赖于已知的观测数据，这些观测数据应该具有明确的数据分类，然后根据这些观测数据，通过判别分析，建立判别函数对数据进行分类，使数据的错判率最低，然后根据建立的判别函数可以实现对未知分类数据的所属类别的判断。例如我们要对某市空气质量进行评判，首先需要测定影响空气质量的相关变量，然后根据已有的历史数据中对空气质量的评定，即在一定的影响空气质量的变量下空气的质量等级的已知数据，建立判别函数，实现对未知空气质量的评级。

11.1.2　判别分析的基本步骤

判别分析的本质是要建立一个可靠的判别函数。判别函数一般为基于分类数据各变量的线性组合函数，每一个观测的各变量的数据代入判别函数，得到函数值，根据函数值的大小，按照判别准则实现对样品的分类。而不同的判别分析的差异主要在于判别函数的构建和样本分类时判别准则有所差异。

在 SAS 系统内可用于实现一般判别分析、典型判别分析和逐步判别分析 3 种，分别对应过程 DISCRIM、CANDISC 和 STEPDISC 这 3 种，在下面的章节中将详细介绍这 3 种过程的实现。

11.2　一般判别分析

一般判别分析是最基础的判别分析，包括距离判别法和贝叶斯判别法两种，在 SAS 系统内使用 DISCRIM 过程实现。本节将重点介绍一般判别分析的基本思想及其实现方法。

11.2.1　一般判别分析方法概述

在 SAS 系统中，一般判别分析法根据判别准则的不同可以分为距离判别和贝叶斯判别两种，其中前者是基于类别之间的距离进行判别，而后者是根据所属类的概率进行分类。

1. 距离判别法

距离判别法根据各样本到类的距离远近来分类，将各样本划分到距离其最近的类中。简单来讲，如果需要进行的判别分析为两类的判别分析，假设样本到第一类的距离为 $d1$，到第二类的距离为 $d2$，根据下列的准则实现样品的分类。

- ❑ $d1< d2$：样品属于第一类；
- ❑ $d1> d2$：样品属于第二类；
- ❑ $d1= d2$：样品所属类别无法判断。

而对于多分类的问题，则取与样本的距离最近的类别，确定为样本的所属类。

2. 贝叶斯判别法

贝叶斯判别法是以概率为准则的判别分析，使每个样本到其所分的类中的概率最大。在贝叶斯判别分析中计算的是各个样本属于各个类别的概率，根据概率值的大小，将各个样本划分到概率最大的分类中。

11.2.2　DISCRIM 一般判别分析过程

在 SAS 系统内 DISCRIM 过程可用于一般的判别分析，建立判别准则，实现对未知样本的判别分析。其基本的调用格式为：

```
PROC DISCRIM [选项];
CLASS 变量;
VAR 变量;
PRIORS 选项;
BY 变量;
```

其中：

- ❑ PROC 语句为必需语句，用于指定需要分析的过程为 DISCRIM 过程，其后可跟的选项介绍如下。
  - ➢ DATA=数据集名：设置判别分析的训练数据集。
  - ➢ TESTDATA=数据集名：用于检验判别分析效果的检验数据集，其中包含的变量应与 DATA 选项指定的数据集中的变量一致。

- OUTSTAT=数据集名：指定一个数据集用于输出判别分析的相关统计参数，包括均值、标准误、判别统计量等。
- OUT=数据集名：指定一个数据集，其中将保存对原始训练数据的重分类结果。
- TESTOUT=数据集名：指定一个数据集，其中保存对检验数据集的分类结果。
- CROSSVALIDATA：规定进行交互验证的判别分析。
- SIMPLE：输出变量简单的描述性统计结果。
- ANOVA：对判别分析数据集内的每一个变量进行一元方差分析，用于判断各变量在判别函数中是否具有显著意义。
- METHOD=NORMAL|NPAR：指定判别分析使用的方法，可供选择的方法包括 NORMAL（参数方法，默认）和 NPAR（非参数方法），其中，前者要求数据符合正态分布，基于组内协方差或合并协方差矩阵建立判别函数，后者不要求数据为正态分布，基于组内概率密度，进行非参数估计。
- POOL=YES|NO|TEST：规定判别分析中距离的计算基于合并协方差阵或组内协方差矩阵，其中，YES 选项要求使用合并协方差阵计算判别函数，NO 选项表示由组内协方差矩阵计算判别函数，TEST 选项检验组内方差的一致性。
- R=数值：该选项用于 METHOD=NPAR 时，指定非参数法时核估计的半径值。
- K=数值：该选项用于 METHOD=NPAR 时，指定最邻近估计的样本数，不可与 R 选项同时使用。
- KERNEL=UNIFORM|NORMAL|EPANECHNIKOV|BIWEIGHT|TRIWEIGHT：规定核估计的函数类型，默认情况下为 UNIFORM（均匀核密度函数）。
- LIST：显示已知分类的数据集的重分类的结果。
- LISTERR：显示错误分类的结果。
- CROSSLIST：在 OUTPUT 输出数据集中输出每个训练样本交互验证的判别分析结果。
- CROSSLISTERR：仅对交互验证中错误的判别分析观测在 OUTPUT 输出数据集中输出。
- TESTLIST：在结果窗口显示对检验未知样本（TESTDATA 指定的数据集）的所有分类结果。
- TESTLISTERR：在结果窗口显示对检验未知样本（TESTDATA 指定的数据集）的错误分类结果。

- ❑ CLASS 语句为必需的，指定判别分析用的分类变量名，变量类型可以为数值型或字符型。
- ❑ VAR 语句指定判别分析中使用的变量，默认情况下将对数据集内的所有数值型的变量进行判别分析。
- ❑ PRIORS 语句：指定各类的先验概率值，可以有以下几种选项。
  - EQUAL：各类的先验概率相等，默认选项。
  - PROPORTIONAL|PROP：按照样本出现的比例设置各类别的先验概率。
  - 直接指定各类的先验概率，例如需要分为 A、B、C 三类，而又已知 A 类样本大概占 20%，B 类样本占 30%，C 类样本占 50%，则 PRIORS 语句可以写为：

PRIORS A=0.2 B=0.3 C=0.5。

- BY 语句用于设置分组变量，其使用方式与之前介绍过的过程类似，这里不再详细展开叙述。

11.2.3　一般判别分析实例

本节主要通过一个具体实例演示 DISCRIM 过程的实现。

【例 11.1】一般判别分析的 SAS 过程实现。

如表 11.1 所示为北京市工业产值和工业经济效益的统计数据，试根据该表数据对经济发达水平的判别，对表 11.2 中的地区的经济发达水平进行判别分析。

表 11.1　北京市工业产值/工业经济效益统计

地区	港澳台商投资经济（亿元）	外商投资经济（亿元）	工业企业增加值（亿元）	工业企业资产总计（亿元）	工业企业负债合计（亿元）	工业企业产品销售收入（亿元）	工业企业利润总额（亿元）	经济发达水平
西城区	1.96	18.85	19.34	198.49	89.11	59.88	2.34	中
崇文区	0.94	6.49	10.98	61.95	32.9	39.3	1.1	低
宣武区	0.33	12.04	58.8	586.48	458.73	167.29	6.78	中
石景山区	1.01	16.14	74.26	483.57	209.81	250.16	3.91	中
海淀区	201.26	69.5	125.01	640.38	373.06	448.59	36.5	高
门头沟区	0.97	4.32	8.67	44.31	27.02	18.91	0.59	中
房山区	4.17	1.42	43.88	293.31	163.33	305.44	0.03	中
通州区	5.46	10.71	14.99	86.64	54.18	48.65	1.06	中
顺义区	10.33	135.15	42.91	231.81	131.43	229.14	14.25	高
昌平区	9.1	10.37	17.45	103.33	61.94	52.28	2.39	中
大兴区	14.15	94.62	56.59	199.47	102.55	140.28	13.64	高
平谷县	6.99	8.17	9.58	49.42	37.22	30.96	1.6	低
怀柔县	10.59	17.84	21.48	80.42	47.75	75.95	4.25	低
密云县	2.92	17.52	14.32	42.99	24.89	37.44	1.79	低

表 11.2　待判定的北京市工业产值/工业经济效益统计数据

地区	港澳台商投资经济（亿元）	外商投资经济（亿元）	工业企业增加值（亿元）	工业企业资产总计（亿元）	工业企业负债合计（亿元）	工业企业产品销售收入（亿元）	工业企业利润总额（亿元）
东城区	2.46	42.33	24.6	178.96	77.67	87.86	6.39
朝阳区	52.08	313.41	124.83	836.01	473.35	581.38	30.3
丰台区	14.33	32.01	30.38	202.38	125.29	116.2	3.83
延庆县	0.44	0.58	1.24	7.64	5.66	5.05	–0.09

本实例首先创建两个数据集，test1 和 test2 分别用于存储表 11.1 和表 11.2 中的数据，其中数据集 test1 用于建立判别分析的判别准则，数据集 test2 为待判别分析的数据。数据集中变量 area 为字符型变量，用于存储地区信息，变量 x1～x7 为工业产值和经济效益的主要统计指标数据，type 变量用于存储地区经济发达水平，高、中、低分别用数字 3、2、1 来表示。在下面的程序中建立完毕 SAS 数据集后，使用 DISCRIM 过程进行判别分析，其中 PROC 语句用于指定分析的数据集和显示分类的结果；VAR 语句用于指定判别分析分析的变量为 x1～x7，CLASS 语句用于指定判别分析的分类变量为 type。具体程序如下：

```
data test1;                                    /*创建判别分析数据*/
input area$ x1-x7 type;
cards;
西城区   1.96    18.85   19.34   198.49  89.11   59.88   2.34    2
崇文区   0.94    6.49    10.98   61.95   32.9    39.3    1.1     1
宣武区   0.33    12.04   58.8    586.48  458.73  167.29  6.78    2
石景山区 1.01    16.14   74.26   483.57  209.81  250.16  3.91    2
海淀区   201.26  69.5    125.01  640.38  373.06  448.59  36.5    3
门头沟区 0.97    4.32    8.67    44.31   27.02   18.91   0.59    2
房山区   4.17    1.42    43.88   293.31  163.33  305.44  0.03    2
通州区   5.46    10.71   14.99   86.64   54.18   48.65   1.06    2
顺义区   10.33   135.15  42.91   231.81  131.43  229.14  14.25   3
昌平区   9.1     10.37   17.45   103.33  61.94   52.28   2.39    2
大兴区   14.15   94.62   56.59   199.47  102.55  140.28  13.64   3
平谷县   6.99    8.17    9.58    49.42   37.22   30.96   1.6     1
怀柔县   10.59   17.84   21.48   80.42   47.75   75.95   4.25    1
密云县   2.92    17.52   14.32   42.99   24.89   37.44   1.79    1
;
run;
data test2;                                    /*创建待判别分析数据*/
input area$ x1-x7;
cards;
东城区   2.46    42.33   24.6    178.96  77.67   87.86   6.39
朝阳区   52.08   313.41  124.83  836.01  473.35  581.38  30.3
丰台区   14.33   32.01   30.38   202.38  125.29  116.2   3.83
延庆县   0.44    0.58    1.24    7.64    5.66    5.05    0.09
;
run;
proc discrim data=test1 testdata=test2 list testlist;   /*执行判别分析*/
class type;
var x1-x7;
run;
```

执行上述程序，生成的一般判别分析的结果目录树如图 11.1 所示。

其中，

- Discrim 主目录下的 4 张结果表给出了此次判别分析的数据的基本信息，如图 11.2 所示。其中给出的信息有：总的样本数为 14，变量数为 7，分的类别数为 3，各高、中、低样本中的频数分别为 3、7、4。

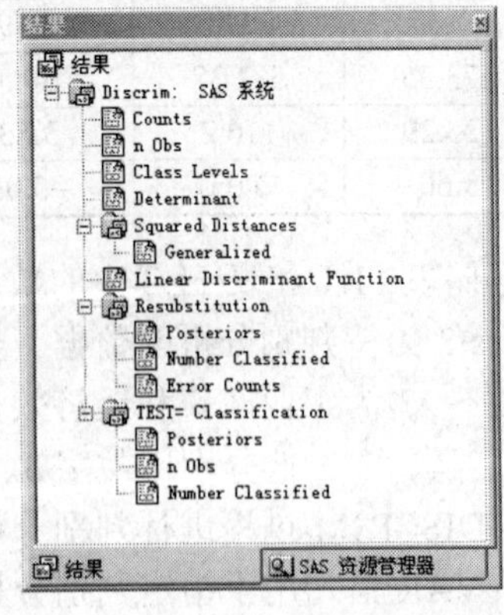

图 11.1　一般判别分析的结果目录树

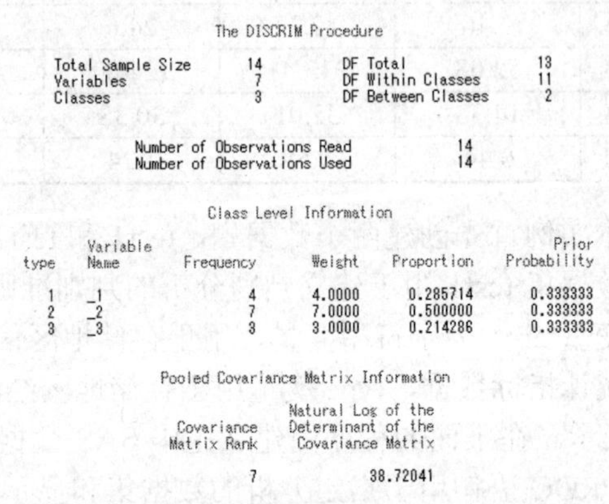

The DISCRIM Procedure

Total Sample Size	14	DF Total	13
Variables	7	DF Within Classes	11
Classes	3	DF Between Classes	2

Number of Observations Read	14
Number of Observations Used	14

Class Level Information

type	Variable Name	Frequency	Weight	Proportion	Prior Probability
1	_1	4	4.0000	0.285714	0.333333
2	_2	7	7.0000	0.500000	0.333333
3	_3	3	3.0000	0.214286	0.333333

Pooled Covariance Matrix Information

Covariance Matrix Rank	Natural Log of the Determinant of the Covariance Matrix
7	38.72041

图 11.2　一般判别分析的判别变量基本信息

❑ Squared Distances 目录下的判别分析结果表，给出了各类别之间的距离数据和线性判别函数，如图 11.3 所示。本实例最终的线性判别函数为：

```
f1=-4.19379+0.16599*x1+0.43545*x2+0.70099*x3-0.12777*x4+0.10314*x5-0.023
96*x6-1.32993*x7
f2=-4.54662+0.63968*x1+0.62019*x2+0.70415*x3-0.06122*x4+
0.10778*x5-0.08169*x6-5.55593*x7
f3=-165.94244-0.70369*x1+1.59352*x2+2.62126*x3-0.64233*x4+0.34729*x5+0.0
8418*x6+7.73095*x7
```

❑ Resubstitution 目录下包括三张结果数据表，分别如下。

➢ Posterior 表给出了所有观测分类的基本结果，如图 11.4 所示。其中表格中各列分别为观测序号、所属类别、重分类后的类别、分为各类的后验概率，其中第 10 个观测的判别有误，以“*”号标识。

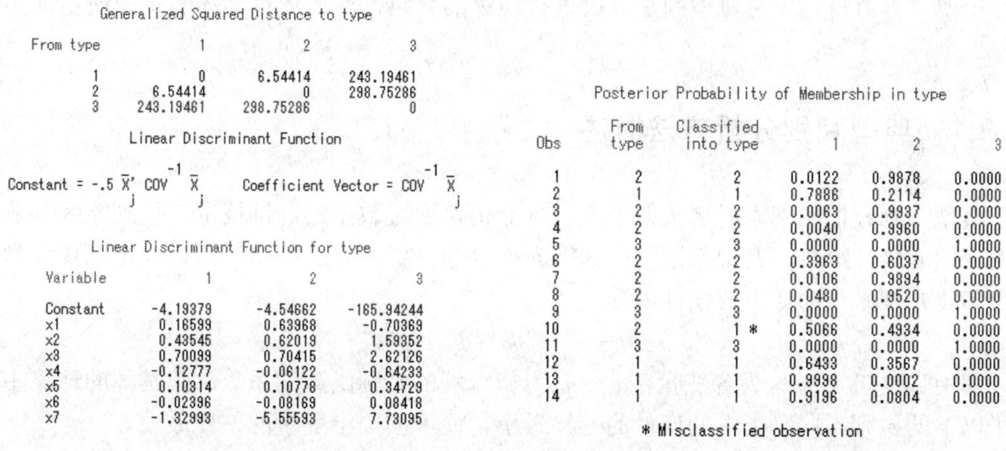

Generalized Squared Distance to type

From type	1	2	3
1	0	6.54414	243.19461
2	6.54414	0	298.75286
3	243.19461	298.75286	0

Linear Discriminant Function

$$\text{Constant} = -.5\ \bar{X}_j'\ COV^{-1}\ \bar{X}_j \qquad \text{Coefficient Vector} = COV^{-1}\ \bar{X}_j$$

Linear Discriminant Function for type

Variable	1	2	3
Constant	-4.19379	-4.54662	-165.94244
x1	0.16599	0.63968	-0.70369
x2	0.43545	0.62019	1.59352
x3	0.70099	0.70415	2.62126
x4	-0.12777	-0.06122	-0.64233
x5	0.10314	0.10778	0.34729
x6	-0.02396	-0.08169	0.08418
x7	-1.32993	-5.55593	7.73095

Posterior Probability of Membership in type

Obs	From type	Classified into type	1	2	3
1	2	2	0.0122	0.9878	0.0000
2	1	1	0.7886	0.2114	0.0000
3	2	2	0.0063	0.9937	0.0000
4	2	2	0.0040	0.9960	0.0000
5	3	3	0.0000	0.0000	1.0000
6	2	2	0.3963	0.6037	0.0000
7	2	2	0.0106	0.9894	0.0000
8	2	2	0.0480	0.9520	0.0000
9	3	3	0.0000	0.0000	1.0000
10	2	1 *	0.5066	0.4934	0.0000
11	3	3	0.0000	0.0000	1.0000
12	1	1	0.6433	0.3567	0.0000
13	1	1	0.9998	0.0002	0.0000
14	1	1	0.9196	0.0804	0.0000

* Misclassified observation

图 11.3　一般判别分析的距离表　　　　图 11.4　一般判别分析的分类结果表

➢ Number Classified 表给出了判别分析分类的汇总信息，如图 11.5 所示。该表给出了各原始类的数据分别分到各类的频数。

➢ Error Counts 表给出判别分析数据的错判的情况，如图 11.6 所示。

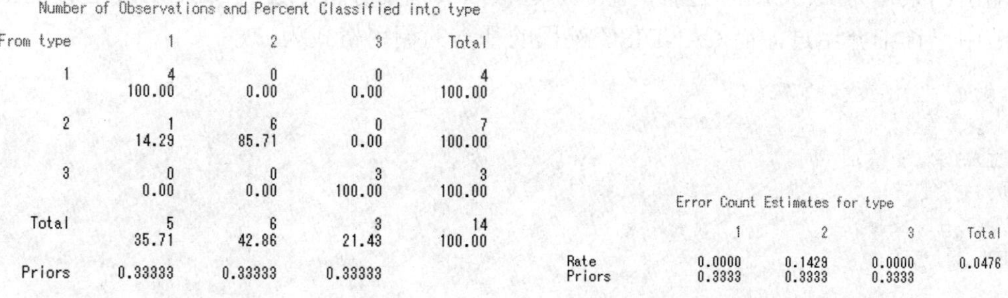

Number of Observations and Percent Classified into type

From type	1	2	3	Total
1	4 100.00	0 0.00	0 0.00	4 100.00
2	1 14.29	6 85.71	0 0.00	7 100.00
3	0 0.00	0 0.00	3 100.00	3 100.00
Total	5 35.71	6 42.86	3 21.43	14 100.00
Priors	0.33333	0.33333	0.33333	

Error Count Estimates for type

	1	2	3	Total
Rate	0.0000	0.1429	0.0000	0.0476
Priors	0.3333	0.3333	0.3333	

图 11.5　一般判别分析的分类汇总结果表　　　　图 11.6　一般判别分析的错分结果表

❑ TEST=Classification 目录下的三张表给出了对未知样本的判别分析的结果。其中，Posterior 表给出了对未知样本的分类结果，如图 11.7 所示。

Posterior Probability of Membership in type

Obs	Classified into type	1	2	3
1	1	1.0000	0.0000	0.0000
2	3	0.0000	0.0000	1.0000
3	2	0.0266	0.9734	0.0000
4	2	0.3566	0.6434	0.0000

图 11.7　一般判别分析对未知样本的分类结果

11.3　典型判别分析

在 SAS 系统中的典型判别分析对应于我们经常使用的 Fisher 判别分析，通过 CANDISC 过程实现。本节将首先对典型判别分析进行简单的介绍，然后通过具体的实例演示其实现过程。

11.3.1　典型判别分析方法概述

典型判别分析的基本思想类似于主成分分析，通过数据的降维技术，找到能区分各类别的变量的线性组合。典型判别分析（Fisher 判别分析）方法的本质即为确定该线性判别函数。该判别函数为如下的线性函数：

$$f = a_1x_1 + a_2x_2 + \cdots a_nx_n$$

其中，变量 x_1～x_n 为各变量，a_1～a_n 为待求解的判别函数的系数，其具体的计算主要基于以下的原则：同一类中的变量的差异最小，而不同类中变量的差异最大。

11.3.2　CANDISC 典型判别分析过程

CANDISC 过程专用于 SAS 系统内的典型判别分析，但在使用的时候 CANDISC 过程一般仅给出典型变量和其得分数据，要获得完整的判别分析结果，需要再将 CANDISC 过程的输出结果作为 DISCRIM 过程的输入，进行一般判别分析。这里 DISCRIM 过程在上面的章节中已详细介绍过，而 CANDISC 过程的基本的调用格式为：

```
PROC CANDISC  [选项]
VAR  变量;
CLASS  变量;
FREQ 变量;
WEIGHT 变量;
BY 变量;
```

其中：

- PROC 语句为必需语句，用于指定需要分析的过程为 CANDISC 典型判别分析，其后可跟的选项介绍如下。
  - DATA=数据集名：指定需要进行判别分析的数据集。
  - OUT=数据集名：指定典型判别分析结果保存的数据集，其中包括原始数据和典型变量得分。

- ➢ OUTSTAT=数据集名：指定一个数据集，其中包含典型判别分析各种统计量。
- ➢ NCAN＝数值：指定计算的典型变量的个数。选项 NCAN 值必须小于或等于变量的个数。
- ➢ PREFIX＝前缀名：指定典型变量名的前缀。
- ➢ SINGULAR = P：指定判别全样本相关矩阵和合并类内协方差矩阵奇异值的标准，其值的范围为 0 到 1。
- ➢ ANOVA：对数据中的每一个变量进行方差分析，以检验其显著性。
- ➢ SIMPLE：计算数据的简单描述性统计量。
- ➢ STDMEAN：计算全样本和合并的类内标准化均值。
- ➢ DISTANCE：在结果中输出类均值间的平方马氏距离。
- ➢ BCORR：在结果中输出类间相关系数。
- ➢ PCORR：在结果中输出合并类内相关系数。
- ➢ TCORR：在结果中输出全样本相关系数。
- ➢ WCORR：在结果中输出每一类水平的类内相关系数。
- ➢ BCOV：在结果中输出类间协方差矩阵。
- ➢ PCOV：在结果中输出合并类内协方差矩阵。
- ➢ TCOV：在结果中输出全样本协方差矩阵。
- ➢ WCOV：在结果中输出每一类水平的类内协方差矩阵。
- ➢ ALL：在结果中输出以上所有结果。
- ➢ NOPRINT：不打印任何结果。

- ❑ CLASS 语句为必需语句，用于指定判别分析中的分类变量。
- ❑ BY 语句、VAR 语句、FREQ 语句和 WEIGHT 语句与之前介绍的过程中的用法相同，这里不再详细展开叙述。

11.3.3 典型判别分析实例

本节主要通过一个具体实例演示典型判别分析过程的实现。

【例 11.2】 典型判别分析的 SAS 过程实现。

利用典型判别分析对表 11.3 中的数据进行典型判别分析。

表 11.3　湖泊富营养化的评级情况

总N（mg/L）	总P（mg/L）	叶绿素（mg/L）	COD（mg/L）	透明度	类　型
0.025	0.578	0.008	2.345	2.7	中度富营养化
0.0005	0.101	0.0012	1.7	7.4	轻度富营养化
0.003	0.445	0.0067	4.8	1	中度富营养化
0.027	0.232	0.003	4.2	2.2	中度富营养化
0.9	0.856	0.0065	4.9	0.6	重度富营养化
0.00023	0.0125	0.001	1.2	8.5	轻度富营养化
0.00047	0.0456	0.005	2.1	6.9	轻度富营养化
0.8	0.899	0.01	3.9	1.1	重度富营养化

续表

总N（mg/L）	总P（mg/L）	叶绿素（mg/L）	COD（mg/L）	透明度	类　型
0.00035	0.0346	0.003	2	7	轻度富营养化
0.67	0.9	0.0075	5	0.8	重度富营养化
0.085	0.666	0.0089	1.3	5.9	轻度富营养化
0.02	0.467	0.0075	3.6	1.9	中度富营养化
0.12	0.789	0.0078	5.6	0.1	重度富营养化
0.034	0.348	0.005	3.3	2.9	中度富营养化
0.5	0.876	0.0098	4.5	0.3	重度富营养化

本实例需要使用 CANDISC 过程进行典型判别分析，首先根据表 11.3 中的数据创建判别分析的数据集 test1，其中评判湖泊富营养化的指标名称分别为变量 x1～x5，湖泊的富营养化程度按照轻重，使用数据 0、1、2 进行编码；然后，通过 CANDISC 过程建立典型判别程序，获得典型变量及其得分数据；最后，仍然通过 DISCRIM 过程获得最终的判别分析的分类结果。具体程序如下：

```
data test1;                                          /*创建数据集*/
input x1-x5 type;
cards;
0.025    0.578    0.008    2.345    2.7  1
0.0005   0.101    0.0012   1.7      7.4  0
0.003    0.445    0.0067   4.8      1    1
0.027    0.232    0.003    4.2      2.2  1
0.9      0.856    0.0065   4.9      0.6  2
0.00023  0.0125   0.001    1.2      8.5  0
0.00047  0.0456   0.005    2.1      6.9  0
0.8      0.899    0.01     3.9      1.1  2
0.00035  0.0346   0.003    2        7    0
0.67     0.9      0.0075   5        0.8  2
0.085    0.666    0.0089   1.3      5.9  0
0.02     0.467    0.0075   3.6      1.9  1
0.12     0.789    0.0078   5.6      0.1  2
0.034    0.348    0.005    3.3      2.9  1
0.5      0.876    0.0098   4.5      0.3  2
;
run;
proc candisc data=test1 out=result;                  /*执行典型判别分析*/
class type;
var x1-x5;
run;
proc discrim data=result  list ;                     /*执行一般判别分析*/
class type;
var can1 can2;
run;
```

执行上述程序，生成的结果的目录树如图 11.8 所示。其中，主要包括典型判别分析和一般判别分析的结果，分别在 Candisc 和 Discrim 目录里。

这里重点看一下 Candisc 目录下的典型判别分析结果，其中 Raw Canonical Coefficients 表如图 11.9 所示，给出了原始数据提取的典型变量的系数：

$$can1 = 1.0855953*x1-4.5687665*x2-686.5110779*x3-3.1818479*x4-4.3153446*x5$$

$$can2 = 3.6555596*x1+8.0739829*x2+241.7646909*x3+3.1737720*x4+2.3893383*x5$$

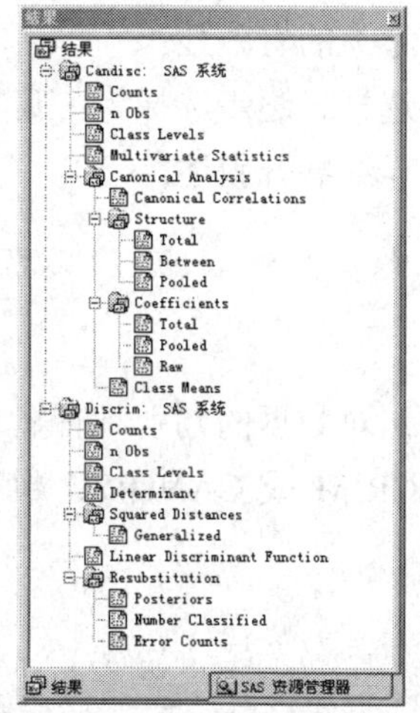

图 11.8　典型判别分析的结果目录树

Raw Canonical Coefficients

Variable	Can1	Can2
x1	1.0855953	3.6555596
x2	-4.5687665	8.0739829
x3	-686.5110779	241.7646909
x4	-3.1818479	3.1737720
x5	-4.3153446	2.3893383

图 11.9　典型判别分析的典型变量系数

同时，通过 Discrim 判别分析可以获得最后的分类结果，如图 11.10 所示。

Posterior Probability of Membership in type

Obs	From type	Classified into type	0	1	2
1	1	1	0.0000	1.0000	0.0000
2	0	0	1.0000	0.0000	0.0000
3	1	1	0.0000	1.0000	0.0000
4	1	1	0.0000	1.0000	0.0000
5	2	2	0.0000	0.0000	1.0000
6	0	0	1.0000	0.0000	0.0000
7	0	0	1.0000	0.0000	0.0000
8	2	2	0.0000	0.0000	1.0000
9	0	0	1.0000	0.0000	0.0000
10	2	2	0.0000	0.0000	1.0000
11	0	0	1.0000	0.0000	0.0000
12	1	1	0.0000	1.0000	0.0000
13	2	2	0.0000	0.0000	1.0000
14	1	1	0.0000	1.0000	0.0000
15	2	2	0.0000	0.0000	1.0000

图 11.10　典型判别分析的典型变量系数

11.4　逐步判别分析

前面介绍的几种判别分析都是根据数据中的所有变量进行判别分析，但是在实际的应用中影响某一事物分类的因素（变量）往往很多，但是是否每个变量都对最后的类别判定具有显著的影响，这里需要通过逐步判别的方法首先确定有效的变量，然后进行判别分析。本节将重点介绍逐步判别分析及其具体实现过程 STEPDISC。

11.4.1　逐步判别分析方法概述

逐步判别分析与之前学习过的逐步回归等思想是相同的，在逐步判别分析中选择对判别函数有显著影响的变量，建立最后的判别函数。通过逐步判别分析的使用可以使我们在进行判别分析前首先剔除不重要的变量，有利于今后数据分类的有效性。

在逐步判别中变量的选择方法也分为前向选择、后向选择、逐步选择等。其具体的筛选变量的思想也类似于之前逐步回归中介绍的，这里不再详细展开叙述。

11.4.2　STEPDISC 逐步判别分析过程

STEPDISC 逐步判别分析过程用于在判别分析前筛选出对数据的判别具有显著影响的变量，而具体判别分析的实现还需要通过上面介绍的 DISCRIM 或 CANDISC 判别分析过程。下面为 STEPDISC 过程的基本语法格式：

```
PROC STEPDISC 选项;
CLASS 分类变量;
VAR 指标变量;
```

其中：

- PROC 语句为必需语句，用于指定分析的过程为 STEPDISC 逐步判别分析过程。其后可跟的常用选项介绍如下。
  - DATA=数据集名：指定判别分析的数据集。
  - METHOD= FORWARD|BACKWARD|STEPWIS：指定逐步判别分析中变量筛选的方法，包括 FORWARD（前向选择法）、BACKWARD（后向选择法）和 STEPWISE（逐步选择法）。
  - SLENTRY|SLE=P：在前向选择方法中，指定变量选入的显著性水平 P，默认值为 0.15。
  - SLSTAY|SLS=P：在后向剔除方法中，指定变量保留的显著性水平，默认值为 0.15。
  - INCLUDE＝N：指定 VAR 语句中的前 N 个变量包含在每一个模型中，该选项的默认值为 0。
  - MAXSTEP＝N：指定逐步筛选的最大步数，默认情况下其值为判别分析变量数的两倍。
  - START＝N：指定逐步判别分析中，初始情况下选择 VAR 语句中前 N 个变量。
  - STOP＝N：指定最终模型中的变量数为 N。
- CLASS 语句用于指定逐步判别分析的分类变量。
- VAR 语句用于指定逐步判别分析中使用的变量。

11.4.3　逐步判别分析实例

本节将具体演示逐步判别分析的 SAS 实现过程。

【例 11.3】 逐步判别分析的 SAS 过程实现。

试根据表 11.4 中的数据，通过逐步判别分析，筛选出主要变量进行判别分析，从而实现对表 11.5 中的待判别的样品的分类。

表 11.4　油气储量价值的判别分析

区块	储量规模（万吨）	储量丰度（万吨/平方千米）	储量深度（m）	原油粘度（毫帕秒）	原油凝固点（摄氏度）	评判等级
1	195	119	1815	43	28	3
2	386	12	1908	202	32	1
3	225	131	1516	115	36	2
4	369	228	1537	150	21	2
5	212	240	1851	174	38	2
6	211	276	2088	248	38	2
7	208	254	1483	205	32	2
8	191	116	1552	299	25	3
9	406	190	1773	288	37	1
10	12	222	1735	27	30	4
11	140	66	1931	114	34	3
12	31	272	1664	69	28	4
13	314	175	2009	85	39	2
14	296	193	1636	183	21	2
15	442	77	1241	24	31	2

表 11.5　待判别的油气储量价值数据

16	253	169	1910	175	25	-
17	186	280	2277	213	37	-
18	97	107	2048	89	26	-
19	285	200	1914	227	33	-
20	332	223	1630	224	21	-

本实例首先需要通过 STEPDISC 逐步判别分析过程筛选出油气储量评价等级的主要变量，然后根据这些变量再进行判别分析。下面为逐步判别分析过程的实现程序：

```
data test;                                    /*创建判别分析数据*/
input x1-x5 type;
cards;
195    119    1815  43    28   3
386    12     1908  202   32   1
225    131    1516  115   36   2
369    228    1537  150   21   2
212    240    1851  174   38   2
211    276    2088  248   38   2
208    254    1483  205   32   2
191    116    1552  299   25   3
406    190    1773  288   37   1
12     222    1735  27    30   4
140    66     1931  114   34   3
31     272    1664  69    28   4
314    175    2009  85    39   2
296    193    1636  183   21   2
442    77     1241  24    31   2
;
run;
proc stepdisc data=test stepwise;         /*逐步判别分析筛选变量*/
class type;
```

```
var x1-x5;
run;
```

执行上述的逐步判别分析，生成的结果目录数如图 11.11 所示。在逐步判别分析的结果中首先给出分析的变量的基本信息，然后为逐步筛选变量的过程。可以看到本实例中共进行了 4 步，最后给出了总的逐步筛选变量的汇总结果。

从逐步分析的汇总结果来看，变量 x1、x2、x4 最后入选逐步回归模型，没有被剔除，如图 11.12 所示。

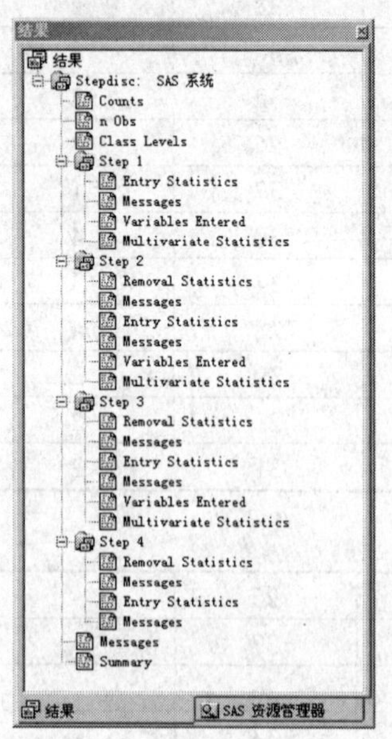

图 11.11　逐步判别分析的结果目录树

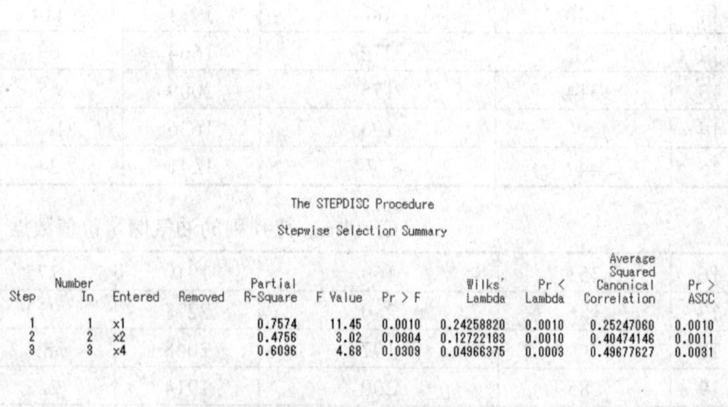

The STEPDISC Procedure

Stepwise Selection Summary

Step	Number In	Entered	Removed	Partial R-Square	F Value	Pr > F	Wilks' Lambda	Pr < Lambda	Average Squared Canonical Correlation	Pr > ASCC
1	1	x1		0.7574	11.45	0.0010	0.24258820	0.0010	0.25247060	0.0010
2	2	x2		0.4756	3.02	0.0804	0.12722183	0.0010	0.40474146	0.0011
3	3	x4		0.6096	4.68	0.0309	0.04966375	0.0003	0.49677627	0.0031

图 11.12　逐步判别分析的变量筛选结果

在下面的判别分析程序中，我们根据上面的逐步判别分析的结果，对变量 x1、x2、x4 进行下一步的判别分析，具体程序如下：

```
data test2;                                   /*创建待判别分析的数据集*/
input x1-x5;
cards;
253 169 1910  175  25
186 280 2277  213  37
97  107 2048  89   26
285 200 1914  227  33
332 223 1630  224  21
;
run;
proc discrim data=test testdata=test2 list testlist; /*判别分析*/
class type;
var x1 x2 x4;
run;
```

执行上述程序，可以在结果目录窗口下的 Discrim 目录树下查看到以下结果。

- ❑ 线性判别函数表，如图 11.13 所示，给出了各类别判定具体的线性判别函数的系数。
- ❑ 逐步判别分析的分类结果，如图 11.14 所示，给出了本实例中的各观测被重新分类后的结果及分为各类的后验概率。

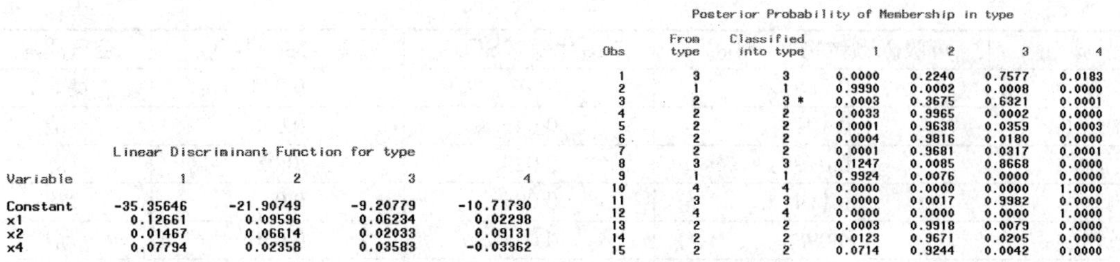

Linear Discriminant Function for type

Variable	1	2	3	4
Constant	-35.35646	-21.90749	-9.20779	-10.71730
x1	0.12661	0.09596	0.06234	0.02298
x2	0.01467	0.06614	0.02033	0.09131
x4	0.07794	0.02358	0.03583	-0.03362

图 11.13　逐步判别分析的判别函数

Posterior Probability of Membership in type

Obs	From type	Classified into type	1	2	3	4
1	3	3	0.0000	0.2240	0.7577	0.0183
2	1	1	0.9990	0.0002	0.0008	0.0000
3	2	3 *	0.0003	0.3675	0.6321	0.0001
4	2	2	0.0033	0.9965	0.0002	0.0000
5	2	2	0.0001	0.9638	0.0359	0.0003
6	2	2	0.0004	0.9816	0.0180	0.0000
7	2	2	0.0001	0.9681	0.0317	0.0001
8	3	3	0.1247	0.0085	0.8668	0.0000
9	1	1	0.9924	0.0076	0.0000	0.0000
10	4	4	0.0000	0.0000	0.0000	1.0000
11	3	3	0.0000	0.0017	0.9982	0.0000
12	4	4	0.0000	0.0000	0.0000	1.0000
13	2	2	0.0003	0.9918	0.0079	0.0000
14	2	2	0.0123	0.9671	0.0205	0.0000
15	2	2	0.0714	0.9244	0.0042	0.0000

图 11.14　逐步判别分析的判别结果

- 未知样本的判别分析结果，如图 11.15 所示。该表给出了本实例表 11.5 中未知样本的判别分析分类结果。

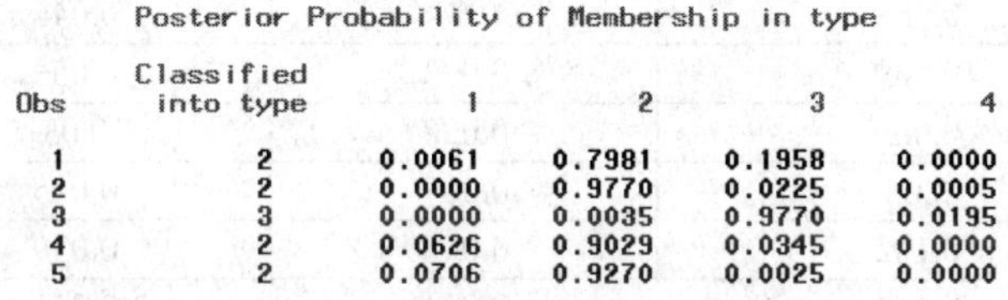

Posterior Probability of Membership in type

Obs	Classified into type	1	2	3	4
1	2	0.0061	0.7981	0.1958	0.0000
2	2	0.0000	0.9770	0.0225	0.0005
3	3	0.0000	0.0035	0.9770	0.0195
4	2	0.0626	0.9029	0.0345	0.0000
5	2	0.0706	0.9270	0.0025	0.0000

图 11.15　逐步判别分析对未知样本的判别结果

11.5　本 章 小 结

本章主要介绍了如何在 SAS 系统内实现一般判别分析、典型判别分析和逐步判别分析。通过本章的学习，读者将掌握以上三种判别分析方法。在实际的应用中，读者应该结合数据分析的目的选择合适的判别分析方法，并设置算法的相关参数。

11.6　习　　题

1．下表为 2010 年全国主要城市空气质量指标，试根据已知的城市空气质量评级情况对未知城市进行判别分析。

2010 年全国主要城市空气质量指标

城市	可吸入颗粒物（PM_{10}）	二氧化硫（SO_2）	二氧化氮（NO_2）	空气质量
北京	0.121	0.032	0.057	轻度污染
天津	0.096	0.054	0.045	一般
石家庄	0.098	0.054	0.041	一般
太原	0.089	0.068	0.02	一般
呼和浩特	0.068	0.046	0.034	良好
沈阳	0.101	0.058	0.035	一般

续表

城市	可吸入颗粒物（PM_{10}）	二氧化硫（SO_2）	二氧化氮（NO_2）	空气质量
长春	0.089	0.03	0.044	良好
哈尔滨	0.101	0.045	0.048	一般
上海	0.079	0.029	0.05	良好
南京	0.114	0.036	0.046	一般
杭州	0.098	0.034	0.056	一般
合肥	0.115	0.02	0.03	一般
福州	0.073	0.009	0.032	良好
南昌	0.087	0.055	0.042	良好
济南	0.117	0.045	0.027	一般
郑州	0.111	0.053	0.046	一般
武汉	0.108	0.041	0.057	轻度污染
长沙	0.083	0.04	0.046	良好
广州	0.069	0.033	0.053	良好
南宁	0.069	0.028	0.03	良好
海口	0.04	0.007	0.015	良好
重庆	0.102	0.048	0.039	一般
成都	0.104	0.031	0.051	良好
贵阳	0.075	0.057	0.027	良好
昆明	0.072	0.04	0.046	良好
拉萨	0.048	0.007	0.021	良好
西安	0.126	0.043	0.045	-
兰州	0.155	0.057	0.048	-
西宁	0.124	0.039	0.026	-
银川	0.093	0.039	0.026	-
乌鲁木齐	0.133	0.089	0.067	-

2．某电信运营商根据服务使用模式对它的客户群进行了分段，将这些客户分为 4 组：基本服务、3G 服务、增值服务、全套服务，现根据下表中的分类数据对客户群体待分类的数据进行典型判别分析。

电信客户的基本分类情况

性别	年龄	收　入	受教育程度	居住地	客户类型
男	29	1万以上	硕士	上海	全套服务
男	38	6000～7000	本科	苏州	基本服务
女	37	6000～7000	专科	无锡	全套服务
女	24	5000～6000	专科	上海	3G服务
男	35	7000～8000	本科	苏州	基本服务
女	23	5000～6000	本科	上海	基本服务
男	26	6000～7000	硕士	苏州	全套服务
女	35	8000～9000	硕士	无锡	全套服务
女	25	4000～5000	本科	上海	基本服务
男	31	5000～6000	专科	苏州	基本服务
男	33	5000～6000	专科	无锡	增值服务
女	37	9000～10000	硕士	上海	3G服务
女	30	6000～7000	专科	苏州	基本服务

续表

性别	年龄	收　　入	受教育程度	居住地	客户类型
男	38	5000～6000	高中或高中以下	无锡	增值服务
男	29	7000～8000	本科	上海	全套服务
女	25	8000～9000	高中或高中以下	苏州	全套服务
男	32	4000～5000	高中或高中以下	无锡	全套服务
男	32	9000～10000	硕士	上海	全套服务
女	31	5000～6000	本科	苏州	基本服务
女	28	4000～5000	高中或高中以下	无锡	基本服务

3．下表为各地区农村居民家庭住房情况，试通过逐步判别分析对各地区的住房情况进行评级。

各地区农村居民家庭住房情况

地区	住房面积（平方米/人）	住房价值（元/平方米）	住房结构（平方米/人）		住房情况
			钢筋混凝土结构	砖木结构	
北京	38.294 57	1365.62	8.554 295	29.582 25	1
天津	28.752 24	1025.232	7.680 597	21.011 94	1
河北	32.234	342.737 6	7.527 103	23.565 84	2
山西	28.245 24	309.624 3	7.283 012	17.533 48	3
内蒙古	22.047 51	244.740 9	0.635 69	14.199 69	3
辽宁	27.242 27	505.097 3	4.437 937	22.545 6	2
吉林	22.879 64	401.210 9	0.558 132	19.918 73	3
黑龙江	22.764 69	473.335 3	1.268 554	17.707 88	3
上海	59.683 53	2017.271	39.135 88	20.414 88	1
江苏	46.333 79	557.761 4	26.858 87	19.316 35	2
浙江	60.258 95	593.203	43.737 95	15.518 24	1
安徽	32.047 34	385.853 8	18.772 43	12.831 8	3
福建	47.536 1	481.517 4	30.240 87	11.949 82	2
江西	40.000 71	272.835 9	27.468 76	10.476 81	2
山东	34.706 64	387.815 8	9.6410 94	23.959 18	2
河南	34.451 23	322.567 8	17.298 41	16.315 34	3
湖北	40.987 24	292.078	24.136 44	14.538 15	2
湖南	42.006 4	226.187 8	17.040 99	22.797 43	2
广东	29.234 16	465.615 5	23.434 79	4.690 608	3
广西	33.941 69	269.301 1	24.025 95	6.442 065	3
海南	24.555 39	445.876 7	7.814 095	16.609 34	3
重庆	37.559 09	260.869 9	14.382 51	16.363 55	3
四川	36.605 92	280.923 4	14.697 53	15.751 23	3
贵州	27.000 41	238.588 5	10.037 11	12.520 51	3
云南	28.967 21	312.765 9	8.315 763	5.900 983	3
西藏	25.317 05	280.537 8	0.360 512	10.057 61	3
陕西	31.417 44	292.713 4	13.689 62	12.782 49	3
甘肃	20.959 51	255.791 3	2.837 798	6.973 21	3
青海	21.439 72	269.063	2.342 503	9.172 023	3
宁夏	24.889 37	265.289 1	1.808 363	15.396 87	3
新疆	24.056 28	252.058 3	1.825 917	10.959 34	3

第 12 章　主成分分析

在实际的数据分析中，用户常常会遇到涉及较多指标的数据，统计分析时过多的指标会大大增加分析的复杂性，同时，数据中涉及的指标又常会存在一定的相关性。因而，用户希望能用少量的综合变量来代替多个指标，避免最后所建模型信息的冗余。

主成分分析是目前常用的数据降维方法，该方法可用于对多变量数据进行压缩，提取关键变量信息，从而通过较少的综合变量反映原始的多变量海量数据信息。在 SAS 系统中为用户提供了方便地实现主成分分析功能的途径，包括编程方式和界面操作两种。本章将主要介绍主成分分析的基本原理和如何利用 SAS 进行主成分分析。

12.1　主成分分析方法概述

主成分分析是目前数据降维的有效方法之一。通过主成分分析，用户可以把多变量的信息压缩成为几个综合变量，提取出有效的主成分。为了便于读者更好地学习主成分分析方法的实现，本节将简单介绍主成分分析的方法，包括主成分分析的数学模型和基本步骤。

12.1.1　主成分分析的数学模型

在主成分分析中所提取的主成分为原始变量的线性组合，其模型可以用以下公式表示：

$$\begin{cases} Y_1 = a_{11}x_1 + a_{12}x_2 + \cdots + a_{1n}x_n \\ Y_2 = a_{21}x_1 + a_{22}x_2 + \cdots + a_{2n}x_n \\ \quad \cdots \quad \cdots \quad \cdots \quad \cdots \\ Y_n = a_{n1}x_1 + a_{n2}x_2 + \cdots + a_{nn}x_n \end{cases}$$

其中，数据 $\boldsymbol{X}$ 为待提主成分的矩阵数据，数据 $\boldsymbol{X}$ 具有 n 个变量，分别为 x_1，x_2，……，x_n；通过对 $\boldsymbol{X}$ 数据的线性变化可提取出主成分 Y_1，Y_2，……，Y_n，各主成分间互不相关；主成分 Y_1，Y_2，……，Y_n 为数据 X 中各变量的线性组合，且系数满足 $a_{i1}^2 + a_{i2}^2 + \cdots + a_{in}^2 = 1$，$i$=1,2,……,$n$；对于各主成分分别为其与数据 X 线性组合中方差最大的组合，即主成分 Y_1 为变量 x_1，x_2，……，x_n 所有线性组合中方差最大的，主成分 Y_2 为与主成分 Y_1 最不相关的与变量 x_1，x_2，……，x_n 所有线性组合中方差次小的，Y_3,……,Y_n 依此类推。

在主成分分析模型中，用于表示主成分与数据 $\boldsymbol{X}$ 相关性的系数 a_{ij} 称为主成分载荷，每一主成分中变量前的载荷的绝对值越大，表示该变量对主成分的权重较大。在模型中计算所得的 Y_i 的值为主成分的得分。

对于具有 n 个变量的数据，我们通过主成分分析可以提取出 n 个主成分，但在具体的主成分分析中一般取前几个主成分，即可代表所有变量的信息。

12.1.2　主成分分析的基本步骤

主成分分析的实现一般需要进行以下步骤。

（1）数据的标准化

主成分分析主要是针对多变量数据，这些变量往往具有不同的量纲，因而在数据分析前我们需要对数据进行标准化处理，以去除不同量纲对数据值差异的影响。

（2）计算协方差矩阵

假设原始数据 $\boldsymbol{X}$ 具有 p 个观测，n 个变量，其协方差矩阵的计算公式为：

$$\mathrm{V}_{ij}=\frac{1}{p-1}\sum_{k=1}^{p}(x_{ki}-\overline{x_i})(x_{kj}-\overline{x_j})\qquad i,j=1,2,\cdots,n$$

（3）计算协方差矩阵的特征值及特征向量

计算协方差矩阵的特征值 λ_1，λ_2，……λ_n，与特征值对应的特征向量即为主成分的载荷系数 a_{ij}。

（4）主成分数的确定

主成分数主要通过累计贡献率来确定，主成分的累计贡献率表示提取的主成分对原始变量的解释能力，一般累计贡献率达到 85%即可认为该主成分数下的主成分能基本代表原始的数据。

（5）计算主成分得分

通过以下公式计算观测样本在主成分 Y_i 上的得分：

$$Y_i=a_{i1}x_1+a_{i2}x_2+\cdots+a_{in}x_n$$

12.2　主成分分析的 SAS 过程

在 SAS 编程中用于实现主成分分析的过程为 PRINCOMP，该语句完整的使用格式为：

```
PROC PRINCOMP < options > ;
BY variables ;
FREQ variable ;
ID variables ;
PARTIAL variables ;
VAR variables ;
WEIGHT variable ;
```

通过上述主成分分析语句的使用，用户可以指定该过程使用的数据、详细定义算法的具体实施、控制结果的显示等，下面具体对上述语句的使用做具体介绍。

1．PROC PRINCOMP < options >

PROC PRINCOMP < options >语句用于标识主成分分析的开始，其< options >选项中可以设置的参数介绍如下。

- ❑ DATA=数据集名：指定需要进行主成分分析的数据，数据可以是原始数据或者 TYPE=ACE， TYPE=CORR， TYPE=COV， TYPE=FACTOR， TYPE=SSCP，

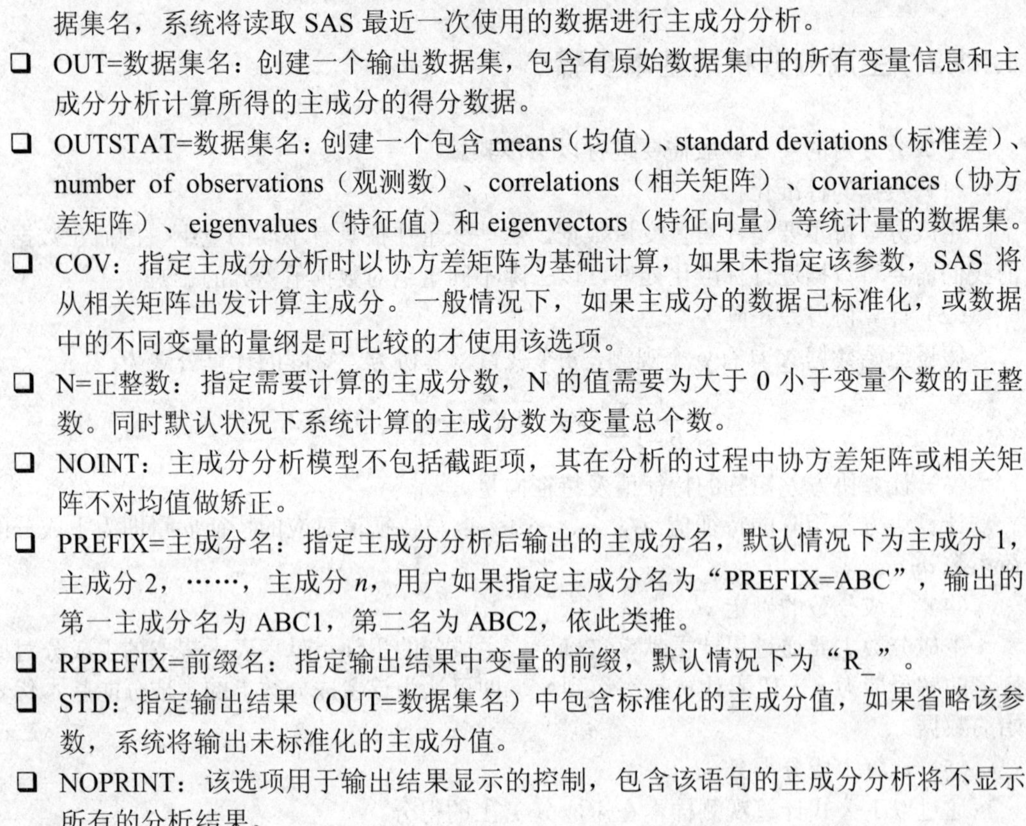

TYPE=UCORR，TYPE=UCOV 等不同类型的数据资料。同时，如果省略读取的数据集名，系统将读取 SAS 最近一次使用的数据进行主成分分析。

- ❑ OUT=数据集名：创建一个输出数据集，包含有原始数据集中的所有变量信息和主成分分析计算所得的主成分的得分数据。
- ❑ OUTSTAT=数据集名：创建一个包含 means（均值）、standard deviations（标准差）、number of observations（观测数）、correlations（相关矩阵）、covariances（协方差矩阵）、eigenvalues（特征值）和 eigenvectors（特征向量）等统计量的数据集。
- ❑ COV：指定主成分分析时以协方差矩阵为基础计算，如果未指定该参数，SAS 将从相关矩阵出发计算主成分。一般情况下，如果主成分的数据已标准化，或数据中的不同变量的量纲是可比较的才使用该选项。
- ❑ N=正整数：指定需要计算的主成分数，N 的值需要为大于 0 小于变量个数的正整数。同时默认状况下系统计算的主成分数为变量总个数。
- ❑ NOINT：主成分分析模型不包括截距项，其在分析的过程中协方差矩阵或相关矩阵不对均值做矫正。
- ❑ PREFIX=主成分名：指定主成分分析后输出的主成分名，默认情况下为主成分 1，主成分 2，……，主成分 *n*，用户如果指定主成分名为“PREFIX=ABC”，输出的第一主成分名为 ABC1，第二名为 ABC2，依此类推。
- ❑ RPREFIX=前缀名：指定输出结果中变量的前缀，默认情况下为“R_”。
- ❑ STD：指定输出结果（OUT=数据集名）中包含标准化的主成分值，如果省略该参数，系统将输出未标准化的主成分值。
- ❑ NOPRINT：该选项用于输出结果显示的控制，包含该语句的主成分分析将不显示所有的分析结果。
- ❑ PLOTS= 参数：绘图参数设置，控制绘制的图形，具体参数设置参看 SAS 中 ODS Graphics 绘图模块的详细介绍。

2．PARTIAL variables

指定需要进行偏相关或协方差分析的矩阵。PARTIAL 语句可用于对 VAR 语句指定的变量的剩余主成分分析。

3．VAR variables

该语句用于指明数据集中需要进行分析的数据变量名。如果默认该语句，将对数据内的所有变量进行主成分分析。例如需要对数据集中的 X1，X2，X3，X4 变量进行主成分分析，则可用语句“VAR X1-X4”表示。

SAS PRINCOMP 过程中其他语句的使用，与前面介绍的过程中涉及的相关语句，这里不再做详细介绍，读者可以参看本书前面的章节。

12.3　主成分分析的界面操作

在 SAS 9.2 中，主成分分析除了可以通过上面的编程语句 PRINCOMP 过程实现，还可以通过其界面方式实现。在 SAS 中 ANALYST 模块和 INSIGHT 模块为用户提供了图形化的界面操作方式。

12.3.1　ANALYST 模块实现主成分分析

在 SAS 9.2 中通过分析员模块可以快速、方便地实现主成分分析。现以江苏省规模以上工业企业主要经济效益指标数据为例，对影响工企业主要经济效益指标（工业增加率、总资产贡献率、资产负债率、流动资产周转次数、成本费用率、全员劳动生产率和产品销售率）进行主成分分析，提取可以反映江苏省规模以上工企业经济效益的综合指标（主成分）。

【例 12.1】 江苏省规模以上工企业经济效益的主成分分析。

1. 主成分分析的步骤

（1）启动 ANALYST 模块，在 ANALYST 模块导入表 12.1 所示的数据（test121.sas7bdat 文件），数据为 1998—2008 年江苏省规模以上工业企业主要经济效益指标数据。

表 12.1　1998—2008 年江苏省规模以上工业企业主要经济效益指标数据

年份	工业增加值率（%）	总资产贡献率（%）	资产负债率（%）	流动资产周转次数（次/年）	成本费用利润率（%）	全员劳动生产率（元/人．年）	产品销售率（%）
1998	23.8	8.4	62.6	1.8	2.4	30 741	96.0
1999	25.0	8.4	62.0	1.8	3.1	35 608	96.5
2000	24.9	9.3	61.8	1.9	3.8	45 611	97.2
2001	25.1	9.6	60.6	1.9	3.9	51 298	97.1
2002	25.6	10.2	60.2	2.1	4.3	59 361	97.6
2003	25.9	10.8	62.1	2.3	4.6	72 789	97.9
2004	26.0	11.5	62.2	2.4	4.8	103 197	97.9
2005	24.8	11.3	61.7	2.6	4.5	115 287	98.2
2006	24.9	12.4	60.7	2.7	4.9	133 179	98.5
2007	24.2	14.0	60.8	2.8	5.5	154 781	98.3
2008	22.9	13.6	59.3	2.7	5.0	167 173	98.2

（2）单击菜单中的“统计”|“多元分析”|“主成分”菜单，打开如图 12.1 所示的主成分分析对话框。

（3）在主成分分析对话框中按住 Shift 键，选中所有需要进入主成分分析模型的变量，单击 Variables 按钮，添加变量到主成分分析模型中，如图 12.2 所示。

（4）单击主成分分析对话框中的 Statistics 按钮，打开如图 12.3 所示的 Principal Components : Statistics 对话框。在对话框中可以设置的选项包括以下几项。

- 主成分分析特征值的分析方法：单击图 12.3 所示的 Options 区域中，Analyze 选项右侧的下拉按钮，可以选择的主成分分析的计算方法包括 Correlations（利用相关矩阵计算主成分，默认，对于未经标准化的数据选择该项进行分析）、Covariances（利用协方差矩阵计算主成分）、Uncorrected Correlations（利用未校正的相关矩阵计算主成分）和 Uncorrected Covariances（利用未校正的协方差矩阵计算主成分）。本实例中采用默认的相关矩阵的方法计算主成分。

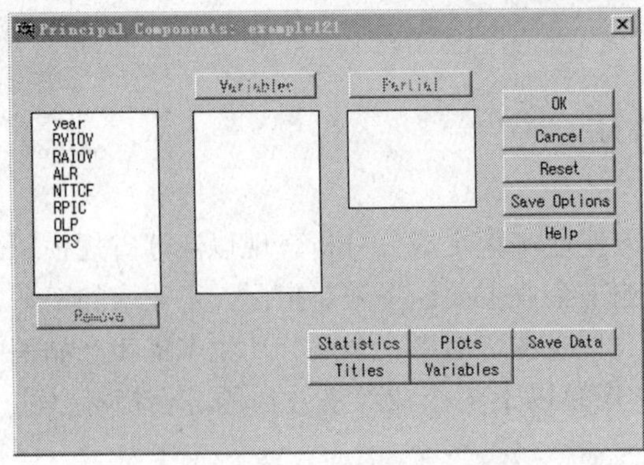

图 12.1　主成分分析对话框

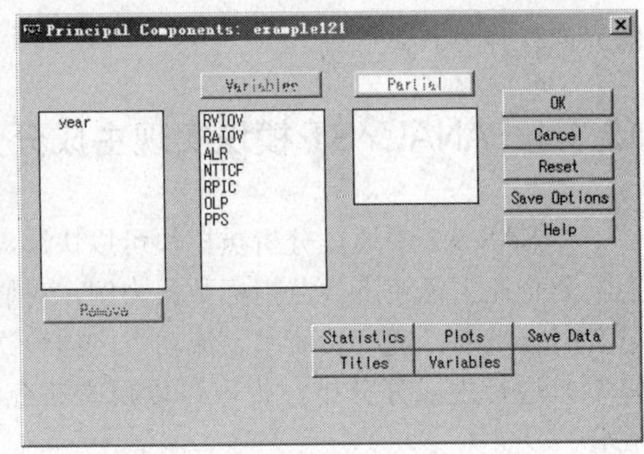

图 12.2　主成分分析数据的添加

- ❑ 主成分数的设置：在 Options 区域中的“# of components:”选项中，用户可以设置需要设置的主成分数，通过单击选项右侧的▼和▲按钮进行设置。本实例中因为不能确定提取的主成分数，所以该项不设置。

选择完后，单击 OK 按钮，返回主成分分析对话框。

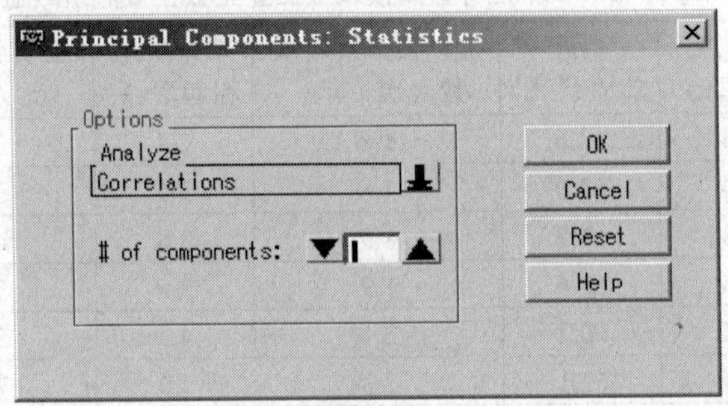

图 12.3　Principal Components : Statistics 对话框

（5）在返回的主成分分析对话框中，单击 Plots 按钮，打开如图 12.4 所示的 Principal Components:Plots 对话框。在该对话框中可设置主成分分析绘制的图形，包含 Scree Plot 和 Component Plot 两个选项卡。

- ❑ Scree Plot 选项卡：勾选 Create scree plot 复选框，可绘制碎石图，同时绘制的碎石图包括“Positive eigenvalues”（正特征值，绘制所有大于 0 的特征值的碎石图）和“All eigenvalues”（所有特征值，绘制所有特征值的碎石图）两种，用户可根据实际需要选择合适的碎石图。本实例中设置绘制所有大于 0 的特征值的碎石图。
- ❑ Component Plot 选项卡：单击 Principal Components :Plots 对话框中的 Component Plot 选项卡，将显示如图 12.5 所示的对话框，在其中可以设置成分图的绘制相关参数。勾选 Create Component Plots 复选框；同时在 Type 下拉列表框中选择绘制的图形类型：Regular（散点图）和 Enhanced（增强型散点图），前者只绘制主成分得分的散点图，而后者还可绘制主成分载荷的散点图；在维度 Dimensions 文本框中设置绘制成分图的主成分，默认为对第一和第二主成分绘制散点图；在 Id variable 区域中选择识别观测的变量，这里选择数据中的年份数据。设置完成后，单击 Principal Components : Plots 对话框中的 OK 按钮，返回主成份分析对话框。

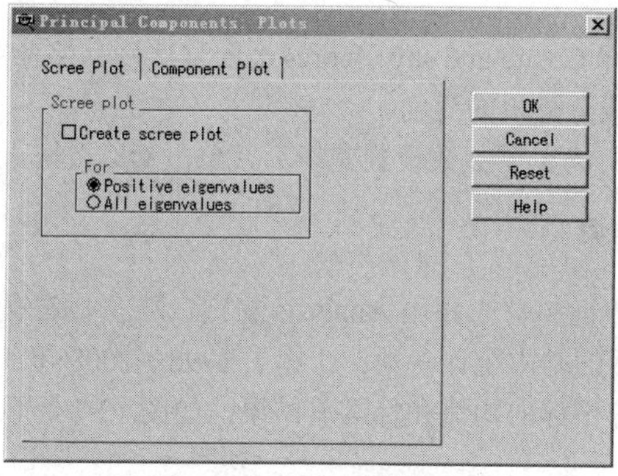

图 12.4 “Principal Components :Plots”对话框

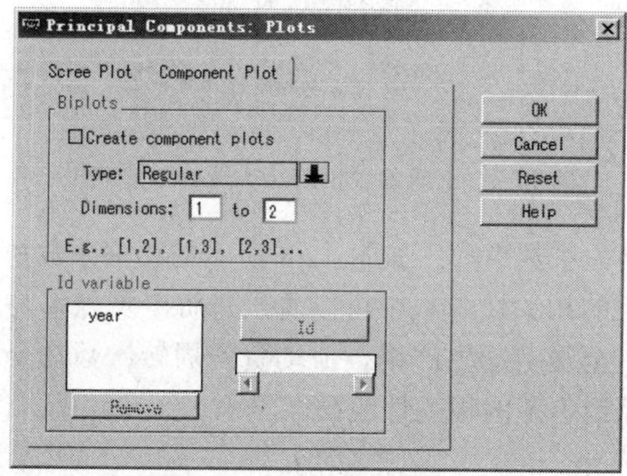

图 12.5 “Principal Components :Plots”对话框“Component Plot”选项页

(6)在返回的主成分分析对话框中单击 Save Data 按钮，打开如图 12.6 所示的 Principal Components :Save Data 对话框。在该对话框中用户可以选择需要保存的数据，其中 Scores 区域中：

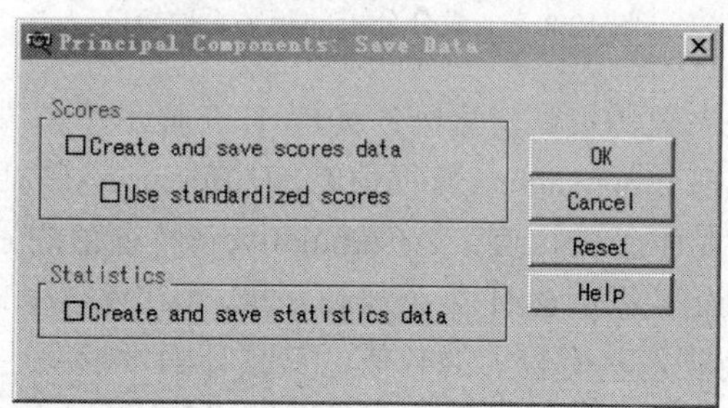

图 12.6 “Principal Components :Save Data”对话框

- Create and save scores data 复选框：选中该复选框，可存储主成分计算的得分数据。
- Use standardized scores 复选框：选中该复选框，可存储主成分计算的标准化的得分数据。

在 Statistics 区域中，

- ❑ Create and save statistics data 复选框：选中该复选框，可存储常用的一些统计参数分析结果。

在本实例中我们选择 Create and save scores data 复选框，保存主成分计算的得分数据。单击 OK 按钮，返回主成分分析的界面。

（7）上述主成分分析的主要参数设置完毕后，单击 OK 按钮，进行主成分分析。

2. 主成分分析的结果

计算完成后，将在界面中首先弹出 Analysis 窗口，显示主成分分析的数字结果，其中：

- ❑ 主成分分析数据的基本统计参数：计算了 1998—2008 年江苏省规模以上工业企业主要经济效益各指标的均值和标准差结果，如图 12.7 所示。

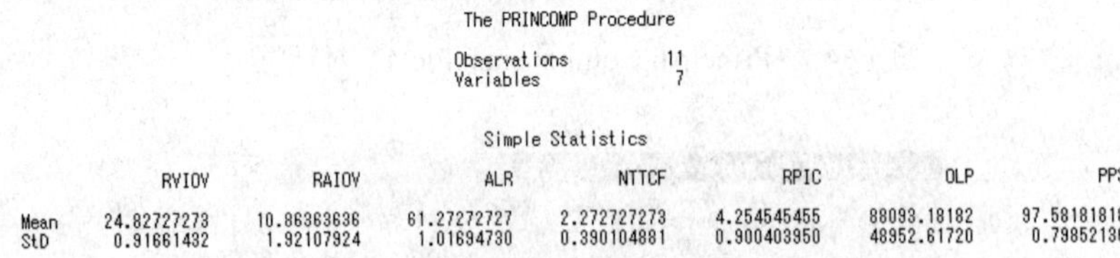

The PRINCOMP Procedure

Observations 11
Variables 7

Simple Statistics

	RVIOV	RAIOV	ALR	NTTCF	RPIC	OLP	PPS
Mean	24.82727273	10.86363636	61.27272727	2.272727273	4.254545455	88093.18182	97.58181818
StD	0.91661432	1.92107924	1.01694730	0.390104881	0.900403950	48952.61720	0.79852136

图 12.7　主成分分析的基本统计参数结果

- ❑ 主成分分析的相关系数矩阵：如图 12.8 所示的相关系数矩阵反映了进行主成分分析的各变量之间的相关性，从中可以看出总资产贡献率与流动资产周转次数、成本费用利润率、全员劳动生产率、流动资产周转次数与全员劳动生产率、成本费用利润率与产品销售率的相关性较高。

Correlation Matrix

		RVIOV	RAIOV	ALR	NTTCF	RPIC	OLP	PPS
RVIOV	工业增加值率(%)	1.0000	-.3026	0.4085	-.2270	0.0538	-.3920	0.0568
RAIOV	总资产贡献率(%)	-.3026	1.0000	-.5815	0.9606	0.9199	0.9781	0.8841
ALR	资产负债率(%)	0.4085	-.5815	1.0000	-.4507	-.5333	-.5655	-.4982
NTTCF	流动资产周转次数(次/年)	-.2270	0.9606	-.4507	1.0000	0.8901	0.9690	0.9196
RPIC	成本费用利润率(%)	0.0538	0.9199	-.5333	0.8901	1.0000	0.8593	0.9612
OLP	全员劳动生产率(元/人#年)	-.3920	0.9781	-.5655	0.9690	0.8593	1.0000	0.8592
PPS	产品销售率(%)	0.0568	0.8841	-.4982	0.9196	0.9612	0.8592	1.0000

图 12.8　主成分分析的相关系数矩阵

- ❑ 主成分分析相关系数的特征值矩阵：如图 12.9 显示了主成分分析相关系数的特征值矩阵，其中包括 Eigenvalue（特征值）、Difference（特征值的差分）、Proportion（特征值占所有特征值的比例）、Cumulative（特征值的累积比例）。从特征值矩阵中可以看到原始数据中含有 7 个观测变量，因而计算出 7 个特征值，同时，可以看到前 2 个特征值具有较大的数值，其累计的贡献率达到了 90%，说明本实例中提取前两个主成分已经能对原始变量做较好的解释。
- ❑ 主成分分析的特征向量：图 12.10 显示了主成分分析的特征向量，即主成分分析模型中的系数，可以计算出每个主成分的得分，本实例中选择的前两个主成分的得分分别为：

第一主成分：

Prin1=−0.115*RVIOV+0.437*RAIOV−0.286*ALR+0.428*NTTCF+0.416*RPIC+0.432*

OLP+0.414*PPS

Eigenvalues of the Correlation Matrix

	Eigenvalue	Difference	Proportion	Cumulative
1	5.07879076	3.82108846	0.7255	0.7255
2	1.25770230	0.69571935	0.1797	0.9052
3	0.56198295	0.49960154	0.0803	0.9855
4	0.06238141	0.03427751	0.0089	0.9944
5	0.02810390	0.01866816	0.0040	0.9984
6	0.00943574	0.00783279	0.0013	0.9998
7	0.00160295		0.0002	1.0000

图 12.9　主成分分析相关系数的特征值矩阵

第二主成分：

Prin2=0.832*RVIOV–0252*RAIOV+0.376*ALR+0.0693*NTTCF+0.266*RPIC-0.0988*OLP+0.281*PPS

同时，用户可以在 ANALYST 模块右侧的目录树中查看其他的分析结果。如图 12.11 所示，其中可以查看的结果包括上述介绍的 Analysis 窗口的数值计算结果、主成分得分计算结果、程序的代码和绘制的主成分分析的图形。双击目录树中的各选项可以打开相应的结果窗口。

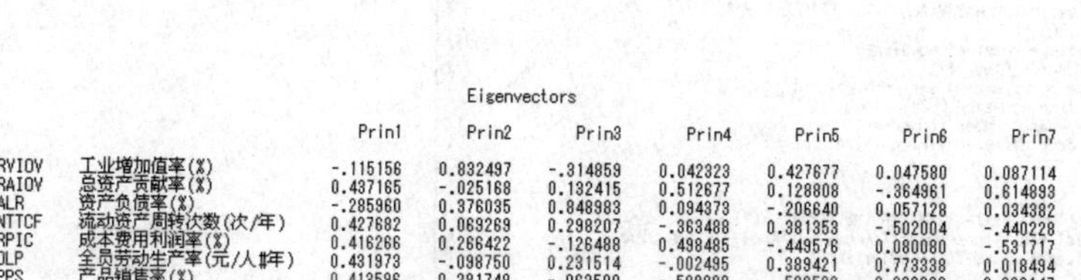

Eigenvectors

		Prin1	Prin2	Prin3	Prin4	Prin5	Prin6	Prin7
RVIOV	工业增加值率(%)	-.115156	0.832497	-.314859	0.042323	0.427677	0.047580	0.087114
RAIOV	总资产贡献率(%)	0.437165	-.025168	0.132415	0.512677	0.128808	-.364961	0.614893
ALR	资产负债率(%)	-.285960	0.376035	0.848983	0.094373	-.206640	0.057128	0.034382
NTTCF	流动资产周转次数(次/年)	0.427682	0.069269	0.298207	-.363488	0.381353	-.502004	-.440228
RPIC	成本费用利润率(%)	0.416266	0.266422	-.126488	0.498485	-.449576	0.080080	-.531717
OLP	全员劳动生产率(元/人#年)	0.431973	-.098750	0.231514	-.002495	0.389421	0.773338	0.018494
PPS	产品销售率(%)	0.413596	0.281749	-.063500	-.588088	-.508529	0.069308	0.369147

图 12.10　主成分分析的特征向量

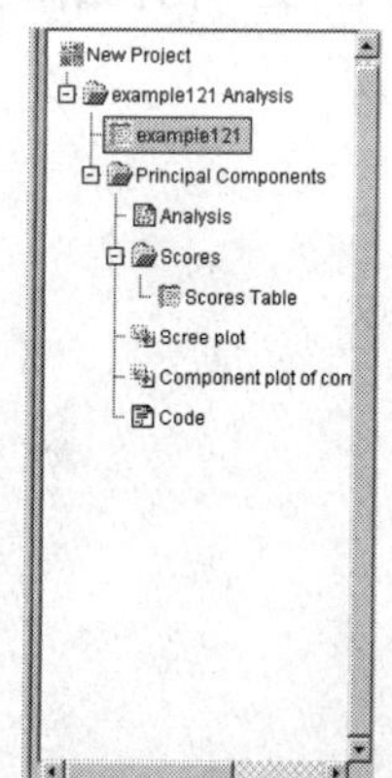

图 12.11　主成分分析的其他分析结果

- ❑ Scores table：存储原始数据和主成分计算所得的得分数据，如图 12.12 所示。

	RVIOV	RAIOV	ALR	NTTCF	RPIC	OLP	PPS	Prin1	Prin2	Prin3	Prin4	Prin5	Prin6	Prin7
1	23.8	8.4	62.6	1.8	2.4	30741	96	-3.505834075	-1.485057466	1.0448211419	-0.000090604	0.1007910402	-0.110669834	0.0343393548
2	25	8.4	62	1.8	3.1	35608	96.5	-2.862334259	-0.243316597	0.0166391969	0.0186903336	0.1533940643	0.1004573009	-0.052228881
3	24.9	9.3	61.8	1.9	3.8	45611	97.2	-1.704639451	0.0318049967	-0.084182744	0.0140153483	-0.410249392	0.0654054667	0.0207350839
4	25.1	9.6	60.6	1.9	3.9	51298	97.1	-1.279444466	-0.251368248	-1.11321706	0.1206701384	0.0060120312	0.0414388266	-0.007937996
5	25.6	10.2	60.2	2.1	4.3	59361	97.6	-0.358829128	0.3610028893	-1.482479778	-0.066792906	0.1023262109	-0.120082144	-0.00861537
6	25.9	10.8	62.1	2.3	4.6	72789	97.9	-0.162513259	1.531215664	0.1924038319	0.0416081605	-0.142051123	-0.104279166	0.0160818004
7	26	11.5	62.2	2.4	4.8	103197	97.9	0.4265222706	1.6654386672	0.481943207	0.2583115927	0.1710160191	0.1430243616	0.0335536634
8	24.8	11.3	61.7	2.6	4.5	115287	98.2	1.0150034238	0.4215069867	0.6912932677	-0.470869111	-0.050266398	0.0236239263	-0.06669544
9	24.9	12.4	60.7	2.7	4.9	133179	98.5	2.1417863169	0.3340224293	-0.021059662	-0.359076792	0.1226586109	-0.020754105	0.0674693731
10	24.2	14	60.8	2.8	5.5	154781	98.3	3.0387603145	-0.204576849	0.5233822936	0.4300632167	-0.019602863	-0.106855438	-0.045017585
11	22.9	13.6	59.3	2.7	6	167173	98.2	3.250616312	-2.160672473	-0.249533694	0.0134705609	-0.034028201	0.0886908646	0.0192560963

图 12.12　主成分分析的原始数据和得分

- ❑ Scree plot：如图 12.13 显示了各主成分下的特征值，从图中的碎石图上可以看到前几个主成分具有较大的特征值。
- ❑ Component plot of components 1 and 2：第一主成分和第二主成分的散点图，如图 12.14 所示。

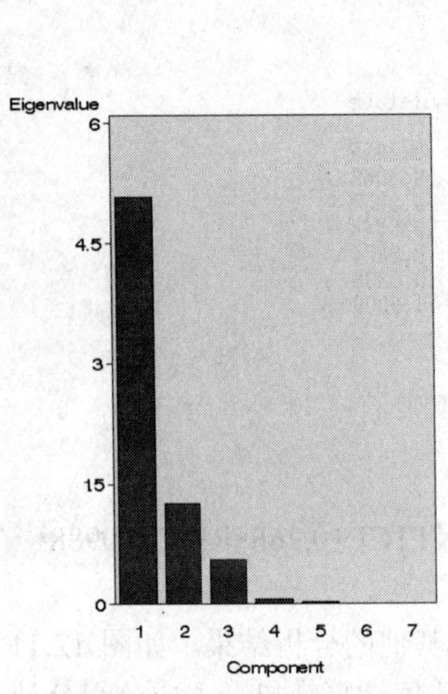

图 12.13　主成分分析的主成分图

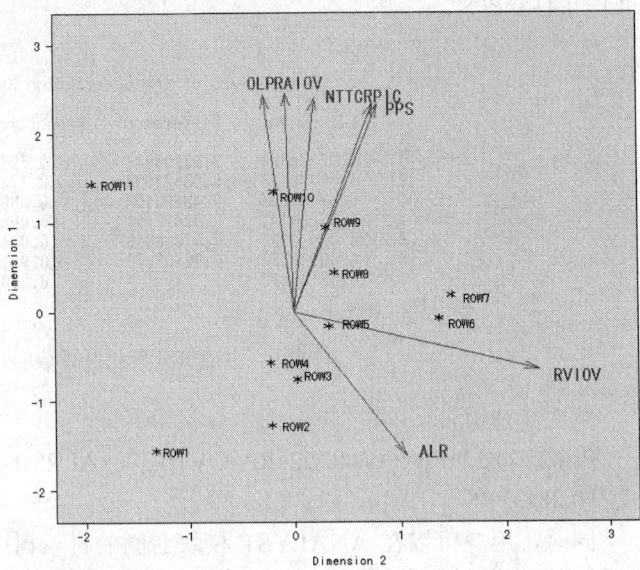

图 12.14　主成分分析的主成分散点图

❑ Code:打开如图 12.15 所示的主成分分析代码窗口,其中显示了主成分分析的代码。

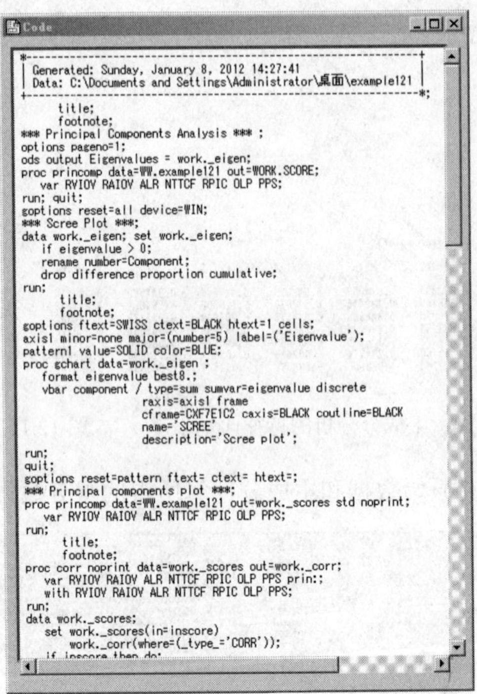

```
Code
*------------------------------------------------------------+
| Generated: Sunday, January 8, 2012 14:27:41                |
| Data: C:\Documents and Settings\Administrator\桌面\example121 |
+------------------------------------------------------------*;
     title;
     footnote;
*** Principal Components Analysis *** ;
options pageno=1;
ods output Eigenvalues = work._eigen;
proc princomp data=WW.example121 out=WORK.SCORE;
   var RVIOV RAIOV ALR NTTCF RPIC OLP PPS;
run; quit;
goptions reset=all device=WIN;
*** Scree Plot ***;
data work._eigen; set work._eigen;
   if eigenvalue > 0;
   rename number=Component;
   drop difference proportion cumulative;
run;
     title;
     footnote;
goptions ftext=SWISS ctext=BLACK htext=1 cells;
axis1 minor=none major=(number=5) label=('Eigenvalue');
pattern1 value=SOLID color=BLUE;
proc gchart data=work._eigen ;
   format eigenvalue best8.;
   vbar component / type=sum sumvar=eigenvalue discrete
                    raxis=axis1 frame
                    cframe=CXF7E1C2 caxis=BLACK coutline=BLACK
                    name='SCREE'
                    description='Scree plot';
run;
quit;
goptions reset=pattern ftext= ctext= htext=;
*** Principal components plot ***;
proc princomp data=WW.example121 out=work._scores std noprint;
   var RVIOV RAIOV ALR NTTCF RPIC OLP PPS;
run;
     title;
     footnote;
proc corr noprint data=work._scores out=work._corr;
   var RVIOV RAIOV ALR NTTCF RPIC OLP PPS prin:;
   with RVIOV RAIOV ALR NTTCF RPIC OLP PPS;
run;
data work._scores;
   set work._scores(in=inscore)
       work._corr(where=(_type_='CORR'));
   if inscore then do;
```

图 12.15　主成分分析程序的代码

12.3.2　INSIGHT 模块实现主成分分析

在 SAS 9.2 中还提供了 INSIGHT 模块，可用于通过界面操作实现主成分分析。本节将重点介绍如何利用 INSIGHT 模块实现主成分分析。下面将通过实例 12.2 来具体介绍这部分知识。

【例 12.2】 全国人均生活能源消费量的主成分分析。

1．主成分分析的步骤

（1）启动 INSIGHT 模块，在 INSIGHT 模块导入表 12.2 所示的数据（test122.sas7bdat 文件），数据为全国人均生活能源消费量数据，从表中可知从 1980—2007 年，全国人民主要的能源消费包括煤炭（COAL）、电力（ELECTRICITY）、煤油（KEROSENE）、液化石油气（LIQUEFIELD）、天然气（NATGAS）、煤气（COALGAS），通过主成分分析将提取出反映全国人民能源消费的综合变量。

表 12.2　全国人均生活能源消费量数据

年　份	煤　炭（千克）	电　力（千瓦小时）	煤　油（千克）	液化石油气（千克）	天然气（立方米）	煤　气（立方米）
1980	118.0	10.7	1.0	0.4	0.2	1.4
1981	121.6	11.9	1.2	0.5	0.2	1.4
1982	123.5	12.0	1.0	0.5	0.2	1.5
1983	127.7	13.4	1.2	0.6	0.1	1.5
1984	134.9	15.3	1.4	0.6	0.5	1.5
1985	149.6	21.3	1.2	0.9	0.4	1.3
1986	148.3	23.2	1.3	1.1	0.7	1.3
1987	152.1	26.4	1.2	1.1	0.7	1.6
1988	159.1	31.2	1.1	1.2	1.4	1.5
1989	152.4	35.3	1.1	1.4	1.5	2.4
1990	147.1	42.4	0.9	1.4	1.6	2.5
1991	142.0	46.9	0.8	1.7	1.6	3.1
1992	126.1	54.6	0.7	2.0	1.8	4.4
1993	120.5	61.2	0.6	2.5	1.4	4.5
1994	109.5	72.7	0.6	3.2	1.7	6.3
1995	112.3	83.5	0.5	4.4	1.6	4.7
1996	118.3	93.1	0.5	5.8	1.6	3.9
1997	99.5	101.8	0.5	6.0	1.7	4.9
1998	71.5	106.6	0.5	6.2	1.9	6.0
1999	67.1	118.2	0.6	7.0	2.1	9.3
2000	62.6	132.4	0.5	7.8	2.6	10.0
2001	61.6	144.6	0.6	7.9	3.5	9.4
2002	59.4	156.3	0.4	9.1	4.0	9.8
2003	63.4	173.7	0.4	10.0	4.4	10.2
2004	63.1	190.2	0.2	10.4	5.2	10.7
2005	67.0	216.7	0.2	10.2	6.1	11.1
2006	64.3	249.4	0.2	11.2	7.9	12.0
2007	61.5	274.9	0.1	12.2	10.1	12.2

（2）单击 INSIGHT 模块下的“分析|多元（YX）”菜单，打开如图 12.16 所示的多元分析窗口。

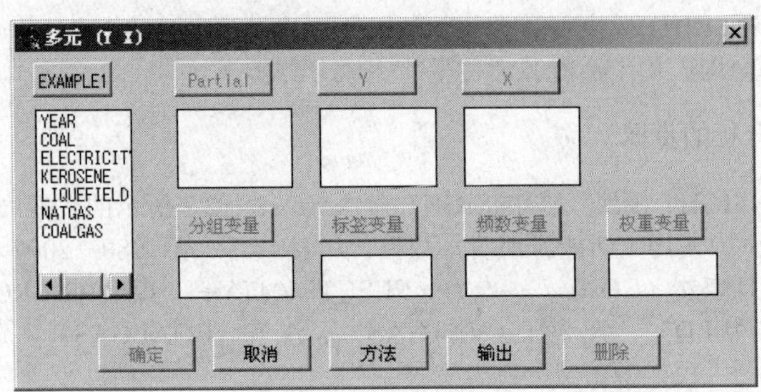

图 12.16　多元分析窗口

（3）选择需要进行主成分分析的变量进入“Y 变量”区域，年份数据用于标识观测，选入标签变量中，如图 12.17 所示。

（4）单击多元分析窗口的“方法”按钮，打开主成分分析方法设置窗口，如图 12.18 所示。在其中可以设置的参数包括主成分计算是选择协方差矩阵或相关系数矩阵，系统默认主成分分析计算相关系数矩阵的特征值和特征向量。本实例中使用默认的选项，参数设置完毕单击“确定”按钮，返回多元分析窗口。

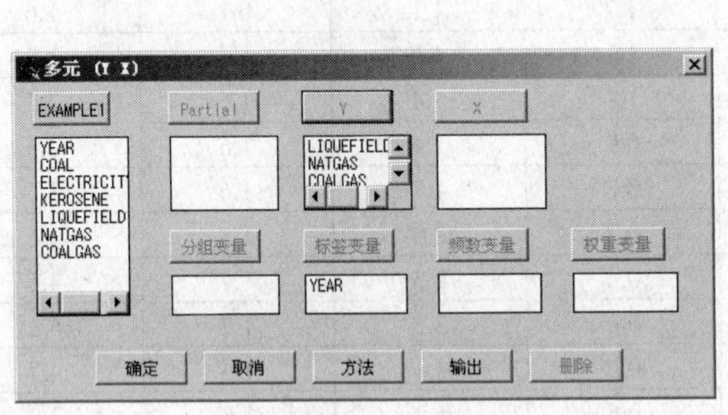

图 12.17　多元分析模型变量设置

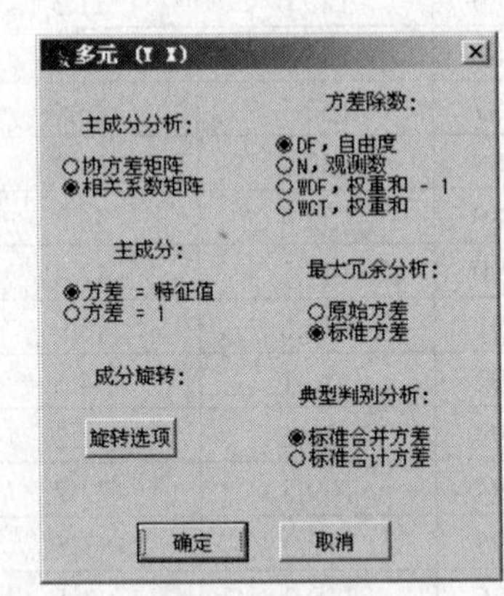

图 12.18　多元分析模型方法设置

（5）单击多元分析窗口的“输出”按钮，对主成分分析的输出结果进行设置。在打开的主成分分析输出设置中可以设置的输出选项包括：描述性统计量、二变量图和主成分选项，如图 12.19 所示。其中，描述性统计量的输出包括：单变量、叉积和、校正叉积和、协方差矩阵、相关系数矩阵、相关系数 P 值、逆相关系数矩阵和配对相关系数的描述性统计量。二变量图包括散点图矩阵和 80%预测置信椭圆。在该窗口下选择“主成分分析”复选框，单击“主成分选项”将打开如图 12.20 所示的“主成分选项”对话框。在“主成分选项”对话框中可以设置的参数包括主成分表、主成分图和输出成分控制。在本实例中，主成分选项选择特征值、特征向量，输出前 3 个成分，并输出成分图和散点图。参数设置完毕单击“确定”按钮，返回多元分析窗口。

（6）单击多元分析窗口的“输出”按钮，即可执行主成分分析，完成主成分分析。

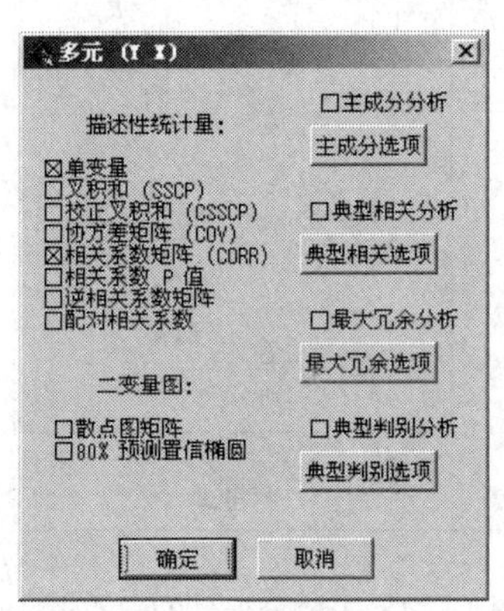

图 12.19　多元分析结果输出设置

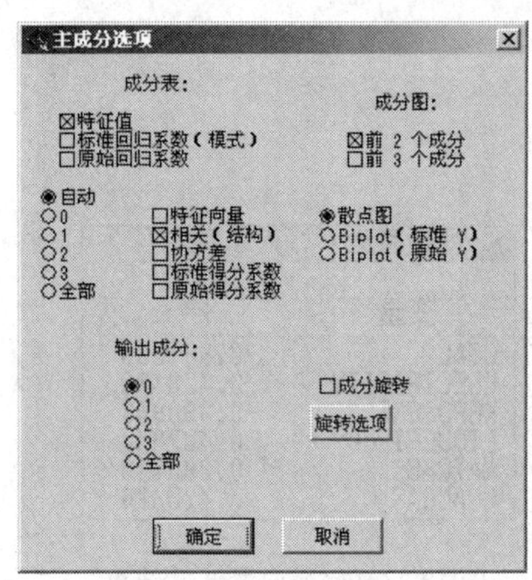

图 12.20　多元分析选项窗口

2. 主成分分析的结果

主成分分析执行完毕将弹出结果窗口，根据上述的参数设置可以输出的结果如下。

- 单变量的统计量：在主成分最前面的结果部分将显示主成分分析变量的描述性统计结果，如图 12.21 所示。该结果描述了进行主成分分析的变量的描述性统计结果。

单变量统计量

变量	N	均值	标准差	最小值	最大值
COAL	28	107.2857	35.5963	59.4000	159.1000
ELECTRICITY	28	89.9964	76.7953	10.7000	274.9000
KEROSENE	28	0.7321	0.3801	0.1000	1.4000
LIQUEFIELD	28	4.5464	3.9608	0.4000	12.2000
NATGAS	28	2.3821	2.4276	0.1000	10.1000
COALGAS	28	5.3714	3.9191	1.3000	12.2000

图 12.21　单变量统计量结果

- 特征值：图 12.22 显示了主成分分析的特征值计算结果，从中可以看到第一个主成分即具有较大的特征值，其贡献率已达到 90.88%，说明本实例中的全国人均生活能源消费量数据通过一个主成分即可具有较好的代表性。

特征值（相关系数矩阵）

成分	特征值	差分	比例	累积
1	5.453048	5.137323	0.9088	0.9088
2	0.315726	0.155441	0.0526	0.9615
3	0.160285	0.124491	0.0267	0.9882
4	0.035794	0.002735	0.0060	0.9941
5	0.033059	0.030971	0.0055	0.9997
6	0.002088	_	0.0003	1.0000

图 12.22　特征值计算结果

- 特征向量：图 12.23 显示了第一个主成分的特征向量（模型中的系数项）。根据该表中数据，我们可以得到第一主成分的得分为：

PCR1=–0.391993*COAL+0.423196*ELECTRICITY–0.398646*KEROSENE+0.422948*LIQUEFIELD+0.390810*NATGAS+0.420370*COALGAS

- 主成分得分的散点图：图 12.24 显示了第一主成分和第二主成分得分的散点图。

特征向量(相关系数矩阵)

变量	成分 1
COAL	-0.391993
ELECTRICITY	0.423196
KEROSENE	-0.398646
LIQUEFIELD	0.422948
NATGAS	0.390810
COALGAS	0.420370

图 12.23　特征向量计算结果

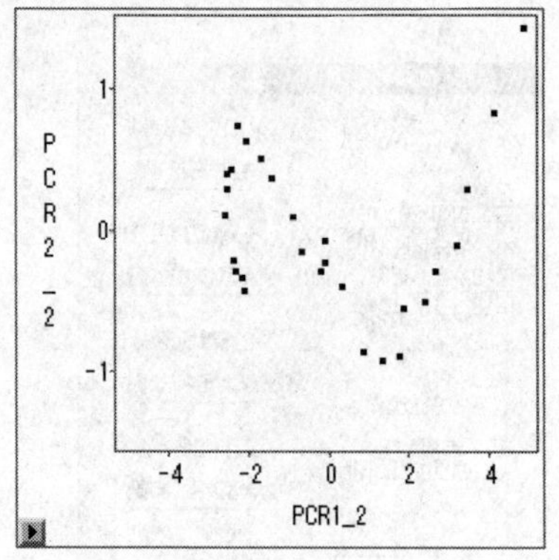

图 12.24　主成分得分的散点图

12.4　主成分分析实例

在本书前面的章节中详细地介绍了主成分分析的编程实现和界面操作实现两种方式，其中界面操作结合实例演示为用户做了具体的介绍。本节将主要通过实例分析，向用户演示如何利用程序设计方式快速实现主成分分析。

【例 12.3】 以某班 20 名学生的成绩数据为例演示主成分分析的程序设计。

表 12.3 为 20 名学生的期中考试的五门主课的成绩，现试通过主成分分析提取一个综合指标，用以反映每名学生的综合学习情况。

表 12.3　某班 20 名学生的期中考试成绩

学号	数学	语文	英语	物理	化学
1	74	89	86	92	67
2	81	76	68	84	79
3	70	98	70	88	76
4	83	62	85	63	78
5	61	82	81	76	84
6	82	71	62	75	62
7	88	94	63	66	72
8	98	73	70	93	84
9	90	87	76	93	67
10	89	62	78	78	84
11	77	74	96	98	69
12	85	79	83	65	83
13	92	77	73	94	80
14	63	82	79	90	78
15	97	84	83	77	81
16	96	64	66	84	97
17	84	95	93	98	73
18	70	90	98	85	76
19	94	91	83	69	72
20	80	92	61	74	76

编写实现主成分分析的程序如下。

```
data grade; /*建立主成分分析数据集*/
   input xuehao g1-g5; /*定义输入变量*/
   label xuehao='学号' g1='数学' g2='语文' g3='英语' g4='物理' g5='化学';
   /*定义数据标签*/
   cards; /*开始输入数据*/
   1   74   89   86   92   67
   2   81   76   68   84   79
   3   70   98   70   88   76
   4   83   62   85   63   78
   5   61   82   81   76   84
   6   82   71   62   75   62
   7   88   94   63   66   72
   8   98   73   70   93   84
   9   90   87   76   93   67
  10   89   62   78   78   84
  11   77   74   96   98   69
  12   85   79   83   65   83
  13   92   77   73   94   80
  14   63   82   79   90   78
  15   97   84   83   77   81
  16   96   64   66   84   97
  17   84   95   93   98   73
  18   70   90   98   85   76
  19   94   91   83   69   72
  20   80   92   61   74   76
;
proc princomp data=grade out=graderesult; /*主成分分析过程*/
var g1-g5; /*定义进行主成分分析的变量*/
run;
```

在上述程序中，首先通过 data 数据步创建主成分分析的 grade 成绩数据集，其中包括学生学号、五门主课（数学、语文、英语、物理、化学）的成绩，并为这些变量通过 label 语句定义数据标签。然后通过 proc 程序步定义主成分分析的 princomp 过程，其中定义的该过程的选项包括“data=grade”指定主成分分析的数据集，“out=graderesult”指定主成分分析的输出结果数据集。同时，在过程步中通过 var 语句指定需要进行主成分分析的变量 g1～g5。最后，提交程序，将在结果输出窗口显示如下结果。

- 基本的观测和变量信息：如图 12.25 所示，显示了主成分分析时观测和变量个数的基本信息。
- 变量描述性统计分析结果：如图 12.26 所示，显示了进行主成分分析的 g1～g5 共 5 个变量的基本描述性统计分析结果，包括均值和标准差两个统计参数。

The PRINCOMP Procedure

Observations	20
Variables	5

图 12.25　基本的观测和变量信息

Simple Statistics

	g1	g2	g3	g4	g5
Mean	82.70000000	81.10000000	77.70000000	82.10000000	76.90000000
StD	10.90195540	11.08768876	11.04107165	11.19163221	7.85325946

图 12.26　变量描述性统计分析

- 相关矩阵：如图 12.27 所示，显示了主成分分析计算过程中变量的相关矩阵。
- 相关矩阵的特征值计算结果：如图 12.28 所示，显示了主成分分析时特征值计算结果，其结果数据的 4 列分别为特征值、特征值差、贡献率和累积贡献率。从结果中可以看到第一个主成分的贡献率为 36.55%，第二个主成分的贡献率为 21.61%，第三个主成分的贡献率为 17.11%，选择三个主成分累积贡献率可以超过 75%。

Correlation Matrix

		g1	g2	g3	g4	g5
g1	数学	1.0000	-.2806	-.2610	-.1132	0.2160
g2	语文	-.2806	1.0000	0.0957	0.1310	-.4254
g3	英语	-.2610	0.0957	1.0000	0.2456	-.1345
g4	物理	-.1132	0.1310	0.2456	1.0000	-.1190
g5	化学	0.2160	-.4254	-.1345	-.1190	1.0000

图 12.27　相关矩阵

Eigenvalues of the Correlation Matrix

	Eigenvalue	Difference	Proportion	Cumulative
1	1.82754287	0.74727773	0.3655	0.3655
2	1.08026514	0.22467846	0.2161	0.5816
3	0.85558668	0.17089165	0.1711	0.7527
4	0.68469503	0.13278474	0.1369	0.8896
5	0.55191029		0.1104	1.0000

图 12.28　相关矩阵的特征值计算结果

- 特征向量计算结果：如图 12.29 所示，显示了特征向量计算结果，用户可以利用特征向量的结果进一步计算主成分的得分矩阵，具体可以参考前面的例子。

Eigenvectors

		Prin1	Prin2	Prin3	Prin4	Prin5
g1	数学	-.472979	-.043837	0.636824	0.538813	0.280190
g2	语文	0.514682	-.437069	0.151233	-.131632	0.709841
g3	英语	0.388726	0.588484	-.287008	0.597090	0.252365
g4	物理	0.333326	0.540762	0.660585	-.381631	-.120229
g5	化学	-.499178	0.410258	-.229866	-.436114	0.582646

图 12.29　特征向量计算结果

12.5　本 章 小 结

本章主要介绍了多元统计分析中的数据降维的主成分分析方法。首先，通过方法的简单介绍，让读者初步了解该方法的原理；然后，通过主成分分析编程和界面操作的 SAS 实现过程的介绍，可以满足不同用户群体分析时的需要；最后，通过实例操作，进一步强化读者对主成分分析的实际操作能力。因而，通过本章的学习将使读者全面细致地了解主成分分析的 SAS 实现方式，达到可以独立解决实际工作中的主成分分析的能力。

12.6　习　　题

1．下表为黄瓜主要农艺形状的观测数据，试根据下表数据利用 SAS 主成分分析过程提取可以反映黄瓜农艺形状的综合指标。

黄瓜农艺性状的指标数据

观测	株高/m	节间长/cm	第 1 雌花出现节位/节	雌花数/朵	雌花着生节位雌花数/朵	成瓜率/%	结瓜数/根	果实长/cm	果实粗/cm	单果重/g	单株产量/g
1	2.7196	4.6751	6.3091	4.3996	2.0173	13.432	3.9391	34.686	0.884 85	388.54	2114.1
2	3.2833	4.8103	8.1356	6.2309	2.1598	16.846	3.6211	38.02	0.896 17	301.45	2570.4
3	3.0708	4.6046	4.7017	9.7721	2.266	22.195	4.3922	37.191	0.750 42	487.47	1911.5
4	3.5515	5.0281	7.8219	10.903	2.2515	19.234	2.2526	39.668	0.774 97	374.42	2830.6
5	3.2946	4.8691	3.7282	4.4163	2.5906	33.424	2.768	39.806	0.783 08	337.79	2410.6
6	2.7268	4.7356	3.5396	9.7899	1.1219	20.31	2.0455	42.756	0.705 83	945.87	987.67
7	2.9861	4.7662	4.4184	8.4616	1.6277	29.616	1.4246	34.795	0.702 61	423.94	2502.3
8	2.6615	5.0373	8.0521	8.0535	2.4244	39.614	1.5841	33.957	0.797 8	309.16	1075.1
9	3.5935	4.7647	3.5283	5.935	1.6224	25.733	4.277	38.677	0.844 19	853.53	2070.4
10	2.8762	4.6005	4.5739	9.8075	2.6754	38.499	2.4907	42.879	0.765 69	700.34	2137.2
11	2.5174	4.6699	8.3976	6.0635	2.2538	35.064	2.9315	33.047	0.756 02	498.2	2366.7
12	3.3437	4.5872	4.3023	9.3494	1.2263	37.634	4.4982	41.85	0.738 47	569.92	1493.5
13	3.5069	4.8717	5.7917	8.7196	1.2201	14.545	2.1	33.08	0.878 47	294	1631
14	2.7948	4.6271	4.7105	5.7342	1.1203	34.608	4.3172	38.203	0.820 34	974.02	1723.3
15	2.7539	4.8472	6.6983	8.3342	1.4862	37.367	3.5982	34.8	0.727 88	956.03	2001.6
16	3.5513	4.6244	8.1816	8.3531	1.9776	15.788	4.4191	40.243	0.904 74	481.3	1039.8
17	2.6132	4.9835	7.1861	8.7187	1.8789	14.805	3.0085	35.407	0.823 72	725.92	652.51
18	3.5608	4.7663	6.6638	5.5285	2.2954	33.189	4.7743	42.512	0.725 16	407.59	2407
19	3.2812	5.0129	3.8809	8.5649	2.0902	32.016	2.6066	34.227	0.833 52	745.23	1791.3
20	3.4518	4.5856	3.6961	5.4411	1.9657	30.002	3.1598	38.225	0.829 8	540.93	1122.6

2．利用 SAS INSIGHT 模块的主成分分析功能，对下表中的土壤肥力影响指标进行分析，以提取出反映土壤肥力主成分的综合指标。

土壤肥力指标数据

观测	土壤有机质（OMg/ kg）	全氮（TN g/ kg）	全磷（TP g/ kg）	缓效钾（SK mg/ kg）	碱解氮（AN mg/ kg）	速效磷（AP mg/ kg）	交换性钾（AK mg/ kg）	pH 值
1	20.11	0.5521	1.1029	727.35	90.271	39.636	120.74	7.2843
2	12.475	0.817 58	0.611 78	829.77	100.68	29.524	104.09	7.6327
3	16.465	1.2318	1.0088	809.92	72.786	35.365	189.99	7.169
4	15.181	0.508 88	0.827 69	765.04	95.752	23.839	60.335	7.3247
5	19.486	0.625	1.0991	809	50.329	30.121	173.94	7.691
6	18.113	0.682 49	0.901 69	768.93	102.15	16.983	204.55	7.6367
7	14.868	0.678 85	1.0257	688.09	56.655	39.446	207.45	7.3407
8	10.217	1.0434	0.857 34	674.82	55.427	50.908	177.09	7.3239
9	18.743	0.744 97	0.782 77	687.89	95.469	36.273	124.25	7.5158
10	14.743	0.678 93	0.713 79	736.89	86.577	43.301	133.26	7.3644
11	16.556	0.513 75	0.71606	785.92	47.989	15.912	90.353	7.4559
12	18.43	1.1721	1.0093	679.79	39.975	26.751	155.16	7.7575
13	19.81	0.900 59	0.781 66	814.21	96.635	52.366	106.36	7.7699
14	17.86	1.3386	0.925	745.52	52.011	45.86	202.93	7.5586
15	11.892	0.919 39	0.690 52	695.32	58.407	31.91	167.7	7.7805

续表

观测	土壤有机质（OMg/ kg）	全氮（TN g/ kg）	全磷（TP g/ kg）	缓效钾（SK mg/ kg）	碱解氮（AN mg/ kg）	速效磷（AP mg/ kg）	交换性钾（AK mg/ kg）	pH 值
16	14.329	0.876 78	1.0187	779.73	81.704	38.686	120.23	7.5059
17	19.955	1.2616	0.8270 2	740.06	57.488	53.056	170.41	7.2845
18	19.758	0.972 64	1.116	714.23	69.358	6.3969	98.498	7.7213
19	14.377	0.682 38	1.1122	777.65	43.381	40.91	124.45	7.7638
20	19.511	1.1049	0.956 14	759.04	102.7	5.8311	198.9	7.3368

3．利用 SAS ANALYST 模块的主成分分析功能，完成对下表中反映苹果品质性状数据的主成分分析。

苹果品质指标数据

果肉褐变度	果心大小	粗纤维/(g/100 g)	钾/（mg/kg）	钙/（mg/kg）	镁/（mg/kg）	水分含量/%	可溶性固形物/%	果皮硬度/g	果实硬度/g
0.606 41	0.328 16	1.358	728.43	61.469	39.337	87.299	9.5454	842.24	251.74
0.161 82	0.377 61	1.1725	1377.5	39.375	69.907	86.068	10.373	529.03	147.59
0.162 27	0.417 38	1.1244	1007.5	96.693	55.476	87.658	9.1118	1073	163.63
0.292 56	0.443 93	1.219	1445.6	92.859	58.167	85.936	10.588	175.71	242.02
0.590 19	0.350 97	1.2714	1297.6	122.49	41.08	84.115	8.1768	661.39	222.18
0.193 19	0.348 22	1.6402	1252.3	84.188	54.598	87.204	10.473	397.61	116.21
0.425 68	0.43984	0.762 73	927.5	70.607	71.058	88.896	11.044	968.69	122.75
0.623 59	0.344 85	0.610 92	756.07	52.692	45.413	87.84	12.194	441.78	163.23
0.688 23	0.430 73	1.393	746.14	90.643	59.188	87.221	11.262	789.33	193.81
0.669 5	0.446 26	2.158	779.94	100.27	47.852	85.91	11.216	156.93	208.24
0.213 06	0.344 78	2.2777	1000.2	68.454	57.975	83.688	9.8602	462.87	304.8
0.490 77	0.3459	1.0319	1412.9	35.879	61.06	86.989	10.751	605.79	235.37
0.481 37	0.317 46	0.838 16	1064.7	72.367	48.079	85.192	11.493	541.35	176.03
0.414 94	0.321 76	2.1635	1374.8	102.08	48.786	83.84	8.3291	670.52	209.16
0.2652	0.406 12	0.982 46	1036.7	105.65	59.174	86.401	12.12	725.17	235.57
0.656 73	0.338 63	1.7412	1033.4	116.88	67.016	87.938	11.99	217.36	138.84
0.674 41	0.436 58	2.3384	1027.1	110.18	46.979	87.044	10.609	1009.3	287.14
0.695 63	0.336 09	1.7768	990.43	67.73	49.286	88.997	9.0757	864.34	315.26
0.508 79	0.335 62	2.1589	1456.3	90.251	56.571	88.77	11.803	901.24	235.21
0.566 13	0.459 14	0.558 46	603.32	100.08	55.327	83.353	10.219	925.29	109.38

第 13 章　因 子 分 析

因子分析是另一种有效的数据降维方法。本章将重点介绍因子分析算法的基本原理、步骤、SAS 实现方法，并通过具体实例的演示，使读者充分掌握因子分析的操作。

13.1　因子分析方法概述

因子分析通过几个因子代替原始数据中的变量信息，因子为各个变量的线性组合。通过因子分析提取的因子能较大程度地解释原始数据的关键信息，因而因子分析是数据压缩降维的有效方法。本节将主要介绍因子分析的基本原理和步骤。通过本章的学习，读者将对因子分析有初步了解。

13.1.1　因子分析的基本原理

因子分析从数据内部的特征出发，将众多的复杂变量简化为少数几个具有代表性的因子。因子分析的基本模型为：

$$x_1 = a_{11}F_1 + a_{12}F_2 + \cdots + a_{1m}F_m + \varepsilon_1$$
$$x_2 = a_{21}F_1 + a_{22}F_2 + \cdots + a_{2m}F_m + \varepsilon_2$$
$$\cdots\cdots$$
$$x_n = a_{n1}F_1 + a_{n2}F_2 + \cdots + a_{2m}F_m + \varepsilon_n$$

其中，F_1～F_m 为提取的主因子，在因子分析模型中将原始各变量通过因子的线性模型来描述，而 a 为模型的系数。在因子分析中主要目的就是提取因子 F 来代替原始的变量。

13.1.2　因子分析的基本步骤

因子分析的本质即对原始数据进行综合，构建有效的因子。其基本的分析流程如下。

（1）将原始数据标准化，消除变量不同量纲的影响。

（2）构建因子变量：通过标准化系数的特征值和特征向量计算因子，并通过方差累积贡献率判断主因子数，一般取累积贡献率达 80%的因子数代表原始数据的基本信息。

（3）将提取的因子旋转，使其对原始变量的解释能力更加。

（4）计算因子得分，以评价因子对数据的综合解释能力。

13.2　因子分析的 SAS 过程

在 SAS 系统中提供了专门的 FACTOR 过程用于实现因子分析。其基本的调用格式为：

```
PROC FACTOR 选项;
PRIORS 公因子方差;
VAR 变量列表;
FREQ 变量;
PARTIAL 变量列表;
WEIGHT 变量;
```

其中：

- PROC 语句为必需语句，用于指定分析的过程为因子分析，其后可跟的选项介绍如下。
  - DATA=数据集：指定进行因子分析数据集。
  - OUT=数据集：指定一个数据集，其中包括原始数据和因子得分数据。在使用此选项的时候，因子分析所分析的数据必须为多变量数据，而非相关矩阵数据或协方差矩阵数据，同时在添加此选项的时候需要指定 NFACTORS 选项，规定因子数。
  - OUTSTAT=数据集：指定一个数据集，其中存储因子分析的主要结果。
  - METHOD=因子分析方法：可以设置的因子分析方法包括 PRINCIPAL（主成分法，默认）、PRINIT（迭代主因子法）、USL（未加权的最小二乘因子法）、ALPHA（α 因子法）、ML（极大似然法）、IMAGE（映象协方差矩阵的主成分法）、PATTERN（从数据集中读入因子模型）、SCORE（从数据集中读入得分系数）。
  - PRIORS =初始公因子方差的计算法：规定计算公因子方差的方法，包括 ONE（设置所有先验公因子方差为 1）、MAX（设置先验公因子方差为最大绝对相关系数）、SMC（设置先验公因子方差为多元相关系数的平方）、ASMC（设置先验公因子方差为与多元相关系数的平方成比例）、INPUT（从 DATA=指定的数据集中读入先验公因子方差估计值）、RANDOM（设置先验公因子方差为 0 与 1 之间的随机数）。
  - HEYWOOD：当公因子方差值超过 1 后令其为 1，迭代继续执行下去。
  - COV：使用协方差矩阵而非相关矩阵进行因子分析。
  - MINEIGEN=P：设置被保留因子的最小特征值。
  - NFACTORS=N：提取的最大公因子数，默认为变量数。
  - MAXITER=N：因子分析的最大迭代数，默认值为 30。
  - ROTATE＝因子转轴方法名：可以设置的因子旋转方法包括 VARIMAX（正交的最大方差旋转法）、ORTHOMAX（由 GAMMA=指定权数的正交方差最大旋转法）和 PROMAX（在正交最大方差旋转的基础上进行斜交旋转）。
  - SIMPLE：输出简单的统计分析结果，包括均值和标准差等。

- CORR：输出相关矩阵和偏相关矩阵。
- SCORE：输出因子分析的得分矩阵。
- EV：输出因子分析的特征值向量。
- SCREE：输出特征值的屏幕图。
- RESIDUALS：输出残差的相关矩阵和偏相关矩阵。
- NPLOT=N：设置绘制的因子模型图的因子个数。
- PLOT：在模型旋转之后绘制因子模型图。
- PREPLOT：在模型旋转之前画绘制因子模型图。

- PRIORS 语句用于给出因子分析中各变量公因子方差的先验估计值，应为 0 到 1 之间的数值。
- VAR 语句用于指定因子分析的变量，需为数值型变量。
- FREQ 语句用于指定因子分析观测的频率变量。
- PARTIAL 语句控制因子分析使用偏相关矩阵或偏协方差矩阵进行。
- WEIGHT 语句用于指定因子分析观测的权重变量。

【例 13.1】 因子分析的 SAS 过程实现。

对表 13.1 中的 2001 年旅行社主要经济指标统计数据进行因子分析，提取主因子。

表 13.1　2001 年旅行社主要经济指标统计

城市	固定资产（万元）	营业收入（万元）	利润（万元）	税金（万元）	利润率（%）	全员劳动生产率（万元/人）	人均实现利税（万元/人）	人均实现利润万元/（人）	人均固定资产原值（万元/人）	从业人员（人）	企业数（户）
北京	758 965.9	1 021 800	31 644.85	16 814.19	3.1	93.54	4.44	2.9	69.48	10 924	480
天津	40 907.57	68 444.16	160.54	544.99	0.23	20.46	0.21	0.05	12.23	3346	204
河北	33 889.93	66 067.25	2081.39	747.31	3.15	12.53	0.54	0.39	6.43	5274	463
山西	32 378.91	55 410.2	-82.13	360.14	-0.15	13.44	0.07	-0.02	7.86	4122	264
内蒙古	19 267	20 656.36	1167	470.73	5.65	12.79	1.01	0.72	11.93	1615	127
辽宁	66 970.83	120 199.6	2271.97	1720.78	1.89	19.39	0.64	0.37	10.81	6198	545
吉林	20 550.26	28 507.25	1313.73	312.01	4.61	11.98	0.68	0.55	8.64	2379	153
黑龙江	55 224.08	67 678.81	2412.12	2118.9	3.56	16.59	1.11	0.59	13.54	4080	341
上海	326 779.2	573 590.3	8433.22	5865.44	1.47	57.42	1.43	0.84	32.71	9990	548
江苏	202 042.7	459 225.9	8093.69	5606.34	1.76	39.28	1.17	0.69	17.28	11 692	772
浙江	147 421.1	354 308.4	6496.03	3903.48	1.83	31.04	0.91	0.57	12.91	11 416	637
安徽	316 543.5	77 704.5	1318.93	1123.3	1.7	15.82	0.5	0.27	64.46	4911	374
福建	198 530.3	231 515.9	1802.39	2217.67	0.78	30.26	0.53	0.24	25.95	7650	384
江西	21 865.59	46 574.25	798.94	271.85	1.72	13.04	0.3	0.22	6.12	3572	292
山东	131 086.2	190 371.8	-896.2	1239.8	-0.47	16.53	0.03	-0.08	11.38	11 515	961
河南	81 627.14	91 049.48	2035.66	882.49	2.24	14.46	0.46	0.32	12.96	6298	458
湖北	99 126.77	86 643.88	3558.19	1709.29	4.11	11.46	0.7	0.47	13.11	7560	320
湖南	31 471.21	108 783.8	1218.01	597.56	1.12	19.51	0.33	0.22	5.64	5576	308
广东	896 216.8	1 181 178	37 833.49	18 345.3	3.2	46.47	2.21	1.49	35.26	25 420	579
广西	86 143.79	164 927.4	1404.64	1507.6	0.85	25.88	0.46	0.22	13.52	6373	292
海南	58 640.72	118 119.7	739.34	638.26	0.63	25.35	0.3	0.16	12.58	4660	152

续表

城市	固定资产（万元）	营业收入（万元）	利润（万元）	税金（万元）	利润率（%）	全员劳动生产率（万元/人）	人均实现利税（万元/人）	人均实现利润万元/（人）	人均固定资产原值（万元/人）	从业人员（人）	企业数（户）
重庆	81 956.3	126 487.2	2514.72	1613.39	1.99	30.54	1	0.61	19.79	4142	200
四川	115 160.7	145 692	1930.18	2239.62	1.32	15.37	0.44	0.2	12.15	9481	417
贵州	32 222.85	27 971.71	237.05	152.87	0.85	13.9	0.19	0.12	16.02	2012	112
云南	116 728.9	219 193.2	2536.82	2580.96	1.16	21.4	0.5	0.25	11.4	10 241	406
西藏	20 172.84	13 512.63	523.69	188.34	3.88	365.21	19.24	14.15	545.21	37	35
陕西	81 142.29	132 032.7	998.77	1238.13	0.76	25.1	0.43	0.19	15.43	5260	264
甘肃	28 907.26	31 596.45	271.61	354.11	0.86	14.9	0.3	0.13	13.64	2120	131
青海	12 260.45	7 317.69	-212.89	74.97	-2.91	6.52	-0.12	-0.19	10.93	1122	72
宁夏	3 143.25	7 767.52	-18	46.97	-0.23	13.46	0.05	-0.03	5.45	577	43
新疆	37 357.89	53 632.41	220.88	843.63	0.41	18.85	0.37	0.08	13.13	2845	198

本实例中的因子分析涉及 11 个变量，首先创建一个新的数据集，用于存储表 13.1 中的数据，然后通过 FACTOR 过程进行因子分析。具体程序如下：

```
data test13_1; /*创建数据集*/
input city$ x1-x11;
cards;
北京  758965.9   1021800    31644.85  16814.19  3.1    93.54  4.44   2.9
      69.48      10924      480
天津  40907.57   68444.16   160.54    544.99    0.23   20.46  0.21   0.05
      12.23      3346       204
河北  33889.93   66067.25   2081.39   747.31    3.15   12.53  0.54   0.39
      6.43       5274       463
山西  32378.91   55410.2    -82.13    360.14    -0.15  13.44  0.07   -0.02
      7.86       4122       264
内蒙古19267      20656.36   1167      470.73    5.65   12.79  1.01   0.72
      11.93      1615       127
辽宁  66970.83   120199.6   2271.97   1720.78   1.89   19.39  0.64   0.37
      10.81      6198       545
吉林  20550.26   28507.25   1313.73   312.01    4.61   11.98  0.68   0.55
      8.64       2379       153
黑龙江55224.08   67678.81   2412.12   2118.9    3.56   16.59  1.11   0.59
      13.54      4080       341
上海  326779.2   573590.3   8433.22   5865.44   1.47   57.42  1.43   0.84
      32.71      9990       548
江苏  202042.7   459225.9   8093.69   5606.34   1.76   39.28  1.17   0.69
      17.28      11692      772
浙江  147421.1   354308.4   6496.03   3903.48   1.83   31.04  0.91   0.57
      12.91      11416      637
安徽  316543.5   77704.5    1318.93   1123.3    1.7    15.82  0.5    0.27
      64.46      4911       374
福建  198530.3   231515.9   1802.39   2217.67   0.78   30.26  0.53   0.24
      25.95      7650       384
江西  21865.59   46574.25   798.94    271.85    1.72   13.04  0.3    0.22
      6.12       3572       292
山东  131086.2   190371.8   -896.2    1239.8    -0.47  16.53  0.03   -0.08
      11.38      11515      961
河南  81627.14   91049.48   2035.66   882.49    2.24   14.46  0.46   0.32
```

```
    12.96    6298     458
湖北 99126.77 86643.88 3558.19 1709.29 4.11 11.46 0.7 0.47
    13.11    7560     320
湖南 31471.21 108783.8 1218.01 597.56 1.12 19.51 0.33 0.22
    5.64     5576     308
广东 896216.8 1181178 37833.49 18345.3 3.2 46.47 2.21 1.49
    35.26    25420    579
广西 86143.79 164927.4 1404.64 1507.6 0.85 25.88 0.46 0.22
    13.52    6373     292
海南 58640.72 118119.7 739.34 638.26 0.63 25.35 0.3 0.16
    12.58    4660     152
重庆 81956.3 126487.2 2514.72 1613.39 1.99 30.54 1 0.61
    19.79    4142     200
四川 115160.7 145692 1930.18 2239.62 1.32 15.37 0.44 0.2
    12.15    9481     417
贵州 32222.85 27971.71 237.05 152.87 0.85 13.9 0.19 0.12
    16.02    2012     112
云南 116728.9 219193.2 2536.82 2580.96 1.16 21.4 0.5 0.25
    11.4     10241    406
西藏 20172.84 13512.63 523.69 188.34 3.88 365.21 19.24 14.15
    545.21   37       35
陕西 81142.29 132032.7 998.77 1238.13 0.76 25.1 0.43 0.19
    15.43    5260     264
甘肃 28907.26 31596.45 271.61 354.11 0.86 14.9 0.3 0.13
    13.64    2120     131
青海 12260.45 7317.69 -212.89 74.97 -2.91 6.52 -0.12 -0.19
    10.93    1122     72
宁夏 3143.25 7767.52 -18 46.97 -0.23 13.46 0.05 -0.03
    5.45     577      43
新疆 37357.89 53632.41 220.88 843.63 0.41 18.85 0.37 0.08
    13.13    2845     198
;
run;
proc factor data=test13_1 rotate=varimax; /*因子分析*/
var x1-x11;
run;
```

执行上述程序，生成的结果如图 13.1 所示，其中包括初始因子分析结果和旋转因子后的结果。

图 13.1　基于 FACTOR 的因子分析结果目录树

我们首先查看初始因子分析的结果，其中包括 4 张表，分别为，

- Eigenvalues of the Correlation Matrix（相关系数的特征值矩阵）：该表给出了因子

分析过程计算的特征值的结果，其中第一列为特征值，按照从大到小的顺序排列，第二列为前后两个特征值之差，第三列为特征值的贡献率，第四列为特征值的累积贡献率，如图 13.2 所示。从中可以看到该因子分析模型前两个特征值的累积贡献率可达 83.38%。

Eigenvalues of the Correlation Matrix: Total = 11 Average = 1

	Eigenvalue	Difference	Proportion	Cumulative
1	5.01742510	0.86339404	0.4561	0.4561
2	4.15403107	3.29416182	0.3776	0.8338
3	0.85986925	0.09912709	0.0782	0.9119
4	0.76074215	0.64655203	0.0692	0.9811
5	0.11419012	0.05080010	0.0104	0.9915
6	0.06339002	0.03868700	0.0058	0.9972
7	0.02470303	0.02057605	0.0022	0.9995
8	0.00412697	0.00315845	0.0004	0.9999
9	0.00096852	0.00045120	0.0001	0.9999
10	0.00051732	0.00048087	0.0000	1.0000
11	0.00003645		0.0000	1.0000

图 13.2　基于 FACTOR 的因子分析的相关系数的特征值矩阵

- Factor Patter（因子分析的载荷矩阵）：该表给出了因子分析的系数矩阵，如图 13.3 所示。根据结果可以建立各变量的因子模型：

$$
\begin{cases}
x1=0.95373*Factor1-0.11018*Factor2 \\
x2=0.97235*Factor1-0.13689*Factor2 \\
x3=0.95615*Factor1-0.06705*Factor2 \\
x4=0.97135*Factor1-0.09837*Factor2 \\
x5=0.31486*Factor1+0.33827*Factor2 \\
x6=0.23761*Factor1+0.95542*Factor2 \\
x7=0.22655*Factor1+0.96977*Factor2 \\
x8=0.20869*Factor1+0.97394*Factor2 \\
x9=0.12266*Factor1+0.97696*Factor2 \\
x10=0.85967*Factor1-0.32382*Factor2 \\
x11=0.54779*Factor1-0.36524*Factor2
\end{cases}
$$

Rotated Factor Pattern

	Factor1	Factor2
x1	0.95306	0.11579
x2	0.97741	0.09417
x3	0.94534	0.15829
x4	0.96743	0.13139
x5	0.22707	0.40249
x6	0.00771	0.98449
x7	-0.00640	0.99586
x8	-0.02474	0.99574
x9	-0.10908	0.97857
x10	0.91155	-0.11392
x11	0.61798	-0.22709

图 13.3　基于 FACTOR 的因子分析的载荷矩阵

- Variance Explained by Each Factor（方差解释表）：该表给出了因子所解释的方差，如图 13.4 所示。其中第一个因子所解释的方差为 5.017 425 1，第二个因子所解释的方差为 4.154 031 1。

Variance Explained by Each Factor

Factor1	Factor2
5.0174251	4.1540311

图 13.4　基于 FACTOR 的因子分析的方差解释表

- Final Communality Estimates（最终的公因子方差估计表）：该表给出了公因子方差在各变量中的解释能力，其总的方差为 9.171 456，如图 13.5 所示。

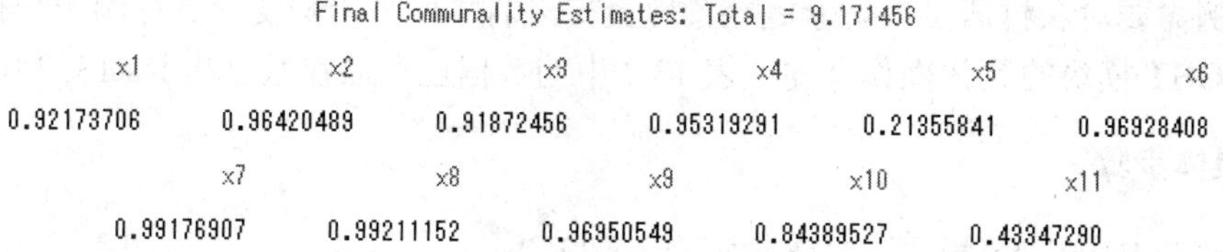

```
Final Communality Estimates: Total = 9.171456

        x1            x2            x3            x4            x5            x6
0.92173706    0.96420489    0.91872456    0.95319291    0.21355841    0.96928408

        x7            x8            x9           x10           x11
0.99176907    0.99211152    0.96950549    0.84389527    0.43347290
```

图 13.5　基于 FACTOR 的因子分析的最终的公因子方差估计表

为了对各因子有更好的解释，我们对因子载荷进行了旋转，从中可以看到因子 1 主要由变量 x1、x2、x3、x4、x10、x11 的信息构成，而因子 2 主要由变量 x6、x7、x8、x9 的信息构成，如图 13.6 所示。

```
Rotated Factor Pattern

          Factor1      Factor2

x1        0.95306      0.11579
x2        0.97741      0.09417
x3        0.94534      0.15829
x4        0.96743      0.13139
x5        0.22707      0.40249
x6        0.00771      0.98449
x7       -0.00640      0.99586
x8       -0.02474      0.99574
x9       -0.10908      0.97857
x10       0.91155     -0.11392
x11       0.61798     -0.22709
```

图 13.6　基于 FACTOR 的因子分析的旋转的载荷矩阵

13.3　因子分析的界面操作

除了上面介绍的 FACTOR 过程可以实现因子分析外，在 SAS 系统内用户也可以通过 INSIGHT 模块实现因子分析。本节将重点介绍如何利用 SAS 的界面操作实现因子分析，并结合具体实例演示因子分析的界面实现。

【例 13.2】 因子分析的 INSIGHT 模块实现。

对表 13.2 中的青岛市农村居民人均家庭经营现金支出统计数据进行因子分析。

表 13.2　青岛市农村居民人均家庭经营现金支出统计

地区	糖类	饮料	白酒	啤酒	糕点	瓜果类	水果	果用瓜	交通和通讯支出	娱乐	教育
黄岛区	1.61	22.4	8.28	10.87	4.55	38.34	25.94	11.4	162.81	208.68	121.27
城阳区	1.95	33.48	8.4	18.04	5.64	38.86	27.19	9.32	215.16	234.02	61.34
崂山区	1.71	22.15	6.53	10.94	3.31	39.37	25.52	11.89	155.32	182.66	98.86
胶州市	1.19	19.12	7.76	7.09	2.34	40.93	22.66	17.51	124.16	191.4	116.58
即墨市	1.68	19.55	7.45	8.98	3.28	32.55	21.31	10.37	192.18	177.95	94.79
平度市	1.2	19.46	7.33	8.65	3.66	33.8	23.34	10.02	95.6	179.16	91.22
胶南市	1.27	15.67	7.53	5.19	2.07	23.65	17.53	5.98	94.93	252.23	173.4
莱西市	1.37	15.14	4.89	8.03	3.02	28.86	20.64	7.5	159.06	216.11	132.42

本实例需要对农村居民人均家庭经营现金支出的 11 个影响变量进行因子分析，下面介绍 INSIGHT 模块的具体操作（注：表 13.2 中的数据已存储在数据集 test13_2 中）。

1．具体步骤

（1）启动 INSIGHT 模块，导入数据集 test13_2。

（2）单击菜单“分析”|“多元”，打开如图 13.7 所示的“多元”对话框，在其中将需要进行因子分析的变量 x1～x11 选入 Y 按钮下方的空格中。

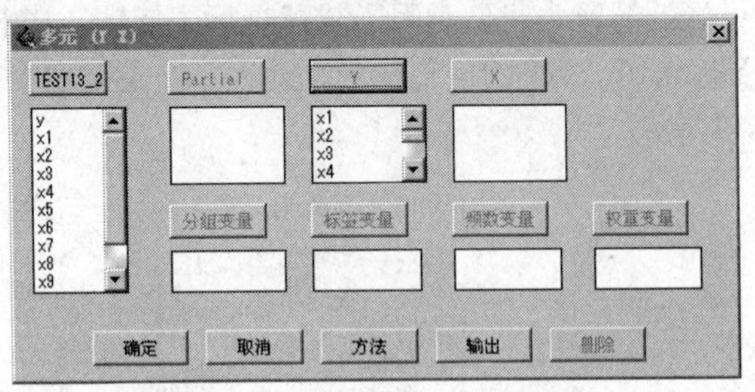

图 13.7　基于 INSIGHT 模块的因子分析的多元窗口

（3）单击“多元”对话框中的“方法”按钮，如图 13.8 所示。在其中单击“旋转选项”按钮，在打开的窗口中可设置因子载荷的旋转方法和旋转的主成分数，如图 13.9 所示。

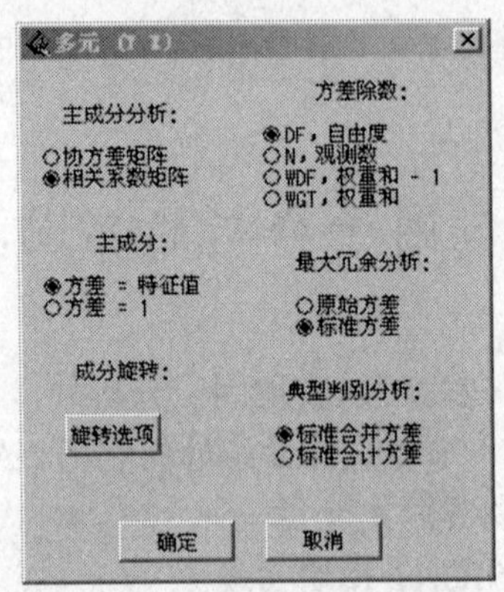

图 13.8　基于 INSIGHT 模块的因子分析方法设置

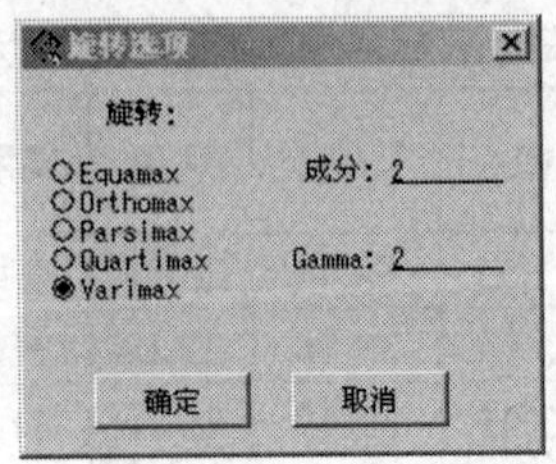

图 13.9　基于 INSIGHT 模块的因子分析因子旋转设置

（4）返回“多元”对话框，单击“输出”按钮，在弹出的如图 13.10 所示的对话框内设置需要输出的相关参数，包括描述性统计量、二变量图及各种多元统计分析的相关设置。本实例中单击“主成分分析”按钮。

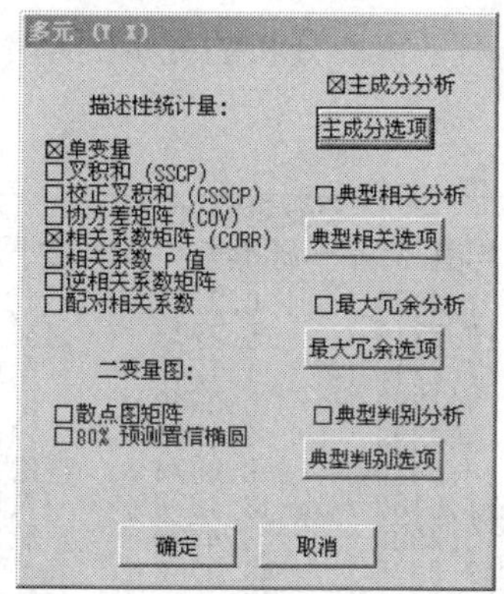

图 13.10　基于 INSIGHT 模块的因子分析的输出参数设置

（5）单击“主成分选项”按钮后，可以进一步设置需要输出的因子分析的结果，如图 13.11 所示，这里选中“成分旋转”复选框。单击该窗口下的旋转选项，在弹出的如图 13.12 所示的对话框内设置相关的因子分析的旋转输出参数。

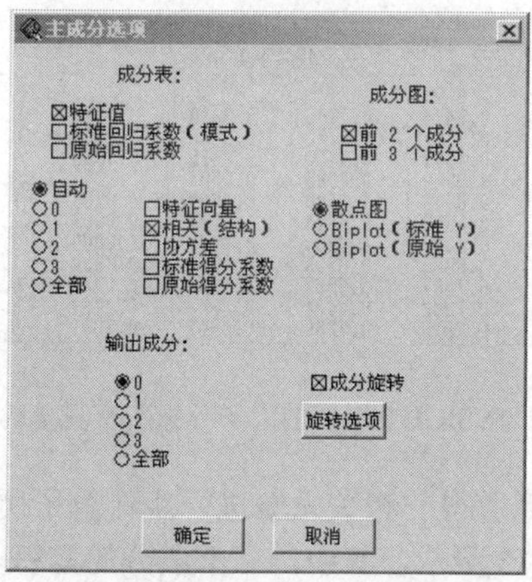

图 13.11　基于 INSIGHT 模块的因子分析的主成分选项输出设置

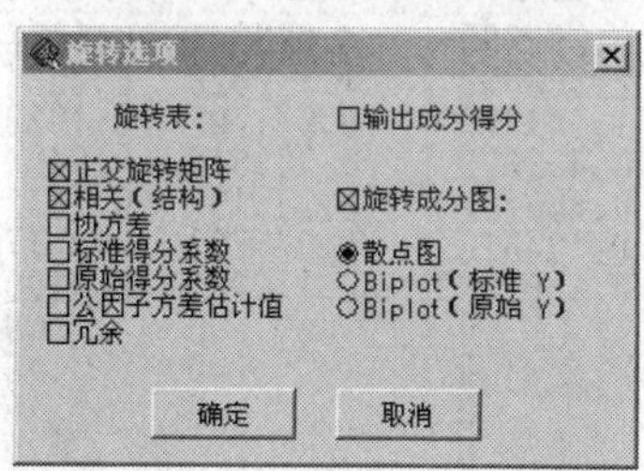

图 13.12　基于 INSIGHT 模块的因子分析的因子旋转输出设置

（6）因子分析的输出参数设置完毕，返回“多元”窗口，单击“确定”按钮，执行因子分析。

2. 主要结果

执行上述程序后，在 INSIGHT 模块下的结果窗口主要包含如下结果。

- 单变量统计表：该表给出了需要分析的变量的基本统计信息，包括均值、标准差等，如图 13.13 所示。

单变量统计量					
变量	N	均值	标准差	最小值	最大值
x1	8	1.4975	0.2795	1.1900	1.9500
x2	8	20.8713	5.7278	15.1400	33.4800
x3	8	7.2713	1.1246	4.8900	8.4000
x4	8	9.7238	3.8549	5.1900	18.0400
x5	8	3.4838	1.1595	2.0700	5.6400
x6	8	34.5450	6.0074	23.6500	40.9300
x7	8	23.0163	3.1876	17.5300	27.1900
x8	8	10.4988	3.4424	5.9800	17.5100
x9	8	149.9025	43.0268	94.9300	215.1600
x10	8	205.2763	27.4971	177.9500	252.2300
x11	8	111.2350	33.2872	61.3400	173.4000

图 13.13　基于 INSIGHT 模块的因子分析的基本统计参数结果

- 相关系数矩阵：该表给出了实例中所有 11 个变量的相关系数，从中可以看到任意两个变量的相关系数，如图 13.14 所示。

相关系数矩阵											
	x1	x2	x3	x4	x5	x6	x7	x8	x9	x10	x11
x1	1.0000	0.7834	0.2619	0.8474	0.7500	0.3830	0.6417	-0.1133	0.8939	0.0663	-0.6082
x2	0.7834	1.0000	0.5756	0.9612	0.8740	0.6150	0.8206	0.1272	0.6659	0.1176	-0.7745
x3	0.2619	0.5756	1.0000	0.3631	0.4154	0.3925	0.3819	0.2913	0.1134	0.1192	-0.2782
x4	0.8474	0.9612	0.3631	1.0000	0.9305	0.5589	0.8355	0.0068	0.7687	0.0932	-0.7978
x5	0.7500	0.8740	0.4154	0.9305	1.0000	0.4824	0.8253	-0.0759	0.6823	0.0671	-0.7356
x6	0.3830	0.6150	0.3925	0.5589	0.4824	1.0000	0.8606	0.8062	0.3843	-0.4843	-0.6807
x7	0.6417	0.8206	0.3819	0.8355	0.8253	0.8606	1.0000	0.3994	0.5447	-0.2721	-0.7831
x8	-0.1133	0.1272	0.2913	0.0068	-0.0759	0.8062	0.3994	1.0000	0.0031	-0.5859	-0.3050
x9	0.8939	0.6659	0.1134	0.7687	0.6823	0.3843	0.5447	0.0031	1.0000	-0.0078	-0.6147
x10	0.0663	0.1176	0.1192	0.0932	0.0671	-0.4843	-0.2721	-0.5859	-0.0078	1.0000	0.4567
x11	-0.6082	-0.7745	-0.2782	-0.7978	-0.7356	-0.6807	-0.7831	-0.3050	-0.6147	0.4567	1.0000

图 13.14　基于 INSIGHT 模块的因子分析所有变量的相关系数矩阵

- 特征值表：根据计算所得的相关系数进一步计算了所有因子的特征值、差分、比例和累积，如图 13.15 所示。其中，三个成分的累积贡献率达 88.89%。

特征值（相关系数矩阵）				
成分	特征值	差分	比例	累积
1	6.332695	4.029341	0.5757	0.5757
2	2.303353	1.162028	0.2094	0.7851
3	1.141325	0.641702	0.1038	0.8889
4	0.499623	0.089916	0.0454	0.9343
5	0.409707	0.215197	0.0372	0.9715
6	0.194510	0.075721	0.0177	0.9892
7	0.118788	0.118788	0.0108	1.0000
8	0	0	0	1.0000
9	0	0	0	1.0000
10	0	0	0	1.0000
11	0	_	0	1.0000

图 13.15　基于 INSIGHT 模块的因子分析的特征值

- 相关（结构）：给出了因子分析模型中的系数，如图 13.16 所示。
- 因子散点图：绘制了因子分析的前两个因子的散点图，如图 13.17 所示。
- 因子旋转矩阵：为对因子分析载荷旋转后的正交矩阵，如图 13.18 所示，相应的可以获得旋转后的载荷矩阵，如图 13.19 所示。

相关（结构）			
变量	PCR1_1	PCR2_1	PCR3_1
x1	0.8226	0.3764	-0.2022
x2	0.9423	0.1827	0.2115
x3	0.4705	-0.0652	0.7978
x4	0.9495	0.2698	-0.0240
x5	0.8947	0.2846	0.0271
x6	0.7515	-0.6077	0.0883
x7	0.9196	-0.2077	0.0165
x8	0.2683	-0.8906	0.1761
x9	0.7654	0.2866	-0.3557
x10	-0.1507	0.8015	0.4469
x11	-0.8681	0.2002	0.2293

图 13.16　基于 INSIGHT 模块的因子载荷矩阵

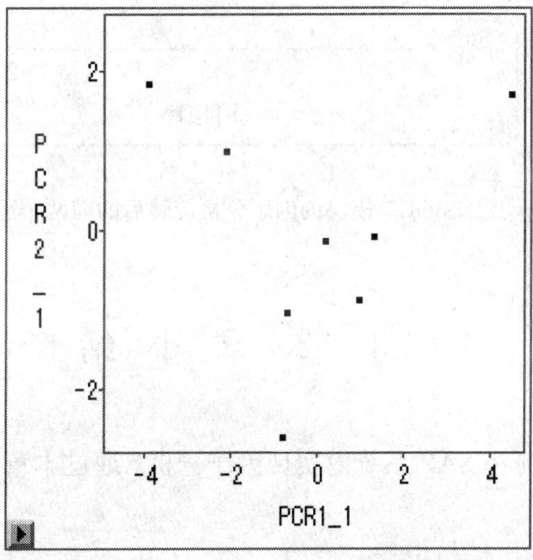

图 13.17　基于 INSIGHT 模块的因子分析的前两个因子的散点图

正交旋转矩阵		
变量	RT1_1	RT2_1
PCR1_1	0.953264	0.302140
PCR2_1	0.302140	-0.953264

图 13.18　基于 INSIGHT 模块的因子旋转矩阵

旋转相关（结构）		
变量	RT1_1	RT2_1
x1	0.897899	-0.110242
x2	0.953464	0.110596
x3	0.428780	0.204343
x4	0.986614	0.029649
x5	0.938890	-0.000968
x6	0.532739	0.806331
x7	0.813908	0.475808
x8	-0.013307	0.930074
x9	0.816243	-0.041903
x10	0.098477	-0.809616
x11	-0.767063	-0.453134

图 13.19　基于 INSIGHT 模块的因子旋转后的载荷矩阵

❑ 因子散点图：绘制了因子分析旋转后的前两个因子的散点图，如图 13.20 所示。

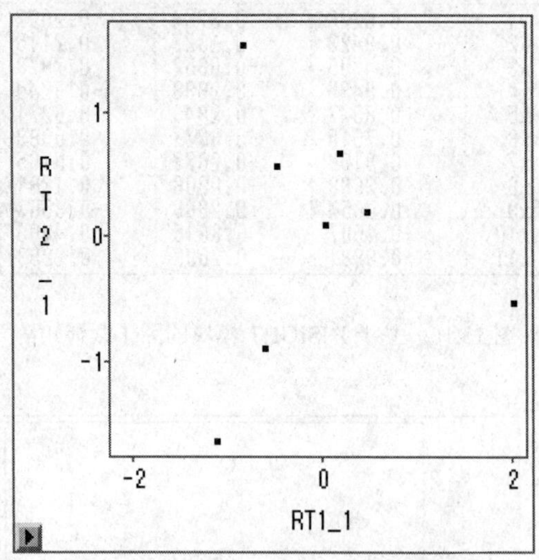

图 13.20　基于 INSIGHT 模块的因子分析旋转后的前两个因子的散点图

13.4　本 章 小 结

本章主要介绍了如何在 SAS 系统内实现因子分析。通过本章的学习，读者应掌握以下几方面的关键知识：

- ❑ 因子分析的基本原理与步骤；
- ❑ 利用 FACTOR 实现因子分析；
- ❑ 利用界面操作实现因子分析。

13.5　习　　题

1．烤烟烟叶特征参数主要包括烟碱含量、叶片厚度、叶片质量、含梗率、填充值和抗张强度等，试通过因子分析 FACTOR 过程对下表中的烤烟烟叶烟碱含量物理特性进行分析。

烤烟烟叶烟碱含量物理特性测定结果

烟碱含量（%）	叶片厚度（um）	叶片质量（g）	含梗率（%）	填充值（cm^3/g）	抗张强度（cn/mm^2）
3.9614	49.925	10.654	20.938	3.3041	273
1.8188	142.09	15.496	18.39	3.016	143
2.9384	104.08	14.558	36.403	4.5021	137.67
2.5782	165.41	12.435	22.216	2.2592	228.75
3.7861	106.72	14.514	24.25	4.2244	133.1
3.401	100.75	12.619	31.657	4.7539	251.49

续表

烟碱含量（%）	叶片厚度（um）	叶片质量（g）	含梗率（%）	填充值（cm^3/g）	抗张强度（cn/mm^2）
2.4903	154.62	8.7971	23.958	4.8041	346.91
1.1851	114.17	8.1696	27.732	4.2789	158.62
3.5778	73.534	8.7877	19.473	3.3649	140.27
2.4552	132.69	11.104	38.332	3.5206	324.35
2.964	153.6	13.423	30.051	2.7784	323.12
3.49	50.475	8.4046	26.798	3.8995	134.03
3.877	133.84	14.76	28.677	3.0553	134.22
3.3299	95.815	11.513	24.969	4.7259	189.63
1.6553	152.81	9.1387	26.99	4.1165	316.23
2.339	111.35	13.13	22.764	3.2952	147.37
3.9177	137.39	11.254	29.99	4.1633	246.25
3.8624	102.04	10.033	33.677	2.9193	330.43
2.3526	86.382	13.032	28.969	3.3682	357.93
3.7931	71.896	12.152	31.23	4.6561	349.96
1.3025	72.372	14.236	22.419	4.0035	155.82
2.1815	133.96	16.182	25.906	2.7748	273.94
3.5532	86.148	10.966	34.146	4.4104	269.94
1.1594	116.25	15.261	32.053	3.8611	241.69
1.5439	67.01	6.7672	27.566	2.5691	178
1.7342	135.94	16.457	29.745	2.7606	344.53
1.7222	95.675	7.9501	34.368	3.8048	352.05
2.9293	156.36	7.7205	19.359	3.864	361.08
1.9411	155.56	15.208	30.461	3.1869	281.6
1.7225	122.79	13.545	19.176	3.7211	305.99

2．利用 SAS INSIGHT 模块对下表中的数据进行因子分析。

中国 2001 年各省（市.区）国内生产总值统计

	批发和零售	贸易餐饮业	工业	建筑业	交通运输仓储	邮电通信业
北京	93	1063.7	845.7	218.1	1660.9	218.6
天津	78.6	891.5	807.3	84.2	856.6	205.3
河北	914.1	2744.3	2415.4	328.9	1919.3	504.1
山西	160.4	917.2	779	138.2	697	162.2
内蒙古	361.3	624.4	507	117.4	559.7	163.7
辽宁	545	2444.2	2188.9	255.3	2043.8	398.3
吉林	409.6	880.8	711.8	169.1	742	128.5
黑龙江	408.9	1998.7	1767.8	231	1153.4	239.2
上海	85.5	2355.5	2128.3	227.3	2509.8	343.2
江苏	1088.4	4913.7	4269.1	644.6	3512.6	633.9
浙江	690	3440	3105	335	2570	495.6
安徽	754.2	1415.2	1191.6	223.7	1120.7	195.3
福建	652.4	1904.2	1645.3	258.9	1701.8	468.5

续表

	批发和零售	贸易餐饮业	工业	建筑业	交通运输仓储	邮电通信业
江西	506	784.8	595	189.8	883	199.9
山东	1359.5	4654.5	4094.9	559.6	3424.3	643.2
河南	1234	2662.3	2287.6	374.7	1748.7	451.1
湖北	692.2	2313.7	2066.5	247.2	1656.5	282.5
湖南	825.7	1573	1584.3	260.5	1587	294.9
广东	1008.5	5301.9	4716.9	585	4246.1	1028.5
广西	556.2	816.9	671.2	145.7	858.1	178
海南	200.3	110.4	70.3	40.1	234.6	51.3
重庆	293	726.6	576.6	150.1	730.1	109.7
四川	981.7	1756.9	1407.8	349	1683.2	313.8
贵州	274.3	421.6	335	86.6	386.3	70.1
云南	450.5	880.5	722.1	158.4	746.4	136.8
陕西	280.5	815.7	604.9	210.8	745	183.5
甘肃	207	482.5	356.3	126.2	385.3	56.6
青海	41.1	132.6	89.2	43.4	127.1	22.8
宁夏	49.5	134.8	102	32.8	113.8	21
新疆	287.4	638.8	450	188.8	557.4	131.3

第 14 章　典型相关分析

典型相关分析是研究两组变量之间的关系的统计分析方法。本章将具体介绍典型相关分析的基本原理、步骤及其 SAS 实现过程。通过本章的学习，读者将掌握典型相关分析的基本操作。

14.1　典型相关分析方法概述

典型相关分析是分析两组（多个）变量相关性的有效方法。本节将简单介绍典型相关分析的基本思想和步骤。通过本节的介绍，读者将对典型相关分析的基本原理有所了解。

14.1.1　典型相关分析的基本思想

典型相关分析分析两组变量的基本思想是从两组变量中提取出可以代替原始变量的少数几个关键变量，类似于主成分分析，分别从两组变量中提取出少数几个关键变量，然后通过分析提取出的关键变量之间的相关性来表示原始两组数据之间的相关性。例如两组 *x*(*x*1, *x*2, ……, *xn*)和 *y*(*y*1, *y*2, ……, *ym*)变量，从中分别提取出能代表各组变量主要特征的综合变量 *u*1 和 *v*1，变量 *u*1 和 *v*1 分别为原始变量 *x*(*x*1, *x*2, ……, *xn*)和 *y*(*y*1, *y*2, ……, *yn*)的线性组合，且变量 *u*1 和 *v*1 最大线性相关，利用这两个新的变量的相关分析来替代原始的两组变量的相关性。

14.1.2　典型相关分析的基本步骤

对于两组变量 *x*(*x*1, *x*2, ……, *xn*)和 *y*(*y*1, *y*2, ……, *ym*)，其典型相关分析的步骤如下。

（1）数据的标准化，将不同量纲的变量归一化。

（2）提取典型相关分析的综合变量 *u*1 和 *v*1：

$$u1=a_{11}*x1+a_{12}*x2+\cdots\cdots+a_{1n}*xn;$$

$$v1=b_{11}*y1+b_{12}*y2+\cdots\cdots+b_{1m}*ym;$$

要求变量 *u*1 和 *v*1 具有最大的相关系数，变量 *u*1 和 *v*1 的相关系数将代替原始变量的第一相关系数。在该步骤中主要计算系数 a_{11}，$a_{12}\cdots\cdots a_{1n}$ 和 b_{11}，$b_{12}\cdots\cdots b_{1n}$。

（3）如果提取出来的典型变量 *u*1 和 *v*1 对原始数据的解释能力欠佳，考虑继续提取典型变量 *u*2 和 *v*2。重复步骤 2 至所提取的典型变量能最好地解释原始数据的变化。

14.2 典型相关分析的 SAS 过程

在 SAS 系统中提供了专门的 CANCORR 过程用于典型相关分析，可用于找到两组变量的典型变量，计算其典型相关系数。其基本的调用格式为：

```
PROC CANCORR [选项];
VAR 变量列表;
WITH 变量列表;
RUN;
```

其中：

- PROC 语句为必需语句，用于指定分析的过程为典型相关分析，其后可跟的选项介绍如下。
  - DATA=数据集名：指定需要进行典型相关分析的数据集，可以是原始数据集，也可以是 CORR、COV 等数据矩阵。
  - OUT=数据集名：指定输出的数据集，其中包括原始数据和典型相关分析提取的典型变量的得分数据。
  - OUTSTAT=数据集名：指定一个数据集，其中输出包含典型相关分析各种统计量的 SAS 数据集，包括典型相关系数和多元统计相关参数。
  - NCAN=n：设置要输出的典型变量个数。
  - SIMPLE：输出变量的简单统计参数，包括均值、标准差等。
  - VNAME=标签名称：为典型判别分析中 VAR 语句指定的变量设置标签，标签名需要用单引号引起。
  - VPREFIX=前缀名称：为典型判别分析中 VAR 语句指定的变量设置前缀名，默认情况下典型变量的前缀名为 V1，V2 和 V3 等。
  - WNAME=标签名称：为典型判别分析中 WITH 语句指定的变量设置标签，标签名需要用单引号引起。
  - WPREFIX=前缀名称：为典型判别分析中 WITH 语句指定的变量设置前缀名，默认情况下典型变量的前缀名为 W1，W2 和 W3 等。
  - REDUNDANCY：设置打印典型冗余度分析的结果。
  - CORR：打印原始变量相关系数。
- VAR 语句用于指定典型相关分析的第一组变量，指定的变量必须是数值型的。
- WITH 语句为必需语句，用于指定典型相关分析的第二组变量，指定的变量必须是数值型的。

【例 14.1】 典型相关分析的 SAS 过程实现。

对表 14.1 中的四川省 2003 年各地区建筑业企业资产和负债数据进行典型相关分析。

本实例需要进行典型相关分析，数据中涉及两组变量，资产情况和负债情况，其中的变量分别命名为（x1, x2, x3, x4）和（y1, y2, y3），创建 SAS 数据集 test14_1。然后，通过

CANCORR 过程执行典型相关分析，其中 PROC 语句指定了分析的过程为 CANCORR 典型判别分析过程，并指定了其分析的数据集为 test14_1；VAR 语句用于指定分析的第一组变量为 x1，x2，x3 和 x4，WITH 语句用于指定分析的第二组变量为 y1，y2 和 y3。具体程序如下：

表 14.1　四川省 2003 年各地区建筑业企业资产和负债统计

地区	年末资产合计				年末负债合计		
	总资产	流动资产	固定资产	无形及递延资产	总负债	流动负债	长期负债
成都市	6 468 979	4 252 306	1 502 374	149 401	3 666 559	3 483 680	182 879
自贡市	264 784	165 117	82 666	10 606	129 137	124 129	5008
攀枝花市	535 969	356 595	160 736	3300	376 477	359 502	16 975
泸州市	407 482	232 955	157 959	8735	167 082	153 489	13 593
德阳市	602 889	425 329	144 505	15 308	354 905	346 936	7969
绵阳市	798 710	530 354	168 332	61 141	489 480	469 104	20 376
广元市	239 813	121 881	84 605	25 549	86 106	72 543	13 563
遂宁市	340 399	174 097	118 905	35 373	136 471	101 641	34 830
内江市	319 118	198 690	89 021	15 050	166 321	152 220	14 101
乐山市	341 497	192 231	97 259	19 342	142 127	135 096	7031
南充市	446 381	253 183	163 832	19 914	192 986	178 051	14 935
眉山市	265 905	142 114	91 898	20 301	112 980	96 751	16 229
宜宾市	337 206	211 554	98 170	11 164	150 469	128 562	21 907
广安市	272 596	131 431	129 071	6874	82 698	75 717	6981
达州市	216 802	111 229	92 323	3927	79 823	69 380	10 443
雅安市	117 326	66 204	41 121	6010	53 386	37 022	16 364
巴中市	188 150	123 474	49 978	7585	98 383	85 168	13 215
资阳市	189 887	126 962	53 175	7003	99 807	93 358	6449

```
data ww.test14_1;                    /*创建数据集*/
input x1-x4 y1-y3;
cards;
6468979 4252306 1502374 149401  3666559 3483680 182879
264784  165117  82666   10606   129137  124129  5008
535969  356595  160736  3300    376477  359502  16975
407482  232955  157959  8735    167082  153489  13593
602889  425329  144505  15308   354905  346936  7969
798710  530354  168332  61141   489480  469104  20376
239813  121881  84605   25549   86106   72543   13563
340399  174097  118905  35373   136471  101641  34830
319118  198690  89021   15050   166321  152220  14101
341497  192231  97259   19342   142127  135096  7031
446381  253183  163832  19914   192986  178051  14935
265905  142114  91898   20301   112980  96751   16229
337206  211554  98170   11164   150469  128562  21907
272596  131431  129071  6874    82698   75717   6981
216802  111229  92323   3927    79823   69380   10443
117326  66204   41121   6010    53386   37022   16364
188150  123474  49978   7585    98383   85168   13215
189887  126962  53175   7003    99807   93358   6449
;
run;
```

```
proc cancorr data=ww.test14_1; /*典型相关分析*/
var x1-x4;                     /*指定第一组的分组变量*/
with y1-y3;                    /*指定第二组的分组变量*/
run;
```

执行上述程序，生成典型相关分析的结果目录树，如图 14.1 所示。Cancorr 界面目录下主要包括 Canonical Correlation Analysis（典型相关分析）和 Canonical Structure（典型相关结构）两部分。

图 14.1　典型相关分析的结果目录树

其中，Canonical Correlation Analysis 包含的典型相关分析结果表如下。

- 典型相关分析的系数表：该表提供了典型相关系数、修正的典型相关系数、近似的标准误、典型相关系数的平方，如图 14.2 所示。本实例中的前两个典型相关系数分别为 0.999 710 和 0.633 642。

	Canonical Correlation	Adjusted Canonical Correlation	Approximate Standard Error	Squared Canonical Correlation
1	0.999710	0.999659	0.000141	0.999420
2	0.633642	0.589257	0.145157	0.401503
3	0.000000	.	0.242536	0.000000

图 14.2　典型相关分析的系数表

- 典型相关分析的特征根表：其中左边的 4 列给出了典型相关分析的特征根、相邻特征根的差、贡献率、累积贡献率；右边为典型相关分析的检验结果，采用似然比方法，从本实例的检验结果可以看出仅第一个典型变量具有统计学的显著意义，如图 14.3 所示。

	Eigenvalues of Inv(E)*H = CanRsq/(1-CanRsq)				Test of H0: The canonical correlations in the current row and all that follow are zero				
	Eigenvalue	Difference	Proportion	Cumulative	Likelihood Ratio	Approximate F Value	Num DF	Den DF	Pr > F
1	1722.2279	1721.5571	0.9996	0.9996	0.00034731	157.98	8	24	<.0001
2	0.6709	0.6709	0.0004	1.0000	0.59849744	2.91	3	13	0.0748
3	0.0000		0.0000	1.0000	1.00000000	.	.	.	.

图 14.3　典型相关分析的特征根及其统计检验

- 多元分析检验表：给出了典型相关系数是否为 0 的统计学检验，如图 14.4 所示。从中可以看到分析的 4 种统计方法都拒绝了其为 0 的假设。

Multivariate Statistics and F Approximations

S=2　M=0.5　N=5

Statistic	Value	F Value	Num DF	Den DF	Pr > F
Wilks' Lambda	0.0003473	157.98	8	24	<.0001
Pillai's Trace	1.4009223	7.60	8	26	<.0001
Hotelling-Lawley Trace	1722.8987702	2484.95	8	15	<.0001
Roy's Greatest Root	1722.2279193	5597.24	4	13	<.0001

图 14.4　典型相关分析的多元统计检验

- 基于原始数据的典型相关系数表，给出了第一组和第二组变量提取的典型相关系数，根据这些典型相关系数可以表达出为原始变量线性组合的典型变量，具体的典型相关系数如图 14.5 所示。

Canonical Correlation Analysis

Raw Canonical Coefficients for the VAR Variables

	V1	V2	V3
x1	-1.040698E-6	-0.000059418	-0.00003077
x2	2.3541606E-6	0.0000751381	0.0000259887
x3	6.6541556E-7	0.0000408058	0.0000602273
x4	9.6838821E-7	0.0000205171	-4.450191E-6

Raw Canonical Coefficients for the WITH Variables

	W1	W2	W3
y1	1.0231294E-6	-0.000116001	0
y2	1.8767199E-7	0.0001217892	0
y3	0	0	0

图 14.5　基于原始数据的典型相关系数

- 基于标准化数据的典型相关系数表，给出了第一组和第二组变量提取的典型相关系数。根据这些典型相关系数，可以表达出为标准化变量线性组合的典型变量，具体的典型相关系数如图 14.6 所示。

Canonical Correlation Analysis

Standardized Canonical Coefficients for the VAR Variables

	V1	V2	V3
x1	-1.5118	-86.3159	-44.6989
x2	2.2606	72.1515	24.9557
x3	0.2204	13.5165	19.9496
x4	0.0332	0.7042	-0.1527

Standardized Canonical Coefficients for the WITH Variables

	W1	W2	W3
y1	0.8513	-96.5166	0.0000
y2	0.1487	96.5202	0.0000
y3	0.0000	0.0000	0.0000

图 14.6　基于标准化数据的典型相关系数

同时，Canonical Structure 目录下主要为典型相关分析的典型相关结构，为原始变量与典型变量之间的相关系数，具体如图 14.7 所示。

```
                         Canonical Structure

      Correlations Between the VAR Variables and Their Canonical Variables

                      V1              V2              V3

        x1        0.9993         -0.0352          0.0146
        x2        0.9999         -0.0154          0.0055
        x3        0.9954         -0.0608          0.0744
        x4        0.9351         -0.1506         -0.2026

      Correlations Between the WITH Variables and Their Canonical Variables

                      W1              W2              W3

        y1        1.0000         -0.0015          0.0000
        y2        1.0000          0.0088          0.0000
        y3        0.9788         -0.2048          0.0000

  Correlations Between the VAR Variables and the Canonical Variables of the WITH Variables

                      W1              W2              W3

        x1        0.9990         -0.0223          0.0000
        x2        0.9996         -0.0098          0.0000
        x3        0.9951         -0.0385          0.0000
        x4        0.9348         -0.0954          0.0000

  Correlations Between the WITH Variables and the Canonical Variables of the VAR Variables

                      V1              V2              V3

        y1        0.9997         -0.0010          0.0000
        y2        0.9997          0.0056          0.0000
        y3        0.9785         -0.1297          0.0000
```

图 14.7 典型相关分析的典型相关结构

14.3 典型相关分析的界面操作

本节主要介绍如何在界面操作实现典型相关分析。主要通过具体的实例演示如何在 INSIGHT 和 ANALYST 模块中实现典型相关分析。

14.3.1 INSIGHT 模块实现典型相关分析

【例 14.2】 利用 INSIGHT 模块实现典型相关分析。

本实例通过对表 14.1 中数据的典型相关分析，演示 INSIGHT 模块的使用。

1．具体步骤

（1）启动 INSIGHT 模块，导入数据 test14_1。

（2）单击 INSIGHT 模块主界面上的菜单“分析”|“多元”，在弹出的“多元”对话框中，将数据集 test14_1 中的变量 x1～x4 选入按钮 X 下方的空格，而将变量 y1～y3 选入按钮 Y 下方的空格，如图 14.8 所示。

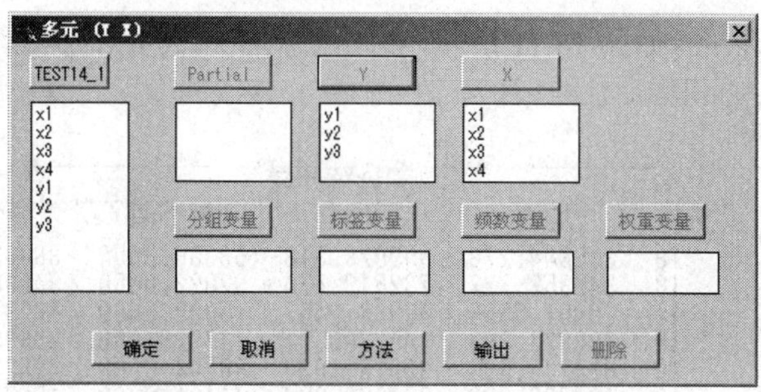

图 14.8　基于 INSIGHT 模块的典型相关分析的变量选择

（3）单击图 14.8 所示的多元窗口上的“输出”按钮，在弹出的输出参数设置窗口中选中“典型相关分析”的选框，如图 14.9 所示。

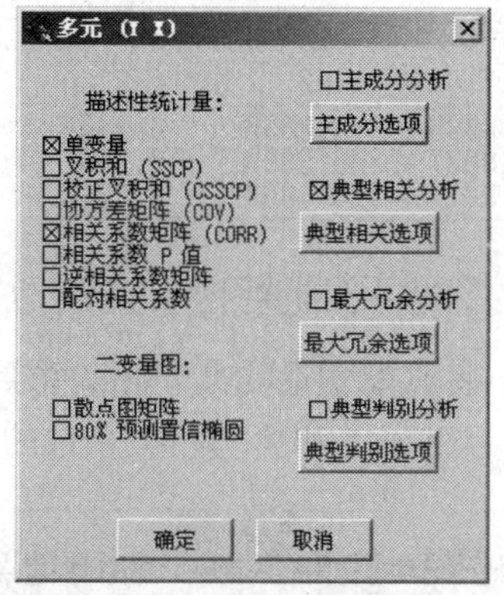

图 14.9　基于 INSIGHT 模块的典型相关分析的输出选择

（4）单击输出参数设置窗口中的“典型相关选项”，在弹出的新对话框内设置具体需要输出的典型相关分析的结果，包括典型相关结构、典型图等，如图 14.10 所示。

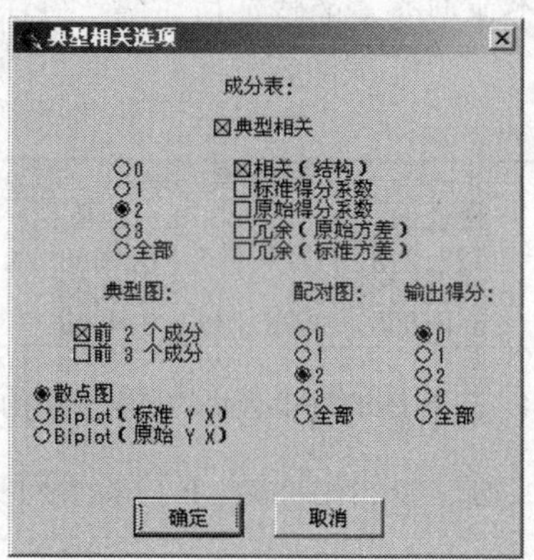

图 14.10　基于 INSIGHT 模块的典型相关分析的输出参数设置

（5）单击弹出的界面上的“确定”按钮，执行典型相关分析。

2. 主要结果

执行完上述的操作步骤，在 INSIGHT 模块的结果输出窗口内主要包含以下的图表。

❑ 单变量的统计量，如图 14.11 所示，给出了典型相关分析中涉及的所有变量的描述性统计结果。

单变量统计量					
变量	N	均值	标准差	最小值	最大值
y1	18	365844.278	832028.913	53386.0000	3666559.00
y2	18	342352.722	792518.474	37022.0000	3483680.00
y3	18	23491.5556	40396.2457	5008.0000	182879.000
x1	18	686327.389	1452700.21	117326.000	6468979.00
x2	18	434205.889	960251.039	66204.0000	4252306.00
x3	18	184773.889	331238.664	41121.0000	1502374.00
x4	18	23699.0556	34322.5147	3300.0000	149401.000

图 14.11　基于 INSIGHT 模块的典型相关分析的单变量统计量

❑ 相关系数矩阵：给出了典型相关两组变量内部之间的相关系数，如图 14.12 所示。

相关系数矩阵				
	x1	x2	x3	x4
y1	0.9990	0.9996	0.9951	0.9350
y2	0.9987	0.9994	0.9947	0.9339
y3	0.9824	0.9804	0.9819	0.9346

图 14.12　基于 INSIGHT 模块的典型相关分析的相关分析表

❑ 典型相关：给出了前 3 名典型变量的典型相关系数，其中包括典型相关系数、修正的典型相关系、近似标准误差和典型相关系数的平方，如图 14.13 所示。

典型相关				
	典型相关系数	修正的典型相关系数	近似标准误差	典型相关系数的平方
1	0.999710	0.999659	0.000141	0.999420
2	0.633642	0.589257	0.145157	0.401503
3	0	0	0.055E-309	0.059E-309

图 14.13　基于 INSIGHT 模块的典型相关系数

❑ 特征值：给出了前 3 个典型变量的特征值矩阵，包括特征值、差分、比例和累积 4 项，如图 14.14 所示。

特征值				
	特征值	差分	比例	累积
1	1722.228	1721.557	0.9996	0.9996
2	0.6709		0.0004	1.0000
3	256E-305	256Ē-248	0.4015	0

图 14.14　基于 INSIGHT 模块的典型变量的特征值

❑ 典型相关系数的检验：通过似然比检验、F 检验等对典型相关系数是否为 0 的统计检验，如图 14.15 所示。

H0 检验: CanCorr[j]=0, j>=K					
K	似然比	近似 F	分子自由度	分母自由度	Pr > F
1	0.000347	157.9761	8	24.0000	<.0001
2	0.598497	2.9070	3	13.0000	0.0748
3	0.055E-309	0.06E-309		2.56E-246	

图 14.15　基于 INSIGHT 模块的典型相关系数的检验

- 典型相关结构矩阵：给出了各组变量提取的典型变量 *CY*1、*CY*2、*CX*1、*CX*2 和原始变量 *x*1，*x*2，*x*3，*x*4，*y*1，*y*2，*y*3 的相关系数，如图 14.16 所示。

相关（结构）				
变量	CY1	CY2	CX1	CX2
y1	1.0000	-0.0015	0.9997	-0.0010
y2	1.0000	0.0088	0.9997	0.0056
y3	0.9788	-0.2048	0.9785	-0.1297
x1	0.9990	-0.0223	0.9993	-0.0352
x2	0.9996	-0.0098	0.9999	-0.0154
x3	0.9951	-0.0385	0.9954	-0.0608
x4	0.9348	-0.0954	0.9351	-0.1506

图 14.16　基于 INSIGHT 模块的典型相关结构

- 典型变量的散点图：给出了 *CY*1、*CY*2、*CX*1、*CX*2 之间的散点图，如图 14.17 所示。

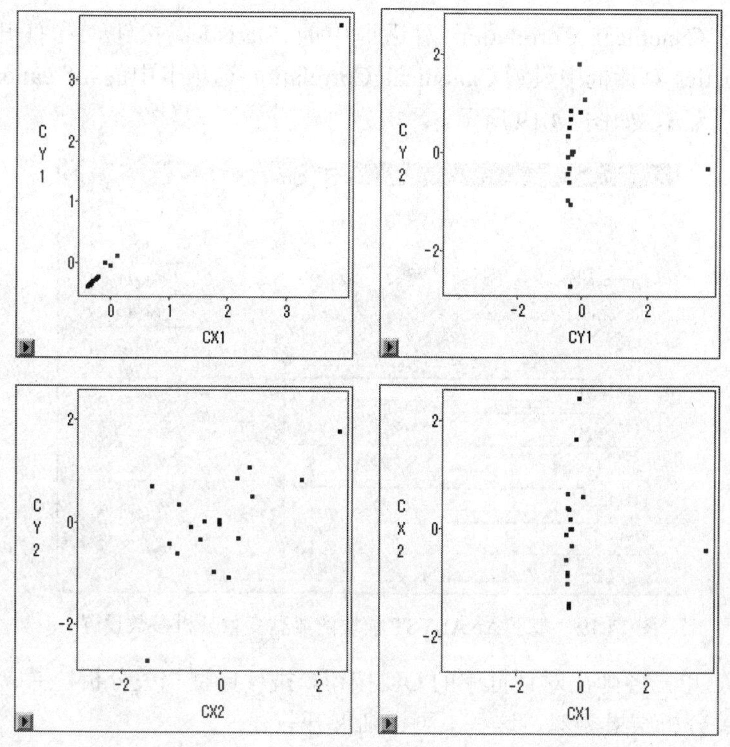

图 14.17　基于 INSIGHT 模块的典型变量的散点图

14.3.2　ANALYST 模块实现典型相关分析

【例 14.3】 利用 ANALYST 模块实现典型相关分析。

利用表 14.1 中的数据，演示在 ANALYST 模块内进行典型相关分析。

（1）启动 ANALYST 模块，导入数据 test14_1。

（2）单击 ANALYST 模块菜单“统计”|“多元分析”|“典型相关”，在弹出的 Canonical

Correlation 对话框内将 test14_1 中的变量 *x*1，*x*2，*x*3，*x*4 选入 Set1 按钮下方的空格，变量 *y*1，*y*2，*y*3 选入 Set2 按钮下方的空格，如图 14.18 所示。

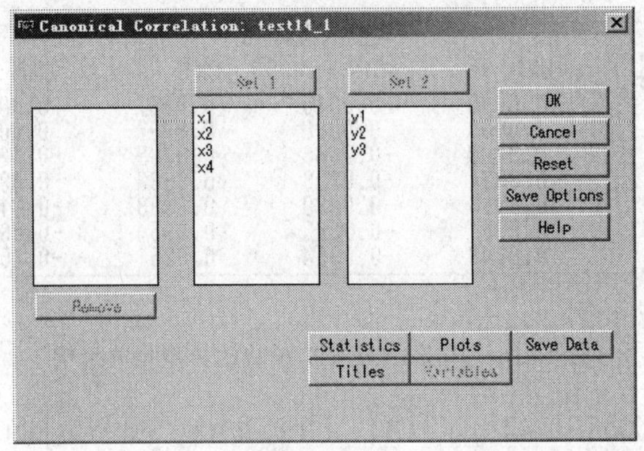

图 14.18　基于 ANALYST 模块的典型变量分析变量选择

（3）单击 Canonical Correlation 对话框中的 Statistics 按钮，在打开的 Canonical Correlation:Statistics 对话框中设置 Canonical Correlation 选项卡中的#of canonical variables（典型变量数）为 3，如图 14.19 所示。

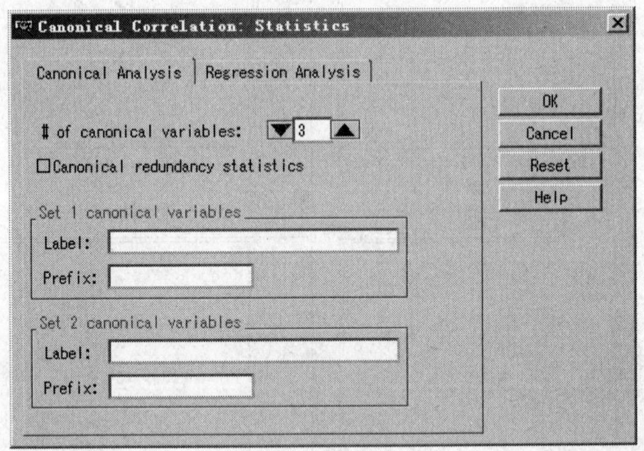

图 14.19　基于 ANALYST 模块的典型变量分析参数设置

（4）最后，单击各弹出对话框中的 OK 按钮，执行典型相关分析，生成的结果与之前介绍的典型相关分析结果类似，这里不再详细展开叙述。

14.4　本 章 小 结

本章主要介绍了典型相关分析及其 SAS 实现。通过本章的学习，读者应掌握以下几方面的基本技能。

- 典型相关分析的基本原理；
- 典型相关分析的 CANCORR 过程实现；
- 典型相关分析的界面操作。

14.5 习　　题

1．利用 CANCORR 过程对下表烟叶外观指标和化学指标进行典型相关分析。

烟叶外观指标和化学指标

烟叶外观质量					化学成分			
成熟度	叶片结构	油色	色度	发育状况	总糖	还原糖	烟碱	总氮
8.9694	8.6692	8.8954	8.5861	8.8968	24.381	21.258	3.1226	1.9118
8.8889	8.6347	8.7964	8.6365	8.9151	24.197	21.14	3.003	1.8691
8.931	8.5809	8.8764	8.6267	8.8661	24.303	21.75	3.1622	1.8692
8.9174	8.6748	8.8399	8.6046	8.9065	24.093	20.83	3.1087	1.8817
8.9628	8.6597	8.8946	8.6262	8.8265	24.207	21.636	2.983	1.9103
8.9484	8.6523	8.8548	8.6065	8.9177	23.968	21.853	3.0016	1.8721
8.9141	8.6527	8.8798	8.5667	8.8377	24.377	21.873	3.1032	1.8945
8.8651	8.6054	8.8459	8.5602	8.8355	24.586	21.658	3.109	1.9135
8.955	8.6442	8.8309	8.5666	8.906	24.319	21.283	3.0431	1.9197
8.9128	8.6527	8.8169	8.5908	8.8903	24.447	21.347	3.0951	1.9179
8.9319	8.6742	8.8174	8.6149	8.8224	23.949	21.043	3.0637	1.8741
8.9517	8.5886	8.8765	8.5627	8.8083	24.146	21.503	2.9601	1.9007
8.9662	8.6239	8.8306	8.6288	8.908	24.613	21.156	2.9559	1.8998
8.9457	8.567	8.8595	8.595	8.8295	24.494	21.841	3.0284	1.8934
8.8827	8.6215	8.8123	8.5703	8.8408	24.24	21.591	2.9523	1.8791
8.9084	8.627	8.8784	8.6118	8.8817	24.363	21.255	3.0465	1.9166
8.9678	8.577	8.8398	8.5923	8.8391	24.625	21.611	3.1225	1.9183
8.9657	8.6146	8.8981	8.5796	8.86	23.775	21.101	2.9726	1.9204
8.909	8.6523	8.8973	8.6108	8.8143	24.404	21.285	2.958	1.9024
8.9631	8.5974	8.8658	8.6017	8.9187	23.765	21.813	3.1045	1.9079

2．利用 ANALYST 模块对上表的数据进行典型相关分析。

3．利用 INSIGHT 模块对上表的数据进行典型相关分析。

第 15 章　时间序列分析

时间序列分析是指专用于对时序数据分析的统计方法。本章将介绍时间序列分析的基本方法和 SAS 实现的方法。通过本章的学习，读者将掌握时序模型的构建与分析方法。

15.1　时间序列分析方法概述

时间序列分析是通过对时序数据的分析，构建时序模型，实现对未来时序数据的预测。本节主要介绍时间序列的基本模型和实现步骤。

15.1.1　时间序列分析的数学模型

为探索事物变化发展的规律，我们常常需要把反映事物变化特征的一定数值指标按时间顺序排列，然后研究其变化特征，即为时间序列分析。在时间序列分析中，需要建立时间序列模型，用于定量检测数据的变化规律。常用的时间序列模型有自回归模型（AR 模型）、滑动平均模型（MA 模型）和自回归滑动平均模型（ARMA 模型）。

（1）AR 模型

对于 p 阶的自回归模型（AR(p)），其模型表达式为：

$$y_t = \phi_1 y_{t-1} + \phi_2 y_{t-2} + \cdots + \phi_p y_{t-p} + \varepsilon_t$$

其中，y_t 为平稳的时间序列，ϕ_1，ϕ_2，……，ϕ_p 为自回归系数，ε_t 为回归模型的噪声序列。

（2）MA 模型

对于 q 阶的滑动平均模型（MA(q)），其模型表达式为：

$$y_t = \varepsilon_t + \varphi_1 \varepsilon_{t-1} + \varphi_2 \varepsilon_{t-2} + \cdots + \varphi_q \varepsilon_{t-q}$$

其中，y_t 为平稳的时间序列，φ_1，φ_2，……，φ_q 为滑动平均系数，ε_t 为回归模型的噪声序列。

（3）ARMA 模型

对于 p 阶自回归–q 阶滑动平均模型（ARMA(p,q)），其模型表达式为：

$$y_t = \phi_1 y_{t-1} + \phi_2 y_{t-2} + \cdots + \phi_p y_{t-p} + \varepsilon_t + \varphi_1 \varepsilon_{t-1} + \varphi_2 \varepsilon_{t-2} + \cdots + \varphi_q \varepsilon_{t-q}$$

其中，y_t 为平稳的时间序列，ϕ_1，ϕ_2，……，ϕ_p 为自回归系数，φ_1，φ_2，……，φ_q 为滑动平均系数，ε_t 为回归模型的噪声序列。

15.1.2　时间序列分析的基本步骤

时间序列分析是根据获取的观测数据，建立上述的时间序列分析模型，并估计模型参数的统计学过程。具体来讲，时间序列分析的步骤主要包括以下几步。

（1）通过抽样调查等手段获取随时间变化的样本的观测数据。

（2）通过平稳性检验判断获取的观测序列是否为平稳非白噪声序列。如果是，直接进入下一步的操作；如果时间序列不为平稳非白噪声序列，则需要对序列进行一定的预处理，使其平稳。

（3）计算样本序列的自相关系数和样本偏相关系数，根据其变化特征，选择模型适当的阶数，即确定自回归模型（AR 模型）的自相关阶数 p 和滑动平均模型（MA 模型）的移动平均阶数 q。

（4）估计时间序列模型的参数，即估计时序模型中的自回归系数和滑动平均系数。其中，模型参数估计的常用方法有矩估计、极大似然估计和最小二乘估计。

（5）模型参数估计完后，需要进行模型和参数的显著性检验。其中，模型的显著性检验要求拟合的模型系数可以较好地描述时序数据的变化特征；参数的显著性检验要求模型的每一个参数都与零具有显著差异。

（6）在实际应用中对于同一个序列常常可以拟合多个具有显著性的模型，此时需要通过最佳准则函数法进行模型优化，选出最佳的时序模型。其中常用的最佳准则函数法有 AIC 准则和 BIC 准则。

（7）最后，建立的时序模型可以用于对未来时间下事物状态的变化做出预测。

15.2　时间序列分析的 SAS 过程

在 SAS 系统中 ARIMA 过程可用于建立一般的时间序列模型 ARMA(p,q)，而 AR(p)和 MA(q)模型可以看作特殊的 ARMA(p,q)模型。在 SAS 系统中 ARIMA 过程的调用格式为：

```
PROC ARIMA [选项];
BY 变量列表;
IDENTIFY VAR=变量名 [选项];
ESTIMATE [选项];
FORECAST [选项];
```

其中：

- PROC 语句用于指定分析的过程为 ARIMA 时间序列分析过程，其后可跟的常用选项介绍如下。
  - DATA=数据集名：用于输出指定进行时间序列分析的数据集。
  - OUT=数据集名：指定一个输出数据集用于存储 SAS 预测的结果。
- BY 语句用于指定分类的变量。如果用户设置了分类变量，程序后面的 IDENTIFY、ESTIMATE 和 FORECAST 语句都将按照分类后的变量执行时间序列分析程序。
- IDENTIFY 语句用于指定需要进行时间序列分析的变量，同时可以执行对变量的差分运行、计算变量的描述性统计信息、自相关系数、偏相关系数等。该语句其后可跟的选项介绍如下。

- VAR=变量名：指定需要进行分析的变量。
- NLAG=N：指定自相关系数和偏相关系数计算时的延迟步数。
- CENTER：对序列进行中心化的操作，将样本中各个数据减去其均值。
- ALPHA=P：规定模型显著性检验的水平。
- CLEAR：删除旧的模型，防止时间序列模型的变量被预白噪声化。
- CROSSLIST=变量名：该选项指定的变量将与 VAR 选项指定的变量计算相关。
- DATA=数据集名：指定进行时间序列分析的数据集，如果该语句默认，将使用 PROC 语句指定的数据集进行时间序列分析。
- MINIC：使用信息量标准或惩罚函数识别 ARMA 模型的阶数。
- NOMISS：只使用第一个连续的无缺失数据的序列，默认情况下将使用所有的观测数据。
- NOPRINT：禁止时间序列分析常规结果的打印输出。
- OUTCOV=数据集名：指定一个数据集，其中用于存放自协方差矩阵、自相关矩阵、逆自相关矩阵、偏相关矩阵和交互的协方差矩阵。

- ESTIMATE 语句拟合 IDENTIFY 语句指定的变量的 ARMA 模型，并给出模型的估计参数。其后可跟的选项介绍如下。
  - METHOD=方法名：指定时序模型参数估计的方法，可以设置的方法包括 ML（极大似然法）、ULS（最小二乘法）、CLS（条件最小二乘法，默认）。
  - NOCONSTANT|NOINT：规定拟合的时序模型中不包含常数项。
  - PLOT：绘图选项，添加该选项后将在结果中输出残差自相关函数图。
  - NOPRINT：禁止 ESTIMATE 语句常规结果的输出。
  - NODF：规定使用误差均方和（SSE）除以残差个数的方法来估计方差，而默认情况下方差估计的计算方式为误差均方和（SSE）除以残差数减去与模型自由参数个数的差。
  - P=ORDER|P= (LAG, ..., LAG) ... (LAG, ..., LAG)：定义自回归模型拟合的阶数，默认情况下没有自回归模型参数的拟合。P=3 等价于 P=(1,2,3)，即拟合以下的模型：

$$y_t = \phi_1 y_{t-1} + \phi_2 y_{t-2} + \phi_3 y_{t-3} + \varepsilon_t$$

  - Q= ORDER|Q= (LAG, ..., LAG) ... (LAG, ..., LAG)：定义移动平均模型阶数，系统将拟合定义阶数下时序模型的系数。默认情况下没有移动平均模型拟合。Q=3 等价于 Q=(1,2,3)，即拟合以下的模型：

$$y_t = \varepsilon_t + \varphi_1 \varepsilon_{t-1} + \varphi_2 \varepsilon_{t-2} + \varphi_3 \varepsilon_{t-3}$$

  - OUTEST=数据集名：指定一个输出数据集，其中存放估计的模型参数值。
  - OUTCORR：将估计的模型参数的相关系数输出到 OUTTEST 语句指定的输出数据集中。
  - OUTCOV：将估计的模型参数的协方差输出到 OUTTEST 语句指定的输出数据集中。
  - OUTMODEL=数据集名：指定一个输出数据集，其中存放模型和参数的估计值。
  - OUTSTAT=数据集名：指定一个输出数据集，其中存放模型诊断的相关参数值。
  - AR=值列表：指定自回归模型参数的初始值。
  - MA=值列表：指定移动平均模型参数的初始值。

- ❑ FORECAST 语句用于根据已建立的时序模型实现对序列的短期预测，可以获得的预测值包括预测值、预测值的标准差、预测值的置信区间等。其后可跟的常用选项介绍如下。
- ➢ ALPHA= N：设置预测值置信区间估计的置信水平。
- ➢ BACK= N：设置时序模型从倒数第 N 个数开始预测。
- ➢ INTERVAL= INTERVAL|N：规定观测数据的时间间隔。
- ➢ ID=变量名：在输入数据中定义一个变量，用于识别观测的时间次序。
- ➢ LEAD= N：模型需要预测的步数，默认情况下会给出之后的 24 个预测值。
- ➢ NOOUTALL：规定在最后的结果输出数据集中仅给出最后的模型预测值。
- ➢ NOPRINT：禁止时序模型预测结果的输出。
- ➢ OUT= 数据集名：指定一个数据集，其中存放时序模型的预测结果，如果这里不指定预测结果输出的数据集，那么预测的结果将直接输出到 PROC 语句指定的输出数据集中。
- ➢ PRINTALL：打印出时序模型的所有预测结果。

15.3　时间序列分析实例

通过前面章节的学习，相信读者对时间序列模型的基本概念及其在 SAS 系统内的实现方法已有了一定的了解。在本节中将通过具体的实例向用户演示时序模型的建立。

【例 15.1】 时间序列分析的 SAS 实现。

表 15.1 中为吉林市历年轻重工业产值，试建立时序模型拟合其变化特征。

表 15.1　吉林市历年轻重工业产值

年份	总计	年份	总计	年份	总计
1949	8939	1968	112 079	1986	654 995
1950	14 352	1969	184 067	1987	754 311
1951	19 316	1970	210 162	1988	852 721
1952	27 201	1971	239 382	1989	887 183
1953	33 777	1972	256 095	1990	900 402
1954	40 529	1973	277 780	1991	1 561 177
1955	42 896	1974	281 187	1992	1 732 773
1956	53 074	1975	306 926	1993	1 949 281
1957	62 961	1976	317 229	1994	2 306 361
1958	86 271	1977	307 558	1995	2 389 392
1959	128 504	1978	329 285	1996	2 884 956
1960	178 826	1979	351 158	1997	3 238 982
1961	95 793	1980	368 545	1998	3 641 004
1962	91 475	1981	369 201	1999	3 782 273
1963	110 855	1982	395 002	2000	3 987 078
1964	127 265	1983	453 219	2001	5 300 000
1965	159 346	1984	507 220	2002	5 897 619
1966	189 389	1985	569 595	2003	6 495 238
1967	158 922				

本实例需要对 1949—2003 年的吉林市轻重工业产值建立时序模型。首先，需要将表 15.1 中的数据集导入 SAS 系统内，在程序中新建 test 数据集，其中，变量 y 为年份，变量 x 为产值数据；然后，通过 IDENTIFY 语句识别时间序列模型的阶数；ESTIMATE 语句用于根据识别的模型阶数给出模型参数的估计值。具体程序如下：

```
data test;                                    /*创建输入数据集*/
input year x;
cards;
1949    8939
1950    14352
1951    19316
1952    27201
1953    33777
1954    40529
1955    42896
1956    53074
1957    62961
1958    86271
1959    128504
1960    178826
1961    95793
1962    91475
1963    110855
1964    127265
1965    159346
1966    189389
1967    158922
1968    112079
1969    184067
1970    210162
1971    239382
1972    256095
1973    277780
1974    281187
1975    306926
1976    317229
1977    307558
1978    329285
1979    351158
1980    368545
1981    369201
1982    395002
1983    453219
1984    507220
1985    569595
1986    654995
1987    754311
1988    852721
1989    887183
1990    900402
1991    1561177
1992    1732773
1993    1949281
1994    2306361
1995    2389392
1996    2884956
1997    3238982
1998    3641004
1999    3782273
```

```
2000    3987078
2001    5300000
2002    5897619
2003    6495238
;
run;
proc arima data=test;                        /*时序模型阶数确定*/
identify  var=x;
run;
```

执行上述程序，生成的时序模型定阶结果的目录树如图 15.1 所示。

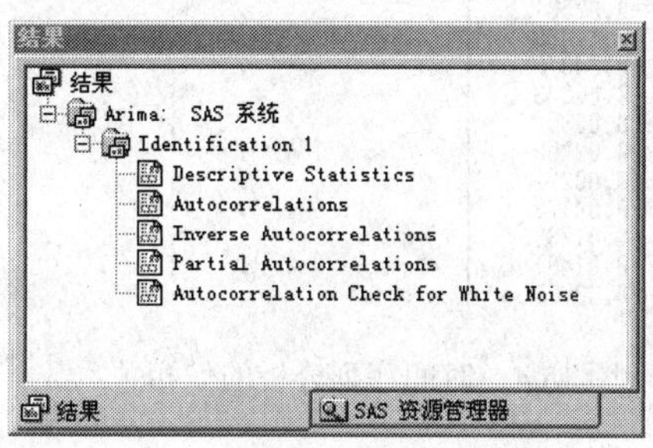

图 15.1　时间序列模型定阶结果目录树

在 Identification 1 目录下包括 5 张结果表，其中，

- ❑ 第 1 张表为描述性统计表，给出了时序数据的基本的描述性统计结果，如图 15.2 所示。其中包括观测样本数、标准差和均值。

Name of Variable = x

Mean of Working Series	1030566
Standard Deviation	1565643
Number of Observations	55

图 15.2　时间序列分析的描述性统计结果

- ❑ 第 2 张表给出了数据的自相关系数，可以看到随着延迟步数的不断增加，自相关系数不断减小，在第 4 步后，自相关系数小于两倍的标准误，如图 15.3 所示。

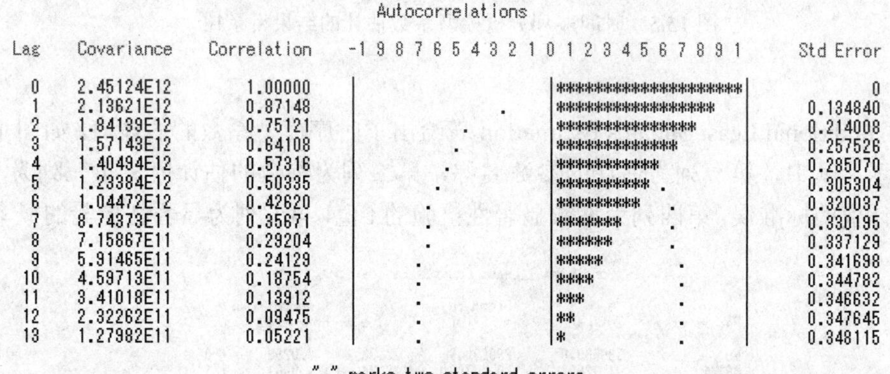

Autocorrelations

Lag	Covariance	Correlation	-1 9 8 7 6 5 4 3 2 1 0 1 2 3 4 5 6 7 8 9 1	Std Error
0	2.45124E12	1.00000	|********************|	0
1	2.13621E12	0.87148	. |***************** |	0.134840
2	1.84139E12	0.75121	. |*************** |	0.214008
3	1.57143E12	0.64108	. |************* |	0.257526
4	1.40494E12	0.57316	. |*********** |	0.285070
5	1.23384E12	0.50335	. |********** . |	0.305304
6	1.04472E12	0.42620	. |********* . |	0.320037
7	8.74373E11	0.35671	. |******* . |	0.330195
8	7.15867E11	0.29204	. |****** . |	0.337129
9	5.91465E11	0.24129	. |***** . |	0.341698
10	4.59713E11	0.18754	. |**** . |	0.344782
11	3.41018E11	0.13912	. |*** . |	0.346632
12	2.32262E11	0.09475	. |** . |	0.347645
13	1.27982E11	0.05221	. |* . |	0.348115

"." marks two standard errors

图 15.3　时间序列分析的自相关系数

- 第 4 张表给出了数据的偏相关系数的计算结果，如图 15.4 所示。其中，第一列给出了延迟步数，第二列为偏相关系数，第三列使用星号表示偏相关系数的大小，圆点为两倍的标准误。从中可以看到在第 1 步延迟后，偏相关系数全部在两倍的标准误之内，且偏相关系数的值较小，这里我们可以认为模型 1 步延迟后截尾。

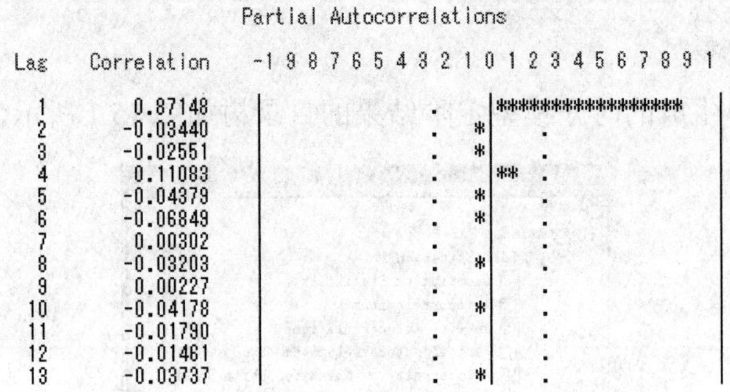

Partial Autocorrelations

Lag	Correlation
1	0.87148
2	-0.03440
3	-0.02551
4	0.11083
5	-0.04379
6	-0.06849
7	0.00302
8	-0.03203
9	0.00227
10	-0.04178
11	-0.01790
12	-0.01461
13	-0.03737

图 15.4　时间序列分析的偏相关系数

通过上面模型识别的程序分析，尝试建立 AR(4),MA(1)和 ARMA(4,1)三个模型，下面为具体的程序：

```
estimate p=4;           /*时序模型系数估计*/
estimate q=1;
estimate p=4 q=1;
run;
```

执行上述程序，在结果中将生成 3 个模型的参数估计情况，分别为 Estimation 1、Estimation 2 和 Estimation 3。其中，每个模型估计的参数包括如图 15.5 所示的结果表。

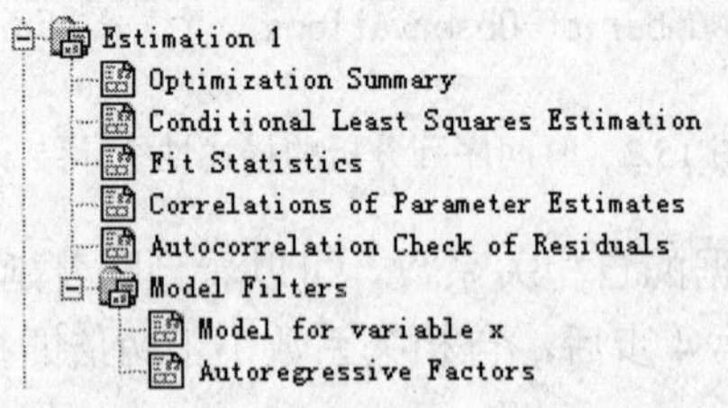

图 15.5　时间序列分析模型系数估计的结果目录树

其中：

- Conditional Least Squares Estimation 表给出了时序模型系数的估计值，如图 15.6 所示。其中，第一列为估计的参数名称，第二列为参数的估计值，第三列为参数估计值的标准误，第四列为参数显著性检验的 t 值，第五列为显著性检验的概率值 p。

Conditional Least Squares Estimation

Parameter	Estimate	Standard Error	t Value	Approx Pr > |t|	Lag
MU	536569.0	230230.6	2.33	0.0239	0
AR1,1	1.12662	0.17763	6.34	<.0001	1
AR1,2	-0.03886	0.25817	-0.15	0.8810	2
AR1,3	0.12878	0.30388	0.42	0.6735	3
AR1,4	-0.21653	0.25962	-0.83	0.4082	4

图 15.6　时间序列分析模型系数估计表

- Fit Statistic 表给出了模型拟合结果评价表，如图 15.7 所示。其中给出的统计参数包括模型残差的估计值、残差方差的估计值、标准误的估计值、信息标准量 AIC 和 BIC、残差个数。

Constant Estimate	0.196908
Variance Estimate	5.598E10
Std Error Estimate	236595.8
AIC	1521.993
SBC	1532.03
Number of Residuals	55

* AIC and SBC do not include log determinant.

图 15.7　时间序列分析模型相关统计参数表

- Correlations of Parameter Estimates 表给出了模型系数的相关系数表，如图 15.8 所示。

Correlations of Parameter Estimates

Parameter	MU	AR1,1	AR1,2	AR1,3	AR1,4
MU	1.000	-0.037	0.011	-0.066	0.110
AR1,1	-0.037	1.000	-0.726	-0.023	-0.055
AR1,2	0.011	-0.726	1.000	-0.426	0.010
AR1,3	-0.066	-0.023	-0.426	1.000	-0.727
AR1,4	0.110	-0.055	0.010	-0.727	1.000

图 15.8　时间序列分析模型系数的相关系数表

- Autocorrelation Check of Residuals 表给出了残差的自相关计算结果，如图 15.9 所示。

Autocorrelation Check of Residuals

To Lag	Chi-Square	DF	Pr > ChiSq	Autocorrelations					
6	23.27	2	<.0001	0.307	0.242	0.187	0.187	0.369	0.154
12	36.30	8	<.0001	0.211	0.093	0.111	0.314	0.104	0.119
18	37.31	14	0.0007	0.051	0.051	0.047	0.039	0.033	0.053
24	37.52	20	0.0101	0.036	0.000	0.013	0.024	0.011	-0.009

图 15.9　时间序列分析模型残差的自相关系数表

- Model Filters 目录下的两张表给出了最后模型的基本情况，包括建立的模型的表达式和估计的模型均值，如图 15.10 所示。

Model for variable x

Estimated Mean　　536569

Autoregressive Factors

Factor 1: 1 - 1.12662 B**(1) + 0.03886 B**(2) - 0.12878 B**(3) + 0.21653 B**(4)

图 15.10　时间序列分析模型的表达式

同时，在 Estimation 2 和 Estimation 3 目录下也包括上述的时序模型计算的结果表，用户可以进一步查看其结果，并建立最优的时序模型。

15.4　本 章 小 结

本章主要介绍了时间序列分析的基本概念和 SAS 实现过程。通过本章的学习，读者将掌握基本的时间序列的建模步骤，并可以尝试建立简单的时序模型。

15.5　习　　题

1．试对下表中的中国历年国内生产总值统计情况建立时序模型。

中国历年国内生产总值统计情况

年份	国民生产总值	年份	国民生产总值
1952	679	1977	3201.9
1953	824	1978	3624.1
1954	859	1979	4038.2
1955	910	1980	4517.8
1956	1028	1981	4860.3
1957	1068	1982	5301.8
1958	1307	1983	5957.4
1959	1439	1984	7206.7
1960	1457	1985	8989.1
1961	1220	1986	10 201.4
1962	1149.3	1987	11 954.5
1963	1233.3	1988	14 922.3
1964	1454	1989	16 917.8
1965	1716.1	1990	18 598.4
1966	1868	1991	21 662.5
1967	1773.9	1992	26 651.9
1968	1723.1	1993	34 560.5
1969	1937.9	1994	46 670
1970	2252.7	1995	57 494.9
1971	2426.4	1996	66 850.5
1972	2518.1	1997	73 142.7
1973	2720.9	1998	76 967.2
1974	2789.9	1999	80 579.4
1975	2997.3	2000	88 228.1
1976	2943.7	2001	94 346.4

2．试根据下表中福州市主要年份总人口数统计数据建立时序模型。

福州市主要年份总人口数统计

年份	人口数	年份	人口数
1952	2 366 838	1988	5 142 090
1957	2 705 794	1989	5 192 259
1962	3 055 681	1990	5 352 982
1965	3 282 024	1991	5 411 125
1970	3 578 846	1992	5 447 199
1975	4 087 603	1993	5 506 462
1978	4 372 830	1994	5 554 731
1979	4 442 268	1995	5 622 715
1980	4 498 461	1996	5 699 462
1981	4 586 815	1997	5 748 507
1982	4 678 369	1998	5 798 179
1983	4 749 089	1999	5 831 251
1984	4 826 459	2000	5 892 348
1985	4 888 568	2001	5 941 392
1986	4 947 578	2002	5 975 381
1987	5 090 872		

第16章 生存分析

生存分析是指对一定生存期内的指标进行统计分析的方法。最初主要用于医学上疾病的研究，例如疾病的发病周期研究。近年来，生存分析还被广泛应用于经济学、卫生学、保险学等领域，用于对一定时间内的事件进行估价和预测，例如金融危机的爆发、仪器设备的使用寿命等。

本节将重点介绍生存分析的三种方法及其相应的SAS实现过程。通过本章的学习，读者将掌握生存分析以下几个方面的内容：

- 对生存率等生存状况参数的描述性统计分析；
- 分析影响生存时间的主要因素；
- 估计生存函数；
- 建立影响生存的危险因素与生存时间的关系函数；
- 比较两组或两组以上的生存曲线。

16.1 生存分析概述

生存分析是专门用于研究生存时间的分布规律及生存时间和相关因素之间关系的统计分析方法。本节将简单介绍生存分析的基本情况及其常用的三种基本方法。

16.1.1 生存分析的基本概况

生存分析是研究一定生存时间内生存数据变化的统计方法，在生存分析中关于生存时间的理解为：狭义的生存时间为从生到死的时间，而广义的生存时间可以理解为从某种活动开始到终止的时间。而生存数据为与生存时间相关的一组独立变量，用于描述事物的变化特征。在生存分析中使用生存函数、死亡函数、半数生存期等函数或指标描述生存数据的分布特征。

生存分析与之前介绍的统计分析方法有所差异，主要是因为生存分析的数据资料具有以下特征：

- 生存分析研究的数据资料往往有所缺失，数据带有截尾性，无法获取完整的数据资料，例如对于一些疾病情况的调查统计，由于实际工作条件的限制，可能一些调查中会出现缺失的调查，或者无法调查到最终的结果。
- 一定生存期内获取的数据资料往往不符合正态分布，一般多呈指数分布、Weibull分布、对数正态分布或更为复杂的统计分布，使得常规的统计分析方法在使用上存在一定的缺陷。

16.1.2　生存分析的基本方法

生存分析的基本方法包括非参数法、参数法和半参数法 3 种，其中：

- 非参数法可用于实现两组或两组以上生存函数的比较、生存函数参数的估计、分析危险因素对生存函数的影响，但是无法建立其定量的模型。可以实现非参数法的方法有乘积极限法、寿命表法等。
- 参数法可以实现两组或两组以上生存函数的比较、生存函数参数的估计、分析危险因素对生存函数的影响，并建立其定量的模型。参数法是假定生存函数符合特定的分布，例如指数分布、对数分布等，然后拟合该分布下的模型系数，从而实现定量地描述生存函数。具体的参数法实现生存分析的过程按照生存函数分布的差异又可以细分为指数分布法、威布尔分布法、对数正态分布法和对数 logistic 回归分析法等。
- 半参数法无须事先假定生存函数的分布，而是通过一个定量模型来描述时间函数的变化规律，并定量分析危险因素对时间函数的影响。具体的半参数法实现生存分析主要是基于 Cox 模型分析方法，该方法是建立定量生存分析模型的有效方法，同时又不需要对生存函数的分布做出假设，因而称为半参数法。

16.2　生存分析的相关过程

在 SAS 系统中，与生存分析相关的过程包括 LIFEREG 回归过程、LIFETEST 检验过程和 PHREG 回归过程，分别对应于参数法、非参数法和半参数法对生存分析的求解。在本节中将具体介绍这三个过程的 SAS 实现方式，并通过具体的实例演示其使用。

16.2.1　LIFEREG 回归过程

LIFEREG 过程可以对符合指数分布、Weibull 分布、Gompertz 分布等的数据拟合生存函数模型。其基本的调用格式为：

```
PROC LIFEREG [选项];
MODEL 生存时间变量*截尾指示变量(数值)=自变量列表 [选项];
CLASS 变量名;
RUN;
```

在上述的程序中，PROC 语句和 MODEL 语句为必需语句。其中：

- PROC 语句用于指定分析的 SAS 过程为 LIFEREG 回归过程，其后可跟的选项介绍如下。
  - DATA=数据集名：指定一个数据集，其中存放生存分析需要分析的数据。
  - OUTTEST=数据集名：指定一个输出数据集，将生存分析计算的结果输出到该数据集中。
  - COVOUT：计算生存函数模型系数估计值的协方差矩阵，并将其输出到

OUTTEST 选项指定的输出数据集中。

- ➢ NOPRINT：禁止结果的打印输出。
- ➢ PLOTS=NONE | PROBPLOT：控制生存分析图形的绘制，其中 NONE 选项值将禁止任意图形的输出；PROBPLOT 选项值将根据 MODEL 语句设置的变量生成概率图。

- ❑ MODEL 语句为必需语句，用于对生存时间和截尾指示变量和说明变量做出定义，其后可跟的选项介绍如下。
  - ➢ DIST=分布类型：关于拟合的模型分布的选择，可以设置的分布包括 WEIBULL（威布尔分布，默认）、EXPONENTIAL（指数分布）、GAMMA（GAMMA 分布）、LOGISTIC（LOGISTIC 分布）、LLOGISTIC（对数 LOGISTIC 分布）、LNORMAL（对数正态分布）。
  - ➢ ALPHA=P：设置模型拟合的显著性水平，为 0～1 之间的概率值，默认情况下 ALPHA=0.05。
  - ➢ CORRB：计算估计的模型参数的相关系数矩阵。
  - ➢ COVB：计算估计的模型系数的协方差矩阵。
  - ➢ INTERCEPT=数值：设置模型截距项的初始估计值，默认情况下模型截距值的初始值通过最小二乘拟合获得。
  - ➢ ITPRINT：规定显示模型参数估计时的迭代过程。
  - ➢ MAXITER=N：设置模型参数估计的最大迭代次数，默认情况下为 50。
- ❑ CLASS 语句用于定义生存分析的分类变量。

【例 16.1】 利用 LIFEREG 过程实现生存分析。

表 16.1 为追访的 15 位糖尿病患者的基本情况，其中包括诊断出糖尿病时的年龄、吸烟情况、体重指数和存活月数几个变量。其中吸烟情况中 0 代表未吸烟，1 代表吸烟，存活月数中“+”代表数据有截尾。试利用 LIFEREG 过程建立生存分析的模型。

表 16.1　糖尿病患者的基本情况调查表

编号	诊断出糖尿病时的年龄	吸烟情况	体重指数	存活月数
1	45	0	29.4	239
2	50	0	33.2	150
3	47	1	23.7	360
4	34	1	21.5	400+
5	56	0	28	375
6	65	1	25.3	280
7	48	0	22.5	100+
8	56	0	23.4	277
9	66	1	27.9	126
10	75	0	20.4	10+
11	67	1	24.3	170
12	46	1	19.8	500
13	65	0	20.4	300
14	45	1	22.2	360
15	85	0	34	36

在下面的程序中首先创建一个数据集，其中存放变量 id（编号）、age（年龄）、smoke（吸烟情况）、month（存活月数）；然后，通过 LIFEREG 过程实现生存分析。

```
Data ww.test16_1;                                    /*创建数据集*/
input id age  smoke month;
index=(month<0);
month=abs(month);
cards;
1   45  0   29.4    239
2   50  0   33.2    150
3   47  1   23.7    360
4   34  1   21.5    -400
5   56  0   28      375
6   65  1   25.3    280
7   48  0   22.5    -100
8   56  0   23.4    277
9   66  1   27.9    126
10  75  0   20.4    -10
11  67  1   24.3    170
12  46  1   19.8    500
13  65  0   20.4    300
14  45  1   22.2    360
15  85  0   34      36
;
run;
proc lifereg data=ww.test16_1;                       /*执行生存分析*/
MODEL month*index(1)=age smoke ;
run;
```

执行上述程序，生成的结果目录树如图 16.1 所示，包括 6 张数据结果表。

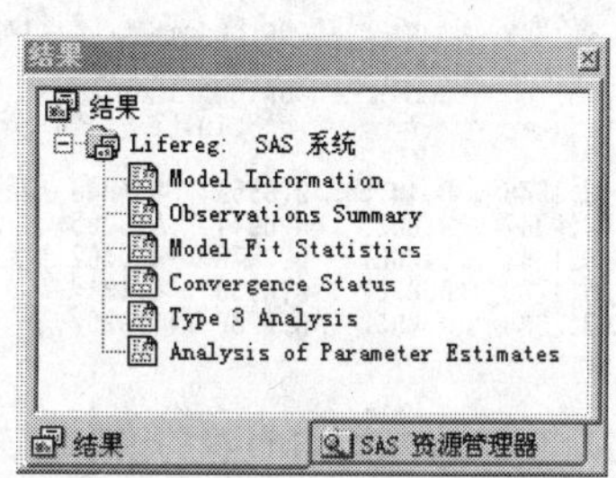

图 16.1　基于 LIFEREG 过程的结果目录树

其中：

- Model Information 表：给出了拟合的时间函数模型的基本信息，包括模型使用的数据集、模型的因变量、截尾变量、观测数、拟合的分布函数，如图 16.2 所示。

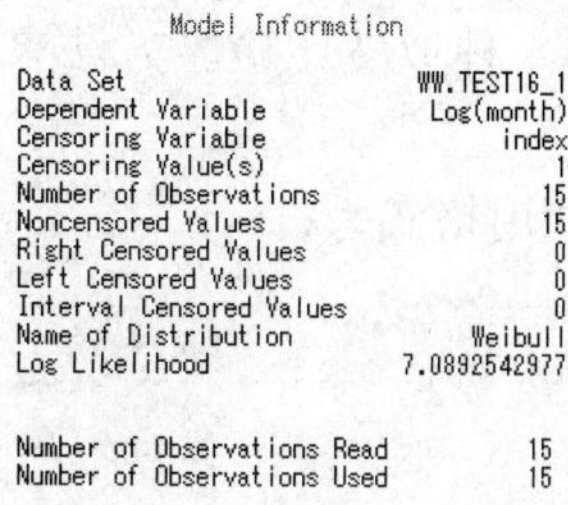

Model Information

Data Set	WW.TEST16_1
Dependent Variable	Log(month)
Censoring Variable	index
Censoring Value(s)	1
Number of Observations	15
Noncensored Values	15
Right Censored Values	0
Left Censored Values	0
Interval Censored Values	0
Name of Distribution	Weibull
Log Likelihood	7.0892542977

Number of Observations Read	15
Number of Observations Used	15

图 16.2　基于 LIFEREG 过程的模型信息表

- ❑ Fit Statistics 表：给出了评价模型的相关统计参数，包括 AIC、BIC 等信息准则，如图 16.3 所示。

```
                         Fit Statistics

            -2 Log Likelihood                        -14.179
            AIC (smaller is better)                   -6.179
            AICC (smaller is better)                  -2.179
            BIC (smaller is better)                   -3.346

Algorithm converged.
```

图 16.3　基于 LIFEREG 过程的模型拟合统计参数表

- ❑ Type III Analysis of Effects：模型显著性检验，如图 16.4 所示。表中包括 4 列参数，分别为模型变量名、自由度、卡方值和概率。

```
              Type III Analysis of Effects

                                 Wald
          Effect       DF    Chi-Square    Pr > ChiSq

          age           1        2.2573        0.1330
          smoke         1        7.0363        0.0080
```

图 16.4　基于 LIFEREG 过程的模型显著性检验表

- ❑ Analysis of Maximum Likelihood Parameter Estimates 表给出了模型参数的最大似然估计值，包括模型各参数的估计值、标准误、置信区间、卡方值和概率，如图 16.5 所示。

```
                Analysis of Maximum Likelihood Parameter Estimates

                              Standard   95% Confidence     Chi-
Parameter       DF Estimate     Error        Limits        Square Pr > ChiSq

Intercept        1   3.1549    0.1475   2.8658   3.4440   457.49     <.0001
age              1   0.0037    0.0025  -0.0011   0.0085     2.26     0.1330
smoke            1  -0.1769    0.0667  -0.3076  -0.0462     7.04     0.0080
Scale            1   0.1266    0.0267   0.0838   0.1914
Weibull Shape    1   7.8969    1.6634   5.2258  11.9332
```

图 16.5　基于 LIFEREG 过程的模型拟合情况

16.2.2　LIFETEST 检验过程

在 SAS 系统中，LIFETEST 过程提供非参数分析方法进行生存分析。用户利用该过程可以通过乘积极限法和寿命表法估计生存率等；可以使用两种秩检验方法（数秩检验（Log-rank test）、Wilcoxon 检验）和一种似然比检验方法来比较检验两组或两组以上的生存函数。

LIFETEST 检验过程的基本调用格式为：

```
PROC LIFETEST [选项];
TIME 生存时间变量*截尾指示变量(数值) ;
TEST 分组变量列表;
STRATA 分组变量列表;
FREQ 变量名;
```

```
BY 变量名;
```

在上述的 LIFETEST 过程中，PROC 语句和 TIME 语句为必需语句，其他为可选语句。

- PROC 语句用于指定分析的过程为 LIFETEST 生存分析过程，其后可跟的选项介绍如下。
  - DATA＝数据集：指定生存分析的数据集。
  - METHOD=方法名：指定估计生存函数参数估计的方法，其中可以设置的方法包括 PL|KM（乘积极限法或 KAPLAN-MEIER 法，默认选项）；ACT|LIFE|LT（寿命表法）。
  - NINTERVAL =数值：指定用以计算寿命表的区间个数。当同时存在“WIDTH=参数值”和“INTERVALS=参数值”选项时，NINTERVAL 选项设置的参数将被掩盖。默认情况下区间个数为 10。
  - WIDTH=数值：在使用寿命表法计算生存函数参数估计值时，指定寿命表的区间宽度。此选项功能可被“INTERVALS=参数值”选项覆盖。
  - INTERVALS=数值：指定寿命表计算的区间端点。区间端点须为非负数。
  - ALPHA=ˎP：设置生存函数参数估计的显著性水平，默认为 ALPHA=0.05。
  - ALPHAQT=ˎP：指定生存时间四分位数间距的置信水平，默认为 ALPHAQT=0.05。
  - PLOTS=绘图类型：为生存分析绘制相关的图形。可以绘制的图形包括 S（绘制横、纵坐标分别为 T、S(T)的生存函数 S(T)图形）、LS（绘制横、纵坐标分别为 T、-LOGS(T)的-LOGS(T)图形）、LLS（绘制横、纵坐标分别为 LOG(T)、LOG（-LOGS(T)的-LOGS(T)图形）、H（绘制横、纵坐标分别为 T、H(T)的风险函数图）。
  - MISSING：规定当数据中存在缺失数据时仍然为有效观测。
- TIME 语句用于定义生存时间和截尾指示变量。当生存分析的数据中存在失效或截尾数据时需要定义缺失数据的类型，默认情况下失效事件用 0 来表示，截尾事件用 1 来表示。
- STRATA 语句用于定义生存分析过程中生存率比较的分组变量。
- TEST 语句定义生存分析过程中需检验的变量，即分析生存时间与该变量是否有关。
- FREQ 语句用于定义观测的频数。
- BY 语句用于在生存分析中对变量进行分组。

【例 16.2】 利用 LIFETEST 实现生存分析。

表 16.2 为调查的 A 和 B 两组患者的病程情况，分别接受了两种不同的治疗方法，试通过 LIFETEST 过程分析两组患者是否有显著差异，其中“+”代表调查数据有截尾。

表 16.2　A和B两组患者的病程情况（患病天数）

A	133	108	34+	57	87	99	109	178	123	76
B	45	67	99	102	199+	201	95+	73	139	120

本实例需要利用 LLIFETEST 过程进行生存分析，首先创建一个指定的数据集，其中

存放表 16.2 中的数据。在数据集中包括两个变量 group 和 day，分别存放患者的类型和病程。然后通过 LLIFETEST 执行生存分析。

```
data ww.test16_2;                    /*创建数据集*/
input group day;
index=(day<0);
day=abs(day);
cards;
1  133
1  108
1  -34
1  57
1  87
1  99
1  109
1  178
1  123
1  76
2  45
2  67
2  99
2  102
2  -199
2  201
2  -95
2  73
2  139
2  120
;
run;
proc lifetest data=ww.test16_2;method=act;      /*生存分析*/
time day*index(1);                        /*指定分析的变量*/
strata group;
run;
```

执行上述程序生成的结果目录树如图 16.6 所示。其中包括对两组数据的描述性统计分析和对两组资料的比较。具体结果的目录树如图 16.6 所示。

图 16.6　基于 LIFETEST 过程的生存分析结果目录树

其中：

- 对于每一组变量下都存在一个 life table（生命表），如图 16.7 所示。Life Table Survival Estimates 表给出了各生存时间区间的下限和上限下的 Number Failed（死亡数）、Number Censored（截尾数）、Effective Sample Size（有效样本数）、Conditional

Probability of Failure（条件死亡概率）、Conditional Probability Standard Error（条件死亡概率的标准误）、Survival（存活率）、Failure（死亡率）、Survival Standard Error（死亡率的标准误）、Median Residual Lifetime（中位数的剩余标准误）、Median Standard Error（中位数的标准误）、PDF（PDF 值）、PDF Standard Error（PDF 的标准误）、Hazard（风险函数）和 Hazard Standard Error（风险函数的标准误）。

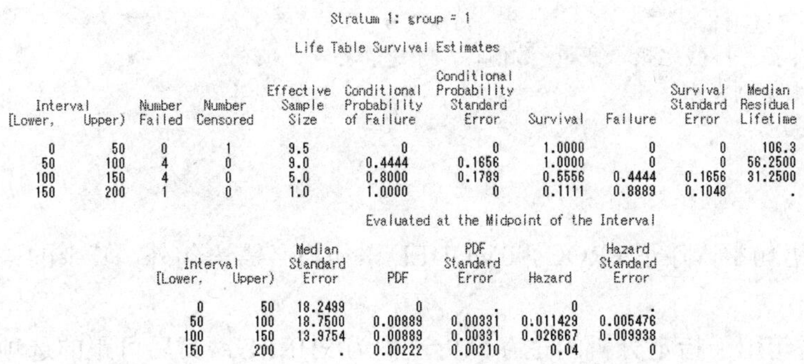

Stratum 1: group = 1

Life Table Survival Estimates

Interval [Lower,	Upper)	Number Failed	Number Censored	Effective Sample Size	Conditional Probability of Failure	Conditional Probability Standard Error	Survival	Failure	Survival Standard Error	Median Residual Lifetime
0	50	0	1	9.5	0	0	1.0000	0	0	106.3
50	100	4	0	9.0	0.4444	0.1656	1.0000	0	0	56.2500
100	150	4	0	5.0	0.8000	0.1789	0.5556	0.4444	0.1656	31.2500
150	200	1	0	1.0	1.0000	0	0.1111	0.8889	0.1048	.

Evaluated at the Midpoint of the Interval

Interval [Lower,	Upper)	Median Standard Error	PDF	PDF Standard Error	Hazard	Hazard Standard Error
0	50	18.2499	0	.	0	.
50	100	18.7500	0.00889	0.00331	0.011429	0.005476
100	150	13.9754	0.00889	0.00331	0.026667	0.009938
150	200	.	0.00222	0.00210	0.04	0

图 16.7　基于 LIFETEST 过程的生命表

- ❑ Summary of the Number of Censored and Uncensored Values 表给出了两组变量中观测数据的截尾与非截尾数据的统计情况，如图 16.8 所示。

Summary of the Number of Censored and Uncensored Values

Stratum	group	Total	Failed	Censored	Percent Censored
1	1	10	9	1	10.00
2	2	10	8	2	20.00
Total		20	17	3	15.00

图 16.8　基于 LIFETEST 过程的两组资料的总结表

- ❑ Strata Homogeneity 目录下的 4 表给出了两组资料一致性检验的结果，如图 16.9 所示。其中，给出了秩和检验、log rank 统计量的协方差、Wilcoxon 检验和显著性检验。从中可以看到显著性检验的 p 值较大，说明 A 和 B 两组资料的生存时间没有显著差异。

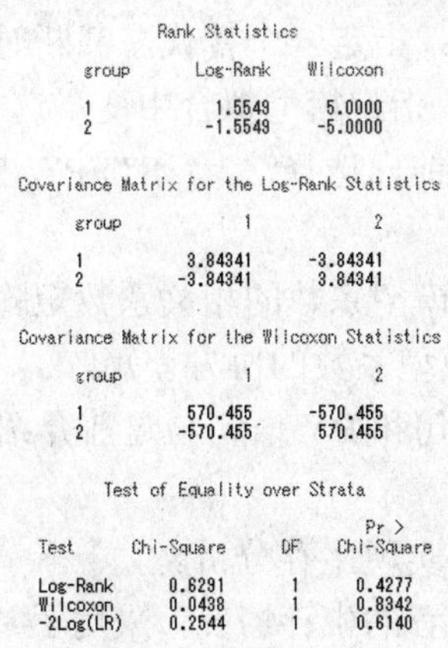

Rank Statistics

group	Log-Rank	Wilcoxon
1	1.5549	5.0000
2	-1.5549	-5.0000

Covariance Matrix for the Log-Rank Statistics

group	1	2
1	3.84341	-3.84341
2	-3.84341	3.84341

Covariance Matrix for the Wilcoxon Statistics

group	1	2
1	570.455	-570.455
2	-570.455	570.455

Test of Equality over Strata

Test	Chi-Square	DF	Pr > Chi-Square
Log-Rank	0.6291	1	0.4277
Wilcoxon	0.0438	1	0.8342
-2Log(LR)	0.2544	1	0.6140

图 16.9　基于 LIFETEST 过程的两组资料的一致性检验表

16.2.3 PHREG 回归过程

PHREG 回归过程通过半参数 Cox 比例风险模型分析实现对生存数据的回归分析。利用 PHREG 回归过程可以有效地解决带有截尾数据的生存分析。在 SAS 系统中 PHREG 回归过程基本的调用格式为：

```
PROC PRREG [选项];
MODEL 生存时间变量*截尾指示变量(数值) =自变量名 [选项];
STRATA 分组变量列表;
FREQ 变量名;
BY 变量名;
RUN;
```

在上述程序语句中，除了 PROC 和 MODEL 语句为必需语句外，其余的语句都为可选语句。

- PROC 语句用于指定分析的生存分析过程为 PHREG，其后可跟的选项介绍如下。
  - DATA=数据集名：指定需要进行生存分析的输入数据集名称。
  - OUTTEST=数据集名：指定一个输出数据集，用于存储 PHREG 过程的结果。
  - COVOUT：规定计算模型参数估计值的协方差矩阵，并将其输出到“OUTEST=数据集名”选项所指定的输出数据集中。
  - NOPRINT：该选项用于禁止任何输出结果的显示。
  - SIMPLE：对于 MODEL 语句中指定的自变量进行简单统计分析，包括计算均数、标准差、最小值及最大值等。
- MODEL 语句为必需语句，用于对生存时间和截尾指示变量和说明变量做出定义，其后可跟的选项如下。
  - TIES=方法名：指定估计生存率所使用的方法，其中可以设置的方法包括 BRESLOW（BRESLOW 的近似似然估计，默认选项）、DISCRETE（方法使用离散 LOGISTIC 模型替代比例风险模型）、EFRON（使用 EFRON 的近似似然）、EXACT（在比例危险假定下，计算与所有失效事件发生具有相同值的删失时间或较大值时间之前的精确条件概率）。
  - ENTRYTIME=变量名：指定一个替代左截断时间的变量名。
  - SELECTION=方法名：指定模型拟合中变量选择的方法，可以设置的选项包括 FORWARD（或 F）（前向选择法）；STEPWISE（逐步选择法）；SCORE（最优子集选择法）。
  - CORRB：计算拟合的模型系数的相关系数矩阵。
  - COVB：计算拟合的模型系数的协方差矩阵。
- STRATA 语句、FREQ 语句和 BY 语句与之前介绍过的 LIFETEST 中的用法类似，这里不再展开详细叙述。

【例 16.3】 利用 PHREG 回归实现生存分析。

表 16.3 为调查的 30 例肺癌患者的生存情况，采用了 A 和 B 两种治疗方法。其中，吸烟情况一列中，0 代表无吸烟，1 代表有吸烟；生存日数中，“+”号代表截尾。试利用 PHREG

过程建立 Cox 回归模型，并比较 A 和 B 两种疗法有无显著差异。

表 16.3　A和B两种不同疗法治疗肺癌的情况

A 疗法		B 疗法	
有无吸烟	生存日数	有无吸烟	生存日数
1	102	1	276
0	155	0	406
1	89	0	296
1	59	1	34
0	300+	1	78
1	152	0	164
1	182	1	50+
0	210	1	102
1	99+	1	137
0	378	0	274+
1	163+	1	95
1	32	1	90
0	269	1	86
1	104	0	120
1	132	1	47

根据实例分析的要求进行生存分析，首先创建数据集 test16_3，其中存放三个变量，group 变量用于区别 A 和 B 两种疗法，当 group 取值为 1 时代表为 A 疗法，取值为 2 时代表为 B 疗法；变量 smoke 表示是否有吸烟；变量 day 为生存天数；变量 index 用于标识是否为截尾数据。然后，通过 PHREG 过程建立生存分析的 COX 模型。下面为具体的程序：

```
data ww.test16_3;                                /*创建数据集*/
input group smoke day;
index=(day<0);
day=abs(day);
cards;
1   1   102
1   0   155
1   1   89
1   1   59
1   0   -300
1   1   152
1   1   182
1   0   210
1   1   -99
1   0   378
1   1   -163
1   1   32
1   0   269
1   1   104
1   1   132
2   1   276
2   0   406
2   0   296
2   1   34
2   1   78
2   0   164
```

```
2   1   -50
2   1   102
2   1   137
2   0   -274
2   1   95
2   1   90
2   1   86
2   0   120
2   1   47
;
run;
proc phreg data=ww.test16_3;                    /*生存分析*/
model day*index(1)=group smoke;                  /*指定分析的模型*/
run;
```

执行上述程序，生成的生存分析的结果目录树如图 16.10 所示，包括 7 张结果表。

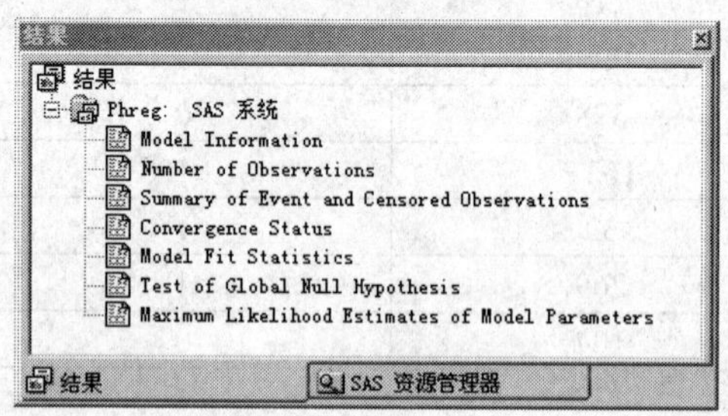

图 16.10　基于 PHREG 过程的生存分析结果目录树

- Model Information 表给出了建立的生存率模型的基本信息，其中包括拟合生存模型使用的数据集和观测个数的信息、因变量、识别截尾变量的基本信息等，如图 16.11 所示。

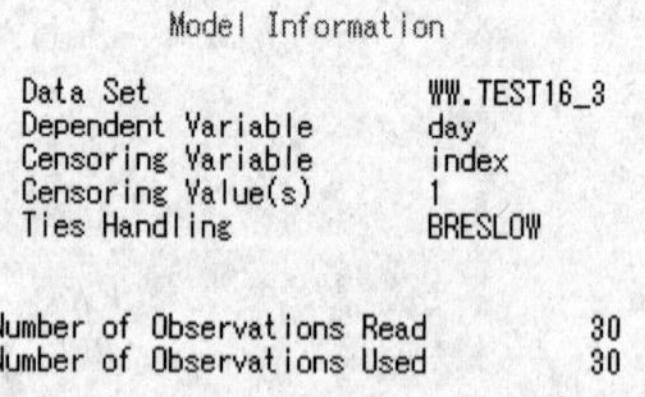

Model Information

Data Set	WW.TEST16_3
Dependent Variable	day
Censoring Variable	index
Censoring Value(s)	1
Ties Handling	BRESLOW

Number of Observations Read	30
Number of Observations Used	30

图 16.11　基于 PHREG 过程的生存分析模型信息表

- Summary of Event and Censored Observations 表给出了模型事件的基本信息表，共计 30 个调查数据，其中 5 个含截尾数据，如图 16.12 所示。

Summary of the Number of Event and Censored Values

Total	Event	Censored	Percent Censored
30	25	5	16.67

图 16.12　基于 PHREG 过程的生存分析模型观测信息表

- Model Fit Statistics 表给出了拟合的模型的 AIC、SBC 和-2 LOG L 信息量评价指标，如图 16.13 所示。

Model Fit Statistics

Criterion	Without Covariates	With Covariates
-2 LOG L	126.265	113.380
AIC	126.265	117.380
SBC	126.265	119.818

图 16.13　基于 PHREG 过程的生存分析模型拟合统计参数表

- Tes of Global Null Hypothesis: BETA=0 表给出了模型显著性检验的结果，由结果可知三种参数检验方法下，概率值 p 均较小，小于 0.05，说明模型达显著水平，如图 16.14 所示。

Testing Global Null Hypothesis: BETA=0

Test	Chi-Square	DF	Pr > ChiSq
Likelihood Ratio	12.8845	2	0.0016
Score	12.6755	2	0.0018
Wald	10.7732	2	0.0046

图 16.14　基于 PHREG 过程的生存分析模型检验表

- Analysis of Maximum Likelihood Estimates 表给出了生存模型参数拟合的基本情况，表中从左到右各列分别为参数名、自由度、估计值、标准误、卡方值、概率和危险度，如图 16.15 所示。从中可以看到 A 和 B 两种疗法没有显著差异，概率值较大（0.7180）。最终拟合的模型为：

$$h(t,x)=h_0(t)\exp(\,0.15191*\text{group}+1.74936*\text{smoke})$$

Analysis of Maximum Likelihood Estimates

Parameter	DF	Parameter Estimate	Standard Error	Chi-Square	Pr > ChiSq	Hazard Ratio
group	1	0.15191	0.42070	0.1304	0.7180	1.164
smoke	1	1.74936	0.53798	10.5737	0.0011	5.751

图 16.15　基于 PHREG 过程的生存分析模型参数拟合表

16.3　利用界面操作实现生存分析

在 SAS 系统中，生存分析也可以通过 ANALYST 模块来实现。本节将结合实例具体介绍如何通过界面操作实现生存分析。

【例 16.4】 利用 ANALYST 模块实现生存分析。

根据表 16.3 中的数据进行生存分析。

1．实现步骤

（1）启动 ANALYST 模块，然后打开数据集 test16_3。

（2）单击 ANALYST 模块的菜单“统计”|“生存分析”|“生命表”，将弹出如图 16.16 所示的“生存分析参数设置”对话框。在其中选择时间变量 day，单击 Time 按钮，将其选入 Time 按钮下方的空格；选中变量 index，单击 Censoring 按钮，将其选入 Censoring 按钮下方的空格；选中 group 变量，单击 Strata 按钮，将变量 group 选入 Strata 按钮下方的空格；Censoring values 中选中截尾变量的数值。

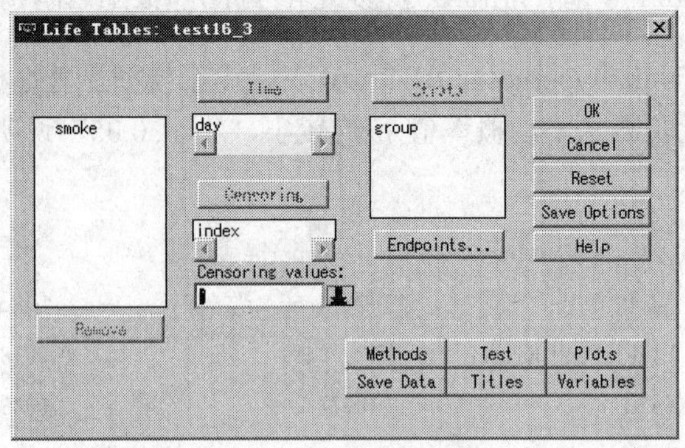

图 16.16　基于 ANALYST 模块的“生存分析参数设置”对话框

（3）单击生存分析对话框中的 Methods 按钮，在弹出的“生存分析方法设置”对话框中选择模型参数拟合的方法，包括 Product-limit 和 Life table 两种方法，同时可以设置模型的显著性水平，这里设置 95%的置信水平，如图 16.17 所示。单击 OK 按钮，返回“生存分析参数设置”的主对话框。

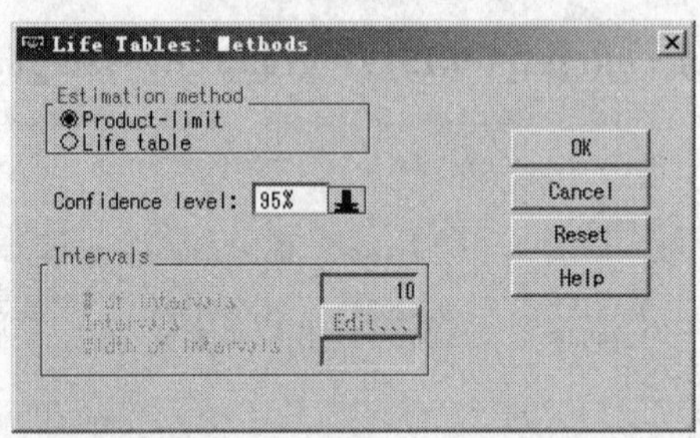

图 16.17　基于 ANALYST 模块的“生存分析参数拟合方法设置”对话框

（4）单击 Plots 按钮选择需要绘制的生存分析的图形，如图 16.18 所示。这里选择输出 Survival function（生存函数）。单击 OK 按钮，返回“生存分析参数设置”的主对话框。

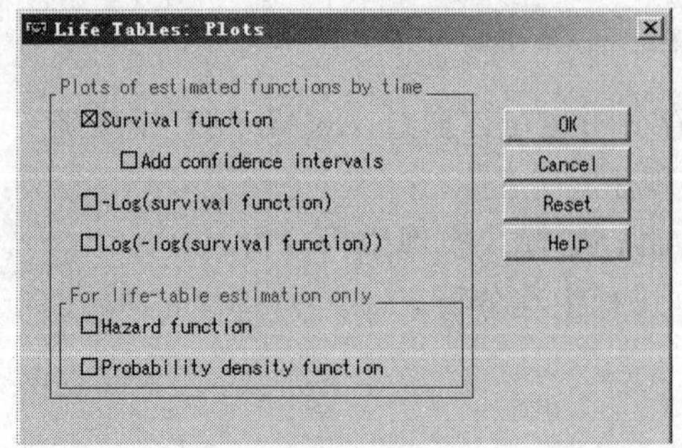

图 16.18　基于 ANALYST 模块的“生存分析输出图形设置”对话框

（5）在“生存分析参数设置”的主对话框中单击 OK 按钮，完成生存分析。

2．主要结果

ANALYST 模块生成的生存分析的结果主要包括以下几部分，与之前介绍过的基于 SAS 过程实现生存分析的结果类似，这里仅作简单介绍。

- 第一组资料的描述性统计分析结果如图 16.19 所示。

The LIFETEST Procedure

Stratum 1: group = 1

Product-Limit Survival Estimates

day	Survival	Failure	Survival Standard Error	Number Failed	Number Left
0.000	1.0000	0	0	0	15
32.000	0.9333	0.0667	0.0644	1	14
59.000	0.8667	0.1333	0.0878	2	13
89.000	0.8000	0.2000	0.1033	3	12
99.000*	.	.	.	3	11
102.000	0.7273	0.2727	0.1167	4	10
104.000	0.6545	0.3455	0.1257	5	9
132.000	0.5818	0.4182	0.1311	6	8
152.000	0.5091	0.4909	0.1334	7	7
155.000	0.4364	0.5636	0.1327	8	6
163.000*	.	.	.	8	5
182.000	0.3491	0.6509	0.1317	9	4
210.000	0.2618	0.7382	0.1244	10	3
269.000	0.1745	0.8255	0.1093	11	2
300.000*	.	.	.	11	1
378.000	0	1.0000	.	12	0

NOTE: The marked survival times are censored observations.

Summary Statistics for Time Variable day

Quartile Estimates

Percent	Point Estimate	95% Confidence Interval Transform	[Lower	Upper)
75	269.000	LOGLOG	152.000	378.000
50	155.000	LOGLOG	89.000	269.000
25	102.000	LOGLOG	32.000	152.000

Mean	Standard Error
182.575	30.849

图 16.19 基于 ANALYST 模块的生存分析第一组资料的描述性统计结果

- 第二组资料的描述性统计分析结果如图 16.20 所示。

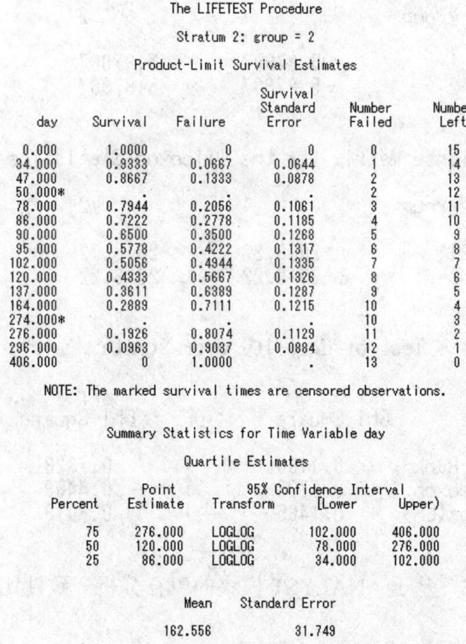

The LIFETEST Procedure

Stratum 2: group = 2

Product-Limit Survival Estimates

day	Survival	Failure	Survival Standard Error	Number Failed	Number Left
0.000	1.0000	0	0	0	15
34.000	0.9333	0.0667	0.0644	1	14
47.000	0.8667	0.1333	0.0878	2	13
50.000*	.	.	.	2	12
78.000	0.7944	0.2056	0.1061	3	11
86.000	0.7222	0.2778	0.1185	4	10
90.000	0.6500	0.3500	0.1268	5	9
95.000	0.5778	0.4222	0.1317	6	8
102.000	0.5056	0.4944	0.1335	7	7
120.000	0.4333	0.5667	0.1326	8	6
137.000	0.3611	0.6389	0.1287	9	5
164.000	0.2889	0.7111	0.1215	10	4
274.000*	.	.	.	10	3
276.000	0.1926	0.8074	0.1129	11	2
296.000	0.0963	0.9037	0.0884	12	1
406.000	0	1.0000	.	13	0

NOTE: The marked survival times are censored observations.

Summary Statistics for Time Variable day

Quartile Estimates

Percent	Point Estimate	95% Confidence Interval Transform	[Lower	Upper)
75	276.000	LOGLOG	102.000	406.000
50	120.000	LOGLOG	78.000	276.000
25	86.000	LOGLOG	34.000	102.000

Mean	Standard Error
162.556	31.749

图 16.20 基于 ANALYST 模块的生存分析第二组资料的描述性统计结果

- 生存分析参数的估计值及使用的数据的截尾性的基本情况，如图 16.21 所示。

Summary Statistics for Time Variable day

Quartile Estimates

Percent	Point Estimate	Transform	95% Confidence Interval [Lower	Upper)
75	276.000	LOGLOG	102.000	406.000
50	120.000	LOGLOG	78.000	276.000
25	86.000	LOGLOG	34.000	102.000

Mean	Standard Error
162.556	31.749

Summary of the Number of Censored and Uncensored Values

Stratum	group	Total	Failed	Censored	Percent Censored
1	1	15	12	3	20.00
2	2	15	13	2	13.33
Total		30	25	5	16.67

图 16.21　基于 ANALYST 模块的生存分析结果

- 生存分析两组资料一致性比较的结果，其中涉及 4 种比较的方法，如图 16.22 所示。

Rank Statistics

group	Log-Rank	Wilcoxon
1	-0.82789	-34.000
2	0.82789	34.000

Covariance Matrix for the Log-Rank Statistics

group	1	2
1	5.87987	-5.87987
2	-5.87987	5.87987

Covariance Matrix for the Wilcoxon Statistics

group	1	2
1	2016.22	-2016.22
2	-2016.22	2016.22

Test of Equality over Strata

Test	Chi-Square	DF	Pr > Chi-Square
Log-Rank	0.1166	1	0.7328
Wilcoxon	0.5733	1	0.4489
-2Log(LR)	0.1465	1	0.7019

图 16.22　基于 ANALYST 模块的生存分析一致性比较

- 两组资料的生存函数图如图 16.23 所示。

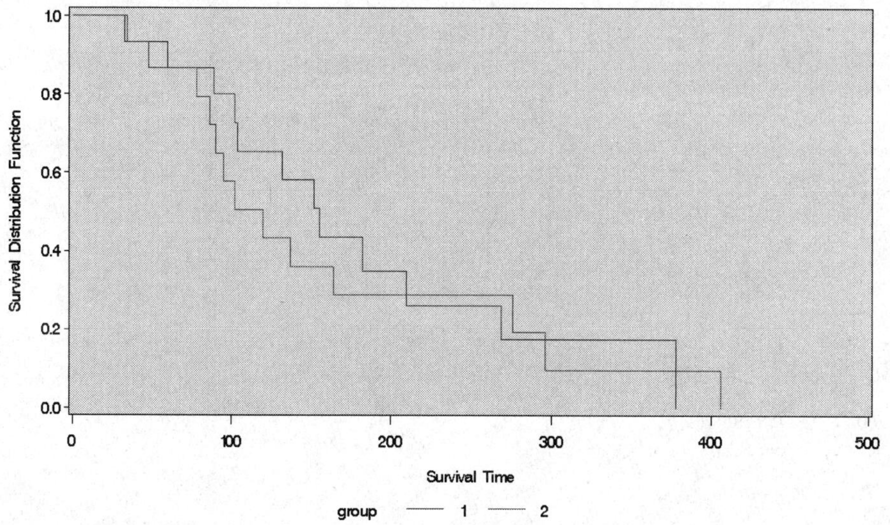

图 16.23　基于 ANALYST 模块的生存分析函数图

16.4　本 章 小 结

本章主要介绍了生存分析的基本概念及其主要的 SAS 实现方法。通过本章的学习，读者将掌握以下 4 个方面的内容：

- LIFEREG 回归过程实现生存分析；
- LIFETEST 检验过程实现生存分析；
- PHREG 回归过程实现生存分析；
- 利用 ANALYST 模块实现生存分析。

16.5　习　　题

1. 利用 LIFETEST 过程实现对下表中数据的生存分析，比较中药和西药在治疗白血病上有无显著差异。

中药和西药治疗白血病的基本情况（病程，天数）

中药	367	250	123	457+	509	478+	163	45	66
西药	76	75	125+	400	236	269	146	178	199

2. 利用 ANALYST 模块实现上述的分析。

第 3 篇　图形绘制与 SAS 宏编程

第 17 章　图 形 绘 制

在实际的应用中，为了更好地观察数据的分布特征，常常需要绘制统计图形。常用的统计图有散点图、直方图、饼图、线图等，本章将介绍绘制这些图形的 SAS 过程和其具体的界面操作方式。

17.1　GPLOT 过程绘图

在 SAS 系统中，GPLOT 过程可用于绘制散点图、曲线图和线图等。本节将具体学习 GPLOT 过程的基本调用格式，并通过实例演示如何利用 GPLOT 过程绘制散点图、曲线图和线图等。

17.1.1　GPLOT 过程

GPLOT 过程常用于绘制二维图形，可以绘制一幅或多幅图形的叠加。GPLOT 过程可以绘制以下图形：

- 简单的散点图；
- 对数坐标图；
- 双 y 轴图；
- 汽泡图。

GPLOT 过程的基本调用格式为：

```
PROC GPLOT [选项];
PLOT 纵坐标变量 Y*横坐标变量 X[=分类变量]/[选项];
PLOT2 纵坐标变量 Y*横坐标变量 X[=分类变量]/[选项];
SYMBOLN [选项];
AXISN [选项];
RUN ;
```

其中：

- PROC 语句用于指定分析的过程为 GPLOT 绘图过程，其后可跟的选项介绍如下。
  - ANNO=数据集名：指定一个数据集，其中存放的数据用于添加图形的标注信息。
  - DATA=数据集名：指定一个数据集，其中存放用于绘图的数据。
  - GOUT=输出目录：指定绘制的图形的输出目录，如果默认该选项，将在 SAS 的 WORK 目录下输出。

- IMAGEMAP=输出数据集：产生一个临时数据集，用于存放 HTML 格式的图形输出。
- UNIFORM：规定图形的横、纵坐标使用相同的比例尺。

- ❑ PLOT 语句用于规定绘图的变量(横轴和纵轴的变量)，同时也可以通过语句“PLOT 纵坐标变量 Y*横坐标变量 X=分类变量”，定义分类变量用于对绘制的散点图中的散点分类。其后可跟的选项介绍如下。
  - ANNOTATE=数据集名：其中存放的数据用于对分类数据作出标注。
  - CAXIS=颜色：设置坐标轴的颜色。
  - FRAM | NOFRAM：规定在图形四周是否加入边框，默认为加入。
  - CFRAM = 颜色：图形边框内的颜色，默认为白色。
  - AUTOHREF（AUTOVEREF）：在横（或纵）坐标轴的每个主刻度处加入水平（或垂直）参考线。
  - NOAXIS：取消图形的坐标轴及相关元素。
  - CTEXT =颜色：设置坐标轴文本字符的颜色。
  - HAXIS = 值列举：设置横坐标轴主刻度的值。
  - VAXIS = 值列举：设置纵坐标轴主刻度的值。
- ❑ PLOT2 语句可以在绘制的第一幅图形上叠加绘制第二幅图形，其后可跟的选项与 PLOT 语句类似，这里不再详细展开叙述。
- ❑ SYMBOLN 语句用于设置第 *N* 个绘制的图形的符号、连接方式等，其后可见的选项介绍如下。
  - V＝数据点图形符号：可以设置的符号有 NONE（无符号）、PLUS（+）、STAR（☆）、SQUARE（□）、DIAMOND（◇）、TRANGLE（△）、CIRCLE（○）。
  - I＝数据点连接方式：NONE、JOIN（用直线连接）、SPLINE（用光滑的曲线连接）、NEEDLE（从数据点到横坐标画垂直线）、HILOC（最高、最低、收盘价）、RL（直线回归线）、BOX25。
  - COLOR|C＝颜色：定义点的符号和连线的颜色，可以设置的颜色包括 BLACK（黑色）、RED（红色）、GREEN（绿色）、BLUE（蓝色）、CYAN（青色）、MAGENTA（洋红色）、GRAY（灰色）、PINK（粉色）、ORANGE（橘黄色）、BROWN（棕色）、YELLOW（黄色）。
  - CV =颜色：只定义点的符号的颜色，可以设置的颜色同 COCLOR 选项。
  - CL=颜色：只定义连线的颜色，可以设置的颜色同 COCLOR 选项。
  - WIDTH|W=宽度：定义数据点和连线的宽度。
  - L = N：定义连线的线型，其中，N 为 0 代表空白线，为 1 代表实线，为 2 代表虚线。
  - H = N：定义符号的大小，包括 CELL，CM，PCT，PT，IN。

17.1.2 散点图

散点图可用于表示两组相关变量之间的相关性。散点图可以形象地表述两个变量的变化趋势。在统计学研究中常常根据散点图，确定合适的模型，进行回归分析。

下面通过一个具体的实例演示如何利用 GPLOT 过程绘制常用的散点图。

【例 17.1】 散点图的绘制。

如表 17.1 所示为调查的 15 名学生的智商与数学成绩的统计数据，试绘制以学生智商数据为横坐标，数学成绩为纵坐标的散点图。

表 17.1　学生成绩与智商情况的统计

编号	智商	成绩
1	91	76
2	107	61
3	106	96
4	86	97
5	84	79
6	99	79
7	118	73
8	93	96
9	103	74
10	88	64
11	110	91
12	90	75
13	100	69
14	107	76
15	115	63

下面的程序首先利用数据步操作导入表 17.1 中的数据，然后利用 GPLOT 过程绘制散点图，具体程序如下。

```
data ww.test17_1;                                    /*创建数据集*/
input x y;
cards;
91  76
107 61
106 96
86  97
84  79
99  79
118 73
93  96
103 74
88  64
110 91
90  75
100 69
107 76
115 63;
run;
proc gplot data=ww.test17_1;                        /*绘制散点图*/
symbol i=none v=diamond;
plot y * x;
run;
```

执行上述程序，将生成如图 17.1 所示的散点图。

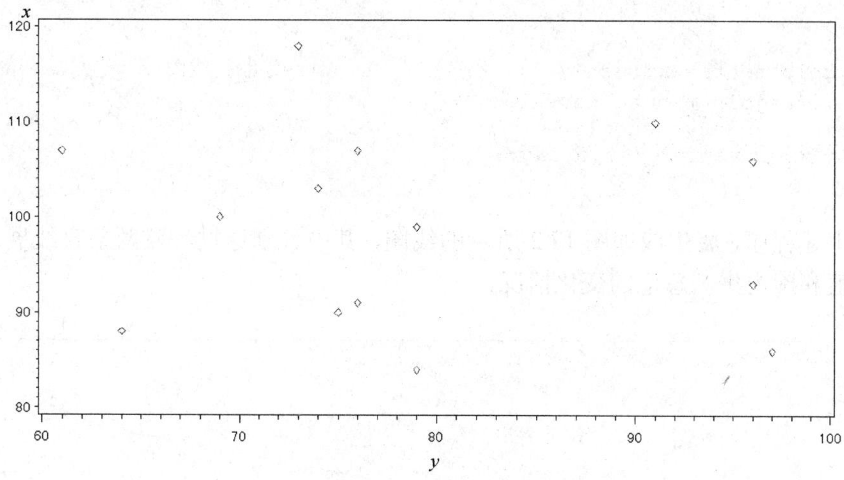

图 17.1　基于 GPLOT 过程的散点图的绘制

17.1.3　线图

线图，又名折线图，可用于动态描述数据的升降变化。在 SAS 系统中，线图的绘制只需要把散点连接起来即可，通过 SYMBOL 语句的 join 选项来设置。下面通过一个实例具体演示线图的绘制。

【例 17.2】　线图的绘制。

根据表 17.2 中的数据绘制中国国内生产总值和第一产业生长总值的折线图。

表 17.2　中国历年国内生产总值增长及构成统计

年份	国内生产总值	第一产业	第二产业	第三产业
1997	74 462.6	14 211.2	37 222.7	23 028.7
1998	78 345.2	145 52.4	38 619.3	25 173.5
1999	82 067.5	14 472	40 557.8	27 037.7
2000	89 442.2	14 628.2	44 935.3	29 878.7
2001	95 933.3	14 609.9	49 069.1	32 254.3
2002	102 398	14 883	52 982	34 533
2003	116 694	17 247	61 778	37 669

根据实例要求首先创建一个数据集，然后通过 GPLOT 过程绘制折线图，并在同一坐标系内显示国内生产总值和第一产业生产值的变化，具体程序如下：

```
data ww.test17_2;                                    /*创建数据集*/
input x y1 y2 y3 y4;
cards;
1997    74462.6     14211.2     37222.7     23028.7
1998    78345.2     14552.4     38619.3     25173.5
1999    82067.5     14472       40557.8     27037.7
2000    89442.2     14628.2     44935.3     29878.7
2001    95933.3     14609.9     49069.1     32254.3
2002    102398      14883       52982       34533
2003    116694      17247       61778       37669
```

```
;
run;
proc gplot data=ww.test17_1;                        /*绘制折线图*/
symbol1 i=join v=none line=0 ;
symbol2 i=join v=none line=1 ;
plot y1*x=1 y2*x=2 / overlay;
run;
```

执行上述程序，将生成如图 17.2 所示的线图，其中分别通过红蓝两条直线展示第一产业生长总值和国内生产总值的变化情况。

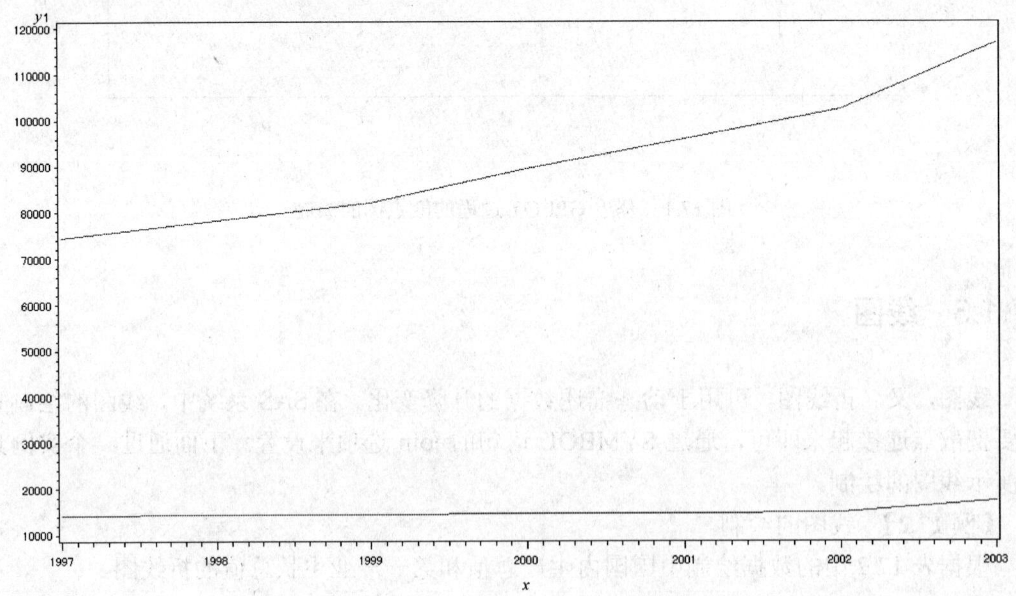

图 17.2　基于 GPLOT 过程的线图的绘制

17.2　GCHART 过程绘图

GCHART 过程可以绘制水平（HBAR）、竖直条图（VBAR）、饼图（PIE）等。本节主要介绍如何利用 GCHART 过程绘制相关的统计图形。

17.2.1　GCHART 过程

GCHART 过程通过在其后加相应的图形语句，可以输出各种高分辨率的统计图形。GCHART 过程的基本调用格式为：

```
PROC GCHART [选项];
HBAR 变量名表 / [选项] ;
VBAR 变量名表/ [选项];
BLOCK 变量名表 / [选项];
PIE 变量名表 / [选项];
STAR 变量名表 / [选项];
```

```
AXISN [选项];
BY 变量名表;/*按该变量取值分层绘制,要求数据集已按该变量排序*/
RUN;
```

在 GCHART 过程中，除了 PROC 语句为必需语句外，至少选一个 HBAR 语句（或 VBAR、BLOCK、PIE、STAR），即至少需要指定输出一种图形。

其中：

- PROC 语句用于指定分析的过程为 GCHART，其后可跟的选项将影响 GCHART 过程中绘制的所有图形。常用的选项介绍如下。
  - ANNOTATE=数据集名：指定一个数据集，其中的数据用于图形注释。
  - DATA=数据集名：指定一个数据集，其中的数据用于绘图。
- HBAR 与 VBAR 语句分别用于绘制水平和垂直条形图。
- BLOCK 语句用于指定绘制三维直方图。
- PIE 语句用于指定绘制饼图。
- STAR 语句用于指定绘制星状图。

上述的绘图语句后可跟的选项介绍如下。

  - DISCRETE：说明作图变量为离散变量，绘制的条形图为不连续、不累积的。
  - TYPE=作图类型关键字：通过该选项可以指定绘制的统计图形的统计量，即可以对原始数据的计算统计量绘制图形，这个选项在其他统计图形的绘制中也同样适用。其中，可以设置的统计量包括：FREQ（频数，默认）；CFREQ（累积频次）；PERCENT（百分比）；CPERCENT（累积百分比）；SUM（总和）；MEAN（均数）。
  - MISSING：对含有缺失值的观测也进行相关绘图。
  - GROUP=变量名：指定分组变量，按变量分组后绘图。
  - SUMVAR：指定用于计算总和或均值的绘图变量。
- AXISN 语句用于对坐标轴做出相关的设置。
- BY 语句用于指定分组变量，将对分组后的变量进行相关的绘图操作。

17.2.2　直方图

直方图可用于表达数据取值的分布。在绘制直方图的过程中会将数据资料按照大小分成若干个等间隔的区间，然后，观察数据中落入各区间的概率和频数。在直方图中横轴表示数据的分组，纵轴表示频数或频率，直方图的面积代表了频数或频率的大小。

【例 17.3】 直方图的绘制。

如表 17.3 所示的数据为河北省 2009 年企业景气指数统计，试绘制各季度下企业景气指数的水平直方图和垂直直方图。

表 17.3　河北省 2009 年企业景气指数

编号	一季度	二季度	三季度	四季度
企业 1	16.88	10.81	10.38	7.61
企业 2	3.03	3.44	2.02	4.72
企业 3	9.72	8.7	6.74	3.4
企业 4	35.22	18.94	15.43	13.2

续表

编号	一季度	二季度	三季度	四季度
企业 5	62.55	59.61	52.5	54.95
企业 6	13.61	14.15	13.35	11.03
企业 7	44.25	29.42	32.22	31.76
企业 8	6.28	1.24	9.07	8.97

下面的程序利用 GCHART 过程绘制水平和垂直直方图，具体程序如下：

```
data ww.test17_3;                            /*创建数据集*/
input id q x;
cards;
1   1   16.88
2   1   3.03
3   1   9.72
4   1   35.22
5   1   62.55
6   1   13.61
7   1   44.25
8   1   6.28
1   2   10.81
2   2   3.44
3   2   8.7
4   2   18.94
5   2   59.61
6   2   14.15
7   2   29.42
8   2   1.24
1   3   10.38
2   3   2.02
3   3   6.74
4   3   15.43
5   3   52.5
6   3   13.35
7   3   32.22
8   3   9.07
1   4   7.61
2   4   4.72
3   4   3.4
4   4   13.2
5   4   54.95
6   4   11.03
7   4   31.76
8   4   8.97
;
run;
proc gchart data=ww.test17_3;
hbar q/ sumvar=x type=mean;                  /*绘制水平直方图*/
vbar q/ sumvar=x type=mean;                  /*绘制垂直直方图*/
run;
```

执行上述程序，生成的水平直方图如图 17.3 所示，垂直直方图如图 17.4 所示。

17.2.3　饼图

饼图可以描述分类变量中各类数据的频数或比例，可以帮助用户快速查看各类数据所占的比例情况。下面通过具体的实例演示饼图的绘制。

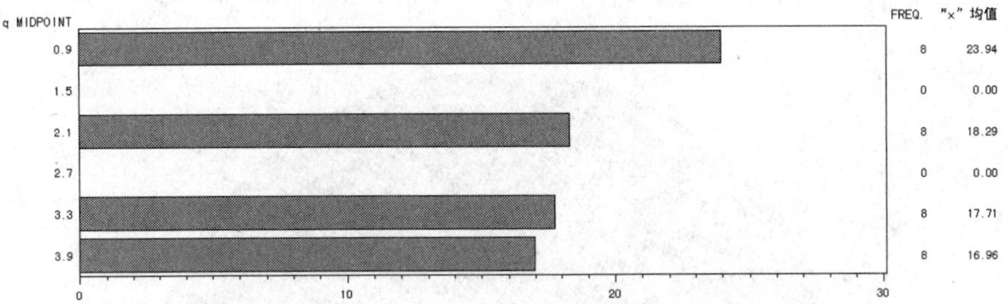

图 17.3　基于 GCHART 过程的水平直方图的绘制

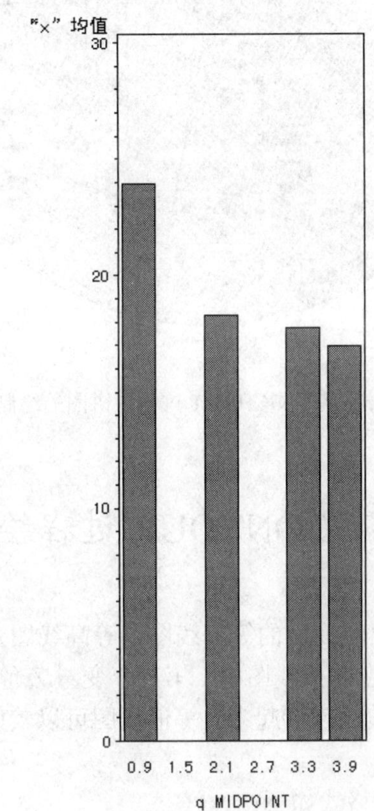

图 17.4　基于 GCHART 过程的垂直直方图的绘制

【例 17.4】 饼图的绘制。

下面的程序根据表 17.3 中的数据绘制饼图，具体程序如下：

```
proc gchart data=ww.test17_3;
pie q/ sumvar=x type=mean;              /*绘制饼图*/
run;
```

执行上述程序，将生成如图 17.5 所示的饼图，其中饼图被划分为 4 个扇形，其大小分别代表 4 个季度的统计数据，在各个扇形的外侧标注了各季度企业景气指数的均值及所占的比例。

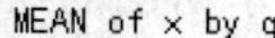

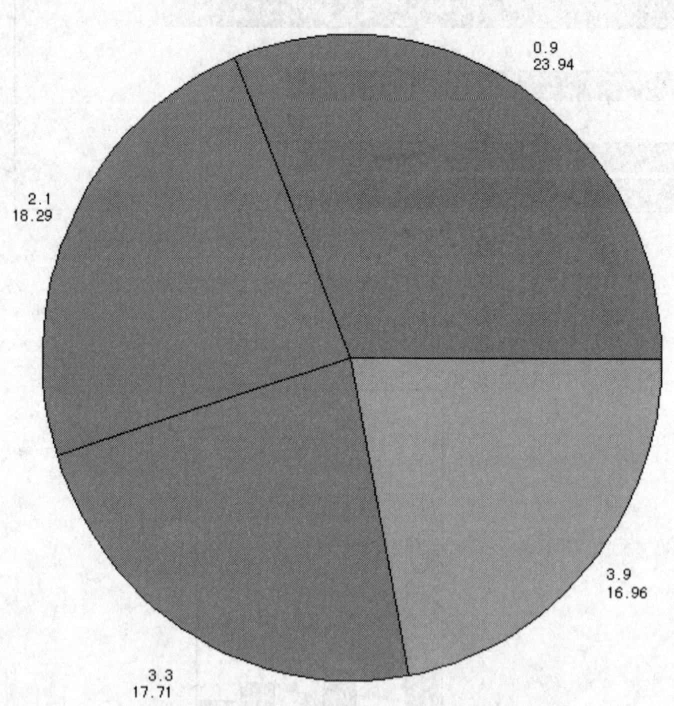

图 17.5　基于 GCHART 过程的饼图的绘制

17.3　GCONTOUR 过程绘图

GCONTOUR 过程可用于绘制曲面的等高线图。等高线图是在二维平面内表示三维信息，对于三个变量（X,Y,Z），在等值线图中，第三个变量 Z 值的大小通过等值线来表示，具有相同 Z 值的变量将通过等值线连接起来。等值线图可以较好地表示三维信息，使用户可以直观查看相关的信息。

GCONTOUR 过程基本调用格式如下：

```
PROC GCONTOUR DATA=数据集名称;
PLOT 变量 X*变量 Y=变量 Z;
RUN;
```

其中：

- ❑ PROC 语句用于指定分析的过程为 GCONTOUR，其后可跟的选项介绍如下。
  - ➢ DATA=数据集名：指定需要绘图的数据集。
  - ➢ GOUT=目录：指定绘图的输出目录。
- ❑ PLOT 语句为绘图的主要语句，用于指定绘制等高线图的 X，Y 和 Z 变量，其后可跟的选项介绍如下。

➢ LEVELS=值列表：设置绘制等高线的值。
➢ LLEVELS=线型：设置绘制的等高线的线型。

【例 17.5】 等高线图的绘制。

下面的程序首先创建数据集，然后通过 GCONTOUR 过程绘制等高线图，具体程序如下：

```
data ww.test17_5;                              /*创建数据集*/
do x=1 to 100  ;
do y=1 to 100;
z=x*x+y*y;
output;
end;
end;
run;
proc gcontour data=ww.test17_5;                /*绘制等高线图*/
plot x*y=z;
run;
```

执行上述程序，将生成如图 17.6 所示的等高线图。

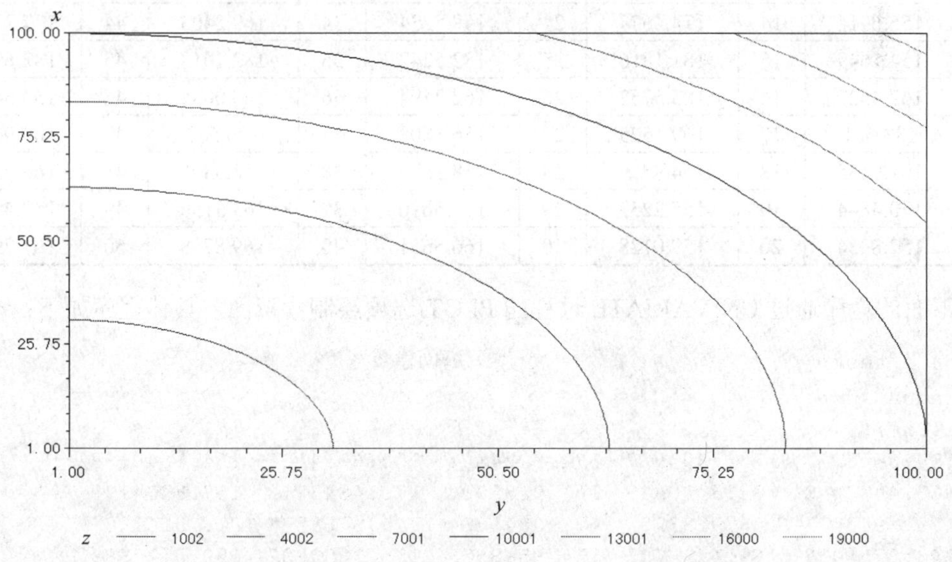

图 17.6　基于 GCONTOUR 过程的等高线图的绘制

17.4　其他图形绘制

在统计学中，盒形图、茎叶图和 Q-Q 图常用于帮助用户初步查看数据的分布特征，从而制定相应的统计分析方法。本节将详细介绍如何在 SAS 系统中绘制这些图形。

17.4.1　盒形图

盒形图可帮助用户快速地识别数据的分布特征。通过盒形图，用户可以大致观察出数据的范围、偏度等信息。在盒形图中，中间的横线为数据的中位数，盒子的上下两条边界线为上四分位数和下四分位数，同时，在盒子的上下两侧各有一条诞生出来的触须线，该线向上的最大长度为上四分位数+1.5（上四分位数–下四分位数），向下的最长长度为下四分位数–1.5（上四分位数–下四分位数），超过这两个范围的数据点很可能为奇异点，在盒形图中会单独标出。

在 SAS 系统中，UNIVARIATE 过程可用于绘制盒形图，只需要在 UNIVARIATE 过程中添加 PLOT 选项即可。下面通过实例 17.6 向用户演示盒形图的绘制。

【例 17.6】 盒形图的绘制。

随机调查了某校 50 名学生的身高，如表 17.4 所示，试对表中数据绘制盒形图，以观察数据的基本分布特征。

表 17.4　学生身高的调查数据

1	159.6609	11	176.2943	21	179.4251	31	162.3081	41	152.6549
2	173.7896	12	158.9283	22	158.8999	32	179.079	42	151.8883
3	172.9284	13	167.7085	23	178.5	33	170.4842	43	168.5779
4	155.6914	14	174.4677	24	158.5234	34	169.2403	44	177.2709
5	154.1649	15	181.1816	25	182.5242	35	182.1018	45	182.6904
6	167.4427	16	183.5752	26	162.2494	36	160.0044	46	154.5467
7	183.591	17	169.1525	27	156.8808	37	176.502	47	169.9088
8	161.9135	18	154.8519	28	158.7879	38	176.3805	48	166.4287
9	170.4844	19	155.2253	29	171.5616	39	163.3156	49	150.4166
10	157.8334	20	159.0128	30	166.5651	40	169.8738	50	161.7993

下面的程序通过 UNIVARIATE 过程的 PLOT 选项绘制盒形图，具体程序如下：

```
data test;                                   /*创建数据集*/
input x@@;
cards;
159.6608777  173.7895937  172.9284301  155.6914107  154.1649189
167.4427418  183.5910385  161.9135004  170.4843713  157.8334179
176.2943471  158.928329  167.7084968  174.4676853  181.1816138
183.5751999  169.1525435  154.8518555  155.2252902  159.0127889
179.425104  158.8998763  178.4999689  158.5233739  182.5242268
162.2494318  156.8808338  158.787935  171.5615637  166.5651097
162.3080827  179.079002  170.4842432  169.2403263  182.1017782
160.0043657  176.502008  176.3805183  163.3156046  169.8737574
152.6549001  151.8882542  168.5779144  177.2708531  182.6903739
154.5467173  169.9088281  166.4286724  150.4165724  161.7992926
;
run;
proc univariate data=test plot;          /*绘制盒形图、茎叶图和 Q-Q 图*/
var x;
run;
```

执行上述程序，将生成盒形图，如图 17.7 右侧区域所示。从盒形图中，用户可以获得数据范围等信息。

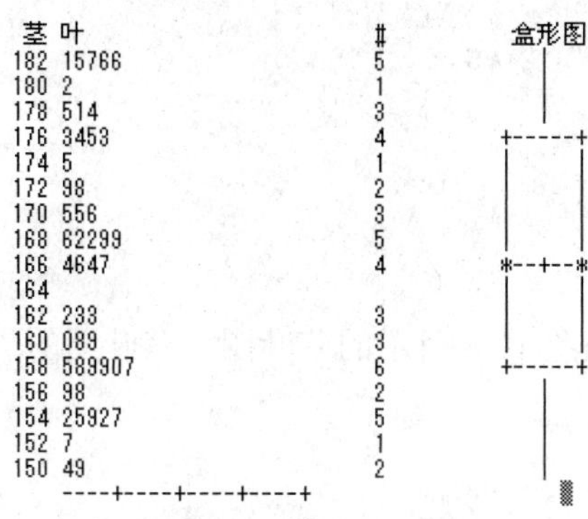

图 17.7　盒形图的绘制

17.4.2　茎叶图

茎叶图可以帮助用户直观地查看所有数据的大体情况。在茎叶图的最左边为茎，用于记录数据变化幅度不大的数，其后为叶，一般为数的后几位数，即数据变量较大的位数，最后一列为数据的频数。在 SAS 系统中，茎叶图同样可以通过 UNIVARIATE 过程来实现，具体通过实例 17.7 向用户演示。

【例 17.7】 茎叶图的绘制。

表 17.5 为随机抽取苏州市 50 名老年人的退休金，试绘制茎叶图了解数据的分布特点。

表 17.5　城市居民养老金抽样调查数据

821.96	1118.7	1624	1908.5	1935.6
1752.7	1931.2	1465.1	1496.2	2023.5
1095.8	1877.9	2171.5	1435.3	2094.4
2331.6	2470.2	687	1476.1	1128
1221.5	1919.6	1838.1	886.43	1730
1888.4	1302.2	2071.8	1507	1742.9
1733.7	1814.2	1989.5	1683.2	1120.1
1163	1119.4	1912.9	1781.4	1253
538.66	1614.2	1644.2	2345.8	2165.1
1594.4	1599.9	1962.5	1448.5	1558.3

下面的程序用于绘制表 17.5 所示数据的茎叶图，具体程序如下：

```
data test;                                          /*创建数据集*/
input x@@;
cards;
821.96  1118.7  1624    1908.5  1935.6
1752.7  1931.2  1465.1  1496.2  2023.5
1095.8  1877.9  2171.5  1435.3  2094.4
2331.6  2470.2  687     1476.1  1128
1221.5  1919.6  1838.1  886.43  1730
1888.4  1302.2  2071.8  1507    1742.9
1733.7  1814.2  1989.5  1683.2  1120.1
1163    1119.4  1912.9  1781.4  1253
```

```
538.66  1614.2  1644.2  2345.8  2165.1
1594.4  1599.9  1962.5  1448.5  1558.3
;
run;
proc univariate data=test plot;                    /*绘制茎叶图*/
var x;
run;
```

执行上述程序，将生成如图 17.8 所示的茎叶图。茎叶图的“茎”为数据的整数位数，“叶”为数据的小数位数。

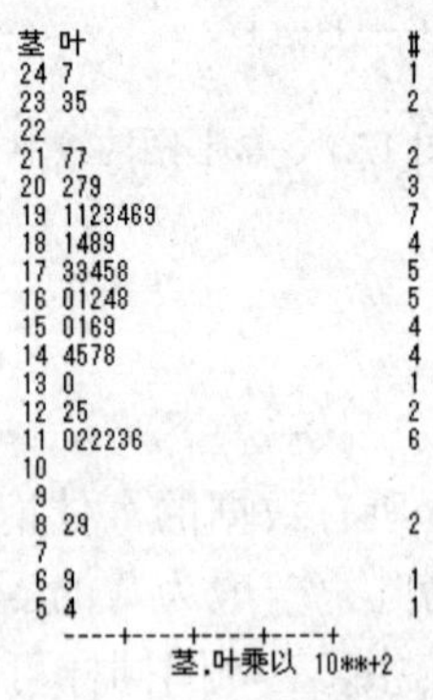

图 17.8　茎叶图的绘制

17.4.3　Q-Q 图

Q-Q 图又称正态概率图，用于帮助用户大致确定数据是否符合正态分布。正态概率图的横轴为标准百分位的百分位数，纵轴为实际观测值，使用“*”号代表实际的观测值，“+”号代表正态分布的参考线，当实际观测的点（*）与参考线上的点较为接近时，即可大致判定数据服从正态分布。

【例 17.8】 Q-Q 图的绘制。

表 17.6 为某建筑公司采购的钢材长度的调查数据，试绘制 Q-Q 图大概判断抽样数据是否符合正态分布。

表 17.6　钢材长度调查数据

1004.4	889.88	947.2	1032.8
968.23	1049.3	1073.6	941.61
972.02	974.07	1002.8	976.97
1022.2	1016.4	939.13	986.88
952.5	1011.7	997.94	939.34
1039.1	1001.1	943.58	934.03
1028.4	949.8	932.54	1046.6
958.91	952.64	986.94	1000.6
986.72	981.28	1047.7	967.74
940.61	940.71	1006.4	977.3

下面的程序用于根据报表 17.6 的数据绘制 Q-Q 图。首先创建了 SAS 数据集导入表 17.6 中的数据，然后利用 UNIVARIATE 过程绘制 Q-Q 图，具体程序如下：

```
data test;                                          /*创建数据集*/
input x@@;
cards;
1004.4  889.88  947.2   1032.8
968.23  1049.3  1073.6  941.61
972.02  974.07  1002.8  976.97
1022.2  1016.4  939.13  986.88
952.5   1011.7  997.94  939.34
1039.1  1001.1  943.58  934.03
1028.4  949.8   932.54  1046.6
958.91  952.64  986.94  1000.6
986.72  981.28  1047.7  967.74
940.61  940.71  1006.4  977.3
;
run;
proc univariate data=test plot;                              /*绘制 Q-Q 图*/
var x;
run;
```

执行上述程序，将生成如图 17.9 所示的正态概率图，从正态概率图上可以发现，数据大致呈正态分布。

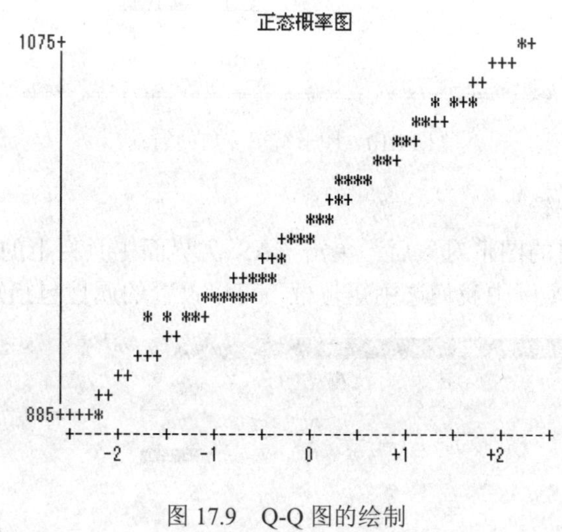

图 17.9　Q-Q 图的绘制

17.5　图 形 编 辑

通过 SAS 直接绘制的图形往往不能直接满足用户的要求，用户可能需要对已绘制的图形进行相关的编辑操作。在 SAS 系统中，图形的编辑主要在图形编辑窗口内完成。本节将结合具体的实例演示其图形编辑功能。

【例 17.9】 图形的编辑。

利用图形编辑窗口对本书之前绘制的图 17.4 进行相关的编辑操作，以演示图形编辑操作的执行。具体步骤如下。

（1）图形编辑窗口的启动

例 17.3 生成图形后，在命令窗口内输入“edit graph”命令，图形将进入图形编辑窗口，图形处于可编辑状态，如图 17.10 所示。用户可以看到在图形编辑窗口的左侧有一排图形编辑按钮，图 17.10 中第一个按钮（选择对象）处于激活状态，其他按钮处于可选状态。用户将鼠标移动到其他按钮上方即可选中相应的图形编辑功能。

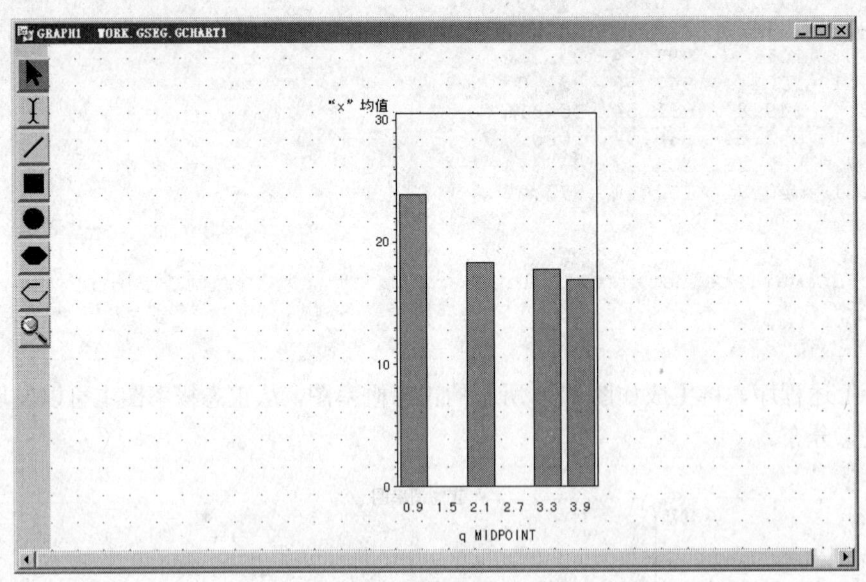

图 17.10　图形编辑窗口的启动

（2）图形属性的编辑

在选中了需要编辑的图形对象后，单击 SAS 主界面工具栏上的图标，将打开如图 17.11 所示的窗口。本实例中我们选中矩形框，可以设置的属性包括矩形框的填充和线性。

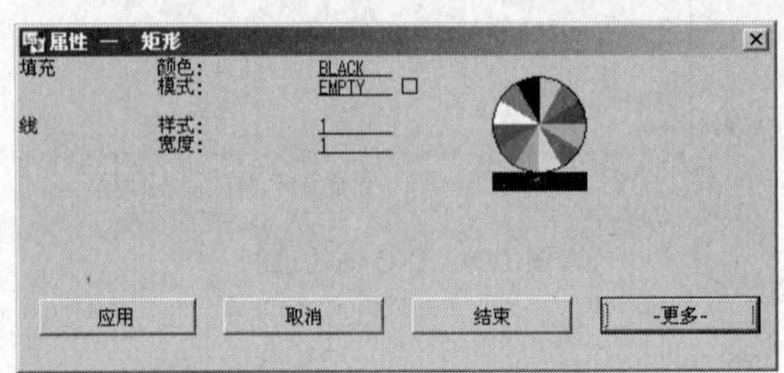

图 17.11　图形属性的设置

（3）图形的添加

通过图形编辑窗口左侧的编辑按钮，可以在图形上方绘制一些简单的图形，包括（直线）、（方框）、（圆形）、（六边形）、（任意边形）。

（4）文本的添加

利用编辑按钮可以在图形的任意位置添加文本，可以给图形做出一定注释，以增强图形的表达能力。

17.6　利用图形界面操作绘制图形

上述的统计图形除了可以通过编程方式实现外，用户也可以通过 INSIGHT 和 ANALYST 模块来实现统计图形的绘制。相比编程方式，通过界面操作绘制统计图形更为方便，但是对图形的编辑能力相对较差。本节主要介绍如何利用界面操作绘制统计图形。

17.6.1　利用 INSIGHT 模块绘制统计图形

INSIGHT 模块可以绘制多种统计图形，本小节将结合实例具体演示常用的统计图形在 INSIGHT 模块中的绘制方法。

1. 直方图

【例 17.10】 基于 INSIGHT 模块的直方图绘制。

利用 SAS 自带的数据文件 class，演示 INSIGHT 模块内直方图的绘制。本实例中将绘制数据集中学生 height 变量的直方图。

具体步骤如下。

（1）启动 INSIGHT 模块，打开 sas 数据集 class。

（2）单击菜单“分析”|“直方图/条形图”，在弹出的窗口内设置需要绘制直方图的变量，如图 17.12 所示。在对话框中选择需要绘制直方图的变量 height，进入 Y 按钮下方的空格区域。

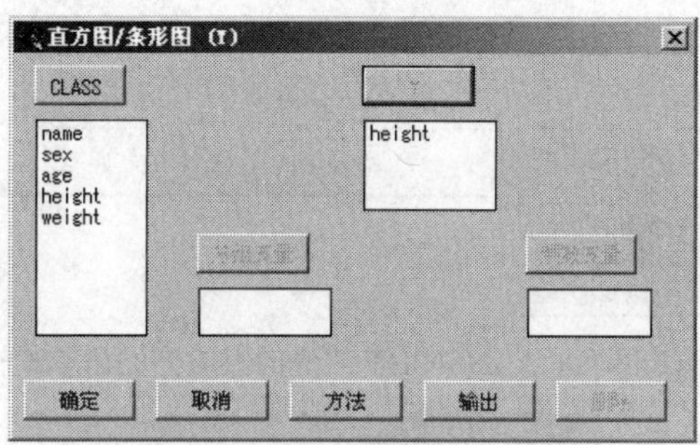

图 17.12　基于 INSIGHT 模块的直方图绘制参数选择

（3）单击“直方图/条形图”对话框中的“确定”按钮，将生成如图 17.13 所示的直方图，可以看到直方图上身高变量被划分为 5 个区间，而直方图的高度代表各个区间下数据的频数。

（4）单击 INSIGHT 内绘制的直方图的左下角，将弹出对图形简单编辑的菜单，如图 17.14 所示。其中包括以下几个菜单。

- “刻度”菜单：将执行对绘制图形刻度的编辑功能，选择该菜单项后将弹出如图 17.15 所示的窗口，实现编辑图形的坐标轴。
- “轴”菜单：用于控制绘制的图形的坐标轴是否显示，选择该菜单项将显示坐标轴。

- ❑ “观测”菜单：用于控制图形的显示。
- ❑ “值”菜单：选择“值”菜单将在绘制的直方图的上方添加各类别的频数。
- ❑ “参考线”菜单：可用于在绘制的图形上添加参考线，方便用户查看图形。

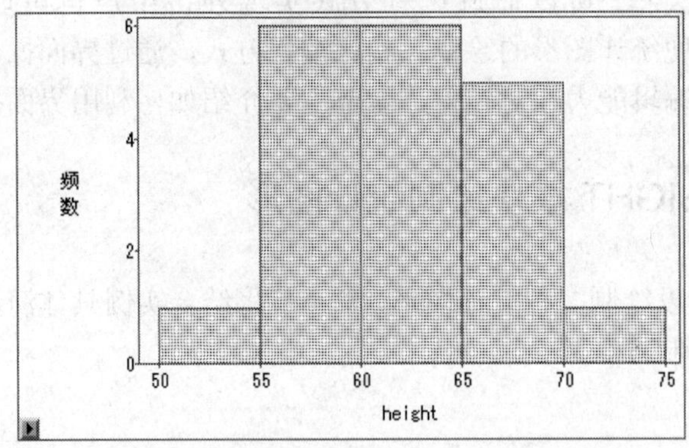

图 17.13　基于 INSIGHT 模块绘制的直方图

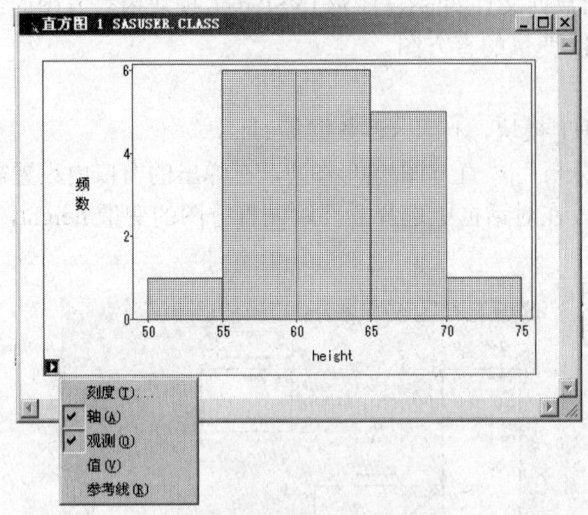

图 17.14　基于 INSIGHT 模块的直方图的简单编辑

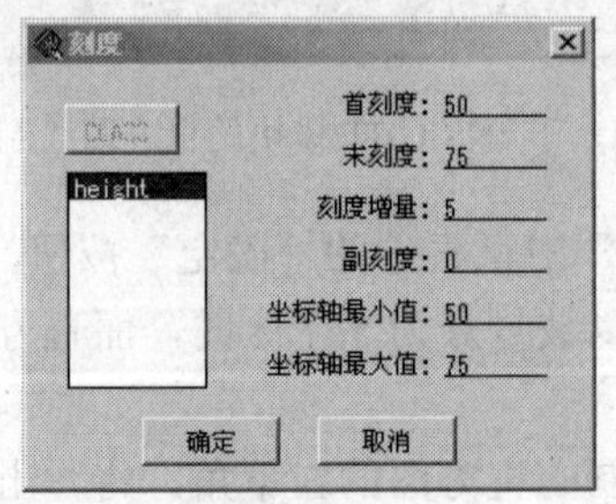

图 17.15　基于 INSIGHT 模块的图形坐标轴设置

2．盒形图

【例 17.11】 基于 INSIGHT 模块的盒形图绘制。

利用 SAS 自带的数据文件 class，演示 INSIGHT 模块内盒形图的绘制。本实例中将绘制数据集中学生 height 变量的盒形图，以观察该变量的大致分布。

具体步骤如下。

（1）启动 INSIGHT 模块，打开 sas 数据集 class。

（2）单击菜单“分析”|“盒形图/马赛克图”，在弹出的窗口内设置需要绘制盒形图的变量 height，如图 17.16 所示。

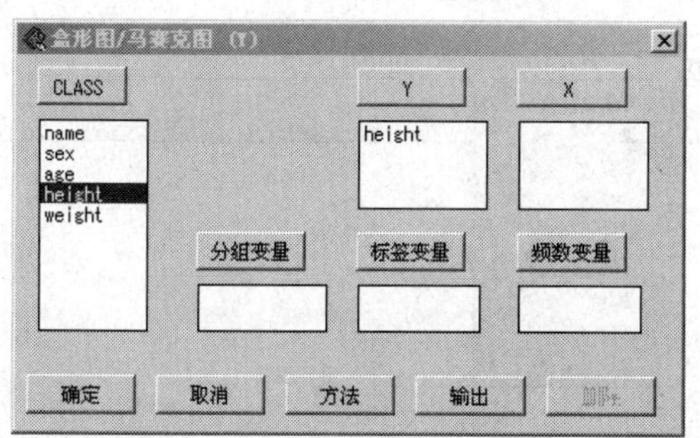

图 17.16 基于 INSIGHT 模块的盒形图参数设置

（3）单击“盒形图/马赛克图”窗口的“确定”按钮，将生成如图 17.17 所示的盒形图。从图中可以看到 height 变量的均值、分位数、是否有异常数据等信息。

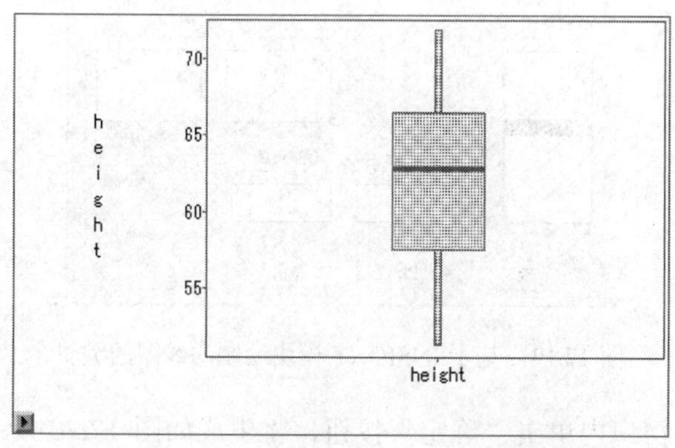

图 17.17 基于 INSIGHT 模块绘制的盒形图

（4）单击盒形图左下角的黑色三角，弹出如图 17.18 所示的编辑菜单。用户可以完成的图形编辑功能包括刻度的设置，坐标轴、观测、均值、衬线、值、参考线的显示，标记大小的调整。

3．线图

【例 17.12】 基于 INSIGHT 模块的线图绘制。

利用本书实例 17.2 中的数据集，演示 INSIGHT 模块内线图的绘制。本实例中将绘制数据集中第三产业变量 y4 的折线图。

具体步骤如下：

（1）启动 INSIGHT 模块，打开 sas 数据集 test17_2。

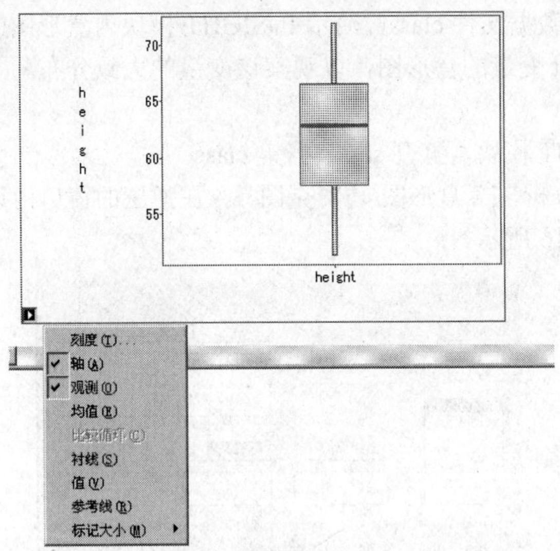

图 17.18　基于 INSIGHT 模块绘制的盒形图的编辑

（2）单击菜单“分析”|“线图”，在弹出的对话框内设置需要绘制线图的变量，如图 17.19 所示。变量 x 选入 X 按钮下方的空格，变量 y4 选入 Y 按钮下方的空格。

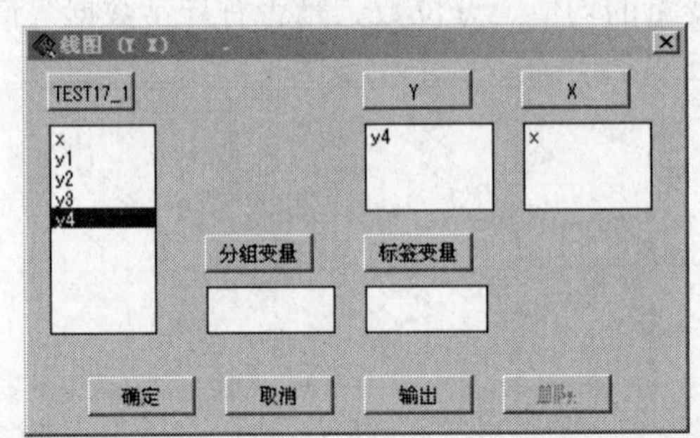

图 17.19　基于 INSIGHT 模块绘制的线图的编辑

（3）在“线图”窗口内单击“确定”按钮，将生成如图 17.20 所示的折线图。其中，横轴为变量年份，纵轴为第三产业生成值。

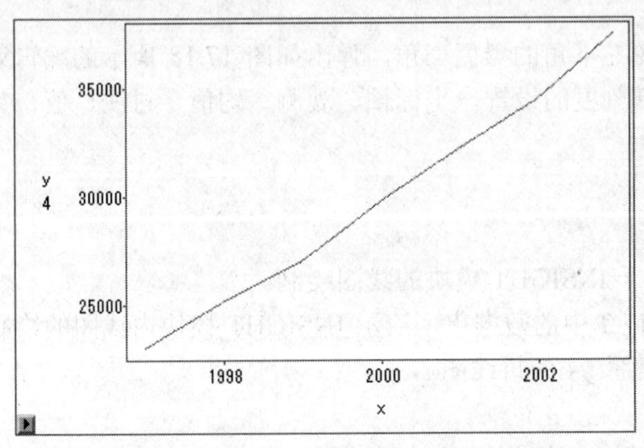

图 17.20　基于 INSIGHT 模块绘制的线图

4．散点图

【例 17.13】 基于 INSIGHT 模块的线图绘制。

利用 SAS 自带的数据文件 class，演示 INSIGHT 模块内线图的绘制。本实例中将绘制数据集中学生 height 变量和 weight 变量的散点图，以观察两者的关系。

具体步骤如下：

（1）启动 INSIGHT 模块，打开 sas 数据集 class。

（2）单击菜单“分析”|“散点图”，在弹出的“散点图”窗口内设置需要绘制散点图的变量，如图 17.21 所示。其中，变量 weight 选入 X 按钮下方，变量 height 选入 Y 按钮下方。

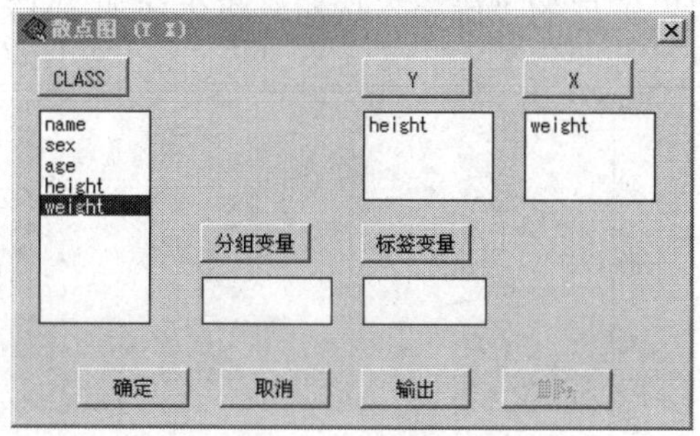

图 17.21　基于 INSIGHT 模块绘制散点图的参数设置

（3）单击“散点图”窗口的“确定”按钮，将生成如图 17.22 所示的散点图。

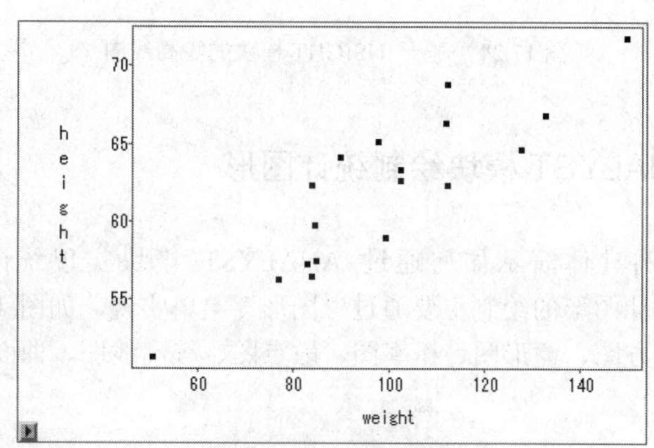

图 17.22　基于 INSIGHT 模块绘制的散点图

5．等高线图

【例 17.14】 基于 INSIGHT 模块的等高线绘制。

基于数据集 test17_5，在 INSIGHT 模块内绘制等高线图。

具体步骤如下：

（1）启动 INSIGHT 模块，打开数据集 test17_5。

（2）单击菜单“分析”|“等高线图”，在弹出的“等高线图”对话框中设置需要绘制等高线图的变量，如图 17.23 所示。

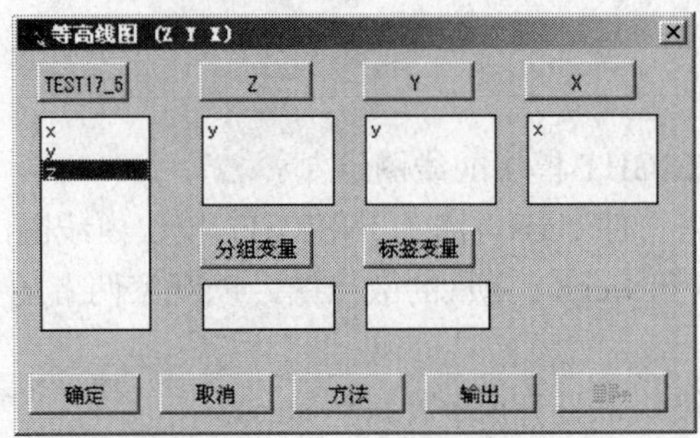

图 17.23　基于 INSIGHT 模块绘制等高线图的参数设置

（3）单击“等高线图”窗口的“确定”按钮，将生成如图 17.24 所示的等高线图。

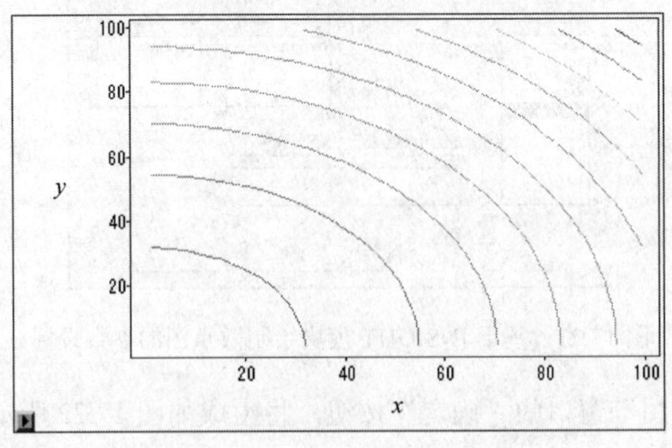

图 17.24　基于 INSIGHT 模块的等高线图

17.6.2　利用 ANALYST 模块绘制统计图形

本节将结合实例具体演示如何通过 ANALYST 模块实现统计图形的绘制。在 ANALYST 模块下统计图形的绘制主要通过“图形”菜单实现，如图 17.25 所示，其中包括条形图、饼图、直方图、盒形图、概率图、散点图、等高线图、曲面图的绘制。

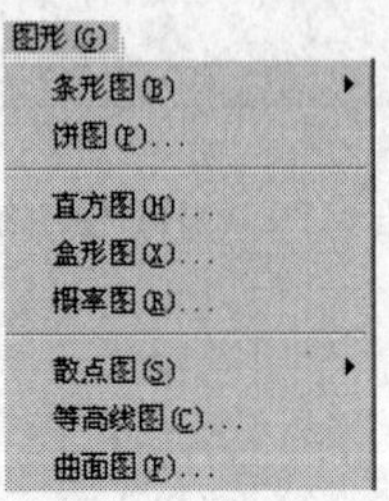

图 17.25　ANALYST 模块的“图形”菜单

1．直方图

【例 17.15】 基于 ANALYST 模块的直方图绘制。

利用数据集 test17_1，绘制其中变量学生成绩的直方图，以观察所有调查学生的成绩分布。具体步骤如下：

（1）启动 ANALYST 模块，打开数据集 test17_1。

（2）单击 ANALYST 模块内的“图形”|“直方图”，选择需要绘制直方图的数据变量 y，如图 17.26 所示。

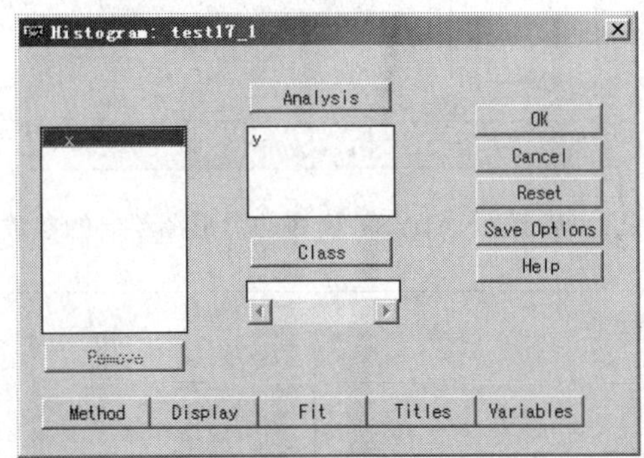

图 17.26　基于 ANALYST 模块的直方图绘制的参数选择

（3）单击“直方图”窗口的 OK 按钮，将生成如图 17.27 所示的直方图。

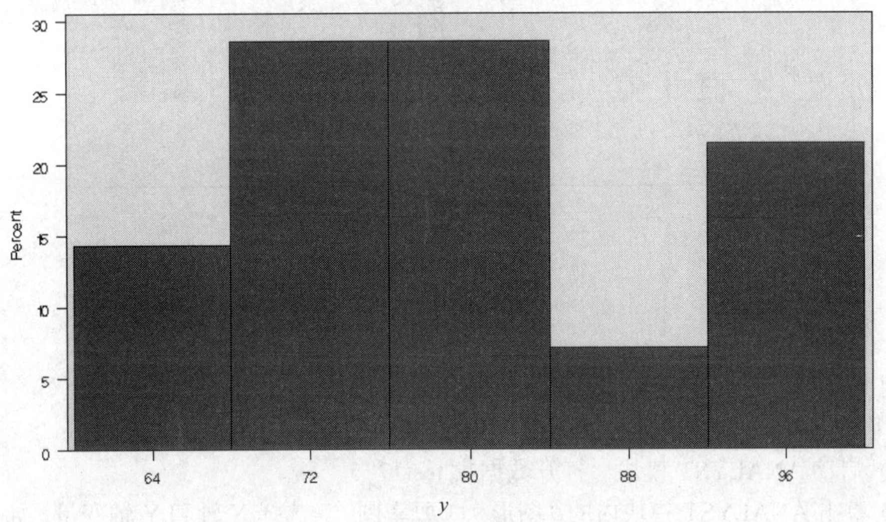

图 17.27　基于 ANALYST 模块绘制的直方图

2．盒形图

【例 17.16】 基于 ANALYST 模块的盒形图绘制。

利用数据集 test17_1，绘制其中变量学生智商的盒形图，以观察所有调查学生的智商分布。具体步骤如下：

（1）启动 ANALYST 模块，打开数据集 test17_1。

（2）单击 ANALYST 模块内的“图形”|“盒形图”，选择需要绘制盒形图的数据变量 x，如图 17.28 所示。

（3）单击 Box Plot 窗口的 OK 按钮，将生成如图 17.29 所示的盒形图。

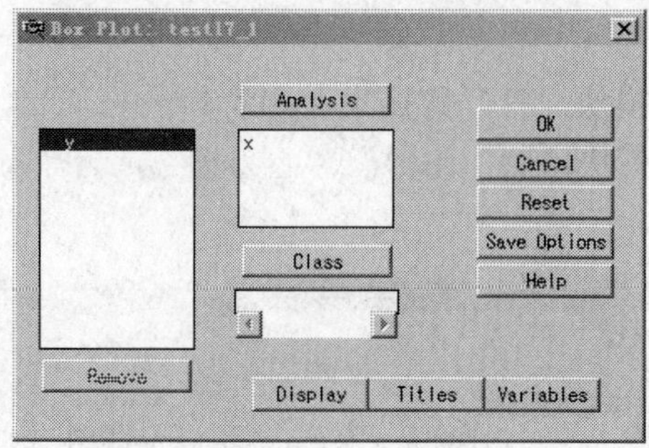

图 17.28　基于 ANALYST 模块的盒形图绘制的参数选择

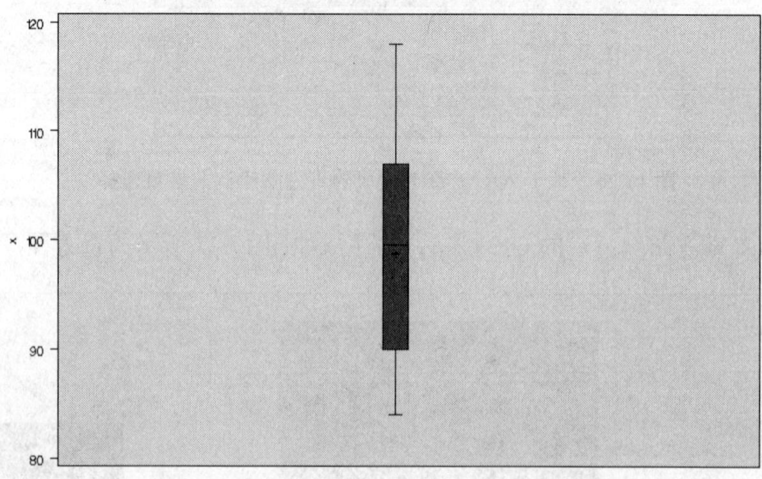

图 17.29　基于 ANALYST 模块的盒形图

3．概率图

【例 17.17】 基于 ANALYST 模块的概率图绘制。

利用 test17_6 的数据集绘制 ANALYST 模块内的概率图，具体步骤如下：

（1）启动 ANALYST 模块，打开数据集 test17_6。

（2）单击 ANALYST 模块内的“图形”|“概率图”，选择 X 轴和 Y 轴变量，如图 17.30 所示。

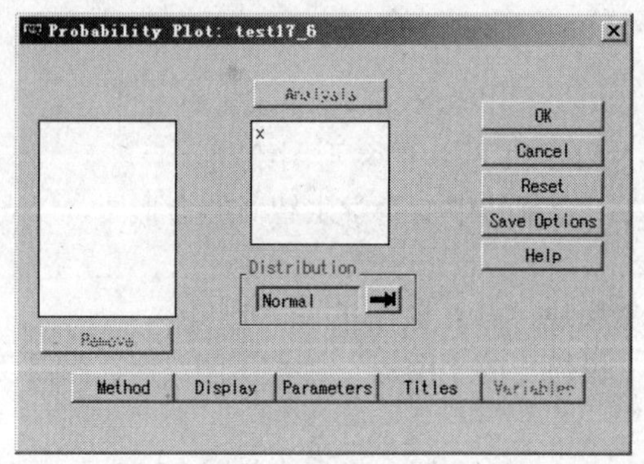

图 17.30　基于 ANALYST 模块的概率图绘制的参数设置

（3）单击“Probability Plot”对话框的 OK 按钮，将生成如图 17.31 所示的概率图，可以大致判断数据呈正态分布。

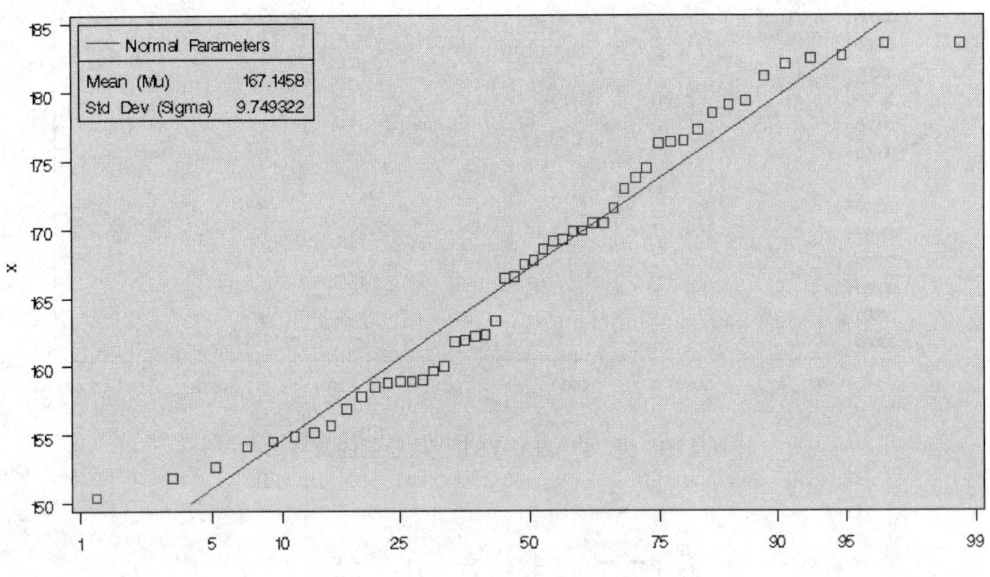

图 17.31　基于 ANALYST 模块的概率图

4．散点图

【例 17.8】 基于 ANALYST 模块的概率图绘制。

利用 test17_2 的数据集在 ANALYST 模块内绘制散点图，绘制不同年份下第三产业生产总值的变化情况。具体步骤如下：

（1）启动 ANALYST 模块，打开数据集 test17_2。

（2）单击 ANALYST 模块内的“图形”|“散点图”|“二维”，选择 X 轴和 Y 轴变量，如图 17.32 所示。

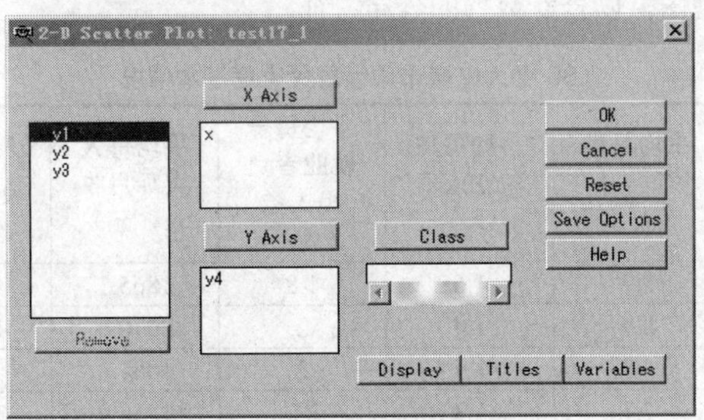

图 17.32　基于 ANALYST 模块的散点图绘制的参数设置

（3）单击“2-D Scatter Plot”对话框的 OK 按钮，将生成如图 17.33 所示的散点图，可以大致判断数据呈线性关系。

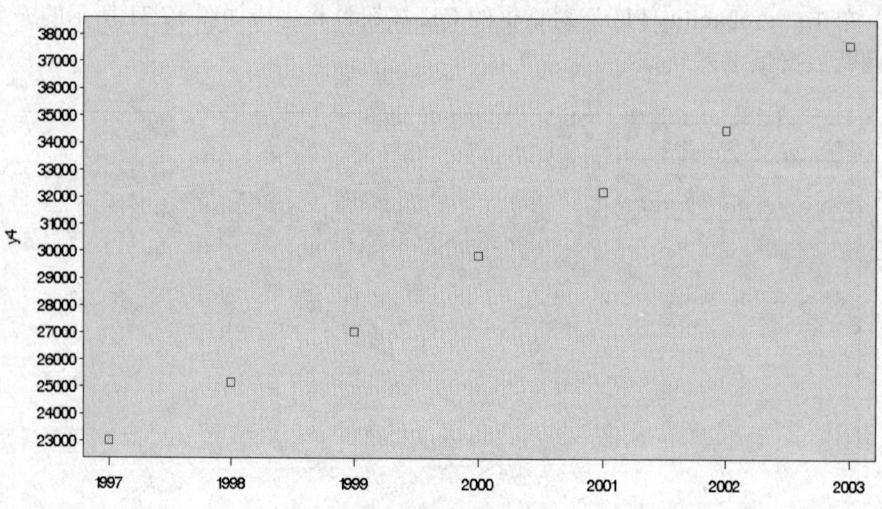

图 17.33　基于 ANALYST 模块绘制的散点图

17.7　本 章 小 结

本节主要介绍了如何利用 GPLOT、GCHART、GCONTOUR 过程绘制用户常用的图形。通过本章的学习，读者将掌握如何利用编程和界面操作实现折线图、散点图、饼图、直方图等常用图形的绘制。

17.8　习　　题

1．利用 UNIVARIATE 过程，绘制下表中城镇居民家庭基本情况的 6 个统计指标的茎叶图、Q-Q 图和合型图，以查看数据的分布特征。

36 个大中城市城镇居民家庭基本情况

地　　区	平均每户家庭人口（人）	平均每户就业人口（人）	平均每一就业者负担人数（人）	平均每人实际月收入（元）	人均可支配收入（元）	人均消费支出（元）
北京	2.9	1.6	1.8	1865.1	1633.2	1187.9
天津	2.9	1.4	2	2010.6	1889.8	939.8
石家庄	2.8	1.4	2	1061.3	1010	722.9
太原	2.7	1.3	2.2	1256.9	1159.9	789.5
呼和浩特	2.9	1.5	1.9	1354.2	1279.8	772.7
沈阳	2.7	1.3	2.1	1148.5	1048.7	812.1
大连	2.9	1.6	1.8	1269.8	1133.1	946.5
长春	3	1.8	1.7	1156.1	1016.1	690.2
哈尔滨	2.8	1.4	2	992.8	942.5	727.4

续表

地　　区	平均每户家庭人口（人）	平均每户就业人口（人）	平均每一就业者负担人数（人）	平均每人实际月收入（元）	人均可支配收入（元）	人均消费支出（元）
上海	3	1.6	1.9	1884	1686.1	1505.3
南京	2.8	1.4	2	1536.4	1394	920.6
杭州	2.8	1.5	1.9	1695	1464.9	1264.2
宁波	2.8	1.5	1.8	1759.4	1543.2	1271.4
合肥	2.9	1.6	1.8	1042.5	950.1	686.9
福州	3.1	1.7	1.9	1172.5	1059.4	942.8
厦门	2.9	1.5	1.9	1631.7	1394.3	998.7
南昌	2.6	1.4	1.8	1405	1321.1	665.4
济南	2.9	1.7	1.7	1491.3	1356.8	1071.4
青岛	2.8	1.6	1.8	1495.6	1378.5	1020.7
郑州	2.9	1.4	2.1	1012.2	954.2	750.3
武汉	2.9	1.5	2	1052.5	972.2	853.1
长沙	2.8	1.4	2.1	1256.9	1148.9	986.8
广州	3.1	1.7	1.8	1898.6	1591.1	1215.1
深圳	3.2	1.7	1.9	2748.8	2496.5	1859.4
南宁	3	1.6	1.9	948.5	807.1	660.2
海口	3.3	1.5	2.2	938	871.1	648.5
成都	3.1	1.7	1.8	1093	991.3	838
重庆	3	1.6	1.9	1388.2	1294.9	1259.8
贵阳	3	1.6	1.9	1005.6	968.6	679.6
昆明	2.8	1.3	2.2	944.2	868.9	663.1
拉萨	3.4	1.7	2	1101.6	974.2	789.2
西安	2.9	1.4	2.1	916.8	833.6	716.3
兰州	2.8	1.3	2.1	988.7	931.8	759.1
西宁	3	1.3	2.3	1366	1302.5	578.3
银川	2.8	1.3	2.2	912.5	799.3	675.8
乌鲁木齐	2.8	1.7	1.7	1049	954.3	642.4

2．利用 ANALYST 模块绘制上表中全国主要城镇居民平均每户家庭人口的直方图。

3．利用 INSIGHT 模块绘制上表中全国主要城镇居民平均每户就业人口与平均每人实际月收入的散点图。

4．下表为我国 2002—2005 年度报纸质量的统计数据，试利用 GPLOT 过程绘制不同报纸年度质量变化的线图。

中国年度参评黑白报纸印刷质量分数表统计

报社名称	2002	2003	2004	2005
农民日报	92.28	93.2	92.41	93.49
甘肃日报	92.74	92.7	92.89	92.77
西藏日报（汉文版）	92.64	92.8	93.01	92.51
广西日报	92.01	92.66	92.96	92.87
新疆日报	93.13	92.77	92.39	91.84
吉林日报	92.27	92.56	92.03	92.5
青海日报	92.43	92.35	91.74	92.33

5．为研究新出生婴儿体重与妈妈体重是否有一定的相关性，试对下表中的调查数据绘制散点图。

新出生婴儿和妈妈体重统计研究

观测编号	婴儿体重	妈妈体重	观测编号	婴儿体重	妈妈体重
1	7.9	114.9	11	6.0	102.8
2	7.1	108.3	12	6.9	128.6
3	7.6	142.5	13	8.9	109.2
4	6.7	90.9	14	8.4	147.6
5	7.2	136.1	15	7.3	133.6
6	6.1	148.3	16	7.8	114.7
7	7.9	149.4	17	9.0	134.7
8	8.8	137.3	18	5.3	106.1
9	7.6	116.3	19	8.0	116.4
10	8.2	119.9	20	5.3	146.0

6．下表为某家电卖场 60 家分卖场当月空调的销售数据，试利用 GCHART 过程绘制销量的直方图。

家电卖的销售数据

950	737	139	846	305
231	591	203	525	190
607	141	199	203	193
486	325	604	672	682
891	748	572	838	303
762	734	799	620	542
456	328	815	681	151
19	715	747	379	698
821	46	445	832	378
445	282	332	503	860
615	651	466	709	854
792	78	419	429	594

7．对 A 产品的质量进行抽样调查，在随机收取的 60 件产品中，抽样结果见下表，试绘制饼图反映抽取的样品中的各等级质量所占的百分比。

产品质量抽样数据

抽样编号	产品等级	抽样编号	产品等级	抽样编号	产品等级
1	一级	21	二级	41	一级
2	二级	22	一级	42	三级
3	三级	23	一级	43	一级
4	三级	24	二级	44	二级
5	一级	25	三级	45	一级
6	二级	26	三级	46	二级
7	三级	27	二级	47	三级
8	二级	28	三级	48	一级

续表

抽样编号	产品等级	抽样编号	产品等级	抽样编号	产品等级
9	三级	29	一级	49	二级
10	二级	30	三级	50	一级
11	一级	31	二级	51	一级
12	二级	32	三级	52	二级
13	一级	33	一级	53	一级
14	二级	34	三级	54	一级
15	一级	35	三级	55	二级
16	二级	36	二级	56	三级
17	一级	37	一级	57	一级
18	二级	38	二级	58	二级
19	一级	39	一级	59	一级
20	三级	40	三级	60	三级

第 18 章　SAS 宏编程

SAS 为广大用户提供了大量统计过程，可以直接使用，但有时由于需要执行的文件量比较大，同一段代码大量重复执行比较麻烦。此时，用户可以考虑是否可以把需要大量重复使用的 SAS 代码段封装起来，直接调用。SAS 的宏功能正是为用户解决上述需求，在 SAS 系统内宏功能是一种对 SAS 功能的扩展，可以按照用户需求封装代码，以便于用户重复使用。

18.1　宏　变　量

宏变量与我们之前接触的 SAS 的变量具有一定差异，宏变量可以在程序数据行以外的地方进行定义和使用。宏变量是一种字符串的替换，用户在定义宏变量后，就可以通过宏变量的引用来使用这些字符串。本节将为用户重点介绍宏变量的定义、引用和显示。

18.1.1　宏变量的定义

在 SAS 系统内的宏变量包含用户定义的宏变量和系统自带的宏变量两部分，而按照宏变量使用范围的不同又可以分为全局宏变量和局部宏变量。本小节具体介绍 SAS 系统内各种宏变量的定义。

1. 系统自带的宏变量

系统自带的宏变量在 SAS 系统启动后会自动生成，这部分宏变量用于提供 SAS 运行阶段的相关信息。表 18.1 列出了主要的 SAS 系统自带的宏变量。

表 18.1　SAS系统自带的常见宏变量

名　称	作　用
SYSDATE	查看系统当前的日期，以“日月年”的格式显示，例如“10JUL11”
SYSDATE9	查看系统当前的日期，以“日月年”的格式显示，年份信息完整显示，例如“10JUL2011”
SYSDAY	查看系统当前为星期几
SYSTIME	查看 SAS 系统启动的时间
SYSVER	查看当前 SAS 系统的版本信息
SYSSCP	查看用户当前所使用的操作系统信息
SYSLAST	查看最新的用户生成的数据集的信息

对于表 18.1 显示的系统自带的宏变量，用户可以通过%put 宏语句，在日志窗口内显示这些宏变量的值，下面通过一个实例演示查看系统自带的宏变量。

【例 18.1】 系统自带的宏变量。

```
%put &SYSDATE;                    /*显示系统的时间*/
```

执行后在日志窗口显示：15JUL12。

```
%put &SYSDAY;                     /*显示系统当前星期几*/
```

执行后在日志窗口显示：Sunday。

```
%put &SYSTIME;                    /*显示 SAS 系统启动的时间*/
```

执行后在日志窗口显示：08:51。

```
%put &SYSVER;                     /*显示 SAS 系统的版本信息*/
```

执行后在日志窗口显示：9.2。

```
%put &SYSSCP;                     /*显示操作系统信息*/
```

执行后在日志窗口显示：WIN。

```
%put &SYSLAST;                    /*显示用户最新生成的数据集的信息*/
```

执行后在日志窗口显示：WORK.TEST。

2. 用户自定义的宏变量

用户自定义的宏变量可以按照用户需求定义宏变量，并按用户的要求赋以不同的值，可以赋以字符串、数字、数学表达式、表达式等。用户自定义的宏变量通过下面的语句进行定义：

```
%LET 宏变量名=宏变量值
```

用户在定义宏变量的时候需要注意以下几点：

- 宏变量的命名规则要遵守 SAS 变量的命名规则；
- 用户定义的宏变量的名称不要使用系统自带的宏变量的名称。
- 按照用户定义的宏变量的取值不同，需要注意：
  - 当宏变量值为一段长的表达式时，需要使用宏语句%STR（表达式），例如%let print=%str(print data =test;run;);。
  - 当宏变量被赋以数学表达式时，使用宏语句%EVAL（表达式），可以先计算出表达式的值，然后将表达式的值赋值给宏变量。

【例 18.2】 用户自定义的宏变量。

```
%let city=nanjing;                /*宏变量的值为字符串*/
%let x=123;                       /*宏变量的值为数字*/
%let y=%eval(123+123);            /*宏变量的值为数学表达式*/
```

3. 全局宏变量

全局宏变量可以在 SAS 程序的任何地方使用，在任何地方对全局宏变量的值有所改变后会影响程序所有地方该宏变量的值，因而全局宏变量在使用的时候需要特别注意，尤其是一些大型程序中，全局宏变量的使用可能会带来一些麻烦。

SAS 系统自带的宏变量都为全局变量，用户也可以自己定义全局变量。全局变量的定义可以通过两种方式进行。

- 方式 1：在宏过程外，使用宏变量定义语句%LET 宏变量名=宏变量值。

下面来演示全局宏变量的定义。

【例 18.3】 全局宏变量的定义（方式 1）。程序在 SAS 宏过程外面定义一个全局宏变量 x，然后在宏过程内使用该变量，具体的程序如下。

```
%let  x=2;                    /*定义全局宏变量*/
%macro test;                  /*定义 SAS 宏过程*/
%let y=%eval(&x+1);
%put &y;
%mend test;
%test;                        /*调用 SAS 宏过程*/
```

执行上述程序，将在日志窗口输出：

```
7    %let  x=2;               /*定义全局宏变量*/
8    %macro test;             /*定义 SAS 宏过程*/
9    %let y=%eval(&x+1);
10   %put &y ;
11   %mend test;
12   %test;
3
```

在日志窗口的上述输出结果中，最左面一列的数字，即 7～12 为程序运行过程中的行号，每次启动 SAS 后从 1 开始记录提交给 SAS 系统的程序。在运行了 7～11 行程序时并不给出任何结果，该语句段仅完成了宏的定义工作，不会输出宏变量 y 的值，需要在调用了宏 test，即提交语句%test;后，才会在日志窗口输出宏变量 y 的值为 3。

- 方式 2：在宏过程内，使用语句%GLOBAL 进行宏变量的声明，该语句的格式为：

```
%GLOBAL 全局宏变量名;
```

通过上述语句声明的宏变量在 SAS 整个程序内都是有效的，而一般通过%GLOBAL 语句声明宏变量后，仍需要使用%LET 语句对全局宏变量进行赋值操作。

【例 18.4】 全局宏变量的定义（方式 2）。

下面通过一个实例演示如何通过%GLOBAL 语句定义全局宏变量。在下面的实例中，首先在宏 test1 中定义全局宏变量 x，然后在第二个宏 test2 中引用该宏变量，测试宏变量的有效范围。

```
%macro test1;                 /*定义 SAS 宏过程 1*/
%global x;                    /*定义全局宏变量*/
%let x=100;
%put &x;
%mend test1;
%test1;                       /*调用 SAS 宏过程 1*/
%macro test2;                 /*定义 SAS 宏过程 2*/
%put &x;
%mend test2;
```

```
%test2;                        /*调用 SAS 宏过程 2*/
```

执行上述程序将在日志窗口输出：

```
13   %macro test1;             /*定义 SAS 宏过程 1*/
14   %global x;
15   %let x=100;
16   %put &x ;
17   %mend test1;
18   %test1;                   /*调用 SAS 宏过程 1*/
100
19   %macro test2;             /*定义 SAS 宏过程 2*/
20   %put &x ;
21   %mend test2;
22   %test2;                   /*调用 SAS 宏过程 2*/
100
```

在上面的输出结果中可以看到，调用两个宏过程的宏变量 x 的值都为 100，说明定义的全局宏变量 x 在两个宏过程中都可以使用。

4．局部宏变量

局部宏变量只能在定义此宏变量的过程中使用，在 SAS 系统内定义局部宏变量的函数格式为：

```
%LOCAL 局部宏变量名;
```

下面通过一个实例演示局部宏变量的使用。

【例 18.5】 局部宏变量的定义。在下面的程序中，首先在宏 test1 中定义局部宏变量 x，然后再在宏 test2 中使用，测试局部宏变量的使用。

```
%macro test1;                  /*定义 SAS 宏过程 1*/
%local y;                      /*定义局部宏变量*/
%let y=100;
%put &y;
%mend test1;
%test1;                        /*调用 SAS 宏过程 1*/
%macro test2;                  /*定义 SAS 宏过程 2*/
%put &y;
%mend test2;
%test2;                        /*调用 SAS 宏过程 2*/
```

执行上述程序，在 SAS 日志窗口输出两次调用 SAS 宏过程：

```
23   %macro test1;             /*定义 SAS 宏过程 1*/
24   %local y;                 /*定义局部宏变量*/
25   %let y=100;
26   %put &y;
27   %mend test1;
28   %test1;                   /*调用 SAS 宏过程 1*/
100
29   %macro test2;             /*定义 SAS 宏过程 2*/
30   %put &y;
31   %mend test2;
```

```
32   %test2;                    /*调用 SAS 宏过程 2*/
&y
```

第一个结果为输出的局部变量 y 的值，而第二次调用 SAS 宏过程 test2 时，由于宏变量 y 为局部变量，使用 put 语句无法输出局部宏变量的值，局部宏变量只在定义它的宏过程 test1 中有效。

另外，在后面章节中将会介绍的宏调用中的参数也是局部变量，在宏调用过程中对参数的改变不影响宏外变量的使用。

18.1.2　宏变量的引用

在定义完宏变量后，可以在程序的任何地方通过宏变量的引用代入宏变量的值。宏变量的引用的格式为：

```
&宏变量名;
```

在 SAS 系统内通过上述宏变量的引用语句，用户可以重复地引用宏变量，宏变量的值将不会改变，直到用户重新通过宏变量赋值语句为宏变量赋予其他的值。在下面的程序中为用户演示宏变量的引用。

【例 18.6】 宏变量的引用。首先定义两个宏变量 x 和 s，然后在程序中引用宏变量，并对宏变量进行简单的操作，最后在日志窗口显示计算结果。

```
%let x=123;                    /*定义宏变量*/
%let s=study macro;            /*定义宏变量*/
data;
y=&x+100;                      /*引用宏变量*/
put y;                         /*在日志窗口宏变量计算后的值*/
put "&s";
run;
```

执行上述程序，将在 SAS 的日志窗口显示：

```
%let x=123;                    /*定义宏变量*/
%let s=study macro;            /*定义宏变量*/
data;
y=&x+100;                      /*引用宏变量*/
put y;                         /*在日志窗口宏变量计算后的值*/
put "&s";
run;
223
study macro
```

从上述的输出结果可以看到，与宏变量进行加法运算的变量 y 的值为 233；定义的宏变量 s 为 study macro。这里需要注意在引号内引用宏变量的时候需要使用双引号，如果使用单引号，系统只会将单引号内的内容当作一般的字符串处理。例如这里如果使用语句：

```
put '&s';
```

在日志窗口显示的结果为：

```
&s
```

如果定义了一系列连续的宏变量，例如 x1、x2、x3、x4、x5……，这样的连续的宏变量，在使用的时候可以通过间接引用的方式，通过循环只调整 x 后的数字来实现多个变量的引用。

下面我们通过一个具体的实例来看一下 SAS 宏编程中对多个宏变量的间接引用。关于宏过程的定义和调用，在下面的章节会做详细介绍。

【例 18.7】 宏变量的间接引用。在下面的程序中首先定义了一系列的宏变量 x1、x2、x3、x4、x5，然后在下面的宏过程中通过 do 循环间接引用这些宏变量，最后调用宏过程，执行代码，在日志窗口输出引用的宏变量。

```
%let x1=5;                  /*定义多个宏变量*/
%let x2=10;
%let x3=15;
%let x4=20;
%let x5=25;
%macro test;                /*定义宏过程*/
%do i=1 % to 5;
%put &&x&i;                 /*宏变量的间接引用，并在日志窗口显示出引用的宏变量*/
%end;
%mend test;
%test;                       /*调用宏过程*/
```

执行上述程序，通过对宏变量的间接引用，可以看到在日志窗口连续输出了定义的 5 个宏变量：

```
5
10
15
20
25
```

18.2　宏　过　程

在 SAS 系统内宏变量只可以实现对一小段字符串的替换，如果用户需要实现对一大段程序的重复利用，则需要定义宏过程。通过宏过程，用户不仅可以实现重复代码的简单调用，还可以设置不同的宏参数，完成不同的任务。

18.2.1　宏过程的定义

SAS 宏为一段编译好的程序，在使用前需要完成 SAS 宏的定义。在 SAS 程序中可以定义一个或多个宏。宏定义的基本格式为：

```
%MACRO 宏名称[(宏参数)];
宏文本
%MEND <宏名称>;
```

其中：

- %MACRO 语句用于定义宏过程的开始，其后需加宏名称，同时可加可选参数宏参数，宏参数为通过宏过程的调用可以设置的宏过程的输入参数。宏参数可以为一个或多个，中间用逗号隔开。

- ❑ 宏文本为实现相应 SAS 功能的宏语句、SAS 一般程序语句等。
- ❑ %MEND 语句标志 SAS 宏过程的结束，其后需加 SAS 宏开始处定义的宏名称，表明该宏过程定义结束。

【例 18.8】 宏过程的定义。在下面的程序中将定义一个简单的宏过程 print，该过程用于打印出指定数据集中的数据，具体程序如下：

```
%macro print;                         /*宏过程的定义*/
proc print data=sashelp.class;
run;
%mend print;
```

执行上述程序可以完成宏过程的定义，但是不会获得结果，宏过程的执行需要通过对宏过程的调用来实现，在下面的小节中将会详细介绍宏过程的调用，这里只是完成了对宏过程的编译。

18.2.2　宏过程的调用

对于定义的宏过程，需要通过对过程的调用才可以实现相应的宏功能。宏过程在调用的时候，用户无须关心宏过程的具体实现方式，只需要知道所要调用的宏过程的名称，是否有输入的宏参数即可。宏过程调用的格式如下：

```
%宏名称[(参数)]
```

在上面的宏过程调用格式中，百分号为宏过程调用的关键词，其后紧接需要调用的宏名称，后面的宏参数为可选项，带宏参数的宏过程，在调用的时候用户需要输入相应的宏参数。

下面通过实例来演示对于本书实例 18.8 所定义的宏过程的调用。

【例 18.9】 宏过程的调用。该宏没有宏参数，因而在宏调用的时候不需要提供宏参数，具体程序如下：

```
%print;                        /*调用宏过程*/
```

执行上述语句，将会调用实例 18.8 中所定义的 print 宏过程，在 SAS 结果输出窗口打印出如图 18.1 所示的数据集。

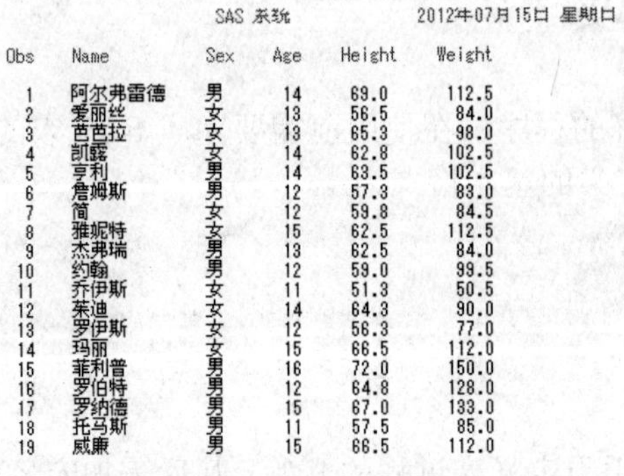

SAS 系统　　2012年07月15日 星期日

Obs	Name	Sex	Age	Height	Weight
1	阿尔弗雷德	男	14	69.0	112.5
2	爱丽丝	女	13	56.5	84.0
3	芭芭拉	女	13	65.3	98.0
4	凯露	女	14	62.8	102.5
5	亨利	男	14	63.5	102.5
6	詹姆斯	男	12	57.3	83.0
7	简	女	12	59.8	84.5
8	雅妮特	女	15	62.5	112.5
9	杰弗瑞	男	13	62.5	84.0
10	约翰	男	12	59.0	99.5
11	乔伊斯	女	11	51.3	50.5
12	茱迪	女	14	64.3	90.0
13	罗伊斯	女	12	56.3	77.0
14	玛丽	女	15	66.5	112.0
15	菲利普	男	16	72.0	150.0
16	罗伯特	男	12	64.8	128.0
17	罗纳德	男	15	67.0	133.0
18	托马斯	男	11	57.5	85.0
19	威廉	男	15	66.5	112.0

图 18.1　SAS 宏过程调用的输出结果

18.2.3　宏过程的参数

在宏过程中可以定义宏参数，宏参数在宏过程被调用的过程中，将被传递进宏过程内实现相应的功能，同时宏参数值的改变不会影响外部程序的使用。在用户使用宏过程中，经常需要变动的变量，可以定义为宏参数，这样无须每次通过%let 宏变量赋值语句来改变变量的值，只要传递给宏过程不同的值即可。下面通过一个具体的实例来演示宏参数在宏过程中的使用。

【例 18.10】 宏参数的使用。在下面的程序中首先定义一个带参数的宏过程，在该宏过程中执行了对两个输入的宏参数的求和运算，同时在日志窗口输出求和的值。

```
%macro add_xy(x,y);                      /*宏过程的定义*/
%let sum_xy=%eval(&x+&y);
%put &sum_xy;
%mend add_xy;
%add_xy(5,12);                           /*调用宏过程*/
```

执行上述程序，将会在 SAS 的日志窗口输出：

```
51   %macro add_xy(x,y);                 /*宏过程的定义*/
52   %let sum_xy=%eval(&x+&y);
53   %put &sum_xy;
54   %mend add_xy;
55   %add_xy(5,12);                      /*调用宏过程*/
17
```

从上述的输出结果可以看到，当调用了宏 add_xy 后，输出求和的计算结果 17。

18.3　宏　语　句

SAS 宏语句与一般的程序设计的语句功能类似，只是在使用宏语句时的语法格式与之前介绍的过程步和数据步中使用的编程语句有所差异。本节将具体介绍在 SAS 宏编程中常用的一些语句，并结合实例向用户演示 SAS 宏语句的使用。

1．%DO循环语句

%DO 循环语句可用于一定条件下程序的重复执行，按照对循环条件判断的不同可以分为以下三种。

（1）通过循环变量控制循环次数，当循环变量的值不符合循环的初值到终值的范围时，停止循环。具体的语法格式如下：

```
%Do 循环变量=初值 %to 终值 [%By 步长];
循环体;
%End;
```

在上述的循环语句中：

- %Do 语句表示宏循环语句的开始，其后所加的语句用于控制循环变量的变化，从而实现对程序循环次数的控制。

- 循环体为执行的程序，可以为一般的程序语句或者宏语句。
- %End 语句用于表示%Do 的结束。

下面通过一个实例演示控制循环次数型 DO 循环语句的使用。

【例 18.11】 控制循环次数型 DO 循环语句的使用。在下面的程序中，通过循环变量 i 控制循环的执行，循环变量的初值为 1，步长每次循环中默认增加 1，当循环变量的值大于 10 时，即循环 10 次后，退出循环。在下面的程序中，循环体中主要执行数据的相乘操作，每循环一次，会在日志窗口打印出计算的变量 y。

```
%macro test;                    /*定义 SAS 宏过程*/
%do i=1 %to 10;                 /*执行 DO 循环*/
%let y=%eval(&i*&i);
%put &y;
%end;
%mend test;
%test;                          /*调用 SAS 宏过程*/
```

执行上述程序，将在 SAS 的日志窗口输出如下所示的 10 次循环的计算结果：

```
1
4
9
16
25
36
49
64
81
100
```

（2）当型%DO 循环。此循环只有当循环条件为真时循环执行，一般在循环体中会有对循环条件改变的操作，当循环条件的值变动到不符合循环条件为真的条件时，退出 DO 循环。下面为该种 DO 循环的调用格式：

```
%Do  %While (循环表达式);
循环体;
%End;
```

在上述的循环语句中，当 while 语句内的循环表达式为真时循环执行，否则退出循环。下面通过一个实例具体演示当型%DO 循环的使用。

【例 18.12】 当型%DO 循环语句的使用。在下面的程序中首先定义两个宏变量 x 和 y，%DO 循环执行的判断条件为 x<y，当 while 语句为假时退出循环。

```
%macro test;                        /*定义 SAS 宏过程*/
%let  x=2;
%let  y=8;
%do %while(&x<&y);                  /*执行 DO 循环*/
%let x=%eval(&x+1);
%put &x;
%end;
%mend test;
%test;                              /*调用 SAS 宏过程*/
```

执行上述程序将执行循环，至宏变量 x 的值小于变量 y 的条件为假，在日志窗口将输出以下的宏变量 x：

```
3
4
5
6
7
8
```

（3）直到型%DO 循环。此循环将一直执行，直到满足 UNTIL 里的条件表达式。直到型%DO 循环的使用格式为：

```
%Do  %Until(循环表达式);
循环体;
%End;
```

与上面的当型%DO 循环语句不同的是，当循环表达式为真时退出循环，最初循环表达式为假。下面也通过一个具体的实例演示直到型%DO 循环语句的使用。

【例 18.13】 直到型%DO 循环语句的使用。在下面的循环语句中，循环条件为宏变量 x 的值等于 y 的值，当此循环条件为真时退出循环。

```
%macro test;                              /*定义 SAS 宏过程*/
%let  x=2;
%let  y=8;
%do %until(&x=&y);                        /*执行 DO 循环*/
%let x=%eval(&x+1);
%put &x;
%end;
%mend test;
%test;                                    /*调用 SAS 宏过程*/
```

执行上述程序，将在日志窗口输出宏变量 x 的值：

```
3
4
5
6
7
8
```

从上述结果可以发现，使用了不同的%DO 循环格式，而具体实现的功能与实例 18.9 相同，说明使用不同类型的%DO 循环可以实现相同的功能。在具体的应用中读者可以灵活变通。

2．%IF条件语句

宏语言中的%IF 条件语句与之前介绍的 IF 条件语句的使用基本相同，只是语法格式上有一定差异。%IF 条件语句的调用格式为：

```
%If  表达式  %then  语句 1;
% Else  语句 2;
```

在上述的宏条件语句中，%If 语句用于标识条件语句的开始，其后所跟的表达式如果为真，则执行语句 1，如果为假，则执行语句 2。下面通过一个实例具体演示%IF 条件语句的使用。

【例 18.14】 %IF 条件语句的使用。

```
%macro test(x,y);                         /*定义 SAS 宏过程*/
%if x>y %then %put %eval(&x-&y);          /*宏过程条件语句的使用*/
%else %put %eval(&y-&x);
%mend test;
%test(2,3);                               /*调用宏过程*/
%test(3,2);
```

执行上述程序，第一次宏过程调用的时候，宏参数 x 小于 y，执行语句%put %eval(&y-&x);在日志窗口输出结果：

```
1
```

第二次宏过程调用的时候，宏参数 x 大于 y，执行语句%put %eval(&x-&y);在日志窗口输出结果：

```
1
```

此外，宏变量的定义语句%LET，宏变量的显示语句%PUT 等，都是较为常用的宏语句，在前面章节中已做了一定介绍，这里不再详细展开叙述。

18.4　宏　函　数

在 SAS 宏编程中除了宏语句外，还提供了各种宏函数供用户使用。在 SAS 内部提供了很多现成的宏函数，可以实现各种功能。本节将为用户介绍常用的宏函数的使用，并通过具体实例向用户演示宏函数的使用。

在 SAS 系统内，宏函数的调用和用户定义的宏函数使用方法相同，通过下面的格式调用：

```
%宏函数名(宏参数);
```

1. %EVAL()宏函数

该函数可以在宏过程中计算数学和逻辑表达式的值，常用于宏变量的赋值。可将计算结果赋值给宏变量；或者用在宏变量的显示中，此时可将计算结果直接显示出来，而不是显示计算的表达式。函数%EVAL()只能用于整型数据的计算，在之前章节的介绍中也曾涉及该函数的使用。下面通过一个实例再为用户演示一下该函数的使用。

【例 18.15】 %EVAL()函数的使用。

```
%let x=100;                   /*定义宏变量 x*/
%let y=%eval(&x+20);          /*利用函数%eval 执行宏变量的计算，并赋值给宏变量 y*/
%put y=&;                     /*输出宏变量 y*/
%put z=%eval(&x+&y);
                    /*输出宏变量 z，该宏变量为利用函数%eval 获得的宏变量的计算结果*/
```

执行上述程序，在日志窗口将输出如下结果：

```
98   %let x=100;
99   %let y=%eval(&x+20);
100  %put y=&y;
y=120
101  %put z=%eval(&x+&y);
z=220
```

首先是执行的三句宏语句，当执行到宏语句%put y=&y;时，输出宏变量 y=120，然后继续执行后面的%put 输出语句，获得宏变量 z=220 的输出结果。

%EVAL()函数只能用于对整型宏变量的计算，但是如果需要进行浮点型宏变量的计算，就需要使用宏函数%SYSEVALF()，该函数的调用格式与%EVAL()函数类似，这里不再详细展开叙述，读者在使用的时候可以参考函数%EVAL()的使用实例。

2．%LENGTH()宏函数

%LENGTH()宏函数可用于计算字符串的长度，该函数的调用格式为：

```
%LENGTH(字符串或者宏参数名);
```

下面通过一个实例向用户演示宏函数%LENGTH()的使用。

【例 18.16】 %LENGTH()函数的使用。在该实例中将计算字符串 shanghai 的长度，对于函数%LENGTH()，使用了宏变量和字符串作为输入参数的两种方式，具体程序如下：

```
%let city=shanghai;                  /*定义宏变量 city*/
%let cityl=%length(&city);           /*计算宏变量 city 内字符串的长度*/
%put cityl=&cityl;                   /*输出计算结果*/
%put  %length(shanghai);
```

执行上述程序，将在日志窗口显示如下输出结果：

```
118  %let city=shanghai;             /*定义宏变量 city*/
119  %let cityl=%length(&city);      /*计算宏变量 city 内字符串的长度*/
120  %put cityl=&cityl;              /*输出计算结果*/
cityl=8
121  %put  %length(shanghai);
8
```

从上面的日志窗口输出的结果可以看出，%LENGTH()函数的输入参数可以为宏变量，并将计算所得的宏变量的字符长度值赋值给一个新的宏变量，然后当执行了语句%put cityl=&cityl;后，会输出宏变量 city 的字符长度：cityl=8。另外，也可以把需要计算字符串长度的字符直接作为%LENGTH()函数的输入参数，通过%PUT 函数输出结果为 8。

3．%INDEX()宏函数

%INDEX()宏函数可用于在字符串中查找指定的字符，并返回字符第一次出现的位置。函数%INDEX()的语法格式为：

```
%INDEX(字符串或者宏变量，需要查找的字符);
```

下面来演示宏函数%INDEX()的使用。

【例 18.17】 %INDEX()函数的使用。在该实例中使用%INDEX()函数查找字符串和宏变量中第一次出现字符 g 的位置，返回该字符的位置，并在日志窗口输出，具体程序如下所示。

```
%let city=shanghai;                     /*定义宏变量 city*/
%let l=%index(&city,g);                 /*在宏变量中查找字符 g*/
%put l=&l;                              /*输出字符 g 的位置*/
%put %index(shanghai,g);
```

执行上述程序，在日志窗口将输出如下计算结果：

```
8    %let city=shanghai;                /*定义宏变量 city*/
9    %let l=%index(&city,g);            /*在宏变量中查找字符 g*/
10   %put l=&l;                         /*输出字符 g 的位置*/
l=5
11   %put %index(shanghai,g);
5
```

从上面的输出结果中可以看到，以宏变量的引用或者字符串为%INDEX()宏函数的输入参数时，都可以获得返回的指定字符串的位置。

4．%SUBSTR()宏函数

在使用%INDEX()函数获取了指定字符的位置信息后，常进行下面的操作：从指定字符位置处开始读取需要的字符或字符串。函数%SUBSTR()主要用于在 SAS 宏编程中从指定位置的字符串中读取需要的字符。函数%SUBSTR()的调用格式为：

```
%SUBSTR(字符串或者宏变量，字符位置，读取的字符长度);
```

在上述函数%SUBSTR()的调用格式中，读取的字符长度参数可以默认，此时读取字符位置处开始的所有字符。下面通过一个实例演示函数%SUBSTR()的使用。

【例 18.18】 %SUBSTR()函数的使用。下面的实例用于从字符串“shanghai”中读取字符“g”开始的 4 个字符，首先通过函数%INDEX()查找字符“g”，然后利用函数%SUBSTR()读取字符串“shanghai”中从“g”开始的 4 个字符。具体程序如下：

```
%let city=shanghai;                     /*定义宏变量 city*/
%let l=%index(&city,g);                 /*在宏变量中查找字符 g*/
%let s=%substr(&city,&l,4);             /*从指定位置读取字符*/
%put &s;                                /*输出读取的字符*/
```

执行上述程序，将在日志窗口输出：

```
16   %let city=shanghai;                /*定义宏变量 city*/
17   %let l=%index(&city,g);            /*在宏变量中查找字符 g*/
18   %let s=%substr(&city,&l,4);
19   %put &s;
ghai
```

由此可见，函数%SUBSTR()从字符串“shanghai”中读取字符“g”开始的 4 个字符：ghai。

5. %UPCASE()宏函数

%UPCASE()宏函数可用于在宏编程中将小写的字符串转换为大写格式，其具体的使用格式为：

```
% UPCASE (字符串或者宏变量);
```

【例 18.19】 %UPCASE()函数的使用。在下面的实例中，将字符串“shanghai”转换为大写格式，并在日志窗口输出，具体程序如下：

```
%let city=shanghai;                    /*定义宏变量 city*/
%let l=%upcase(&city);                 /*小写格式转为大写格式*/
%put &l;                               /*日志窗口输出结果*/
%put  %upcase(shanghai);
```

执行上述程序，在日志窗口将输出程序的运行过程和转换为大写的宏变量 city：

```
20   %let city=shanghai;               /*定义宏变量 city*/
21   %let l=%upcase(&city);            /*小写格式转为大写格式*/
22   %put &l;                          /*日志窗口输出结果*/
SHANGHAI
23   %put  %upcase(shanghai);
SHANGHAI
```

18.5　本 章 小 结

本章主要介绍了 SAS 的宏编程的基础知识。通过本章的学习，读者应该掌握以下的内容：

- 明确什么时候考虑使用宏编程；
- 系统自带宏变量、用户自定义宏变量、全局宏变量和局部宏变量的使用；
- 宏变量、宏的定义；
- 宏变量的引用和显示；
- 宏的调用，注意宏参数的使用；
- 常用宏语句的使用；
- 常用宏函数的调用。

18.6　习　　题

1．定义一个全局宏变量 x，并赋以 100 的值，在日志窗口显示出该变量的值，然后计算 x**x 的值，并在日志窗口显示出计算所得的结果。

2．定义下面 10 个变量，通过宏变量间接引用的方式显示这些变量。

定义的宏变量的值

Y1	Y2	Y3	Y4	Y5	Y6	Y7	Y8	Y9	Y10
12	15	18	33	36	66	55	77	33	22

3．定义宏过程 test，该宏过程含两个输入参数，可用于计算两个输入参数的和，并在日志窗口显示计算结果。

4．定义一个宏过程，该宏过程通过%DO 循环实现对宏变量 x 的递减运算，每次减 3，当宏变量 x 的值小于 0 时，退出%DO 循环。试通过直到型和当型两种%DO 循环实现上述功能，宏变量 x 的初始值为 100。

第 4 篇　综合实例分析

第 19 章　SAS 应用实例

近年来随着统计分析功能越来越受到人们的重视，凭借 SAS 系统强大的功能，使其在各个领域中得到了广泛的应用。本章将结合实例向用户介绍 SAS 在社会统计、企业销售、医学、电力、农业和证券等领域的应用。

19.1　在社会调查统计中的应用

SAS 系统具有专业的统计分析功能和强大的数据管理功能，在社会调查与统计中发挥着重要的作用。本节将通过一个具体实例演示 SAS 在社会调查统计中的应用。

19.1.1　实例问题描述

表 19.1 中的数据为 2010 年部分地区农村居民家庭个人现金收入情况统计表，其中农村居民的家庭收入按照来源的不同可分为：工资性收入、家庭经营现金收入、财产性收入、转移性收入。现根据各地区农村居民家庭个人现金收入情况对不同的地区进行分类。

表 19.1　部分地区农村居民家庭个人现金收入情况统计表

地区	期内现金收入	工资性收入	家庭经营收入	农业	林业	牧业	渔业	财产性收入	转移性收入
全国合计	1814.3	761.6	855.2	360.8	15.5	228.2	29.1	59.4	138
北　京	4308.5	2684.8	673.8	77.5	12.9	302.6	9.9	357.6	592.4
天　津	2949	1316.6	1383	350.1	0	435.2	0	62	187.4
河　北	1730.4	652.8	922.9	410	4.6	229.8	0.1	41.6	113
山　西	1255	554	537.7	216.4	1.5	152.6	0	48	115.3
内蒙古	1844.1	343	1315.7	880.2	2.1	374.4	0	24.7	160.7
辽　宁	2751	896.9	1660.9	835.1	4.8	598.6	25	37.4	155.7
吉　林	2432.5	266.4	2021.6	1646.4	4.2	289.5	0.5	35.8	108.7
黑龙江	2296.3	288	1894.1	1528.5	2.4	285.2	0.3	36.6	77.5
上　海	5671.1	3989.7	290.3	95.5	0	39.1	21.5	420.6	970.5
江　苏	3774.8	2359.1	1014.1	221	21.8	143	71.9	144.3	257.3
浙　江	4725	2201.6	1974.5	284	50.2	458.3	94.1	226.4	322.6
安　徽	1692.5	905.9	636.9	250	14.3	134.7	27.8	38	111.7
福　建	1989	789.6	928.6	271.1	51.1	177.8	47.5	67.7	203.1
江　西	1440.2	622.7	702.6	321	18.3	151.4	22.2	18.7	96.2
山　东	2276.9	891.5	1182	526.2	22.4	298.8	9.1	78.2	125.2

续表

地区	期内现金收入	工资性收入	家庭经营收入	农业	林业	牧业	渔业	财产性收入	转移性收入
河　南	1301.4	532.1	690.1	277	10.3	251.5	3.8	18.8	60.4
湖　北	1662.9	789.4	786.4	296.9	14.6	184.6	111	26.5	60.6
湖　南	1707	758.6	705.2	168.8	13.9	183.8	38.3	33.7	209.6
广　东	2398.6	1251.1	762.4	259.4	7.1	187.2	134.1	190.6	194.6
广　西	1328	422.7	803.8	490.6	16.4	178.3	12.3	10.9	90.6
海　南	1594.5	301.6	1153.9	506.6	93.5	197	153.5	19.3	119.7
重　庆	1556.8	669	631.5	181.5	11.1	281.1	17.4	31	225.2
四　川	1564.8	710	628	123	9.2	306.4	18.1	49.1	177.7
贵　州	785.9	335.8	327.3	61.1	12.8	152.7	1.7	15.4	107.4
云　南	1034.8	309.8	547.3	196.5	29.7	195.9	7.1	78.9	98.7
西　藏	563.5	154.7	308.2	60.7	20.2	98.6	0.6	11.4	89.2
陕　西	1251.4	482.1	607.2	290.2	6.6	153.7	1.7	27.3	134.7
甘　肃	924.7	332.3	495.9	302.6	5.5	96.6	0	10.2	86.3
青　海	1031.8	425	390.8	116.6	2.8	121	0	18.3	197.7
宁　夏	1338.4	301.2	942.3	379	0.6	389.3	10.9	16.4	78.4
新　疆	1058	120.9	804.2	318.7	24	341.6	0	31.2	101.7

19.1.2　采用的统计分析方法及其 SAS 实现

本实例中需要对各地区按照居民现金收入情况进行分类，在前面的学习中我们掌握了聚类分析和判别分析两种数据分类方法，其中聚类分析可以直接对未知样本进行分类，不需要知道先验知识，而判别分析需要根据已知的数据分类，建立分类准则实现对未知样本的分类。本实例中全国各地区的农村居民收入中未给出已知的分类结果，所以本实例中我们采用聚类分析。

在 SAS 系统中主要提供三种不同聚类分析过程，即系统聚类、变量聚类和快速聚类过程。其中，

- 系统聚类通过各种距离统计量描述各样本间的相似程度，从而通过 CLUSTER 和 TREE 两个过程实现数据的分类。
- 变量聚类主要用于对变量的分类。在 SAS 系统内实现变量聚类的过程为 VARCLUS。
- 快速聚类一般在样本量很大的时候使用，通过过程 FASTCLUS 实现。

本实例中需要对不同地区的农村居民收入情况进行分类，因此属于样本聚类，同时，所分析的样本不是很大，所以这里考虑使用系统聚类分析方法。

下面的程序用于实现对表 19.1 中数据的聚类分析。首先创建一个数据集 test19_1，其中存放变量地区、期内现金收入、工资性收入、家庭经营收入、农业、林业、牧业、渔业、财产性收入和转移性收入，分别命名为 area，x1-x9。然后，对数据进行标准操作，再通过 CLUSTER 过程实现聚类分析。为了帮助用户更好地查看聚类的结果，这里再使用 TREE 过程绘制聚类数，以查看具体的聚类结果。

```
data test19_1;                                          /*创建数据集*/
input area$ x1-x9;
```

```
cards;
北　京   4308.5  2684.8  673.8   77.5    12.9    302.6   9.9     357.6
         592.4
天　津   2949    1316.6  1383    350.1   0       435.2   0       62
         187.4
河　北   1730.4  652.8   922.9   410     4.6     229.8   0.1     41.6
         113
山　西   1255    554     537.7   216.4   1.5     152.6   0       48
         115.3
内蒙古   1844.1  343     1315.7  880.2   2.1     374.4   0       24.7
         160.7
辽　宁   2751    896.9   1660.9  835.1   4.8     598.6   25      37.4
         155.7
吉　林   2432.5  266.4   2021.6  1646.4  4.2     289.5   0.5     35.8
         108.7
黑龙江   2296.3  288     1894.1  1528.5  2.4     285.2   0.3     36.6
         77.5
上　海   5671.1  3989.7  290.3   95.5    0       39.1    21.5    420.6
         970.5
江　苏   3774.8  2359.1  1014.1  221     21.8    143     71.9    144.3
         257.3
浙　江   4725    2201.6  1974.5  284     50.2    458.3   94.1    226.4
         322.6
安　徽   1692.5  905.9   636.9   250     14.3    134.7   27.8    38  111.7
福　建   1989    789.6   928.6   271.1   51.1    177.8   47.5    67.7
         203.1
江　西   1440.2  622.7   702.6   321     18.3    151.4   22.2    18.7
         96.2
山　东   2276.9  891.5   1182    526.2   22.4    298.8   9.1     78.2
         125.2
河　南   1301.4  532.1   690.1   277     10.3    251.5   3.8     18.8
         60.4
湖　北   1662.9  789.4   786.4   296.9   14.6    184.6   111     26.5
         60.6
湖　南   1707    758.6   705.2   168.8   13.9    183.8   38.3    33.7
         209.6
广　东   2398.6  1251.1  762.4   259.4   7.1     187.2   134.1   190.6
         194.6
广　西   1328    422.7   803.8   490.6   16.4    178.3   12.3    10.9
         90.6
海　南   1594.5  301.6   1153.9  506.6   93.5    197     153.5   19.3
         119.7
重　庆   1556.8  669     631.5   181.5   11.1    281.1   17.4    31
         225.2
四　川   1564.8  710     628 123 9.2     306.4   18.1    49.1    177.7
贵　州   785.9   335.8   327.3   61.1    12.8    152.7   1.7     15.4
         107.4
云　南   1034.8  309.8   547.3   196.5   29.7    195.9   7.1     78.9
         98.7
西　藏   563.5   154.7   308.2   60.7    20.2    98.6    0.6     11.4
         89.2
陕　西   1251.4  482.1   607.2   290.2   6.6     153.7   1.7     27.3
         134.7
甘　肃   924.7   332.3   495.9   302.6   5.5     96.6    0       10.2
         86.3
青　海   1031.8  425     390.8   116.6   2.8     121 0   18.3    197.7
宁　夏   1338.4  301.2   942.3   379 0.6 389.3   10.9    16.4    78.4
```

```
新 疆   1058    120.9   804.2   318.7   24      341.6   0       31.2
        101.7
run;
proc cluster data=test19_1 standard method=ward outtree=result pseudo ccc;
/*聚类分析*/
id area;
var x1-x9;
run;
proc tree data=result  horizontal;                    /*绘制水平谱系图*/
id area;
run;
```

19.1.3 主要分析结果

执行上述的聚类分析的程序，生成的结果主要包括：

- ❑ 相关系数的特征表，如图 19.1 所示，在其中可以查看相关系数的特征值、特征值的差、贡献率和累积贡献率 4 个结果。

The CLUSTER Procedure
Ward's Minimum Variance Cluster Analysis

Eigenvalues of the Correlation Matrix

	Eigenvalue	Difference	Proportion	Cumulative
1	3.78254023	1.39640846	0.4203	0.4203
2	2.38613176	0.73925599	0.2651	0.6854
3	1.64687577	1.04012365	0.1830	0.8684
4	0.60675212	0.24239304	0.0674	0.9358
5	0.36435908	0.24014195	0.0405	0.9763
6	0.12421713	0.05383186	0.0138	0.9901
7	0.07038527	0.05164663	0.0078	0.9979
8	0.01873864	0.01873864	0.0021	1.0000
9	0.00000000		0.0000	1.0000

The data have been standardized to mean 0 and variance 1

Root-Mean-Square Total-Sample Standard Deviation 1

Root-Mean-Square Distance Between Observations 4.242641

图 19.1 聚类分析的相关系数特征表

- ❑ 聚类分析的过程表，如图 19.2 所示，给出了聚类分析各步的聚类结果。其中，包括每一步合并的城市、类别中的数目及相关的聚类分析统计量。

Cluster History

NCL	--Clusters	Joined---	FREQ	SPRSQ	RSQ	ERSQ	CCC	PSF	PST2	Tie
30	重庆	四川	2	0.0003	1.00	.	.	101	.	
29	山西	陕西	2	0.0004	.999	.	.	102	.	
28	吉林	黑龙江	2	0.0004	.999	.	.	99.1	.	
27	安徽	江西	2	0.0006	.998	.	.	88.2	.	
26	贵州	西藏	2	0.0008	.997	.	.	78.2	.	
25	CL29	甘肃	3	0.0013	.996	.	.	65.3	3.5	
24	河北	河南	2	0.0014	.995	.	.	57.5	.	
23	CL25	青海	4	0.0015	.993	.	.	53.3	1.9	
22	CL27	湖南	3	0.0017	.991	.	.	50.0	2.8	
21	CL24	广西	3	0.0020	.990	.	.	47.3	1.4	
20	宁夏	新疆	2	0.0036	.986	.	.	40.5	.	
19	CL26	云南	3	0.0043	.982	.	.	35.7	5.2	
18	CL21	CL22	6	0.0059	.976	.	.	30.8	4.1	
17	内蒙古	山东	2	0.0063	.969	.	.	27.8	.	
16	CL30	CL20	4	0.0067	.963	.	.	25.9	3.4	
15	CL23	CL19	7	0.0071	.956	.	.	24.6	4.4	
14	天津	CL17	3	0.0082	.947	.	.	23.6	1.3	
13	湖北	广东	2	0.0083	.939	.	.	23.2	.	
12	CL18	CL16	10	0.0133	.926	.	.	21.6	4.8	
11	CL14	辽宁	4	0.0139	.912	.	.	20.7	1.9	
10	江苏	福建	2	0.0169	.895	.	.	19.9	.	
9	CL10	CL13	4	0.0205	.875	.	.	19.2	1.6	
8	CL12	CL15	17	0.0235	.851	.	.	18.8	6.9	
7	北京	上海	2	0.0266	.824	.	.	18.8	.	
6	CL11	CL28	6	0.0481	.776	.734	1.73	17.4	6.7	
5	CL9	海南	5	0.0564	.720	.687	1.19	16.7	3.7	
4	CL5	浙江	6	0.0589	.661	.625	1.21	17.5	2.3	
3	CL6	CL4	12	0.1686	.492	.525	-.81	13.6	7.1	
2	CL3	CL8	29	0.1891	.303	.353	-1.0	12.6	10.6	
1	CL7	CL2	31	0.3033	.000	.000	0.00	.	12.6	

图 19.2 聚类分析的聚类过程表

- ❑ 聚类分析的谱系图，如图 19.3 所示。上面的聚类分析过程表可以帮助用户较好地了解各步的聚类过程，但不是很方便了解最后的聚类结果。而图 19.3 可以帮助用户更为直观地了解最后的分类结果。可以看到可以把各地区大致分为三类，其中，

- 第一类：北京、上海；
- 第二类：天津、内蒙古、山东、辽宁、吉林、黑龙江、江苏、湖北、广东、福建、浙江、湖南；
- 第三类：重庆、四川、贵州、云南、西藏、陕西、甘肃、青海、宁夏、新疆、河北、山西、安徽、江西、河南、广西、海南。

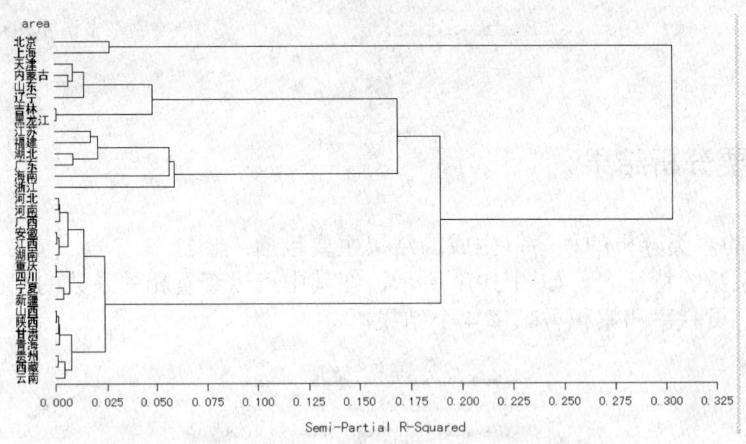

图 19.3　聚类分析的谱系图

19.2　在企业销售数据中的应用

SAS 系统强大的统计分析功能，使其在企业销售数据中也发挥着重要的作用。利用 SAS 统计分析结果，可以辅助决策者制定有效的经营管理措施。本小节将通过一个具体实例演示 SAS 在企业销售数据的分析中的应用。

19.2.1　实例问题描述

某汽车公司在近期投入广告大幅宣传其公司的产品，为分析投入的广告是否使公司的销售量有显著的提高，调查了 10 个地区的当季销售数据，如表 19.2 所示。试根据表中的数据分析广告的投入是否对汽车销售量有一定的影响。

表 19.2　全国 10 个主要地区汽车销售数据的调查统计表

投入广告前	18.23	7.67	8.90	11.23	10.89	13.26	14.09	12.98	15.23	16.35
投入广告后	18.54	6.99	9.03	11.77	10.98	12.98	13.99	13.03	16.00	16.00

19.2.2　采用的统计分析方法及其 SAS 实现

本实例需要对投入广告前后的汽车销售量进行对比分析，可以进行成对样本的平均数比较的假设测验。这里首先建立假设：u_1=u_2（即投入广告前后的销售量没有显著差异）；备择假设 $H1$：$u_1 \neq u_2$。然后，通过 t 测验检验上述的假设是否成立。具体程序如下：

```
data test19_2;                    /*创建数据集*/
input x1 x2;
cards;
18.23   18.54
7.67    6.99
8.9     9.03
11.23   11.77
10.89   10.98
13.26   12.98
14.09   13.99
12.98   13.03
15.23   16
16.35   16
;
run;
proc ttest data=test19_2;         /*成对样本的平均数比较的假设测验*/
paired x1*x2;
run;
```

19.2.3　主要分析结果

执行上述程序，生成的成对样本均数比较的结果如图 19.4 所示。从中可以看出，t 统计量检验的 p=0.7318，其值大于 0.05 的显著水平，所以不能拒绝原假设，即认为投入广告对汽车销售量的影响并不显著，需要慎重考虑是否继续投入广告。

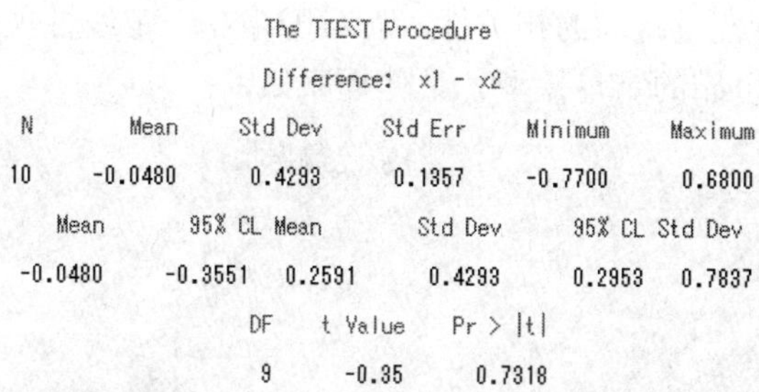
The TTEST Procedure

Difference: x1 - x2

N	Mean	Std Dev	Std Err	Minimum	Maximum
10	-0.0480	0.4293	0.1357	-0.7700	0.6800

Mean	95% CL Mean		Std Dev	95% CL Std Dev	
-0.0480	-0.3551	0.2591	0.4293	0.2953	0.7837

DF	t Value	Pr > |t|
9	-0.35	0.7318

图 19.4　成对样本均值比较的 t 检验结果

19.3　在医学中的应用

医学数据的研究关系到人们的生命，因而需要一种严谨、可靠的数据处理软件。SAS 是目前公认的解决医学问题的有效工具。本节将通过一个具体的例子演示 SAS 在医学中的应用。

19.3.1　实例问题描述

某医院测定了 20 名患者的心跳频率（次/分钟）与左心室机械收缩时间（毫秒）的数据，如表 19.3 所示。试问心跳频率（次/分钟）与左心室机械收缩时间（毫秒）是否存在一定的相关性，如果存在，是否可以考虑建立模型，通过心跳频率（次/分钟）实现对左心室机械收缩时间（毫秒）的估计。

表 19.3　心跳频率（次/分钟）与左心室机械收缩时间（毫秒）的数据

编号	收缩时间	心跳频率	编号	收缩时间	心跳频率
1	712	86	11	729	88
2	508	61	12	507	61
3	776	93	13	588	71
4	804	97	14	512	61
5	720	87	15	529	63
6	746	90	16	768	92
7	741	89	17	725	87
8	626	75	18	601	72
9	712	86	19	809	98
10	553	66	20	508	61

19.3.2　采用的统计分析方法及其 SAS 实现

本实例需要分析心跳频率（次/分钟）与左心室机械收缩时间（毫秒）的相关性，并通过相关性进一步分析是否可以建立定量模型，实现对收缩时间的估计。在 SAS 系统中，CORR 过程可用于分析变量之间的相关性，而对于存在一定线性关系的变量，可以考虑使用 REG 回归过程建立可靠的定量模型。具体程序如下：

```
data test19_3;                          /*新建数据集*/
input id y x;
cards;
1   712 86
2   508 61
3   776 93
4   804 97
5   720 87
6   746 90
7   741 89
8   626 75
9   712 86
10  553 66
11  729 88
12  507 61
13  588 71
14  512 61
15  529 63
16  768 92
17  725 87
18  601 72
19  809 98
20  508 61
;
run;
```

```
proc corr data=test19_3 ;          /*执行相关分析*/
var x y;
run;
proc reg data=test19_3;            /*进行回归分析*/
model y=x/clb cli clm r;           /*定义回归模型*/
plot x*y;                          /*绘制模型散点图*/
run;
```

19.3.3 主要分析结果

执行上述的结果将可以看到心跳频率（次/分钟）与左心室机械收缩时间（毫秒）具有一定的正相关性，其相关系数达 0.99971，p 值小于 0.0001，如图 19.5 所示。

Pearson 相关系数, N = 20
当 H0: Rho=0 时，Prob > |r|

	x	y
x	1.00000	0.99971 <.0001
y	0.99971 <.0001	1.00000

图 19.5 变量相关性表

进一步建立回归模型的结果表明，建立的线性回归模型的 R^2 达 0.9994，模型也通过显著性测验，如图 19.6 所示。图 19.7 为最终建立的线性模型的参数估计结果，最终的线性模型为 y=8.18x+10.18。图 19.8 展示了模型的散点图，可以看到两个变量具有较好的线性关系。

Analysis of Variance

Source	DF	Sum of Squares	Mean Square	F Value	Pr > F
Model	1	229792	229792	30825.1	<.0001
Error	18	134.18487	7.45472		
Corrected Total	19	229926			

Root MSE	2.73033	R-Square	0.9994
Dependent Mean	658.70000	Adj R-Sq	0.9994
Coeff Var	0.41450		

图 19.6 模型统计参数结果

Parameter Estimates

Variable	DF	Parameter Estimate	Standard Error	t Value	Pr > |t|	95% Confidence Limits	
Intercept	1	10.18067	3.74389	2.72	0.0141	2.31504	18.04630
x	1	8.18838	0.04664	175.57	<.0001	8.09039	8.28636

图 19.7 回归模型参数估计表

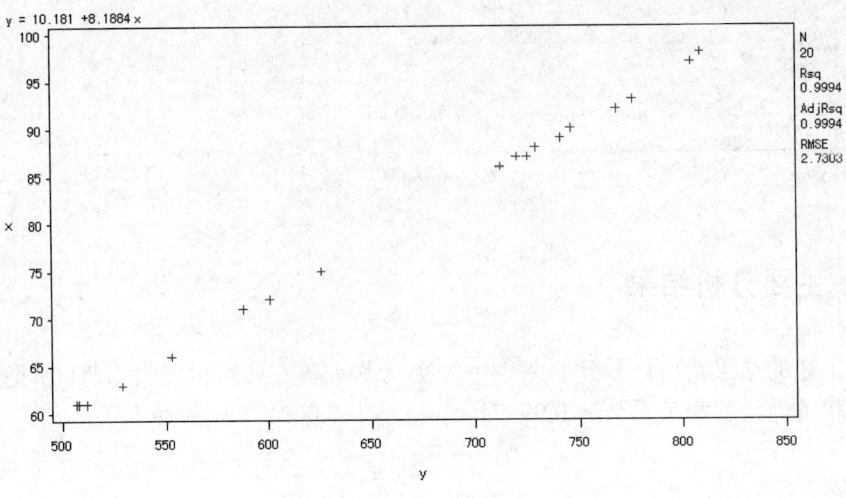

图 19.8　模型数据的散点图

19.4　在电力行业的应用

在电力系统中常常会遇到大量的数据需要进行分析，SAS 强大的数据处理功能可以在电力行业数据的分析中发挥重要的作用。本节将以其中的电力负荷的预测问题为例，向用户演示 SAS 软件在电力行业中的应用。

19.4.1　实例问题描述

在电力系统中，电力负荷具有明显的周期性与波动性，受外界气象因素的影响较大。本实例中将研究气象因素（日最高气温、日最低气温、相对湿度、风速）与最大电力负荷的关系，以实现根据气象条件对最大电力负荷的预测预报工作，保证电力系统的正常工作。表 19.4 为统计的 7 月最大电力负荷和逐日气象数据。

表 19.4　7 月最大电力负荷与气象数据

观测日期	最大电力负荷/MW	日最高温度/ ℃	日最低温度/℃	相对湿度/ %	风速/ m/s
7 月 1 日	2616.7	35.9	31.2	33	8.1
7 月 2 日	2574.7	33.7	30.7	23	7.1
7 月 3 日	2639.2	34.8	30.5	24	4.9
7 月 4 日	2597.4	34.5	30.7	30	6.0
7 月 5 日	2670.6	35.7	31.0	24	8.2
7 月 6 日	2787.9	35.3	31.3	27	0.9
7 月 7 日	2779.1	34.4	30.0	21	6.3
7 月 8 日	2276.1	33.1	29.2	35	0.8
7 月 9 日	2619	35.5	31.9	29	4.5
7 月 10 日	2554.7	34.3	31.0	26	3.4
7 月 11 日	2496.7	34.8	31.5	28	9.0

续表

观测日期	最大电力负荷/MW	日最高温度/ ℃	日最低温度/℃	相对湿度/ %	风速/ m/s
7 月 12 日	2802.2	35.4	31.0	25	0.5
7 月 13 日	2666	35.8	32.2	26	8.0
7 月 14 日	2765.2	35.2	31.1	23	10.0
7 月 15 日	2349.7	33.5	30.2	29	10.2
7 月 16 日	2359	34.2	29.8	31	8.2
7 月 17 日	2816.9	35.8	32.1	28	4.7
7 月 18 日	2615.4	35.8	31.0	30	5.3
7 月 19 日	2636.2	34.2	29.5	23	2.4
7 月 20 日	2675.9	35.7	31.5	26	6.7
7 月 21 日	1510.8	32.4	28.8	63	8.2
7 月 22 日	1653.5	32.9	29.4	56	14.6
7 月 23 日	1225.9	31.6	26.8	70	12.3
7 月 24 日	1397.5	32.6	28.2	65	9.1
7 月 25 日	1516.1	30.5	27.2	50	12.4
7 月 26 日	2088.4	32.9	29.9	42	7.7
7 月 27 日	2462.5	34.5	30.2	36	4.4
7 月 28 日	2693.7	35.7	32.0	30	9.3
7 月 29 日	2688.4	35.5	31.9	25	6.8
7 月 30 日	2641.6	34.9	31.3	26	2.1
7 月 31 日	2704.9	35.5	31.4	28	8.4

19.4.2　采用的统计分析方法及其 SAS 实现

本实例需要通过影响电力负荷的相关气象因素日最高气温、日最低气温、相对湿度等实现对最大电力负荷的预测。这里考虑使用多元回归分析技术，该技术可以综合考虑影响最大电力负荷的多种因素，建立最大电力负荷的回归模型。在本实例中的多元回归模型的因变量 y 为最大电力负荷，自变量 x 为日最高气温、日最低气温、相对湿度和风速，使用的 SAS 的过程为 REG 过程，具体程序如下：

```
data test19_4;                          /*创建数据集*/
input  y x1-x4;
cards;
2616.7  35.9    31.2    33  8.1
2574.7  33.7    30.7    23  7.1
2639.2  34.8    30.5    24  4.9
2597.4  34.5    30.7    30  6.0
2670.6  35.7    31.0    24  8.2
2787.9  35.3    31.3    27  0.9
2779.1  34.4    30.0    21  6.3
2276.1  33.1    29.2    35  0.8
2619    35.5    31.9    29  4.5
2554.7  34.3    31.0    26  3.4
2496.7  34.8    31.5    28  9.0
2802.2  35.4    31.0    25  0.5
2666    35.8    32.2    26  8.0
2765.2  35.2    31.1    23  10.0
2349.7  33.5    30.2    29  10.2
```

```
2359    34.2   29.8   31  8.2
2816.9  35.8   32.1   28  4.7
2615.4  35.8   31.0   30  5.3
2636.2  34.2   29.5   23  2.4
2675.9  35.7   31.5   26  6.7
1510.8  32.4   28.8   63  8.2
1653.5  32.9   29.4   56  14.6
1225.9  31.6   26.8   70  12.3
1397.5  32.6   28.2   65  9.1
1516.1  30.5   27.2   50  12.4
2088.4  32.9   29.9   42  7.7
2462.5  34.5   30.2   36  4.4
2693.7  35.7   32.0   30  9.3
2688.4  35.5   31.9   25  6.8
2641.6  34.9   31.3   26  2.1
2704.9  35.5   31.4   28  8.4
;
run;
proc reg data=test19_4;                    /*建立多元回归模型*/
model y=x1-x4;
run;
```

19.4.3　主要分析结果

执行上述程序，生成的结果如图 19.9 所示，其中包括回归基本信息表、方差分析表、模型误差表和参数估计表。从 SAS 多元回归分析的结果可以看到，所建立的模型使用了 31 个观测数据，模型的自由度为 4，建立的模型通过了 F 测验，方差分析的 F 检验值为 424.33，概率 P 小于 0.0001，说明模型达极显著水平。同时，误差分析表给出了模型误差估计的相关统计指标，模型的 R^2 高达 0.9849。最后，根据多元回归模型的参数估计表，可以确定所建立的最大电力负荷的预测模型为：

y（最大电力负荷）= –896.10732+109.83253*x1（最高日温）+11.18204*x2（最低日温）–21.98099*x3（相对湿度）–11.22665*x4（风速）

在所建立的最大电力负荷的预测模型中，日最高温度对模型的影响最大，随着温度（最高或最低温度）的升高，最大电力负荷均呈上升的趋势，而相对湿度和风速的增大，却可以降低最大电力负荷。

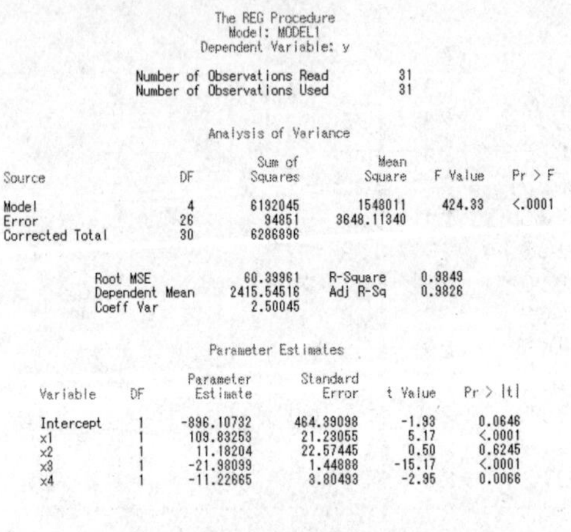

The REG Procedure
Model: MODEL1
Dependent Variable: y

Number of Observations Read	31
Number of Observations Used	31

Analysis of Variance

Source	DF	Sum of Squares	Mean Square	F Value	Pr > F
Model	4	6192045	1548011	424.33	<.0001
Error	26	94851	3648.11340		
Corrected Total	30	6286896			

Root MSE	60.39961	R-Square	0.9849
Dependent Mean	2415.54516	Adj R-Sq	0.9826
Coeff Var	2.50045		

Parameter Estimates

Variable	DF	Parameter Estimate	Standard Error	t Value	Pr > |t|
Intercept	1	-896.10732	464.39098	-1.93	0.0646
x1	1	109.83253	21.23055	5.17	<.0001
x2	1	11.18204	22.57445	0.50	0.6245
x3	1	-21.98099	1.44888	-15.17	<.0001
x4	1	-11.22665	3.80493	-2.95	0.0066

图 19.9　多元回归模型结果

19.5 在证券行业的应用

证券行业是一个高风险、高回报的金融行业，投资者为了更理性、科学地进行投资，往往需要对所购买股票的财务状况有全面的了解。目前，各家股票上市公司都会提供反映其经营状况的各项指标数据，例如每股收益（元）、每股净资产（元）、净利润率（%）等。根据这些财务数据进行科学合理的分析，提取能有效反映股票状况的本质信息，是投资者合理的投资、降低投资风险的有效保障。

19.5.1 实例问题描述

本实例需要对表 19.5 中的上市公司的财务报表数据进行综合分析。从其反映个股收益状况的指标（基本每股收益（元）、每股净资产（元）、净资产收益率—加权平均（%）、扣除后每股收益（元）、流动比率（倍）、速动比率（倍）、应收账款周转率（次）、资产负债比率（%）、净利润率（%）、总资产报酬率（%）、存货周转率、固定资产周转率、总资产周转率、净资产比率（%）、固定资产比率（%））中提取反映个股整体情况的综合指标。

表 19.5 2012 年一季度上市公司财务报表数据

	天通股份	东方航空	东方航空	长江投资	中福实业	白云机场	天房发展	特发信息	潍柴动力	ST南化
基本每股收益（元）	–0.056	0.0236	–0.23	0.0405	–0.0247	0.157	0.05	0.0446	0.62	–0.29
每股净资产（元）	2.253	1.84	4.75	2.3232	1.5232	6.13	3.87	3.24	14.34	0.75
净资产收益率—加权平均（%）	–2.43	1.3	–4.74	1.7125	–1.61	2.589	1.41	1.38	4.38	–32.5
扣除后每股收益（元）	–0.055	0.0224	–0.2343	0.0079	–0.0259	0.143	0.05	0.0446	0.5764	–0.2917
流动比率（倍）	1	0.34	0.86	1.64	2.85	0.62	1.66	1.7	1.47	1.03
速动比率（倍）	0.64	0.3	0.6	1.53	1.34	0.6	0.09	1.22	1.14	0.92
应收账款周转率（次）	0.92	8.42	1.82	1.63	1.33	1.36	38.29	0.86	2.27	4.46
资产负债比率（%）	46.2	80.48	72.03	34.46	33.76	30.57	59.37	49.68	52.2	79.71
净利润率（%）	–13.85	1.38	–7.25	6.66	–11.26	16.21	10.56	3.3	7.57	–43.78

续表

	天通股份	东方航空	东方航空	长江投资	中福实业	白云机场	天房发展	特发信息	潍柴动力	ST 南化
总资产报酬率（%）	–1.32	0.24	–1.3	0.9	–0.88	1.71	0.49	0.61	1.65	–2.52
存货周转率	0.63	10.89	1.02	2.95	0.19	15.75	0.04	0.87	1.08	2.47
固定资产周转率	0.22	0.27	0.73	0.54	0.52	0.13	3.81	0.66	1.41	0.12
总资产周转率	0.1	0.17	0.18	0.14	0.08	0.11	0.05	0.18	0.22	0.06
净资产比率（%）	52.61	18.11	26.56	52.96	54.32	67.27	35.72	43.9	38.17	6.49
固定资产比率（%）	42.27	63.5	24.2	25.38	15.04	78.95	1.23	27.41	15.24	47.18

19.5.2　采用的统计分析方法及其 SAS 实现

本实例需要采用一种数据降维的方法来减少反映个股收益的指标数据，因子分析是常用的数据降维方法。通过公因子的提取可以方便地帮助我们综合个股多项指标数据，同时，因子得分可以为个股综合实力的评价提供一定的参考。

本实例中的因子分析涉及 15 个指标，首先创建一个数据集，用于存储表 19.5 中的数据，然后通过 FACTOR 过程进行因子分析。具体程序如下：

```
data test;                                    /*创建数据集*/
input x1-x15;
cards;
-0.056  2.253   -2.43  -0.055     1  0.64   0.92    46.2 -13.85 -1.32  0.63
0.22      0.1   52.61   42.27
0.0236   1.84     1.3  0.0224  0.34   0.3   8.42  80.48   1.38  0.24 10.89
0.27     0.17   18.11    63.5
-0.23    4.75   -4.74 -0.2343  0.86   0.6   1.82  72.03  -7.25  -1.3  1.02
0.73     0.18   26.56    24.2
0.0405 2.3232  1.7125  0.0079  1.64  1.53   1.63  34.46   6.66   0.9  2.95
0.54     0.14   52.96   25.38
-0.02471.5232   -1.61 -0.0259  2.85  1.34   1.33  33.76-11.26 -0.88  0.19
0.52     0.08   54.32   15.04
0.157    6.13   2.589   0.143  0.62   0.6   1.36  30.57  16.21  1.71 15.75
0.13     0.11   67.27   78.95
0.05     3.87    1.41    0.05  1.66  0.09  38.29  59.37 10.56  0.49  0.04
3.81     0.05   35.72    1.23
0.0446   3.24    1.38  0.0446   1.7  1.22   0.86  49.68    3.3  0.61  0.87
0.66     0.18    43.9   27.41
0.62    14.34    4.38  0.5764  1.47  1.14   2.27    52.2   7.57  1.65  1.08
1.41     0.22   38.17   15.24
-0.29    0.75   -32.5 -0.2917  1.03  0.92   4.46   79.71 -43.78 -2.52  2.47
0.12     0.06    6.49   47.18
;
run;
proc factor data=test rotate=varimax;    /*因子分析*/
var x1-x15;
run;
```

19.5.3　主要分析结果

执行上述程序，生成的主要结果包括初始的因子分析结果和因子旋转后的结果，其中初始因子分析结果包括相关系数的特征值矩阵如图 19.10 所示，从中可以看到前 4 个特征值的累积贡献率达到了 90%；因子分析的载荷矩阵如图 19.11 所示，提取了 4 公因子；因子分析的方差解释表如图 19.12 所示，给出了提取的 4 个因子的方差解释能力；因子分析的各变量方差解释表如图 19.13 所示，给出了各指标的方差解释能力。

Eigenvalues of the Correlation Matrix: Total = 15　Average = 1

	Eigenvalue	Difference	Proportion	Cumulative
1	5.72227020	2.55555402	0.3815	0.3815
2	3.16671617	0.40949652	0.2111	0.5926
3	2.75721965	0.82983994	0.1838	0.7764
4	1.92737971	1.18563785	0.1285	0.9049
5	0.74174186	0.36559638	0.0494	0.9544
6	0.37614548	0.18886666	0.0251	0.9794
7	0.18727881	0.08439645	0.0125	0.9919
8	0.10288236	0.08451659	0.0069	0.9988
9	0.01836577	0.01836577	0.0012	1.0000
10	0.00000000	0.00000000	0.0000	1.0000
11	0.00000000	0.00000000	0.0000	1.0000
12	0.00000000	0.00000000	0.0000	1.0000
13	0.00000000	0.00000000	0.0000	1.0000
14	0.00000000	0.00000000	0.0000	1.0000
15	0.00000000		0.0000	1.0000

4 factors will be retained by the MINEIGEN criterion.

图 19.10　相关系数的特征值矩阵

Factor Pattern

	Factor1	Factor2	Factor3	Factor4
x1	0.90089	-0.00101	0.07697	0.27966
x2	0.72880	0.00632	0.16296	0.51388
x3	0.86006	-0.01807	0.07653	-0.20023
x4	0.90068	-0.00720	0.09188	0.26618
x5	0.17958	-0.68501	-0.62674	-0.10318
x6	0.17791	-0.00730	-0.89508	0.24801
x7	0.00556	-0.64943	0.68097	-0.30269
x8	-0.60032	0.00223	0.59179	0.50756
x9	0.87598	0.03189	0.26409	-0.26636
x10	0.92640	0.13579	0.18080	-0.10619
x11	0.17177	0.79889	0.33807	-0.35696
x12	0.27568	-0.79901	0.51184	-0.09762
x13	0.49369	0.34588	-0.00649	0.66976
x14	0.63469	0.08967	-0.44265	-0.57217
x15	-0.16337	0.92276	0.16691	-0.24005

图 19.11　因子分析的载荷矩阵

Variance Explained by Each Factor

Factor1	Factor2	Factor3	Factor4
5.7222702	3.1667162	2.7572197	1.9273797

图 19.12　因子分析的各因子方差解释表

Final Communality Estimates: Total = 13.573586

x1	x2	x3	x4	x5	x6	x7	x8
0.89573427	0.82181977	0.78597876	0.89056324	0.90493207	0.89437772	0.97712218	0.96821156

x9	x10	x11	x12	x13	x14	x15
0.90904175	0.92061534	0.90943239	0.98593506	0.01198155	0.93418765	0.96365243

图 19.13　因子分析的各变量方差解释表

为了提高各因子中的变量的解释能力，对提取的因子进行旋转，得旋转后的因子分析的载荷矩阵、旋转后的各因子的方差解释表和各变量的方差解释表，如图 19.14 所示。

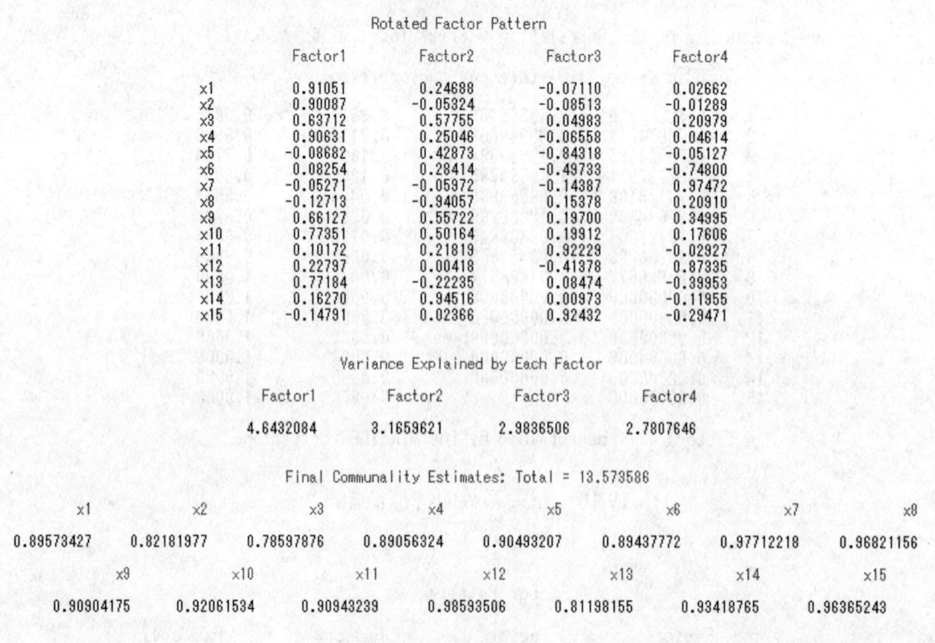

Rotated Factor Pattern

	Factor1	Factor2	Factor3	Factor4
x1	0.91051	0.24688	-0.07110	0.02662
x2	0.90087	-0.05324	-0.08513	-0.01289
x3	0.63712	0.57755	0.04983	0.20979
x4	0.90631	0.25046	-0.06558	0.04614
x5	-0.08682	0.42873	-0.84318	-0.05127
x6	0.08254	0.28414	-0.49733	-0.74800
x7	-0.05271	-0.05972	-0.14387	0.97472
x8	-0.12713	-0.94057	0.15378	0.20910
x9	0.66127	0.55722	0.19700	0.34995
x10	0.77351	0.50164	0.19912	0.17606
x11	0.10172	0.21819	0.92229	-0.02927
x12	0.22797	0.00418	-0.41378	0.87335
x13	0.77184	-0.22235	0.08474	-0.39953
x14	0.16270	0.94516	0.00973	-0.11955
x15	-0.14791	0.02366	0.92432	-0.29471

Variance Explained by Each Factor

Factor1	Factor2	Factor3	Factor4
4.6432084	3.1659621	2.9836506	2.7807646

Final Communality Estimates: Total = 13.573586

x1	x2	x3	x4	x5	x6	x7	x8
0.89573427	0.82181977	0.78597876	0.89056324	0.90493207	0.89437772	0.97712218	0.96821156

x9	x10	x11	x12	x13	x14	x15
0.90904175	0.92061534	0.90943239	0.98593506	0.81198155	0.93418765	0.96365243

图 19.14　因子旋转后的分析结果

19.6　在农业领域的应用

在农业科学研究中，对试验数据的统计分析是重要环节。已往的农业领域统计分析，往往依赖于研究者手工计算，统计计算的复杂性限制了农业领域试验数据的充分利用。而如今借助 SAS 软件强大的统计分析能力，研究工作者可以高效地完成对试验数据的各种统计分析操作。

19.6.1　实例问题描述

本实例为农业科学研究者在大田环境下，设计了不同密度和氮肥水平的试验，以研究施肥和种植密度对马铃薯产量的影响。表 19.6 所示为获取的试验数据，每一试验处理设置了三个重复的试验小区，共设置了两个密度处理（D1：60000 株/ hm^2，D2：80000 株/ hm^2）

和三个氮肥处理（N0：0 kg / hm^2，N1：150 kg / hm^2，N2：250 kg / hm^2），具体见表 19.6。试根据试验获取的数据，分析种植密度和氮肥处理对马铃薯产量是否有显著影响。

表 19.6　不同种植密度和氮肥处理下的马铃薯产量 （kg / hm^2）

		重复 1	重复 2	重复 3
D1	N0	23 580	22 710	23 450
	N1	24 550	24 100	23 800
	N2	25 200	25 430	25 580
D2	N0	22 400	23 000	22 690
	N1	23 560	23 780	22 908
	N2	24 500	24 800	24 590

19.6.2　采用的统计分析方法及其 SAS 实现

本实例需要分析种植密度和氮肥处理对马铃薯产量是否有显著影响，在统计分析中，方差分析可以分析一个或多个因素对某项指标是否有影响，这里考虑使用 SAS 软件的方差分析功能。同时，本实例涉及两个种植密度和氮肥处理，需要使用两因素的方差分析。

下面的程序首先通过 do 循环导入表 19.6 中的马铃薯产量数据，然后通过 ANOVA 过程进行两因素的方差分析，具体程序如下：

```
data test;                      /*通过循环创建数据集*/
    do a=1 to 2;                /*变量 a 代表 A 因素的 3 个处理*/
        do b=1 to 3;            /*变量 b 代表 B 因素的 4 个处理*/
            do c=1 to 3;        /*变量 c 代表 3 个重复*/
            input x @@;
            output;
            end;
        end;
    end;
cards;
23580   22710   23450
24550   24100   23800
25200   25430   25580
22400   23000   22690
23560   23780   22908
24500   24800   24590
;
run;
proc anova data=test;           /*进行多因素的方差分析*/
class a b;                      /*指定因素变量*/
model x=a b a*b;                /*指定方差分析的模型，分析因素 A 和 B 及 AB 的交互作用*/
run;
```

19.6.3　主要分析结果

执行上述程序，将生成如图 19.15 所示的方差分析的结果表，从中可以看到密度和氮肥处理对马铃薯的产量都有显著的影响，F 检验的概率值小于 0.05，但密度和氮肥的交互作用对马铃薯产量的影响不大。

```
                         The ANOVA Procedure

Dependent Variable: x

                                          Sum of
Source                      DF           Squares     Mean Square    F Value    Pr > F

Model                        5       14883391.11      2976678.22      24.85    <.0001

Error                       12        1437496.00       119791.33

Corrected Total             17       16320887.11


              R-Square     Coeff Var      Root MSE        x Mean

              0.911923      1.446715      346.1088      23923.78


Source                      DF          Anova SS     Mean Square    F Value    Pr > F

a                            1        2116310.22      2116310.22      17.67    0.0012
b                            2       12724440.44      6362220.22      53.11    <.0001
a*b                          2          42640.44        21320.22       0.18    0.8391
```

图 19.15　方差分析的结果

19.7　本 章 小 结

本章主要通过几个简单的例子向读者介绍了 SAS 在社会调查统计、企业销售数据、医学中的应用，限于篇幅，这里的介绍希望能对读者的学习起到触类旁通的作用。SAS 软件的强大功能在各行各业中都发挥着重要的作用，在具体的使用中，希望本书能给读者的学习和工作带来帮助与指导。

19.8　习　　题

1．随机调查了某班 20 名学生的身高和体重，试对调查数据进行描述性统计分析，以了解数据的基本特征。

学生的身高和体重

编号	性别	身高	体重	编号	性别	身高	体重
1	男	166.3	64.7	8	男	160.9	56.8
2	女	168.1	46.1	9	男	169.2	64.7
3	男	152.5	70.5	10	女	169.3	50.1
4	男	168.3	73.0	11	男	153.2	66.2
5	女	162.6	65.4	12	女	169.4	46.0
6	男	152.0	67.7	13	女	169.1	53.3
7	女	155.6	67.3	14	男	159.7	46.4

续表

编号	性别	身高	体重	编号	性别	身高	体重
15	男	166.0	47.9	18	男	168.3	54.5
16	女	152.8	69.7	19	女	165.8	73.5
17	女	158.4	65.8	20	男	169.2	46.0

2. 某公司生成的产品在全国各地采用了 A、B 两种营销方式，现统计不同营销方式下的销售量，试分析不同的营销方式是否对销量有显著影响。

A、B两种营销方式下的销售数据

	地区 1	地区 2	地区 3	地区 4	地区 5	地区 6	地区 7	地区 8	地区 9	地区 10
A	143.9	138.2	176.6	179.5	118.7	149.0	144.6	164.6	170.9	175.5
B	140.1	100.4	120.5	135.9	151.3	156.7	123.8	91.1	91.9	100.6
	地区 11	地区 12	地区 13	地区 14	地区 15	地区 16	地区 17	地区 18	地区 19	地区 20
A	127.6	168.0	165.5	116.3	111.9	149.8	196.0	134.0	158.5	122.4
B	147.3	100.3	145.1	99.5	154.3	108.0	95.7	100.1	129.3	117.9

3. 试根据下表中的多个财务指标提取反映各地区财务状况的主成分。

中国 1998 年部分地区限额以上批发零售贸易企业主要财务指标统计

地区	资产合计	流动资产	固定资产	所有者权益	商品销售收入	商品销售成本	经营费用	商品销售税金及附加	主营业务利润	管理费用	财务费用	利润总额
全国	5 455 901	4 104 308	1 004 404	1 012 743	7 681 211	6 709 879	364 401	14 918	497 459	375 104	155 473	57 114
北京	493 635	389 070	59 943	120 263	598 849	530 461	28 083	960	37 221	30 561	5 104	10 364
天津	217 642	168 589	20 237	42 835	231 562	202 538	11 502	211	16 770	12 560	9 940	6 721
河北	156 498	117 172	37 124	26 139	214 838	187 316	9 031	396	15 070	11 603	5 389	–541
山西	34 534	26 505	7321	6 254	40 370	34 924	1 987	86	3 310	2 192	1 070	–24
内蒙古	21 622	19 109	2 264	–435	15 465	12 519	1 552	45	1 282	1 995	1 077	–1 648
辽宁	266 868	197 169	51 367	44 930	167 795	145 522	8 378	420	13 328	11 593	5 287	–2 380
吉林	59 832	453 94	12 269	3 653	35 048	29 559	2 291	50	1 763	1 738	686	–208
黑龙江	111 182	861 62	18 637	2 065	75 943	62 985	4 386	371	8 117	5 467	5 398	1 222
上海	631 483	476 112	106 303	130 702	1 041 025	885 871	34 757	1 202	50 403	57 437	22 341	9 683
江苏	458 940	323 407	100 201	132 353	706 079	607 172	32 698	1 710	60 822	35 246	10 800	14 347
浙江	493 313	361 980	94 315	157 351	957 356	852 106	35 416	1 768	66 513	40 940	9 761	20 635
安徽	178 945	133 826	36 692	25 877	257 647	231 147	11 103	422	14 897	9 990	5 860	–203
福建	159 537	119 761	34 076	42 397	337 222	303 866	11 198	1 059	19 861	13 233	4 133	4 223
江西	82 423	65 173	15 652	9 587	103 585	88 759	4 920	175	8 880	5 806	3 232	39
山东	416 573	286 990	107 954	63 381	410 466	347 247	25 425	913	36 020	26 173	12 161	40
河南	106 939	77 280	19 600	8 109	145 789	133 185	6 221	158	6 199	6 357	5 143	–640
湖北	137 186	105 690	25 053	8 026	156 232	136 437	7 349	744	11 590	7 699	4 817	–120
湖南	106 159	69 122	33 721	15 066	137 561	121 989	7 015	193	8 104	6 870	3 736	–1487
广东	655 035	544 854	84 246	81 201	1 231 512	1 087 979	75 736	1 983	62 788	47 885	15 307	6 065
广西	56 609	41 332	12 685	5 404	84 401	69 229	8 086	192	6 666	5 141	2 717	–923

续表

地区	资产合计	流动资产	固定资产	所有者权益	商品销售收入	商品销售成本	经营费用	商品销售税金及附加	主营业务利润	管理费用	财务费用	利润总额
重庆	81 660	59 818	14 936	16 335	106 561	96 195	3 744	152	5 885	3 964	2 097	1 078
四川	143 872	95 521	31 132	30 119	175 333	152 146	10 213	814	10 557	9 017	5 255	−3 211
贵州	10 842	9 999	844	2 239	14 770	11 824	1 117	41	1 167	548	105	367
云南	132 806	92 834	34 986	23 846	170 890	144 002	8 511	404	15 902	9 924	4 355	2 046
陕西	152 779	122 625	26 025	12 176	191 960	173 095	8 992	249	8 535	5 955	4 615	−4 308
甘肃	18 792	13 326	5 382	4 668	22 155	17 917	1 533	74	2 521	2 120	559	−77
青海	27 015	20 991	5 479	1 151	20 993	18 496	1 455	55	950	1 092	1 723	−1 774
宁夏	14 953	11 931	2 990	1 028	16 235	14 167	798	23	1 016	800	849	−622
新疆	28 229	22 569	2 973	−3977	13 571	11 229	908	50	1 322	1 199	1 959	−1 549

4．调查了 30 名Ⅱ型糖尿病患者血糖含量与总胆固醇、糖化血红蛋白、甘油三脂、胰岛素等相关指标，试分析其关系。

Ⅱ型糖尿病患者血糖相关数据观测结果

观测序号	血糖（mmol/L）	总胆固醇（mmol/L）	甘油三脂（mmol/L）	胰岛素（μU/ml）	糖化血红蛋白（%）
1	12.48	3.49	1.0461	6.16	12.54
2	15.30	9.34	0.547 03	3.3 073	7.8 511
3	14.75	6.93	4.0756	3.1 903	7.1 221
4	13.51	10.82	1.2966	5.1 888	12.11
5	14.73	7.10	1.6949	3.09	7.6 652
6	13.62	6.72	3.1458	5.6 878	10.521
7	11.39	10.14	1.6376	7.7 818	12.768
8	11.03	7.57	2.3769	3.6 499	10.655
9	11.39	4.99	0.759 12	3.2 474	12.093
10	12.74	8.74	4.4 533	7.2 868	6.0 695
11	14.09	10.07	2.8 312	7.2 598	6.9 591
12	11.17	3.52	2.194	3.1 103	11.731
13	14.87	8.82	2.562	3.1 145	9.0 112
14	12.98	6.40	1.8358	4.3 305	12.232
15	11.59	10.02	2.2 316	7.1 084	11.144
16	13.92	7.39	1.4 038	3.4 031	10.811
17	12.83	9.04	2.8 192	5.573	8.4 228
18	12.11	6.80	3.5 415	7.4 202	7.1 622
19	13.86	5.80	2.6 193	8.0 234	7.0 893
20	13.35	4.88	3.0 621	7.8 487	7.3 378
21	14.56	4.91	1.3 363	3.5 886	8.9 572
22	15.70	8.82	2.0 193	6.1 805	11.992
23	12.66	5.79	3.6 333	6.0 928	9.4 317
24	15.16	7.70	3.2 234	5.4 728	11.712
25	10.21	4.57	2.3 444	4.0 752	9.2 254

续表

观测序号	血糖 (mmol/L)	总胆固醇（mmol/L）	甘油三脂 (mmol/L)	胰岛素 (μU/ml)	糖化血红蛋白（%）
26	15.86	8.95	2.7 713	7.7 295	9.2 015
27	10.90	6.39	3.6 768	7.8 945	9.1 548
28	10.77	10.25	0.73 673	8.0 926	8.8 855
29	15.13	10.20	2.9 115	6.3 487	12.311
30	14.16	8.12	0.70 108	6.8 839	6.0 391

5．下表为某小区居民对小区生活环境的满意度调查数据，试根据表中数据进行列联表分析。

小区生活环境的满意度调查

观测序号	性别	学历	满意度	观测序号	性别	学历	满意度
1	女	大专	很满意	16	女	本科	很满意
2	男	本科	基本满意	17	男	研究生	基本满意
3	女	大专	不太满意	18	男	本科	很满意
4	男	本科	很满意	19	女	本科	不太满意
5	女	大专	基本满意	20	女	研究生	基本满意
6	女	大专	不太满意	21	男	本科	很满意
7	女	大专	基本满意	22	男	本科	很满意
8	男	本科	不太满意	23	女	研究生	基本满意
9	女	大专	基本满意	24	男	研究生	基本满意
10	男	研究生	很满意	25	女	本科	很满意
11	男	大专	基本满意	26	女	研究生	不太满意
12	女	本科	不太满意	27	男	大专	基本满意
13	男	本科	很满意	28	男	本科	很满意
14	女	本科	基本满意	29	女	本科	不太满意
15	男	大专	不太满意	30	女	大专	很满意

6．下表为调查的 25 名高血压患者的基本情况，其中包括诊断出高血压时的年龄、是否有糖尿病和存活月数几个变量。其中 0 代表没有糖尿病，1 代表有糖尿病，存活月数中“+”代表数据有截尾。试利用 LIFEREG 过程建立生存分析的模型。

高血压患者的基本情况表

编号	诊断出高血压时的年龄	是否有糖尿病	存活月数
1	45	0	270
2	50	0	300
3	47	1	300
4	34	1	400+
5	56	0	375
6	65	1	280
7	48	0	325+
8	56	0	350
9	66	1	230
10	45	0	10+

续表

编号	诊断出高血压时的年龄	是否有糖尿病	存活月数
12	47	1	200
13	34	0	270
14	56	1	360
15	85	0	36
16	56	1	120
17	65	0	100+
18	75	1	277
19	67	0	126
20	46	1	100
21	65	0	170
22	45	1	150
23	85	0	10
24	77	1	12
25	63	0	150